Der Handelsvertreter im Nebenberuf
gemäß § 92b HGB

Europäische Hochschulschriften

European University Studies

Publications Universitaires Européennes

Reihe II **Rechtswissenschaft**

Series II Law

Série II Droit

Band/Volume **5823**

Lutz Jörres

Der Handelsvertreter im Nebenberuf gemäß § 92b HGB

PL ACADEMIC RESEARCH

Bibliografische Information der Deutschen Nationalbibliothek
Die Deutsche Nationalbibliothek verzeichnet diese Publikation in der Deutschen Nationalbibliografie; detaillierte bibliografische Daten sind im Internet über http://dnb.d-nb.de abrufbar.

Zugl.: Düsseldorf, Univ., Diss., 2015

D 61
ISSN 0531-7312
ISBN 978-3-631-67110-8 (Print)
E-ISBN 978-3-653-06410-0 (E-Book)
DOI 10.3726/978-3-653-06410-0

PL Academic Research ist ein Imprint der Peter Lang GmbH.
Peter Lang – Frankfurt am Main · Bern · Bruxelles · New York · Oxford · Warszawa · Wien

Diese Publikation wurde begutachtet.

www.peterlang.com

Meiner Familie

Vorwort

Die Arbeit wurde der Juristischen Fakultät der Heinrich-Heine-Universität Düsseldorf im September 2014 als Dissertation vorgelegt. Für die Zwecke der Veröffentlichung wurden die Fußnoten aktualisiert; Rechtsprechung und Literatur sind auf dem Stand von Dezember 2015.

Besonderer Dank gilt Herrn Prof. Dr. Jan Busche, der die Arbeit betreut hat. Seine Hinweise und Anregungen waren für mich von großem Wert und haben die Fertigstellung der Arbeit entscheidend gefördert. Ferner wird mir die Teilnahme an seinem Doktorandenseminar im Dr. Otto Bagge-Kolleg in Sehlendorf an der Ostsee im Juli 2012 in guter Erinnerung bleiben.

Frau Prof. Dr. Nicola Preuß danke ich für die zügige Erstellung des Zweitgutachtens und ihre ebenfalls wertvollen Hinweise.

Darüber hinaus danke ich meinen guten Freunden Herrn Michael Lörgen sowie Herrn Magnus Janowsky für die kritische Betrachtung von Form und Inhalt des Manuskripts.

Danken möchte ich schließlich Herrn Dieter Japes, Vorsitzender Richter am Landgericht, der mir im Rahmen meiner Referendarstation in der 3. Kammer für Handelssachen des Landgerichts Bonn nicht nur lehrreiche Einblicke in die richterliche Tätigkeit gewährt, sondern mich auch auf die Idee zur Anfertigung der vorliegenden Arbeit gebracht hat.

Essen, im Januar 2016
Lutz Jörres

Inhaltsverzeichnis

Literaturverzeichnis

Ahle, Hans: Probleme beim Ausgleichsanspruch nach § 89b HGB bei Handelsvertretungen durch juristische Personen oder Personengesamtheiten, in: Der Betrieb 1963, 227 ff. (zitiert: *Ahle* DB 1963).

Alff, Richard: Handelsvertreterrecht, 2. Auflage, Köln 1983 (zitiert: *Alff*).

Ankele, Jörg: Kommentar zum Handelsvertreterrecht, 13. Aktualisierungslieferung, Neuwied, September 2000 (zitiert: *Ankele*).

Badura, Peter/von Danwitz, Thomas/Herdegen, Matthias/Sedemund, Jochim/ Stern, Klaus : Beck'scher PostG-Kommentar, 2. Auflage, München 2004 (zitiert: Badura/von Danwitz/*Bearbeiter*).

Basedow, Jürgen/Donath, Roland/ Schmidt, Andreas: Das neue Wirtschaftsrecht der Postdienste, Postagenturen, Postmärkte und Postmonopol in deutscher und europäischer Perspektive, Rechtsgutachten: „Postagenturen – Wirtschaftsrechtliche Rahmenbedingungen des Angebots von Postschalterleistungen durch Private“, Heidelberg 1995 (zitiert: *Basedow/Donath/Schmidt*).

Baumbach, Adolf/ Hopt, Klaus J.: Kommentar zum Handelsgesetzbuch, 36. Auflage, München 2014 (zitiert: Baumbach/Hopt/*Bearbeiter*).

Baums, Theodor: Handelsvertreter im Nebenberuf, in: Betriebs-Berater 1986, 891 ff.(zitiert: *Baums* BB 1986).

Beenken, Matthias: Gewichtiger Ausgleich, in: Versicherungswirtschaft 2008, 614 (zitiert: *Beenken* VW 2008).

Beenken, Matthias/ Reckenfelderbäumer, Martin: Versicherungswirtschaft hält an Nebenberuflern fest, Es gibt mehr davon als bisher angenommen, in: Versicherungswirtschaft 2006, 76 f. (zitiert: *Beenken/Reckenfelderbäumer* VW 2006).

Bruck, Ernst/ Möller, Hans: Kommentar zum Versicherungsvertragsgesetz und zu den Allgemeinen Versicherungsbedingungen unter Einschluss des Versicherungsvermittlerrechtes, Erster Band: §§ 1–48 VVG und Versicherungsvermittlerrecht, 8. Auflage, Berlin 1961 (zitiert: *Bruck/Möller*).

Brüggemann, Dieter: Das Handelsvertreterrecht im Schnittpunkt personbezogener und unternehmensbezogener Strukturelemente, in: Zeitschrift für das gesamte Handelsrecht und Wirtschaftsrecht 131 (1968), 1 ff. (zitiert: *Brüggemann* ZHR 131).

Canaris, Claus-Wilhelm: Handelsrecht, 24. Auflage, München 2006 (zitiert: *Canaris*).

Döpfer, Eckhard: Kurzkommentar zu BGH, Urteil vom 18.04.2007 – VIII ZR 117/06, in: Entscheidungen zum Wirtschaftsrecht 2008, 17 f. (zitiert: *Döpfer* EWiR 2008).

Duden, Konrad: Kommentar zum Handelsvertretergesetz, Gesetz zur Änderung des Handelsgesetzbuchs (Recht der Handelsvertreter), 4. Auflage, München 1958 (zitiert: *Duden*).

Ebenroth, Carsten Thomas/Boujong, Karlheinz/Joost, Detlev/ Strohn, Lutz: Kommentar zum Handelsgesetzbuch,
– Band 1: §§ 1–342e, 3. Auflage, München 2014,
– Band 2: §§ 343–475h, Transportrecht, Bank- und Börsenrecht, 3. Auflage, München 2015 (zitiert: Ebenroth/Boujong/*Bearbeiter*).

Eberstein, Hans Hermann: Der Handelsvertreter-Vertrag, Eine Anleitung mit Beispielen zur Abfassung von Verträgen, 9. Auflage, Frankfurt am Main 2008 (zitiert: *Eberstein*).

Emde, Raimond: Die Handelsvertreter-GmbH, Frankfurt am Main 1994 (zitiert: *Emde* HV-GmbH).

Emde, Raimond: Die GmbH als Handelsvertreter, in: GmbH-Rundschau 1999, 1005 ff. (zitiert: *Emde* GmbHR 1999).

Emde, Raimond: Die Entwicklung des Vertriebsrechts im Zeitraum von August 1998 bis August 1999, in: Versicherungsrecht 1999, 1464 ff. (zitiert: *Emde* VersR 1999).

Emde, Raimond: Rechtsprechungs- und Literaturübersicht zum Vertriebsrecht im Jahre 2006, in: Betriebs-Berater 2007, BB-Special 3, Heft 14, 3 ff. (zitiert: *Emde* BB 2007, BB-Special 3, Heft 14).

Emde, Raimond: Vertriebsrecht: Rechtsprechungs- und Literaturüberblick 2007 (1. und 2. Teil), in: Betriebs-Berater 2008, 2701 ff. und 2755 ff. (zitiert: *Emde* BB 2008).

Emde, Raimond: Vertriebsrecht, Kommentierung zu §§ 84 bis 92c HGB, Handelsvertreterrecht, Vertragshändlerrecht, Franchiserecht, 3. Auflage, Berlin 2014 (zitiert: *Emde*).

Ensthaler, Jürgen: Gemeinschaftskommentar zum Handelsgesetzbuch mit UN-Kaufrecht, 8. Auflage, Köln 2015 (zitiert: Ensthaler/*Bearbeiter*).

Escher, Alfred: Kommentar zu BGH, Urteil vom 04.11.1998 – VIII ZR 248/97, in: Betriebs-Berater 1999, 72 f. (zitiert: *Escher* BB 1999).

Evers, Jürgen/ Oberst, Britta: Keine Sonderbehandlung für Nebenberufler, Verlängerte Kündigungsfristen sind genauso bindend wie für hauptberufliche Handelsvertreter, in: Versicherungswirtschaft 2012, 1366 (zitiert: *Evers/Oberst* VW 2012).

Evers, Jürgen/ Oberst, Britta: Auf Avad-Status kommt es nicht an, Nebenberufler ist nur, wer auch in der Realität nur nebenberuflich tätig ist, in: Versicherungswirtschaft 2013, 51 (zitiert: *Evers/Oberst* VW 2013).

Finke, Franz-Josef: Die Rechtsprechung des Bundesgerichtshofs zum Handelsvertreterrecht, in: Wertpapier-Mitteilungen 1969, 1122 ff. (zitiert: *Finke* WM 1969).

Flohr, Eckhard/ Wauschkuhn, Ulf: Vertriebsrecht, Kommentar zum Handelsvertreterrecht, Vertragshändlerrecht, Franchiserecht, Kommissionsrecht, 1. Auflage, München 2014 (zitiert: Flohr/Wauschkuhn/*Bearbeiter*).

Franta, Rudolf: Das neue Handelsvertreterrecht, in: Monatsschrift für Deutsches Recht 1953, 530 ff. (zitiert: *Franta* MDR 1953).

Friebel, Max E.: Versicherungskaufleute mit neuer Rechtsgrundlage, in: Zeitschrift für Versicherungswesen 1954, 41 f. (zitiert: *Friebel* ZfV 1954).

Giesler, Jan Patrick: Praxishandbuch Vertriebsrecht, 2. Auflage, Bonn 2011 (zitiert: Giesler/*Bearbeiter*).

Glanegger, Peter/Kirnberger, Christian/Kusterer, Stefan/Ruß, Werner/ Selder, Johannes/ Stuhlfelner, Ulrich: Heidelberger Kommentar zum Handelsgesetzbuch, Handelsrecht, Bilanzrecht, Steuerrecht, 7. Auflage, Heidelberg 2007 (zitiert: HK/*Bearbeiter*).

Graf von Westphalen,Friedrich/ Thüsing, Gregor: Vertragsrecht und AGB-Klauselwerke, 36. Ergänzungslieferung März 2015 (zitiert: Graf von Westphalen/ Thüsing/*Bearbeiter*).

Günther, Karl Peer: Der Versicherungsvertreter und sein Ausgleichsanspruch, Eine Neubestimmung nach deutschem und französischem Recht, Karlsruhe 2004 (zitiert: *Günther*).

Hallermann-Christoph, Michael : Anmerkung zu BGH, Urteil vom 21.03.2013 – VII ZR 224/12, in: Lindenmaier-Möhring, Kommentierte BGH-Rechtsprechung 2013, 347495 (zitiert: *Hallermann-Christoph* LMK 2013).

Heidel, Thomas/ Schall, Alexander: Handkommentar zum Handelsgesetzbuch, 2. Auflage, Baden-Baden 2015 (zitiert: Heidel/Schall/*Bearbeiter*).

Henssler, Martin/Willemsen, Heinz Josef/ Kalb, Heinz-Jürgen: Kommentar zum Arbeitsrecht, 6. Auflage, Köln 2014 (zitiert: Henssler/Willemsen/*Bearbeiter*).

Herschel, Wilhelm/Beine, Reinhard/ Buchwald, Fritz: Handbuch zum Recht des Handelsvertreters unter besonderer Berücksichtigung des Steuerrechts, Köln 1954 (zitiert: *Herschel/Beine*).

Heymann, Ernst/ Horn, Norbert: Kommentar zum Handelsgesetzbuch,
– Band 1: Erstes Buch, Einleitung; §§ 1–104, 2. Auflage, Berlin 1995,
– Band 4: Viertes Buch, §§ 343–475h, 2. Auflage, Berlin 2005 (zitiert: Heymann/ Horn/*Bearbeiter*).

Höft, Erich: Anmerkung zu LG Hannover, Urteil vom 04.07.1972 (9 S 56/72), in: Versicherungsrecht 1973, 154 f. (zitiert: *Höft* VersR 1973).

Hübsch, Gerbert/ Hübsch, Alexandra: Die neuere Rechtsprechung des Bundesgerichtshofs zum Handelsvertreterrecht, in: Wertpapier-Mitteilungen 2005, Sonderbeilage Nr. 1, 1–27 (zitiert: *Hübsch/Hübsch* WM 2005, SB Nr. 1).

Kampf, Achim: Handelsvertreter und Insolvenz, Sach- und international insolvenzrechtliche Aspekte in Deutschland und Belgien, Mainz 2004 (zitiert: *Kampf*).

Knapp, Joachim: Versicherungsvertreter und Reform des Handelsvertreterrechtes, in: Versicherungswirtschaft 1952, 391 ff. (zitiert: *Knapp* VW 1952).

Koller, Ingo/Kindler, Peter/Roth, Wulf-Henning/ Morck, Winfried: Kommentar zum Handelsgesetzbuch, 8. Auflage, München 2015 (zitiert: Koller/Kindler/ *Bearbeiter*).

Krüger, Wolfgang/ Rauscher, Thomas: Münchener Kommentar zur Zivilprozessordnung mit Gerichtsverfassungsgesetz und Nebengesetzen,
– Band 1: §§ 1–354, 4. Auflage, München 2013,
– Band 2: §§ 355–1024, 4. Auflage, München 2012 (zitiert: MünchKomm-ZPO/ *Bearbeiter*).

Küstner, Wolfram: Der Ausgleichsanspruch des Bausparkassenvertreters, in: Betriebs-Berater 1966, 269 ff. (zitiert: *Küstner* BB 1966).

Küstner, Wolfram: Nebenberufliche Vertretertätigkeit und Ausgleichsanspruch, in: Betriebs-Berater 1966, 1212 ff. (zitiert: *Küstner* BB 1966).

Küstner, Wolfram: Neue Rechtsprechung zur Nebenberuflichkeit (§ 92b HGB), in: Versicherungswirtschaft 1998, 1746 (zitiert: *Küstner* VW 1998).

Küstner, Wolfram: Aktuelle Probleme des Vertriebsrechts, in: Betriebs-Berater 1999, 541 ff. (zitiert: *Küstner* BB 1999).

Küstner, Wolfram: Ständig, nicht gelegentlich, Einige Bemerkungen zur Nebenberuflichkeit, in: Versicherungswirtschaft 2002, 1793 f. (zitiert: *Küstner* VW 2002).

Küstner, Wolfram/ Thume, Karl-Heinz: Handbuch des gesamten Vertriebsrechts,
– Band 1: Das Recht des Handelsvertreters (ohne Ausgleichsrecht), 4. Auflage, Frankfurt am Main 2012,
– Band 2: Der Ausgleichsanspruch des Handelsvertreters – Warenvertreter, Versicherungs- und Bausparkassenvertreter, 9. Auflage, Frankfurt am Main 2014 (zitiert: Küstner/Thume/*Bearbeiter*), 8. Auflage, Frankfurt am Main 2008 (zitiert: Küstner/Thume-Vorauflage/*Bearbeiter*).

Lohmüller, Wolfgang: Ausgleichsanspruch des Versicherungsvertreters, in: Versicherungswirtschaft 1955, 151 ff. (zitiert: *Lohmüller* VW 1955).

Martin, Anton: Offene Handelsgesellschaften und Kommanditgesellschaften als Versicherungsvertreter, in: Versicherungsrecht 1967, 824 ff. (zitiert: *Martin* VersR 1967).

Martinek, Michael/Semler, Franz-Jörg/Habermeier, Stefan/ Flohr, Eckhard: Handbuch des Vertriebsrechts, 3. Auflage, München 2010 (zitiert: Martinek/ Semler/*Bearbeiter*).

Möller, Hans: Recht und Wirklichkeit der Versicherungsvermittlung, Eine rechtspolitische Studie, Hamburg 1944 (zitiert: *Möller*).

Möller, Hans: Grundlegende Probleme des kommenden Versicherungsvertreterrechts, in: Zeitschrift für Versicherungswesen 1953, 89 ff. (zitiert: *Möller* ZfV 1953).

Möller, Hans: Personenvereinigungen als Versicherungsvermittler, in: Zeitschrift für Versicherungswesen 1955, 2 f. (zitiert: *Möller* ZfV 1955).

Moritz, Heinz Peter: Zum Wegfall des Ausgleichsanspruchs bei Kündigung durch den Handelsvertreter, Unbilligkeit der „Billigkeitsregelung" des § 89b Abs. 3 S. 1 HGB?, in: Der Betrieb 1987, 875 ff. (zitiert: *Moritz* DB 1987).

Musielak, Hans-Joachim: Kommentar zur Zivilprozessordnung mit Gerichtsverfassungsgesetz, 12. Auflage, München 2015 (zitiert: Musielak/*Bearbeiter*).

Oetker, Hartmut: Kommentar zum Handelsgesetzbuch, 4. Auflage, München 2015 (zitiert: Oetker/*Bearbeiter*).

ohne Verfasser: Versicherungsvertreter im Nebenberuf, in: Versicherungswirtschaft 1961, 551 f. (zitiert: *o.V.* VW 1961).

ohne Verfasser: Haupt- oder Nebenberuflichkeit des Vertreters?, in: Versicherungswirtschaft 1964, 954 f. (zitiert: *o.V.* VW 1964).

ohne Verfasser: Zur Bedeutung des § 92b Abs. 2 HGB, in: Versicherungswirtschaft 1965, 547 f. (zitiert: *o.V.* VW 1965).

ohne Verfasser: § 92b Abs. 2 HGB eine rein prozessuale Bestimmung, in: Versicherungswirtschaft 1966, 826 (zitiert: *o.V.* VW 1966).

ohne Verfasser: Keine Abgrenzung zwischen haupt- und nebenberuflicher Vertretertätigkeit nach steuerlichen Gesichtspunkten, in: Versicherungswirtschaft 1969, 1489 (zitiert: *o.V.* VW 1969).

Reinicke, G./ Reinicke, D: Auslegungsfragen zum neuen Recht der Handels-. vertreter, in: Neue Juristische Wochenschrift 1953, 1609 ff. (zitiert: *Reinicke/Reinicke* NJW 1953).

Ritgen, Klaus: Die Post-Universaldienstleistungsverordnung, in: Neue Juristische Wochenschrift 2000, 1315 ff. (zitiert: *Ritgen* NJW 2000).

Röhricht, Volker/ Graf von Westphalen,Friedrich/ Haas, Ulrich: Kommentar zum Handelsgesetzbuch, 4. Auflage, Köln 2014 (zitiert: Röhricht/Graf von Westphalen/*Bearbeiter*).

Samwer, Sigmar-Jürgen: Anmerkung zu LG Köln, Urteil vom 13.12.1982 – 91 O 135/81, in: Archiv für Presserecht 1983, 355 f. (zitiert: *Samwer* AfP 1983).

Schlegelberger, Franz: Kommentar zum Handelsgesetzbuch, 2. Band: §§ 48–104, 5. Auflage, München 1973 (zitiert: Schlegelberger/*Bearbeiter*).

Schmidt, Karsten: Münchener Kommentar zum Handelsgesetzbuch,
– Band 1: Erstes Buch. Handelsstand, §§ 1–104a, 3. Auflage, München 2010,
– Band 5: Viertes Buch. Handelsgeschäfte, Erster Abschnitt. Allgemeine Vorschrift, §§ 343–372, 3. Auflage, München 2013 (zitiert: MünchKomm/*Bearbeiter*).

Schubert, Werner: Akademie für Deutsches Recht, 1933–1945, Protokolle der Ausschüsse,
– Band 5: Ausschuss für das Recht des Handelsstandes und der Handelsgeschäfte (1937–1942), Frankfurt am Main 1997,
– Band 13: Ausschüsse für Versicherungswesen/-recht und für Versicherungsagenten- und Versicherungsmaklerrecht (1934–1943), Frankfurt am Main 2002

(zitiert: *Schubert*, Akademie für Deutsches Recht, 1933–1945, Protokolle der Ausschüsse, Band).

Schröder, Georg: Änderung der Vertragsbedingungen und Ausgleichsanspruch im Handelsvertreterverhältnis, in: Der Betrieb 1958, 975 ff. (zitiert: *Schröder* DB 1958).

Schröder, Georg: Gesetzlicher und vertraglicher Provisionsanspruch des Handelsvertreters, in: Betriebs-Berater 1963, 567 ff. (zitiert: *Schröder* BB 1963).

Schröder, Georg: Rechtsgeschäftliche Abwendung des Ausgleichsanspruchs nach § 89b HGB?, in: Der Betrieb 1967, 1303 ff. (zitiert: *Schröder* DB 1967).

Schröder, Georg: Handelsvertreter im Nebenberuf, in: Die Information über Steuer und Wirtschaft 1977, 33 ff. (zitiert: *Schröder* INF 1977).

Schröder, Georg: Handelsvertreter im Nebenberuf, in: Die Information über Steuer und Wirtschaft 1978, 401 ff. (zitiert: *Schröder* INF 1978).

Sellhorst, Ute: Die Umsetzung der Handelsvertreterrichtlinie, Probleme bei der Harmonisierung europäischen Rechts, in: Europäisches Wirtschafts- und Steuerrecht 2001, 481 ff. (zitiert: *Sellhorst* EWS 2001).

Specks, Georg: Der Ausgleichsanspruch des Versicherungsvertreters gemäß § 89b HGB, Karlsruhe 2002 (zitiert: *Specks*).

Staub, Hermann/Canaris, Claus-Wilhelm/Habersack, Mathias/ Schäfer, Carsten: Großkommentar zum Handelsgesetzbuch, 2. Band: §§ 48–104, 5. Auflage, Berlin 2008 (zitiert: Staub/Canaris/*Bearbeiter*).

Staub, Hermann/Canaris, Claus-Wilhelm/Schilling, Wolfgang/ Ulmer, Peter: Großkommentar zum Handelsgesetzbuch, 1. Band: Einleitung; §§ 1–104, 4. Auflage, Berlin 1995 (zitiert: Staub-Vorauflage/*Bearbeiter*).

Stern, Klaus: Postreform zwischen Privatisierung und Infrastrukturgewährleistung, in: Deutsches Verwaltungsblatt 1997, 309 ff. (zitiert: *Stern* DVBl. 1997).

Stern, Klaus: Postrecht der Bundesrepublik Deutschland – PostR – Kommentar zum Postneuordnungsrecht, 6. Ergänzungslieferung, Heidelberg, März 2000 (zitiert: Stern/*Bearbeiter* PostR).

Strietholt, Eugen: Die Versicherungsvertreter im künftigen Handelsrecht, in: Zeitschrift für Versicherungswesen 1952, 364 ff. (zitiert: *Strietholt* ZfV 1952).

Tettinger, Peter J./Wank, Rolf/ Ennuschat, Jörg: Kommentar zur Gewerbeordnung, 8. Auflage, München 2011 (zitiert: Tettinger/Wank/*Bearbeiter*).

Thies, Hendrik: Kommentar zu BGH, Urteil vom 21.03.2013 – VII ZR 224/, in: Betriebs-Berater 2013, 1428 (zitiert: *Thies* BB 2013).

Thume, Karl-Heinz: Kommentar zu BGH, Urteil vom 18.04.2007 – VIII ZR 117/06, in: Betriebs-Berater 2007, 1750 ff. (zitiert: *Thume* BB 2007).

Thume, Karl-Heinz: Zur richtlinienkonformen Anwendung der §§ 84 ff. HGB im gesamten Vertriebsrecht, in: Betriebs-Berater 2011, 1800 ff. (zitiert: *Thume* BB 2011).

Trinkhaus, Hans: Handbuch der Versicherungsvermittlung, Band I: Provision und Abfindung der Versicherungsvermittler, Berlin 1955 (zitiert: *Trinkhaus*).

Ulmer, Peter: Der Vertragshändler, Tatsachen und Rechtsfragen kaufmännischer Geschäftsbesorgung beim Absatz von Markenwaren, München 1969 (zitiert: *Ulmer*).

von Brunn, Johann Heinrich: Reform des Rechts der Handelsvertreter, Ein Beitrag zur Gestaltung eines Gesetzentwurfs, Berlin 1953 (zitiert: *von Brunn*).

von Brunn, Johann Heinrich: Weitere Zweifelsfragen zum neuen Recht der Handelsvertreter, in: Neue Juristische Wochenschrift 1954, 56 ff. (zitiert: *von Brunn* NJW 1954).

Westphal, Bernd: Neues Handelsvertreterrecht, Schriften zur Arbeitsrecht-Blattei, Band 22, Wiesbaden 1991 (zitiert: *Westphal*).

Westphal, Bernd: Vertriebsrecht, Band 1: Handelsvertreter, Düsseldorf 1998 (zitiert: *Westphal* Vertriebsrecht).

Würdinger, Hans: Kommentar zum Handelsgesetzbuch, Früher herausgegeben von Mitgliedern des Reichsgerichts, Erster Band: §§ 1–104 HGB und Gesetz über die Kaufmannseigenschaft von Handwerkern, 2. Auflage, Berlin 1953 (zitiert: RGRK/*Bearbeiter*).

Zöller, Richard: Kommentar zur Zivilprozessordnung, 31. Auflage, Köln 2016 (zitiert: Zöller/*Bearbeiter*).

Abkürzungsverzeichnis

A.A./a.A.	Anderer/anderer Ansicht
ABl. EG	Amtsblatt der Europäischen Gemeinschaften
Abs.	Absatz
a.F.	alte Fassung
AfP	Archiv für Presserecht
AG	Aktiengesellschaft
AGB	Allgemeine Geschäftsbedingungen
Anm.	Anmerkung
ArbGG	Arbeitsgerichtsgesetz
Art.	Artikel
BAG	Bundesarbeitsgericht
BB	Betriebs-Berater
BBG	Bundesbeamtengesetz
BeckRS	Beck-Rechtsprechung
Begr.	Begründung
BGB	Bürgerliches Gesetzbuch
BGBl.	Bundesgesetzblatt
BGH	Bundesgerichtshof
BT-Drucks.	Drucksachen des Deutschen Bundestags
BVerfG	Bundesverfassungsgericht
bzw.	beziehungsweise
DB	Der Betrieb
ders./dies.	derselbe/dieselben
d.h.	das heißt
DVBl.	Deutsches Verwaltungsblatt
etc.	et cetera
e.V.	eingetragener Verein
EWiR	Entscheidungen zum Wirtschaftsrecht
EWS	Europäisches Wirtschafts- und Steuerrecht
f., ff.	folgende
Fn.	Fußnote
GewO	Gewerbeordnung
ggf.	gegebenenfalls
GmbH	Gesellschaft mit beschränkter Haftung
GmbHR	GmbH-Rundschau
Halbs.	Halbsatz
HGB	Handelsgesetzbuch
HK	Heidelberger Kommentar
HV-GmbH	Handelsvertreter-GmbH

HVR	Handelsvertreterrecht, Entscheidungen und Gutachten, herausgegeben vom Forschungsverband für den Handelsvertreter- und Handelsmaklerberuf
i.d.R.	in der Regel
IHR	Internationales Handelsrecht
INF	Die Information über Steuer und Wirtschaft
InsO	Insolvenzordnung
i.S.	im Sinne
i.V.m.	in Verbindung mit
Kap.	Kapitel
KG	Kommanditgesellschaft
KSchG	Kündigungsschutzgesetz
LAG	Landesarbeitsgericht
LG	Landgericht
LMK	Lindenmaier-Möhring, Kommentierte BGH-Rechtsprechung
MDR	Monatsschrift für Deutsches Recht
MünchKomm	Münchener Kommentar
m.w.N.	mit weiteren Nachweisen
NJOZ	Neue Juristische Online Zeitschrift
NJW	Neue Juristische Wochenschrift
NJW-RR	Neue Juristische Wochenschrift – Rechtsprechungs-Report
Nr.	Nummer
n.v.	nicht veröffentlicht
NZA	Neue Zeitschrift für Arbeitsrecht
NZA-RR	Neue Zeitschrift für Arbeitsrecht – Rechtsprechungs-Report
NZM	Neue Zeitschrift für Miet- und Wohnungsrecht
OHG	Offene Handelsgesellschaft
OLG	Oberlandesgericht
o.V.	ohne Verfasser
PostG	Postgesetz
PostR	Postrecht
PTRegG	Post- und Telekommunikationsregulierungsgesetz
PUDLV	Post-Universaldienstleistungsverordnung
RGBl.	Reichsgesetzblatt
RGRK	Reichsgerichtsräte-Kommentar
RGZ	Entscheidungen des Reichsgerichts in Zivilsachen
Rn.	Randnummer
S.	Satz, Seite
sog.	so genannt
SB	Sonderbeilage
u. a.	unter anderem
u.U.	unter Umständen

vgl.	vergleiche
VersR	Versicherungsrecht
VG	Verwaltungsgericht
VVG	Versicherungsvertragsgesetz
VW	Versicherungswirtschaft
WM	Wertpapier-Mitteilungen
WRP	Wettbewerb in Recht und Praxis
z. B.	zum Beispiel
ZHR	Zeitschrift für das gesamte Handelsrecht und Wirtschaftsrecht
ZfV	Zeitschrift für Versicherungswesen
ZPO	Zivilprozessordnung

A. Einleitung

Zahlreiche Handelsvertreter i.S. des § 84 HGB werden heutzutage als solche im Nebenberuf tätig.[1] Dies betrifft längst nicht mehr nur das geradezu klassische Beispiel der Beamten oder Angestellten, welche nach Verrichtung ihrer täglichen Arbeit vornehmlich im Verwandten- und Bekanntenkreis Versicherungsverträge für ein Versicherungsunternehmen vermitteln.[2] Aktuell ist es vor allem der Betrieb sog. Postagenturen durch Einzelhändler, der regelmäßig als nebenberufliche Handelsvertretertätigkeit konzipiert ist und sich einer immer mehr zunehmenden praktischen Relevanz erfreut.[3]

Der hiermit angesprochene Vertrieb von Waren und Dienstleistungen der Deutschen Post AG über private Agenturbetreiber ist gegenwärtig von enormer wirtschaftlicher Bedeutung. Die Deutsche Post AG plante, im Jahr 2011 die letzten 20 in eigener Regie betriebenen Filialen zu schließen und als Vertriebskanal künftig nahezu ausschließlich sog. „Partner-Filialen" zu nutzen, die vielfach in Kombination mit einem Einzelhandelsbetrieb geführt werden; aus Gründen der Imagepflege und als Service für die eigenen Mitarbeiter sollte einzig die posteigene Filiale am Konzernsitz in Bonn erhalten bleiben.[4] Im Jahr 2011 belief sich die Zahl der Partner-Filialen im gesamten Bundesgebiet auf etwa 13.500; hinzu kamen 6000 sog. „Verkaufspunkte" (ebenfalls) in Einzelhandelsbetrieben, welche die am meisten nachgefragten Produkte der Deutschen Post AG anboten und deren Zahl auch stark angestiegen war.[5]

I. Problemaufriss

Die Besonderheit einer (nur) nebenberuflichen Handelsvertretertätigkeit besteht darin, dass die Norm des § 92b Abs. 1 HGB einem solchen Handelsvertreter zentrale Vorschriften des Handelsvertreterrechts vorenthält: Ihm steht nach Beendigung des Vertragsverhältnisses kein Ausgleichsanspruch gegen den Unternehmer gemäß § 89b HGB zu, es kommt – abweichend von den Kündigungsregelungen in § 89 HGB – stets eine einmonatige Kündigungsfrist zur Anwendung und der Anspruch

1 Siehe nur Röhricht/Graf von Westphalen/*Thume* § 92b Rn. 1; für die Versicherungswirtschaft insbesondere *Beenken*/*Reckenfelderbäumer* VW 2006, 76.

2 Statt aller MünchKomm/*von Hoyningen-Huene* § 92b Rn. 9; Staub/Canaris/*Emde* § 92b Rn. 6.

3 Beispielhaft LG Dortmund NJOZ 2007, 1485 f.

4 Siehe Artikel des *General-Anzeigers Bonn* vom 01.06.2011: „Die letzte Filiale gibt's am Tower", online abrufbar unter http://www.general-anzeiger-bonn.de/lokales/wirtschaft/nachrichten/die-letzte-filiale-gibt-s-am-tower-article42083.html.

5 Siehe Artikel des *General-Anzeigers Bonn* vom 01.06.2011: „Die letzte Filiale gibt's am Tower", online abrufbar unter http://www.general-anzeiger-bonn.de/lokales/wirtschaft/nachrichten/die-letzte-filiale-gibt-s-am-tower-article42083.html.

auf einen Provisionsvorschuss nach § 87a Abs. 1 S. 2 HGB ist abdingbar. Die Absatzmittlung durch nebenberufliche Handelsvertreter verursacht für den Unternehmer somit deutlich weniger Kosten als die durch im Hauptberuf tätige Handelsvertreter und setzt den Unternehmer zudem in die Lage, Maßnahmen in Bezug auf die Organisation seines Vertriebs zeitnah umsetzen zu können.[6] Vor diesem Hintergrund liegt es auf der Hand, dass Unternehmer naturgemäß ein sehr starkes Interesse an der Einsetzung nebenberuflicher Handelsvertreter haben,[7] um eine in wirtschaftlicher Hinsicht optimale Vertriebsgestaltung zu erreichen.

Für den Handelsvertreter im Nebenberuf bedeuten die in § 92b Abs. 1 HGB normierten Abweichungen vom allgemeinen Recht der Handelsvertreter indes eine erhebliche Einschränkung seiner Rechtsstellung.[8] Er nimmt sozusagen eine Sonderstellung ein, welche der Gesetzgeber damit begründet, dass der nebenberufliche Handelsvertreter anderweitiges Einkommen aus einer anderen Tätigkeit, seinem Hauptberuf, bezieht und daher weniger schutzbedürftig ist als ein Handelsvertreter im Hauptberuf.[9]

Die Tatsache, dass die Regelungen über den Ausgleichsanspruch, die Kündigungsfristen und den Provisionsvorschussanspruch jeweils (zugunsten des hauptberuflichen Handelsvertreters) zwingend ausgestaltet sind, unterstreicht die Bedeutung dieser Regelungen für die Person des Handelsvertreters. Insbesondere der Ausgleichsanspruch aus § 89b HGB ist nach Meinung des Gesetzgebers derart essentiell für den Handelsvertreter, dass dieser Anspruch gemäß § 89b Abs. 4 S. 1 HGB nicht im Voraus ausgeschlossen werden kann.

Um den auf diese Weise bezweckten Schutz des Handelsvertreters nicht leer laufen zu lassen, muss sichergestellt werden, dass grundsätzlich nur dem Handelsvertreter die für den hauptberuflichen Handelsvertreter geltenden Vorschriften versagt bleiben, der tatsächlich im Nebenberuf tätig ist und damit dieser Regelungen zu seinem Schutz nicht bedarf. Dies erfordert eine sachgerechte und an den Interessen der beteiligten Vertragsparteien ausgerichtete Anwendung des § 92b HGB.

Es existiert kaum aktuelle Rechtsprechung zu dieser Norm und den aus ihr resultierenden Problemen in der Praxis der Handelsvertretertätigkeit. Auch die Literatur setzt sich nur vereinzelt eingehend hiermit auseinander.

II. Ziel der Untersuchung

Die vorliegende Arbeit verfolgt daher das Ziel, die für den nebenberuflichen Handelsvertreter geltende Sonderregelung des § 92b HGB sowie ihre praktische

---

6 *Escher* BB 1999, 72; *Schröder* INF 1977, 33; *ders.* INF 1978, 401; vgl. *Küstner* BB 1999, 541, 544.

7 *Schröder* DB 1967, 1303.

8 *Schröder* INF 1978, 401.

9 Vgl. hierzu unten C.III.

Anwendung einer kritischen Überprüfung zu unterziehen und Antworten auf die sich hierbei ergebenden Problemstellungen zu liefern.

Die zentrale Frage, die es im Zuge der Untersuchung zu beantworten gilt, lautet: Hat die Anwendung der Vorschrift des § 92b HGB in ihrer jetzigen Form, insbesondere auf die bereits angesprochenen Postagenturbetreiber, eine Zukunft?

III. Gang der Untersuchung

Zunächst wird nach einer kurzen Einführung in das Recht der Handelsvertreter, welche sich auf relevante Aspekte der der Arbeit zugrunde liegenden Problematik konzentriert, die Entstehungsgeschichte des § 92b HGB erörtert. Im Anschluss werden Zweck, Anwendungsbereich und Inhalt des § 92b HGB herausgearbeitet und kritisch hinterfragt.

Einen Schwerpunkt der Untersuchung bildet sodann die vertiefte Auseinandersetzung mit der äußerst praxisrelevanten Frage, unter welchen Voraussetzungen eine nebenberufliche Handelsvertretertätigkeit überhaupt angenommen werden kann und wie die Abgrenzung zur hauptberuflichen Tätigkeit im Einzelnen zu erfolgen hat. Hierzu werden die dogmatischen Grundlagen der Abgrenzung beleuchtet und einer kritischen Würdigung unterzogen sowie die praktische Umsetzung dieser Grundsätze anhand von diversen Einzelfällen, insbesondere dem Postagenturbetrieb, näher untersucht.

In diesem Zusammenhang bedarf es außerdem der Auseinandersetzung mit den Grenzen vertraglicher Gestaltungsmöglichkeiten der Parteien hinsichtlich der Frage der Haupt- oder Nebenberuflichkeit. Insoweit sind praktisch bedeutsame Versuche des Unternehmers, den Ausgleichsanspruch aus § 89b HGB zu umgehen, von besonderem Interesse.

Ein weiterer Schwerpunkt der Arbeit wird die Frage sein, welche Rechtsfolgen es für Unternehmer und Handelsvertreter hat, wenn sich dessen Tätigkeit während der Vertragslaufzeit nach den tatsächlichen Verhältnissen von einer nebenberuflichen zu einer hauptberuflichen oder umgekehrt entwickelt. Im Vordergrund steht hierbei die Frage, ob sich der Handelsvertreter auf eine Veränderung seiner Rechtsstellung berufen kann, wenn er vertraglich ausdrücklich als Handelsvertreter im Nebenberuf eingesetzt worden ist und seine Tätigkeit während der Laufzeit des Handelsvertretervertrages zum Hauptberuf wird.

Die Arbeit wird schließlich die Frage der Geltendmachung einer nebenberuflichen Handelsvertretertätigkeit und die prozessualen Fragen, die die Regelung des § 92b HGB mit sich bringt und die im Rahmen der erörterten Problemkreise Bedeutung erlangen, kritisch beleuchten. Dies betrifft vornehmlich die Regelung des § 92b Abs. 2 HGB sowie die Beweislastverteilung zwischen Unternehmer und Handelsvertreter.

B. Einführung in das Recht der Handelsvertreter

Um die Sonderregelung für die nebenberufliche Handelsvertretertätigkeit und ihre Bedeutung für die Rechtsbeziehungen zwischen Unternehmer und Handelsvertreter sachgerecht erfassen zu können, ist es erforderlich, sich zunächst die Rechtsgrundlagen der Tätigkeit von Handelsvertretern zu vergegenwärtigen. Die Darstellung beschränkt sich im Folgenden auf diejenigen rechtlichen Aspekte, welche im Rahmen der sich anschließenden umfassenden Analyse der Vorschrift des § 92b HGB und ihrer praktischen Anwendung relevant werden.

I. Begriff des Handelsvertreters i.S. des § 84 Abs. 1 HGB

Handelsvertreter ist, wer als selbstständiger Gewerbetreibender ständig damit betraut ist, für einen anderen Unternehmer Geschäfte zu vermitteln oder in dessen Namen abzuschließen, § 84 Abs. 1 S. 1 HGB.

Von diesen gesetzlich vorgegebenen Merkmalen des Handelsvertreters sind für die Zwecke dieser Arbeit in erster Linie das der Selbstständigkeit sowie das der ständigen Betrauung von Interesse.

1. Selbstständigkeit i.S. des § 84 Abs. 1 S. 2 HGB

Nach der Legaldefinition des § 84 Abs. 1 S. 2 HGB ist selbstständig, wer im Wesentlichen frei seine Tätigkeit gestalten und seine Arbeitszeit bestimmen kann. Fehlt es (nur) am Merkmal der Selbstständigkeit, so gilt der Absatzmittler gemäß § 84 Abs. 2 HGB als Angestellter.

Nach der in Rechtsprechung und Literatur vorherrschenden sog. Schwerpunkttheorie ist für die Abgrenzung von selbst- und unselbstständiger Absatzmittlungstätigkeit das „Gesamtbild der vertraglichen Gestaltung und die tatsächliche Handhabung" ausschlaggebend.[10] Die Rechtsprechung zieht hierfür zahlreiche Kriterien heran, insbesondere die örtlichen und zeitlichen Umstände der Tätigkeit sowie die Frage, ob den Absatzmittler ein unternehmerisches Risiko trifft und wie er vergütet wird.[11] Die Abgrenzung richtet sich vordergründig nach der praktischen Durchführung des Vertrages seitens der Parteien, während die vertraglichen Abreden selbst von nachrangiger Bedeutung sind.[12] Unter eingehender Betrachtung

---

10 Statt vieler BGH WM 1975, 931, 932; BB 1982, 1876, 1877; ebenso Baumbach/Hopt/*Hopt* § 84 Rn. 36; Ebenroth/Boujong/*Löwisch* § 84 Rn. 17; Staub/Canaris/*Emde* § 84 Rn. 22.

11 Baumbach/Hopt/*Hopt* § 84 Rn. 36; *Emde* BB 2008, 2701, 2702.

12 BGH VersR 1966, 382, 383; *Küstner* BB 1999, 541.

aller einzelnen Kriterien ist der Schwerpunkt der Tätigkeit des Absatzmittlers festzustellen, um die Frage zu beantworten, ob diese gemäß ihrer Natur eher dem Handels- oder eher dem Arbeitsrecht zuzuordnen ist.[13]

Vor diesem Hintergrund sprechen für eine Selbstständigkeit des Absatzmittlers etwa die Möglichkeit der Wahrnehmung eigener unternehmerischer Chancen, die Übernahme der Kosten und Risiken der Geschäftstätigkeit, das Recht zur Einsetzung selbst ausgesuchten eigenen Personals, das Vorliegen eigener Geschäftsräume und Geschäftseinrichtung sowie der Erhalt von Provisionszahlungen.[14] Gegen eine Selbstständigkeit sprechen insbesondere die Bestimmung des Tätigkeitsorts, des exakten Arbeitsplans und der täglichen Arbeitszeit durch den Unternehmer, ein umfassendes Kontrollrecht des Unternehmers hinsichtlich der Tätigkeit des Absatzmittlers und der Art und Weise ihrer Ausübung sowie die Verpflichtung, täglich Bericht zu erstatten.[15]

Weisungen des Unternehmers sind mit einer Selbstständigkeit nicht per se unvereinbar, da der Handelsvertreter als Beauftragter[16] fachlichen Weisungen des Unternehmers, etwa hinsichtlich der Kundenakquise und der Pflege der Kundenbeziehungen, grundsätzlich nachkommen muss.[17] Denn es ist Aufgabe des Unternehmers, die Vertriebsstrategie zu bestimmen.[18] Engen die Weisungen die Tätigkeit des Handelsvertreters jedoch insgesamt derart ein, dass er diese nicht mehr „im Wesentlichen frei" gestalten kann und die Selbstständigkeit hierdurch in ihrem „Kerngehalt" beeinträchtigt wird, ist die Grenze zur Unselbstständigkeit überschritten.[19]

Die Frage der Selbstständigkeit und damit des Vorliegens der Handelsvertretereigenschaft erweist sich bezüglich des hier interessierenden Postagenturbetriebs als problematisch.[20] Sie ist auf diese Weise der eigentlichen – äußerst diskussionswürdigen – Fragestellung, ob die Handelsvertretertätigkeit von Postagenturbetreibern als haupt- oder nebenberuflich zu qualifizieren ist, vorgelagert.

2. Ständige Betrauung

Der Handelsvertreter muss mit seiner Tätigkeit, d.h. der Vermittlung von Geschäften für den Unternehmer oder dem Abschluss von Geschäften in dessen Namen und auf dessen Rechnung, ständig betraut sein.

---

13 *Küstner* BB 1999, 541; Staub/Canaris/*Emde* § 84 Rn. 22 und § 92b Rn. 5.

14 Siehe die Aufzählungen bei Baumbach/Hopt/*Hopt* § 84 Rn. 36 m.w.N.; Staub/Canaris/*Emde* § 84 Rn. 28 f. m.w.N.

15 Baumbach/Hopt/*Hopt* § 84 Rn. 36 m.w.N.; Staub/Canaris/*Emde* § 84 Rn. 35 m.w.N.

16 Vgl. hierzu unten B.I.2.

17 BGH NJW 1966, 882, 883; BAG NZA 1995, 649, 652; Baumbach/Hopt/*Hopt* § 84 Rn. 38 und § 86 Rn. 15.

18 *Basedow/Donath/Schmidt* S. 118; Baumbach/Hopt/*Hopt* § 84 Rn. 38.

19 Siehe nur BGH NJW 1966, 882, 883; BAG NZA 1995, 649, 652; LG Dortmund NJOZ 2007, 1485, 1488; Baumbach/Hopt/*Hopt* § 84 Rn. 38.

20 Vgl. hierzu unten D.III.1.c).

Grundlage der Handelsvertretertätigkeit ist ein Dienstvertrag gemäß §§ 611 ff. BGB, der eine Geschäftsbesorgung i.S. des § 675 BGB zum Gegenstand hat.[21] Die in § 84 Abs. 1 S. 1 HGB angesprochene „Betrauung" meint daher Beauftragung i.S. der §§ 611 ff., 675 Abs. 1 BGB; der Handelsvertreter muss vertraglich verpflichtet sein, sich laufend um die Herbeiführung von Geschäftsabschlüssen für den Unternehmer zu bemühen.[22] Um dem Erfordernis der Ständigkeit gerecht zu werden, muss die Tätigkeit auf einen gewissen Zeitraum angelegt sein.[23] Da die Vermittlungs- und Abschlusstätigkeit des Handelsvertreters in erster Linie auf die Schaffung eines Kundenstamms für den Unternehmer abzielt,[24] hat die Betrauung zur weiteren Konsequenz, dass der Handelsvertreter mit seiner Tätigkeit die Interessen des Unternehmers verfolgen muss.[25]

Das Merkmal der ständigen Betrauung dient der Abgrenzung des Handelsvertreters u. a. vom Gelegenheitsagenten, der einer Vermittlungstätigkeit nur einmalig oder gelegentlich nachgeht und auf den die §§ 84 ff. HGB keine Anwendung finden.[26]

Die dargestellte Auslegung des Merkmals der ständigen Betrauung muss bei der umstrittenen Frage, welche Anforderungen an die Betrauung des Handelsvertreters als Handelsvertreter im Nebenberuf i.S. des § 92b Abs. 2 HGB zu stellen sind, berücksichtigt werden.[27]

II. Rechte und Pflichten des Handelsvertreters

Zu den essentiellen Rechten und Pflichten des Handelsvertreters gehören die Bemühenspflicht und die Interessenwahrnehmungspflicht gemäß § 86 Abs. 1 HGB, die Benachrichtigungs- und Informationspflicht gemäß § 86 Abs. 2 HGB, der Provisionsanspruch gemäß den §§ 87 ff. HGB einschließlich des Vorschussanspruchs gemäß § 87a Abs. 1 S. 2 HGB, die Kündigungsrechte gemäß §§ 89 f. HGB sowie der Ausgleichsanspruch gemäß § 89b HGB.

1. Haupt- und Nebenpflichten aus § 86 HGB

Nach § 86 Abs. 1 Halbs. 1 HGB hat sich der Handelsvertreter um die Vermittlung oder den Abschluss von Geschäften zu bemühen. Hierbei handelt es sich um die

---

21 Statt aller MünchKomm/*von Hoyningen-Huene* § 84 Rn. 53; Staub/Canaris/*Emde* § 84 Rn. 65.

22 BGH NJW 1992, 2818, 2819; Ebenroth/Boujong/*Löwisch* § 84 Rn. 54 m.w.N.; MünchKomm/*von Hoyningen-Huene* § 84 Rn. 53 f.; Staub/Canaris/*Emde* § 84 Rn. 65.

23 Baumbach/Hopt/*Hopt* § 84 Rn. 42; Oetker/*Busche* § 84 Rn. 39 f.

24 Begr. zum Entwurf eines Gesetzes zur Änderung des Handelsgesetzbuches (Recht der Handelsvertreter), BT-Drucks. 1/3856 vom 15.11.1952, S. 34 f.; BGH NJW 1959, 1430, 1431; Ebenroth/Boujong/*Löwisch* § 84 Rn. 54.

25 Baumbach/Hopt/*Hopt* § 84 Rn. 41; Oetker/*Busche* § 84 Rn. 39 und 41.

26 Statt aller Ebenroth/Boujong/*Löwisch* § 84 Rn. 54.

27 Vgl. hierzu unten F.I.2.

Hauptpflicht des Handelsvertreters, welche bereits im Begriff des Handelsvertreters nach der Legaldefinition des § 84 Abs. 1 S. 1 HGB angelegt ist und seiner Stellung als Beauftragter entspricht.[28]

Der Handelsvertreter hat bei seiner Tätigkeit das Interesse des Unternehmers wahrzunehmen, § 86 Abs. 1 Halbs. 2 HGB. Diese Interessenwahrnehmungspflicht erfasst das gesamte Tätigwerden des Handelsvertreters.[29] Er muss stets so handeln, wie es das Interesse des Unternehmers, dem er zur Loyalität verpflichtet ist, erfordert.[30] Seine eigenen Interessen sind gegenüber denen des Unternehmers nachrangig.[31]

Gemäß § 86 Abs. 2 HGB hat der Handelsvertreter dem Unternehmer die erforderlichen Nachrichten zu geben, namentlich ihm von jeder Geschäftsvermittlung und von jedem Geschäftsabschluss unverzüglich Mitteilung zu machen, vgl. auch §§ 675, 666 BGB.

Diese Benachrichtigungs- und Informationspflicht des Handelsvertreters ergänzt und konkretisiert die vorgenannte Interessenwahrnehmungspflicht.[32] Zweck der vom Handelsvertreter geforderten Berichterstattung ist u. a., dass sich der Unternehmer einen Überblick über dessen Absatzmittlungstätigkeit sowie zugleich über etwaige sonstige Tätigkeiten des Handelsvertreters und ihren Einfluss auf das Vertragsverhältnis zwischen Unternehmer und Handelsvertreter verschaffen kann.[33]

Welche Nachrichten „erforderlich" i.S. des § 86 Abs. 2 HGB sind, richtet sich danach, ob die wohlverstandenen Interessen des Unternehmers im konkreten Einzelfall seine Unterrichtung erfordern.[34] Für den Handelsvertreter bedeutet das, dass er den Unternehmer unverzüglich über sämtliche Umstände informieren muss, die für den Bestand und die Durchführung des Handelsvertretervertrages sowie allgemein für die auf gegenseitigem Vertrauen basierende Vertragsbeziehung der Parteien relevant sind.[35] Hierzu gehört z. B. die Absicht der Aufnahme einer weiteren Handelsvertretung oder einer sonstigen Tätigkeit.[36] Die Benachrichtigungspflicht erstreckt sich auf diese Weise nicht nur auf die Vermittlungs- und Abschlusstätigkeit

---

28 Baumbach/Hopt/*Hopt* § 86 Rn. 12; vgl. oben B.I.2.

29 Röhricht/Graf von Westphalen/*Thume* § 86 Rn. 14.

30 OLG Koblenz BB 1973, 866; Ebenroth/Boujong/*Löwisch* § 86 Rn. 5 m.w.N; MünchKomm/*von Hoyningen-Huene* § 86 Rn. 29 m.w.N.; Staub/Canaris/*Emde* § 84 Rn. 65 und § 86 Rn. 69.

31 OLG Koblenz BB 1973, 866; MünchKomm/*von Hoyningen-Huene* § 86 Rn. 29; Staub/Canaris/*Emde* § 86 Rn. 69.

32 Ebenroth/Boujong/*Löwisch* § 86 Rn. 2 und 14.

33 OLG Düsseldorf BB 1969, 330; Ebenroth/Boujong/*Löwisch* § 86 Rn. 17; Röhricht/Graf von Westphalen/*Thume* § 86 Rn. 19; Staub/Canaris/*Emde* § 86 Rn. 161.

34 BGH NJW 1966, 882, 883; BAG NZA 2000, 481, 483.

35 Ebenroth/Boujong/*Löwisch* § 86 Rn. 17; Staub/Canaris/*Emde* § 86 Rn. 156.

36 OLG Düsseldorf BB 1969, 330; Ebenroth/Boujong/*Löwisch* § 86 Rn. 17.

selbst, sondern insgesamt auf sämtliche für den Unternehmer wesentlichen Einzelheiten aus dem Tätigkeitsbereich des Handelsvertreters.[37]

Die dargestellte Pflichtenstellung des Handelsvertreters wirkt sich vor allem bei der Frage aus, welche Rechtsfolgen eine Änderung der – für die Bestimmung der Qualität der Vertretertätigkeit maßgeblichen – tatsächlichen Verhältnisse während der Laufzeit des Handelsvertretervertrages zeitigt.[38] Denn die Pflichten aus § 86 Abs. 1 und 2 HGB treffen den Handelsvertreter unabhängig von der Frage, ob er haupt- oder nebenberuflich tätig ist.[39]

2. Provisionsanspruch gemäß §§ 87 ff. HGB, insbesondere: Anspruch auf Provisionsvorschuss gemäß § 87a Abs. 1 S. 2 HGB

Der Handelsvertreter hat Anspruch auf Provision für alle während des Vertragsverhältnisses abgeschlossenen Geschäfte, die auf seine Tätigkeit zurückzuführen sind oder mit Dritten abgeschlossen werden, die er als Kunden für Geschäfte der gleichen Art geworben hat, § 87 Abs. 1 S. 1 HGB.

Während §§ 87b und 87c HGB Regelungen zur Höhe und Abrechnung dieses Provisionsanspruchs treffen,[40] befasst sich § 87a HGB u. a. mit der Entstehung des Provisionsanspruchs. Der Handelsvertreter hat hiernach grundsätzlich Anspruch auf Provision, sobald und soweit der Unternehmer das Geschäft ausgeführt hat, § 87a Abs. 1 S. 1 HGB.

Im Handelsvertretervertrag können die Parteien jedoch Abweichendes vereinbaren, § 87a Abs. 1 S. 2 HGB. Auf dieser Grundlage wird in der Praxis von den Parteien vielfach festgelegt, dass der Provisionsanspruch entgegen § 87a Abs. 1 S. 1 HGB nicht schon mit der Ausführung des Geschäfts durch den Unternehmer entsteht, sondern erst im Zeitpunkt der Ausführung des Geschäfts durch den Dritten, also den Kunden.[41] Der Unternehmer kann auf diese Weise vermeiden, die Provision an den Handelsvertreter zahlen zu müssen, ohne zuvor die Leistung des Kunden erhalten zu haben, z. B. aufgrund eines diesem eingeräumten längeren Zahlungsziels.[42]

Zu der den Parteien durch § 87a Abs. 1 S. 2 HGB eingeräumten Gestaltungsmöglichkeit gibt es jedoch zwei gesetzliche Einschränkungen:

---

37 OLG Köln BB 1971, 543; Baumbach/Hopt/*Hopt* § 86 Rn. 41; Ebenroth/Boujong/*Löwisch* § 86 Rn. 14.

38 Vgl. hierzu unten E.

39 Siehe nur LG Frankfurt VersR 1989, 181, 182.

40 Vgl. zu § 87c HGB unten C.VI.2.

41 Siehe nur Baumbach/Hopt/*Hopt* § 87a Rn. 8; Koller/Kindler/*Roth* § 87a Rn. 2; Röhricht/Graf von Westphalen/*Thume* § 87a Rn. 9; *Schröder* BB 1963, 567, 570; *von Brunn* NJW 1954, 56, 58.

42 Staub/Canaris/*Emde* § 87a Rn. 28.

Der Handelsvertreter hat zum einen unabhängig von einer Vereinbarung Anspruch auf Provision, sobald und soweit der Dritte das Geschäft ausgeführt hat, § 87a Abs. 1 S. 3 HGB.

Zum anderen hat der Handelsvertreter mit der Ausführung des Geschäfts durch den Unternehmer Anspruch auf einen angemessenen Vorschuss, der spätestens am letzten Tag des folgenden Monats fällig ist, § 87a Abs. 1 S. 2 HGB.

Hintergrund dieses – jedenfalls für den hauptberuflichen Handelsvertreter – unabdingbaren Anspruchs auf einen Provisionsvorschuss ist Folgender: Der Handelsvertreter ist bei einer für ihn nachteiligen Abweichung von dem Grundsatz des § 87a Abs. 1 S. 1 HGB insofern schutzbedürftig, als er für die Geschäftsanbahnung und -vermittlung oftmals nennenswerte Aufwendungen tätigen muss, deren Vorfinanzierung ihm gerade bei einer sich zeitlich in die Länge ziehenden Geschäftsausführung nicht zugemutet werden soll.[43]

Welcher Vorschuss angemessen ist, richtet sich nach den konkreten Umständen des Einzelfalls.[44] Von Relevanz sind etwa der voraussichtliche Zeitpunkt der Leistungserbringung durch den Kunden, die Bedeutung des Vorschusses für die Sicherung des Lebensunterhalts und des Geschäftsbetriebs des Handelsvertreters sowie die Liquidität des Unternehmers.[45]

Gemäß § 87a Abs. 2 HGB entfällt der Provisionsanspruch und bereits empfangene Beträge sind zurückzugewähren, wenn feststeht, dass der Dritte nicht leistet. Der Handelsvertreter muss in diesem Fall auch einen vom Unternehmer geleisteten Vorschuss zurückzahlen.[46]

3. Kündigungsrechte gemäß §§ 89 f. HGB

Nach § 89 Abs. 1 S. 1 und 2 HGB kann ein auf unbestimmte Zeit eingegangenes Vertragsverhältnis im ersten Jahr der Vertragsdauer mit einer Frist von einem Monat, im zweiten Jahr mit einer Frist von zwei Monaten, im dritten bis fünften Jahr mit einer Frist von drei Monaten und nach einer Vertragsdauer von fünf Jahren mit einer Frist von sechs Monaten gekündigt werden. Die Kündigung ist nur für den Schluss eines Kalendermonats zulässig, sofern keine abweichende Vereinbarung getroffen ist, § 89 Abs. 1 S. 3 HGB.

Die Regelung des § 89 HGB normiert das Recht der Vertragsparteien zur ordentlichen Kündigung eines auf unbestimmte Zeit eingegangenen Handelsvertretervertrages und gibt hierfür anhand der Vertragsdauer zu bemessende

---

43 Baumbach/Hopt/*Hopt* § 87a Rn. 9; Oetker/*Busche* § 87a Rn. 15; Röhricht/Graf von Westphalen/*Thume* § 87a Rn. 9.

44 Statt aller MünchKomm/*von Hoyningen-Huene* § 87a Rn. 25.

45 Baumbach/Hopt/*Hopt* § 87a Rn. 9; Ebenroth/Boujong/*Löwisch* § 87a Rn. 42; MünchKomm/*von Hoyningen-Huene* § 87a Rn. 25; Oetker/*Busche* § 87a Rn. 15; Staub/Canaris/*Emde* § 87a Rn. 29.

46 Ebenroth/Boujong/*Löwisch* § 87a Rn. 44; *Schröder* BB 1963, 567, 571.

Mindestkündigungsfristen vor, die sich nicht abkürzen lassen.[47] Die in § 89 Abs. 1 S. 1 und 2 HGB genannten Kündigungsfristen können gemäß § 89 Abs. 2 HGB durch Vereinbarung (nur) verlängert werden, jedoch darf für den Unternehmer keine kürzere Kündigungsfrist als für den Handelsvertreter vereinbart werden.

Die Vorschrift bezweckt den Schutz des Handelsvertreters davor, dass ihm nach Ausspruch einer Kündigung nicht ausreichend Zeit bleibt, um sich zur Sicherung seiner Existenz eine neue Tätigkeit zu suchen.[48] Nach der Konzeption der Norm nimmt das Schutzbedürfnis des Handelsvertreters mit fortschreitender Vertragsdauer zu, so dass sich die Mindestkündigungsfristen entsprechend verlängern.[49] Hierdurch wird deutlich, dass der Gesetzgeber angesichts der auf Dauer angelegten Eingliederung des (selbstständigen) Handelsvertreters in das Vertriebssystem des Unternehmers von einer Schutzbedürftigkeit des Handelsvertreters ausging, die der eines Arbeitnehmers vergleichbar ist, vgl. § 622 BGB.[50]

Eine Teilkündigung ist nur dann zulässig, wenn sie einen klar abgrenzbaren, d.h. selbstständig abtrennbaren Teil eines Vertragsverhältnisses erfasst und hierdurch nicht ein einheitlicher Vertrag hinsichtlich einzelner Vertragsbedingungen inhaltlich umgestaltet wird.[51]

Gemäß § 89a Abs. 1 S. 1 HGB kann das Vertragsverhältnis von jedem Teil aus wichtigem Grund ohne Einhaltung einer Kündigungsfrist gekündigt werden. Dieses Recht kann nicht ausgeschlossen oder beschränkt werden, § 89a Abs. 1 S. 2 HGB.

Die Vorschrift des § 89a Abs. 1 HGB regelt das Recht der Vertragsparteien zur außerordentlichen (fristlosen) Kündigung eines Handelsvertretervertrages. Sie gilt für unbefristete wie befristete Verträge und auch für den Handelsvertreter im Nebenberuf, vgl. § 92b Abs. 1 S. 1 HGB.

Ein wichtiger Grund i.S. des § 89a Abs. 1 S. 1 HGB ist dann gegeben, wenn der kündigenden Partei unter Berücksichtigung sämtlicher Umstände des Einzelfalls und unter Abwägung der gegenseitigen Interessen der Parteien die Fortführung des Handelsvertretervertrages bis zum Ablauf der ordentlichen Kündigungsfrist nach § 89 Abs. 1 HGB nicht zuzumuten ist.[52] Ein außerordentliches Kündigungsrecht

---

47 MünchKomm/*von Hoyningen-Huene* § 89 Rn. 2; Röhricht/Graf von Westphalen/*Thume* § 89 Rn. 1 ff.

48 Begr. zum Entwurf eines Gesetzes zur Änderung des Handelsgesetzbuches (Recht der Handelsvertreter), BT-Drucks. 1/3856 vom 15.11.1952, S. 42; BGH MDR 2002, 1259.

49 MünchKomm/*von Hoyningen-Huene* § 89 Rn. 2.

50 MünchKomm/*von Hoyningen-Huene* § 89 Rn. 2; Oetker/*Busche* § 89 Rn. 1; vgl. Begr. zum Entwurf eines Gesetzes zur Änderung des Handelsgesetzbuches (Recht der Handelsvertreter), BT-Drucks. 1/3856 vom 15.11.1952, S. 31.

51 BGH BB 1977, 964; OLG Köln NJW-RR 2002, 602, 603; Ebenroth/Boujong/*Löwisch* § 89 Rn. 22 f.; Graf von Westphalen/Thüsing/*Graf von Westphalen* Teil „Klauselwerke", Handelsvertretervertrag Rn. 62; Oetker/*Busche* § 89 Rn. 13; Staub/Canaris/*Emde* § 89 Rn. 25.

52 Statt vieler BGH BB 1983, 1629; NJW 1986, 1931; MünchKomm/*von Hoyningen-Huene* § 89a Rn. 12.

kann insbesondere bei wesentlichen Vertragsverletzungen der anderen Partei gegeben sein.[53]

Auf Seiten des Handelsvertreters kann ein Verstoß gegen die Benachrichtigungs- und Informationspflicht[54] einen wichtigen Kündigungsgrund für den Unternehmer darstellen, etwa die Nichtmitteilung von Umständen, die für den Unternehmer von besonderer Bedeutung sind.[55]

Wird die Kündigung durch ein Verhalten veranlasst, das der andere Teil zu vertreten hat, so ist dieser zum Ersatz des durch die Aufhebung des Vertragsverhältnisses entstehenden Schadens verpflichtet, § 89a Abs. 2 HGB. Die kündigende Partei muss gemäß §§ 249 ff. BGB so gestellt werden, wie sie ohne die von der anderen Partei veranlasste fristlose Kündigung des Handelsvertretervertrages stünde; hiernach ist nur der Schaden zu ersetzen, der dem Unternehmer bis zur vereinbarten oder durch ordentliche Kündigung zum nächstmöglichen Zeitpunkt bewirkten Vertragsbeendigung entsteht.[56]

Die Kündigungsrechte werden ebenfalls bei der Frage nach den rechtlichen Auswirkungen einer Änderung der für die Bestimmung der Qualität der Vertretertätigkeit maßgeblichen tatsächlichen Verhältnisse während der Laufzeit des Handelsvertretervertrages relevant.[57]

4. Ausgleichsanspruch gemäß § 89b HGB

Der Handelsvertreter kann von dem Unternehmer nach Beendigung des Vertragsverhältnisses einen angemessenen Ausgleich verlangen, wenn und soweit der Unternehmer aus der Geschäftsverbindung mit neuen Kunden, die der Handelsvertreter geworben hat, auch nach Beendigung des Vertragsverhältnisses erhebliche Vorteile hat und die Zahlung eines Ausgleichs unter Berücksichtigung aller Umstände, insbesondere der dem Handelsvertreter aus Geschäften mit diesen Kunden entgehenden Provisionen, der Billigkeit entspricht, § 89b Abs. 1 S. 1 HGB.

Bei diesem Ausgleichsanspruch handelt es sich seit seiner Schaffung um den größten „Zankapfel" im Recht der Handelsvertreter.[58] § 89b HGB stellt die in der Praxis bedeutendste Vorschrift des Handelsvertreterrechts dar.[59]

Mit der Normierung des Ausgleichsanspruchs nach § 89b HGB wollte der Gesetzgeber der Gefahr begegnen, dass ein Handelsvertreter „durch eine form- und fristgemäße Kündigung entschädigungslos um die Früchte einer u.U. jahrelangen

---

53 Siehe hierzu im Einzelnen Baumbach/Hopt/*Hopt* § 89a Rn. 17 und 22.

54 Vgl. oben B.II.1.

55 OLG Düsseldorf BB 1969, 330; OLG Köln BB 1971, 543; MünchKomm/*von Hoyningen-Huene* § 89a Rn. 35; Staub/Canaris/*Emde* § 89a Rn. 27.

56 Siehe nur BGH NJW 1993, 1386, 1387; Baumbach/Hopt/*Hopt* § 89a Rn. 34.

57 Vgl. hierzu unten E.

58 *Thume* BB 2007, 1750, 1751.

59 Siehe nur Baumbach/Hopt/*Hopt* § 89b Rn. 1; *Moritz* DB 1987, 875; *Schröder* INF 1977, 33; Staub/Canaris/*Emde* § 89b Rn. 6.

Arbeit gebracht" wird; dies sei insbesondere dann zu befürchten, wenn der Handelsvertreter den von ihm geschaffenen Kundenstamm nach Vertragsende nicht im Rahmen einer neuen Vertretertätigkeit nutzen könne, sondern dieser allein beim Unternehmer verbleibe.[60] Während der Handelsvertreter durch den Verlust des Kundenstamms einen erheblichen wirtschaftlichen Nachteil erleide, erwachse dem Unternehmer hieraus der Vorteil, aus Geschäften mit den vom Handelsvertreter geworbenen Kunden nach wie vor wirtschaftliche Gewinne zu generieren, vor allem auch durch die Ersparnis der dem Handelsvertreter für Nachbestellungen und Folgeaufträge nach § 87 Abs. 1 S. 1 Fall 2 HGB an sich gebührenden, infolge der Vertragsbeendigung jedoch entfallenen Provision.[61]

Dem Ausgleichsanspruch liegt mithin die Annahme zugrunde, dass die vom Handelsvertreter gegenüber dem Unternehmer erbrachte Leistung nicht allein in der Herbeiführung des einzelnen Geschäftsabschlusses besteht, sondern er darüber hinausgehend durch seine erfolgreiche Absatzmittlungstätigkeit i.d.R. einen Kundenstamm für den Unternehmer aufbaut.[62] Für diese auf die Herstellung einer dauernden Geschäftsbeziehung gerichtete Leistung, welche die Quelle weiterer Geschäftsabschlüsse nach Vertragsende bildet, muss der Unternehmer dem Handelsvertreter noch ein zusätzliches, über die Vermittlungsprovision für das einzelne Geschäft hinausgehendes Entgelt gewähren.[63]

Nach ständiger Rechtsprechung des BGH stellt der Ausgleich dementsprechend die Gegenleistung für die durch die bisherigen Provisionszahlungen noch nicht vollständig abgegoltene Leistung des Handelsvertreters dar, d. h. für den Kundenstamm, den der Handelsvertreter aufgebaut hat und bei Vertragsbeendigung dem Unternehmer überlassen muss.[64] *Emde* bezeichnet den Ausgleich als eine „kapitalisierte, im Gegenseitigkeitsverhältnis stehende Restvergütung" für die Schaffung des Kundenstamms.[65]

Obwohl der dem Handelsvertreter nach § 89b HGB gebührende Ausgleich also „in seinem Kern eine Vergütung für die Erarbeitung eines Kundenstammes" ist,[66] ist der Ausgleichsanspruch kein herkömmlicher Vergütungsanspruch so wie der Provisionsanspruch; dies belegt bereits der durch § 89b Abs. 1 Nr. 2 HGB eröffnete Einfluss von Billigkeitsgesichtspunkten auf die Entstehung und die Bemessung

60 Begr. zum Entwurf eines Gesetzes zur Änderung des Handelsgesetzbuches (Recht der Handelsvertreter), BT-Drucks. 1/3856 vom 15.11.1952, S. 33 ff.

61 Begr. zum Entwurf eines Gesetzes zur Änderung des Handelsgesetzbuches (Recht der Handelsvertreter), BT-Drucks. 1/3856 vom 15.11.1952, S. 35.

62 BGH NJW 1957, 1028, 1029; NJW 1957, 1029, 1031; NJW 1959, 1430, 1431.

63 BGH NJW 1957, 1028, 1029; NJW 1957, 1029, 1031; NJW 1959, 1430, 1431.

64 Siehe nur BGH NJW 1957, 1028, 1029; NJW 1957, 1029, 1031; NJW 1959, 1430, 1431; NJW-RR 2002, 1548, 1551; Baumbach/Hopt/*Hopt* § 89b Rn. 2.

65 Staub/Canaris/*Emde* § 89b Rn. 16; ähnlich Küstner/Thume/*Thume* Band 2 Kap. I Rn. 37.

66 BGH NJW 1959, 1430, 1431.

des Anspruchs.[67] Der Gesetzgeber wollte mit dem Ausgleichsanspruch auch „einen Beitrag zur Verbesserung der wirtschaftlichen Situation und sozialen Absicherung von Handelsvertretern" leisten.[68] Hierdurch wird § 89b HGB nach herrschender Auffassung aber nicht zu einer sozialen Schutznorm zugunsten des Handelsvertreters.[69]

Entstehung und Fälligkeit des Ausgleichsanspruchs setzen die Beendigung des Handelsvertretervertrages voraus.[70] Eine derartige Beendigung kann auch in der Fortführung des Handelsvertretervertrages auf einer vollkommen veränderten rechtlichen und tatsächlichen Grundlage liegen.[71]

Die Berechnung des Ausgleichsanspruchs erfolgt anhand eines dreistufigen Verfahrens, das die Vorteile des Unternehmers i.S. von § 89b Abs. 1 S. 1 Nr. 1 HGB, die Billigkeit einer Ausgleichszahlung i.S. von § 89b Abs. 1 S. 1 Nr. 2 HGB und die Obergrenze gemäß § 89b Abs. 2 HGB berücksichtigt.[72] Nach der letztgenannten Bestimmung darf der Ausgleich höchstens eine nach dem Durchschnitt der letzten fünf Jahre der Tätigkeit des Handelsvertreters berechnete Jahresprovision oder sonstige Jahresvergütung betragen. Der so ermittelte Ausgleichsbetrag steht seinerseits unter dem Vorbehalt der Angemessenheit, vgl. § 89b Abs. 1 S. 1 HGB.

Zur Feststellung der Unternehmervorteile, die grundsätzlich mit den Provisionsverlusten des Handelsvertreters deckungsgleich sind, ist eine Umsatzprognose zum Zeitpunkt der Beendigung des Vertragsverhältnisses vorzunehmen, d.h. es sind die zukünftig zu erwartenden Umsätze des Unternehmers mit den vom Handelsvertreter geworbenen Stammkunden innerhalb eines zuvor bestimmten Prognosezeitraums zu ermitteln.[73] Grundlage dieser Prognose sind i.d.R. die im letzten Vertragsjahr erzielten Provisionen des Handelsvertreters.[74]

Aufgrund seiner enormen Bedeutung für den Handelsvertreter kann der Ausgleichsanspruch gemäß § 89b Abs. 4 S. 1 HGB nicht im Voraus ausgeschlossen

---

67 Statt aller BVerfG NJW 1996, 381; BGH NJW 1957, 1029, 1031.

68 So BVerfG NJW 1996, 381; vgl. Begr. zum Entwurf eines Gesetzes zur Änderung des Handelsgesetzbuches (Recht der Handelsvertreter), BT-Drucks. 1/3856 vom 15.11.1952, S. 33 ff.; *Canaris* § 15 Rn. 104 und 113.

69 Siehe nur Baumbach/Hopt/*Hopt* § 89b Rn. 3; Oetker/*Busche* § 89b Rn. 1; Staub/Canaris/*Emde* § 89b Rn. 20; in diesem Sinne bereits Kurzprotokoll der 194. Sitzung des Ausschusses für Wirtschaftspolitik des Deutschen Bundestags vom 12.03.1953, S. 4; Protokoll der 271. Sitzung des Ausschusses für Rechtswesen und Verfassungsrecht des Deutschen Bundestages vom 25.06.1953, S. 5; a.A. wohl Röhricht/Graf von Westphalen/*Thume* § 89b Rn. 6, der die Norm (auch) als soziale Schutzvorschrift betrachtet.

70 BGH NJW 1998, 71, 75; Baumbach/Hopt/*Hopt* § 89b Rn. 7.

71 Baumbach/Hopt/*Hopt* § 89b Rn. 7 m.w.N.; Ebenroth/Boujong/*Löwisch* § 89b Rn. 44.

72 Statt aller Koller/Kindler/*Roth* § 89b Rn. 3a.

73 Siehe hierzu im Einzelnen BGH NJW 1998, 71, 72 ff.; NJW-RR 2002, 1548, 1549; MünchKomm/*von Hoyningen-Huene* § 89b Rn. 81 f. und 129 f.

74 *Küstner* BB 1999, 541, 545; Oetker/*Busche* § 89b Rn. 26.

werden, hat somit zwingenden Charakter.[75] Nach dem Schutzzweck der Norm soll der Handelsvertreter davor bewahrt werden, für ihn nachteiligen Vereinbarungen mit dem ihm wirtschaftlich überlegenen Unternehmer zuzustimmen.[76] § 89b Abs. 4 S. 1 HGB untersagt sämtliche Vereinbarungen, die den Handelsvertreter benachteiligen, indem sie zu einer Beeinträchtigung der Entstehung oder der Höhe des Ausgleichsanspruchs führen.[77]

Der Ausgleichsanspruch ist innerhalb eines Jahres nach Beendigung des Vertragsverhältnisses geltend zu machen, § 89b Abs. 4 S. 2 HGB.

III. Zwischenergebnis

Die Rechts- und Pflichtenstellung des Handelsvertreters zeichnet sich insbesondere durch seine Pflicht zur unbedingten Wahrnehmung der Interessen des Unternehmers einerseits und durch die unabdingbaren Schutzvorschriften der §§ 87a Abs. 1 S. 2, 89 und 89b HGB andererseits aus. Diese Bestimmungen sollen seine Rechtsposition gegenüber dem ihm regelmäßig wirtschaftlich überlegenen Unternehmer stärken und ihn vor vom Unternehmer vorgegebenen, nachteiligen Vereinbarungen schützen. Vor diesem Hintergrund hat die sich nun anschließende Untersuchung der Sonderregelung des § 92b HGB und ihrer praktischen Anwendung zu erfolgen.

---

75 Graf von Westphalen/Thüsing/*Graf von Westphalen* Teil „Klauselwerke“, Handelsvertretervertrag Rn. 80.

76 Siehe nur BGH NJW 1996, 2867, 2868.

77 BGH NJW-RR 2002, 1548, 1551; NJW 2003, 290, 293; Graf von Westphalen/Thüsing/*Graf von Westphalen* Teil „Klauselwerke“, Handelsvertretervertrag Rn. 80 m.w.N.

C. Sonderregelung des § 92b HGB für den Handelsvertreter im Nebenberuf

§ 92b HGB trifft eine spezielle Regelung für den Fall, dass ein Handelsvertreter (nur) im Nebenberuf tätig ist. Die Norm gibt vor, inwieweit es für den in ihren Anwendungsbereich fallenden Handelsvertreter zu Abweichungen von den Bestimmungen der §§ 84 ff. HGB kommt.

I. Begriff des nebenberuflichen Handelsvertreters

Die Vorschrift des § 92b HGB enthält keine Legaldefinition des Handelsvertreters im Nebenberuf. § 92b Abs. 1 HGB nennt diesen vielmehr als alleiniges Tatbestandsmerkmal und regelt sodann die Rechtsfolgen einer nebenberuflichen Handelsvertretertätigkeit.[78] Der einzige Anhaltspunkt im Gesetz für eine Begriffsbestimmung findet sich in Abs. 3 der Norm. Hiernach bestimmt sich nach der Verkehrsauffassung, ob ein Handelsvertreter nur als Handelsvertreter im Nebenberuf tätig ist.[79]

Aufgrund des klaren Wortlauts des § 92b HGB, in dem der Begriff des Handelsvertreters in gleicher Weise wie in den §§ 84 ff. HGB verwendet wird, und der Systematik des Gesetzes lässt sich zunächst feststellen, dass der Handelsvertreter im Nebenberuf alle gesetzlichen Merkmale eines Handelsvertreters i.S. des § 84 Abs. 1 HGB aufweisen muss.[80] Der nebenberufliche Handelsvertreter ist eine Erscheinungsform des darin definierten Handelsvertreters.[81] Er muss demnach u.a. selbstständig und ständig mit der Absatzmittlungstätigkeit betraut sein, d.h. sich für eine gewisse Dauer laufend um die Herbeiführung von Geschäftsabschlüssen für den Unternehmer bemühen.[82] Kaufmann i.S. der §§ 1 ff. HGB muss der Handelsvertreter im Nebenberuf aber ebenso wenig sein wie derjenige im Hauptberuf, vgl. § 84 Abs. 4 HGB.[83]

Dies hat zur Konsequenz, dass der Gelegenheitsvermittler oder -agent, der nicht aufgrund einer ständigen Betrauung, sondern nur einmalig oder gelegentlich vermittelnd tätig wird, von vornherein nicht zum Kreis der Normadressaten gehören

---

78 Heymann/Horn/*Sonnenschein*/*Weitemeyer* § 92b Rn. 2; Staub/Canaris/*Emde* § 92b Rn. 1.

79 Ausführlich hierzu unten D.II.1.

80 *Alff* Rn. 20; Ebenroth/Boujong/*Löwisch* § 92b Rn. 2; *Küstner* VW 2002, 1793; Küstner/Thume/*Schürr* Band 1 Kap. I Rn. 197; Martinek/Semler/*Flohr*/*Pohl* § 17 Rn. 26; Staub/Canaris/*Emde* § 92b Rn. 4; vgl. oben B.I.

81 *Beenken*/*Reckenfelderbäumer* VW 2006, 76; *Westphal* S. 26.

82 Ebenroth/Boujong/*Löwisch* § 92b Rn. 1; vgl. oben B.I.1. und 2.

83 Küstner/Thume/*Schürr* Band 1 Kap. I Rn. 197.

kann.[84] Er ist weder haupt- noch nebenberuflicher Handelsvertreter. In den – sicherlich nicht allzu seltenen – Fällen, in denen Art und Umfang der Vermittlungstätigkeit eines nebenberuflichen Handelsvertreters und eines Gelegenheitsvermittlers faktisch annähernd gleich sind, ist das Merkmal der ständigen Betrauung als Abgrenzungskriterium damit von entscheidender Bedeutung.[85]

Sind die Voraussetzungen des § 84 HGB erfüllt, so bedarf es darüber hinaus noch eines zusätzlichen Elements, um zur Anwendbarkeit des § 92b HGB zu kommen: Der Handelsvertreter muss seine Tätigkeit nur „im Nebenberuf" ausüben. Dieser Begriff setzt denknotwendig voraus, dass die Handelsvertretertätigkeit „neben" einer anderen, wie auch immer gearteten (Haupt-)Tätigkeit, dem Hauptberuf, ausgeübt wird.[86] Die Vertretertätigkeit darf folglich nur „nebenbei" oder „nebenher" erfolgen. Der Begriff „Hauptberuf" wird im HGB selbst allerdings nicht verwendet.

II. Entstehungsgeschichte der Norm

Das HGB vom 10.05.1897, in Kraft getreten am 01.01.1900, regelte erstmalig das Recht der Handelsvertreter (im Gesetz als „Handlungsagenten" bezeichnet).[87] Es beschränkte sich jedoch auf wenige (dispositive) Normen und beinhaltete insbesondere keine Sonderregelung für eine im Nebenberuf ausgeübte Handelsvertretertätigkeit.[88]

1. Herkunft der Differenzierung zwischen Haupt- und Nebenberuf

Die Differenzierung zwischen haupt- und nebenberuflicher Vertretertätigkeit hatte ihren Ursprung im Bereich der Versicherungswirtschaft.[89] Bereits im 19. Jahrhundert vertrieben Personen in stetig wachsender Anzahl Versicherungsverträge zusätzlich

---

84 Ebenroth/Boujong/*Löwisch* § 92b Rn. 2; *Küstner* VW 2002, 1793; Küstner/Thume/*Schürr* Band 1 Kap. I Rn. 197; *Trinkhaus* S. 102.

85 *Küstner* VW 2002, 1793; Küstner/Thume/*Schürr* Band 1 Kap. I Rn. 197; *Trinkhaus* S. 102.

86 Vgl. hierzu im Einzelnen unten D.II.1.c) und d).

87 Begr. zum Entwurf eines Gesetzes zur Änderung des Handelsgesetzbuches (Recht der Handelsvertreter), BT-Drucks. 1/3856 vom 15.11.1952, S. 9; Baumbach/Hopt/*Hopt* § 84 Rn. 2; *Möller* ZfV 1953, 89; Röhricht/Graf von Westphalen/*Thume* Vorbemerkung Vor § 84 Rn. 1; *von Brunn* S. 1.

88 Begr. zum Entwurf eines Gesetzes zur Änderung des Handelsgesetzbuches (Recht der Handelsvertreter), BT-Drucks. 1/3856 vom 15.11.1952, S. 9; Baumbach/Hopt/*Hopt* § 84 Rn. 2; *Baums* BB 1986, 891; Heymann/Horn/*Sonnenschein*/ *Weitemeyer* § 92b Rn. 1; *Knapp* VW 1952, 391; MünchKomm/*von Hoyningen-Huene* § 92b Rn. 1; *von Brunn* S. 1.

89 *Baums* BB 1986, 891.

zu ihrem eigentlichen Beruf.[90] Dies führte später dazu, dass der Begriff der Haupt- bzw. Nebenberuflichkeit in einigen versicherungsrechtlichen Bestimmungen verwendet wurde, vor allem in Vorschriften, nach denen den nebenberuflich tätigen Versicherungsvermittlern der Höhe nach geringere Provisionen als den Hauptberuflern zugebilligt wurden.[91] Zum Teil enthielten diese Bestimmungen zugleich eine Definition der Haupt- oder Nebenberuflichkeit.

So gingen die Richtlinien für die Begrenzung der Abschlussprovisionen in der Großlebensversicherung dann von nebenberuflich tätigen Versicherungsvertretern aus, wenn sie „aus der Versicherungsvermittlung nicht ausschließlich oder überwiegend ihren Unterhalt bestreiten".[92]

Nach dem zur Verordnung über die Versicherung von Kraftfahrzeugen vom 14.02.1938[93] ergangenen Runderlass Nr. 51/38 des Reichskommissars für die Preisbildung vom 05.05.1938 sollte eine Person hauptberuflicher Versicherungsvermittler sein, wenn sie „überwiegend und regelmäßig bei der Vermittlung und Verwaltung von Kraftfahrzeugversicherungen oder anderer Versicherungszweige tätig ist und in der Regel den größeren Teil des aus Erwerbstätigkeit bezogenen Einkommens hieraus erzielt. – Einkommen aus Grund- und Hausbesitz oder sonstigem Kapitalvermögen sowie Pensionsbezüge bleiben bei der Feststellung, ob eine hauptberufliche Versicherungsvermittlung vorliegt, außer acht".[94]

Im Jahr 1935 befasste sich der Sonderausschuss für Versicherungsagenten- und Versicherungsmaklerrecht der Akademie für Deutsches Recht mit einem Gesetzentwurf hinsichtlich der Registrierung der hauptberuflichen Versicherungsvertreter und Versicherungsmakler, der darauf abzielte, „die Versicherungswerbung von fachlich und charakterlich ungeeigneten Elementen zu säubern und reinzuhalten".[95] Ausgehend von dem Gedanken, dass ein nebenberuflich tätiger Versicherungsvertreter sich in geringerem Maße als ein solcher im Hauptberuf mit den Standesinteressen verbunden fühlt,[96] sollte nur für die hauptberuflichen Versicherungsvertreter die Eintragung in ein zentral geführtes Register, die nur bei entsprechender persönlicher und fachlicher Eignung erfolgt, zur Voraussetzung für die Berufsausübung

90 Ausführlich *Beenken/Reckenfelderbäumer* VW 2006, 76; *Möller* S. 9 und 11.

91 *Baums* BB 1986, 891; *Möller* S. 30 ff.; *Trinkhaus* S. 7, 103 f., 223 f., 231 f., 257, 261 ff., 550 ff.; vgl. auch *Martin* VersR 1967, 824, 826.

92 *Möller* S. 34.

93 RGBl. I, S. 200 f.

94 Zitiert nach *Bruck/Möller* Vor §§ 43–48 Anm. 15; *Möller* S. 33; vgl. *Strietholt* ZfV 1952, 364, 367; *Trinkhaus* S. 103.

95 Siehe *Schubert*, Akademie für Deutsches Recht, 1933–1945, Protokolle der Ausschüsse, Band 13, Ausschussbericht von *Hans Ullrich*: Gesetzentwurf betr. die Registrierung der hauptberuflichen Versicherungsvertreter und Versicherungsmakler, S. 478.

96 *Schubert*, Akademie für Deutsches Recht, 1933–1945, Protokolle der Ausschüsse, Band 13, Ausschussbericht von *Hans Ullrich*: Gesetzentwurf betr. die Registrierung der hauptberuflichen Versicherungsvertreter und Versicherungsmakler, S. 480.

erhoben werden.[97] In § 1 Abs. 1 S. 1 dieses Gesetzentwurfs findet sich folgende Legaldefinition: „Hauptberuflicher Versicherungsvertreter im Sinne dieses Gesetzes ist, wer von einem Versicherungsunternehmen innerhalb des Deutschen Reiches ständig damit betraut ist, Versicherungsverträge zu vermitteln oder abzuschließen und durch diese Tätigkeit entweder ausschließlich oder überwiegend seinen Lebensunterhalt bestreitet".[98]

Der von der Akademie für Deutsches Recht im Jahr 1942 vorgelegte Entwurf eines „Gesetzes zur Ordnung der Versicherungsvermittlung", mit dem entsprechend den Bestrebungen zuvor eine Zulassungsregelung für den Beruf des Versicherungsvermittlers eingeführt werden sollte, verlangte in § 2 Abs. 1 für eine hauptberufliche Tätigkeit, dass sie „die überwiegende Erwerbstätigkeit und die Hauptquelle des Arbeitseinkommens" darstellt.[99] Nur die hauptberuflichen Vermittler sollten einer besonderen Zulassungspflicht unterliegen und im Gegenzug eine besondere Bezeichnung führen dürfen; der Entwurf bezweckte auf diese Weise den „Schutz des Publikums, das darauf hingewiesen wird, ob ein Vermittler besonders zugelassen ist", und die Hervorhebung eines eigenen Berufsstands der hauptberuflich tätigen Versicherungsvermittler.[100] Während der vorgenannte Entwurf das kumulative Vorliegen der beiden in der Legaldefinition aufgeführten Voraussetzungen verlangte,[101] nahm ein Vorgängerentwurf aus dem Jahr 1939 in § 1 Abs. 1 eine hauptberufliche Tätigkeit schon dann an, wenn diese „entweder die überwiegende Erwerbstätigkeit oder die Hauptquelle des Arbeitseinkommens bildet".[102]

2. Entwurf eines Handelsvertretergesetzes der Akademie für Deutsches Recht aus dem Jahr 1940

Ausgangspunkt der umfassenden Neuregelung des Rechts der Handelsvertreter und damit letztlich auch der Einfügung einer Sonderregelung für den Handelsvertreter

---

97 *Schubert*, Akademie für Deutsches Recht, 1933–1945, Protokolle der Ausschüsse, Band 13, Ausschussbericht von *Hans Ullrich*: Gesetzentwurf betr. die Registrierung der hauptberuflichen Versicherungsvertreter und Versicherungsmakler, S. 481.

98 *Schubert*, Akademie für Deutsches Recht, 1933–1945, Protokolle der Ausschüsse, Band 13, Ausschussbericht von *Hans Ullrich*: Gesetzentwurf betr. die Registrierung der hauptberuflichen Versicherungsvertreter und Versicherungsmakler, S. 486.

99 *Schubert*, Akademie für Deutsches Recht, 1933–1945, Protokolle der Ausschüsse, Band 13, Entwurf des Ausschusses eines Gesetzes zur Ordnung der Versicherungsvermittlung, S. 614; siehe auch *Baums* BB 1986, 891; *Möller* S. 30 f.

100 *Möller* S. 30 ff.

101 So ausdrücklich *Graupe* in der Entwurfsbegründung, siehe *Schubert*, Akademie für Deutsches Recht, 1933–1945, Protokolle der Ausschüsse, Band 13, Entwurf des Ausschusses eines Gesetzes zur Ordnung der Versicherungsvermittlung, S. 621.

102 *Schubert*, Akademie für Deutsches Recht, 1933–1945, Protokolle der Ausschüsse, Band 13, Entwurf eines Gesetzes zur Ordnung der Versicherungsvermittlung, S. 516.

im Nebenberuf in das HGB war der Umstand, dass die Handelsvertreter bereits kurze Zeit nach dem Inkrafttreten des HGB die Regelung ihrer Rechtsverhältnisse als ungenügend empfanden; dies führte zu stetig wachsenden Reformbestrebungen in den folgenden Jahrzehnten, die maßgeblich von den Berufsverbänden der Handelsvertreter ausgingen.[103] Als wesentlicher Missstand galt die nach Ende des Ersten Weltkriegs enorm gestiegene Anzahl derjenigen Handelsvertreter, die von den Unternehmern wirtschaftlich abhängig und daher nicht in der Lage waren, sich als gleichberechtigte Vertragspartner gegenüber den ihnen wirtschaftlich überlegenen Unternehmern zu positionieren.[104] Die Reformbestrebungen waren daher u. a. auf die Vorgabe zwingender gesetzlicher Bestimmungen für die Ausgestaltung des Handelsvertreterverhältnisses gerichtet, die den regelmäßig schwächeren wirtschaftlichen Status der Handelsvertreter berücksichtigen und sie vor nachteiligen Abreden schützen; die Vertragsfreiheit, die zur wirtschaftlichen Überlegenheit der Unternehmer entscheidend beitrug, sollte insoweit eingeschränkt werden.[105]

Im Zuge dieser Reformbestrebungen beauftragte der Präsident der Akademie für Deutsches Recht im Jahr 1938 den Vorsitzenden des Ausschusses für das Recht des Handelsstandes und der Handelsgeschäfte mit der Bildung eines Unterausschusses für das Recht der Handelsvertreter und der Handelsreisenden; dieser sollte einen Gesetzentwurf zur Erneuerung des Handelsvertreterrechts erarbeiten, der „sozial ausgestaltet ist und den berechtigten Interessen der Handelsvertreter und der von ihnen vertretenen Unternehmer Rechnung trägt".[106]

Im Jahr 1940 legte der Unterausschuss für das Recht der Handelsvertreter und der Handelsreisenden den Entwurf eines Handelsvertretergesetzes (Gesetz über die Rechtsverhältnisse der Handelsvertreter und Handelsreisenden) vor, der gemeinsam mit einer umfangreichen Denkschrift[107] von *Dietz*, welche der ausführlichen Erläuterung der Ergebnisse der Ausschussarbeit dienen sollte, publiziert wurde;

---

103 Begr. zum Entwurf eines Gesetzes zur Änderung des Handelsgesetzbuches (Recht der Handelsvertreter), BT-Drucks. 1/3856 vom 15.11.1952, S. 9 und 11; Baumbach/Hopt/*Hopt* § 84 Rn. 2; *Möller* ZfV 1953, 89; *Strietholt* ZfV 1952, 364; *von Brunn* S. 1.

104 Begr. zum Entwurf eines Gesetzes zur Änderung des Handelsgesetzbuches (Recht der Handelsvertreter), BT-Drucks. 1/3856 vom 15.11.1952, S. 10; *Franta* MDR 1953, 530, 531; *Reinicke/Reinicke* NJW 1953, 1609.

105 Begr. zum Entwurf eines Gesetzes zur Änderung des Handelsgesetzbuches (Recht der Handelsvertreter), BT-Drucks. 1/3856 vom 15.11.1952, S. 10 f.

106 Vorwort zum Entwurf eines Handelsvertretergesetzes (Gesetz über die Rechtsverhältnisse der Handelsvertreter und Handelsreisenden), vorgelegt von *H. C. Nipperdey/Rolf Dietz*, Arbeitsberichte der Akademie für Deutsches Recht Nr. 17, Berlin 1940, S. 7; siehe auch *Knapp* VW 1952, 391; *Möller* ZfV 1953, 89; *Schubert*, Akademie für Deutsches Recht, 1933–1945, Protokolle der Ausschüsse, Band 5, Einleitung, S. XXI und XXIII.

107 Denkschrift zum Entwurf eines Handelsvertretergesetzes (Gesetz über die Rechtsverhältnisse der Handelsvertreter und Handelsreisenden), vorgelegt von *H. C. Nipperdey/Rolf Dietz*, Arbeitsberichte der Akademie für Deutsches Recht Nr. 17, Berlin 1940, S. 29 ff.

bei der Ausarbeitung dieses Entwurfs fanden insbesondere die umfangreiche Judikatur, die wissenschaftliche Literatur sowie diverse Vorschläge und Anregungen aus Wirtschaftskreisen, speziell auch von Unternehmern und Handelsvertretern, Berücksichtigung.[108]

Der Entwurf enthielt in Art. II u. a. folgende Regelung:[109]

§ 29

Nebenberufliche Handelsvertreter.

(1) Ist jemand nur im Nebenberuf Handelsvertreter, so finden die Vorschriften der §§ 18, 19, 28 keine Anwendung. Die Parteien können den Abrechnungszeitraum abweichend von § 12 Absatz 1 festlegen.

(2) Ist das Vertragsverhältnis auf unbestimmte Zeit eingegangen, so kann es mit einer Frist von sechs Wochen zum Schluss des Kalendervierteljahres gekündigt werden. Die Parteien können andere Kündigungsbedingungen festlegen, sie müssen aber für beide Teile gleich sein.

Mit dieser Vorschrift sollte der nebenberufliche Handelsvertreter vom Anwendungsbereich der an sich zwingend ausgestalteten Regelungen über die Kündigungsfristen (§ 18 des Entwurfs) und über den Anspruch auf eine angemessene Entschädigung im Fall einer zu missbilligenden Kündigung (§ 19 des Entwurfs) ausgenommen werden.[110] § 29 Abs. 2 des Entwurfs sah eine eigenständige, von § 18 des Entwurfs abweichende Kündigungsregelung vor. Zudem sollte die für Einfirmenvertreter vorgesehene Sonderregelung des § 28 des Entwurfs für den Handelsvertreter im Nebenberuf nicht gelten und der in § 12 Abs. 1 des Entwurfs genannte Zeitraum für die Abrechnung über die dem Handelsvertreter zustehende Erfolgsvergütung disponibel sein.

In seiner Denkschrift führte *Dietz* aus, dass der Entwurf sich am Typus des selbstständigen Handelsvertreters orientiere, „dessen Lebensberuf die Übernahme von Handelsvertretungen“ sei.[111] Hiervon abzugrenzen sei der nebenberufliche

---

108 Vorwort zum Entwurf eines Handelsvertretergesetzes (Gesetz über die Rechtsverhältnisse der Handelsvertreter und Handelsreisenden), vorgelegt von *H. C. Nipperdey/Rolf Dietz*, Arbeitsberichte der Akademie für Deutsches Recht Nr. 17, Berlin 1940, S. 7 f.; Begr. zum Entwurf eines Gesetzes zur Änderung des Handelsgesetzbuches (Recht der Handelsvertreter), BT-Drucks. 1/3856 vom 15.11.1952, S. 11 f.; *Baums* BB 1986, 891; *Möller* ZfV 1953, 89; *Strietholt* ZfV 1952, 364; *von Brunn* S. 1.

109 Entwurf eines Handelsvertretergesetzes (Gesetz über die Rechtsverhältnisse der Handelsvertreter und Handelsreisenden), vorgelegt von *H. C. Nipperdey/Rolf Dietz*, Arbeitsberichte der Akademie für Deutsches Recht Nr. 17, Berlin 1940, S. 20 f.

110 *Baums* BB 1986, 891.

111 Denkschrift zum Entwurf eines Handelsvertretergesetzes (Gesetz über die Rechtsverhältnisse der Handelsvertreter und Handelsreisenden), vorgelegt von *H. C. Nipperdey/Rolf Dietz*, Arbeitsberichte der Akademie für Deutsches Recht Nr. 17, Berlin 1940, S. 187.

Handelsvertreter, dessen Gewerbebetrieb nicht in erster Linie auf eine Handelsvertretertätigkeit gerichtet sei bzw. – falls er kein Unternehmer sei – dessen Existenzgrundlage auch in jenseits der Vertretertätigkeit liegenden Umständen begründet sei und der lediglich nebenbei eine Vertretung übernehme.[112] Dem Entwurf lag also die Annahme zugrunde, dass der nebenberufliche Handelsvertreter hinsichtlich seiner hauptberuflichen Tätigkeit weder Gewerbetreibender noch überhaupt Unternehmer sein müsse.

Nach Ansicht von *Dietz* kann eine nebenberufliche Handelsvertretertätigkeit nur dann angenommen werden, wenn der „Schwerpunkt der Lebensgestaltung" eindeutig in einem anderen Bereich zu finden sei, so dass er von der Vertretertätigkeit nicht wesentlich tangiert werde, auch wenn möglicherweise die Einnahmen aus ihr nicht unerheblich seien.[113] Obwohl man bei der Erstellung des § 29 des Entwurfs von diesem Verständnis nebenberuflicher Tätigkeit ausging, wurde offensichtlich die Einfügung einer Begriffsbestimmung in die Norm zur Abgrenzung zwischen der haupt- und nebenberuflichen Handelsvertretertätigkeit nicht für notwendig erachtet.

Eine wohl grundlegende Erkenntnis der Arbeiten an der Regelung des § 29 des Entwurfs war, dass die Vorschriften des Entwurfs ganz überwiegend auch für die nebenberuflich tätigen Handelsvertreter passend und nur vereinzelte Ausnahmen angezeigt seien.[114] Denn grundsätzlich sei es für die rechtlichen Beziehungen zwischen Unternehmer und Handelsvertreter ohne Belang, ob der Handelsvertreter noch einer anderen Tätigkeit nachgehe; maßgebend müsse vielmehr sein, ob die jeweils in Rede stehende Bestimmung unterstelle, dass es sich bei der Handelsvertretertätigkeit um die Existenzgrundlage des Vertreters handele, und sie deshalb auf die nebenberuflichen Vertreter nicht anwendbar sei.[115]

---

112 Denkschrift zum Entwurf eines Handelsvertretergesetzes (Gesetz über die Rechtsverhältnisse der Handelsvertreter und Handelsreisenden), vorgelegt von *H. C. Nipperdey/Rolf Dietz*, Arbeitsberichte der Akademie für Deutsches Recht Nr. 17, Berlin 1940, S. 188.

113 Denkschrift zum Entwurf eines Handelsvertretergesetzes (Gesetz über die Rechtsverhältnisse der Handelsvertreter und Handelsreisenden), vorgelegt von *H. C. Nipperdey/Rolf Dietz*, Arbeitsberichte der Akademie für Deutsches Recht Nr. 17, Berlin 1940, S. 188.

114 Denkschrift zum Entwurf eines Handelsvertretergesetzes (Gesetz über die Rechtsverhältnisse der Handelsvertreter und Handelsreisenden), vorgelegt von *H. C. Nipperdey/Rolf Dietz*, Arbeitsberichte der Akademie für Deutsches Recht Nr. 17, Berlin 1940, S. 188.

115 Denkschrift zum Entwurf eines Handelsvertretergesetzes (Gesetz über die Rechtsverhältnisse der Handelsvertreter und Handelsreisenden), vorgelegt von *H. C. Nipperdey/Rolf Dietz*, Arbeitsberichte der Akademie für Deutsches Recht Nr. 17, Berlin 1940, S. 189.

Vor diesem Hintergrund begründete *Dietz* den Inhalt der Regelung des § 29 des Entwurfs im Einzelnen u. a. wie folgt:[116]

Die Vorschrift über die Erfolgsvergütung des Handelsvertreters (§ 6 Abs. 1 des Entwurfs) sei auch auf die nebenberuflichen Handelsvertreter anzuwenden. Zwar gehe die darin geregelte Vorverlagerung des Zeitpunkts der Fälligkeit der Vergütung – nämlich bereits bei Erfüllung des Geschäfts durch den Unternehmer – namentlich auf die Überlegung zurück, dass die Erfolgsvergütung die Existenz des Handelsvertreters sichere. Im Fall einer nebenberuflichen Tätigkeit könne dies aber insofern berücksichtigt werden, als der in § 6 Abs. 1 S. 2 des Entwurfs normierte zwingende Anspruch des Handelsvertreters auf einen angemessenen Teil der Vergütung dann nur in verhältnismäßig geringer Höhe gegeben sei.

Ausschlaggebend für die Normierung eines vom Unternehmer zu beachtenden Zeitraums für die Abrechnung über die dem Handelsvertreter zustehende Erfolgsvergütung in § 12 Abs. 1 des Entwurfs sei der Gedanke gewesen, dass der Handelsvertreter die Erfolgsvergütung zur Aufrechterhaltung seines Lebensunterhalts benötige und es daher einer zeitnahen Abrechnung bedürfe. Da aber die Existenzgrundlage der nebenberuflichen Handelsvertreter in ihrer sonstigen (hauptberuflichen) Tätigkeit zu sehen sei, sei für sie eine abweichende Vereinbarung zu ermöglichen. Die zwingende Vorgabe einer monatlichen Abrechnung würde aufgrund des häufig nur unbedeutenden Geschäftsumfangs dieser Vertretertätigkeit eine nicht zu rechtfertigende Belastung für den Unternehmer bedeuten.

Zweck der in der Kündigungsregelung des § 18 des Entwurfs normierten langen Kündigungsfristen sei vor allem gewesen, den Handelsvertreter vor einem plötzlichen Verlust seiner Existenzgrundlage zu bewahren und ihm die Möglichkeit zu geben, während des Laufs der Kündigungsfrist eine neue Tätigkeit zu finden. Da die Existenzgrundlage der nebenberuflichen Handelsvertreter in einer anderen Tätigkeit begründet sei, bedürften sie nicht des Schutzes durch lange Kündigungsfristen. Diese könnten im Gegenteil für sie aufgrund der hierdurch bewirkten längeren Bindung an den Unternehmer von großem Nachteil sein. Das Interesse an einer kurzen Kündigungsfrist sei so erheblich, dass man davon absehe, (nur) die Abdingbarkeit der in § 18 des Entwurfs genannten Fristen zu regeln. Stattdessen seien die nebenberuflichen Vertreter vollständig von dieser Norm auszunehmen und eine gesonderte Kündigungsregelung in § 29 Abs. 2 des Entwurfs zu treffen.

§ 19 des Entwurfs sei ebenfalls für die nebenberuflichen Handelsvertreter unpassend. Es sei kaum denkbar, dass im Fall einer nebenberuflichen Vertretertätigkeit eine Kündigung derart missbilligenswert sei, dass sie die Angemessenheit einer Entschädigungszahlung begründen könne. Darüber hinaus müsse der Gefahr

116 Denkschrift zum Entwurf eines Handelsvertretergesetzes (Gesetz über die Rechtsverhältnisse der Handelsvertreter und Handelsreisenden), vorgelegt von *H. C. Nipperdey/Rolf Dietz*, Arbeitsberichte der Akademie für Deutsches Recht Nr. 17, Berlin 1940, S. 190 ff.

begegnet werden, dass diese Norm für unerwünschte und ungerechtfertigte Prozesse missbraucht werde.

Die Sonderregelung für Einfirmenvertreter in § 28 des Entwurfs gehe von einer besonderen Schutzbedürftigkeit der Handelsvertreter regelmäßig dann aus, wenn sie nach den vertraglichen Regelungen nur für einen einzigen Unternehmer tätig sein dürften oder könnten. Dies rechtfertige die Anwendbarkeit einiger wesentlicher Regelungen des Arbeitsrechts. Bei den nebenberuflichen Vertretern hingegen sei eine Tätigkeit für ausschließlich einen Unternehmer gerade nicht als Indiz für eine besondere Schutzbedürftigkeit zu werten. Denn die Selbstständigkeit der nebenberuflichen Vertreter ergebe sich allein aus ihrer hauptberuflichen Tätigkeit als Unternehmer – sofern eine solche vorliege – und könne demzufolge durch die inhaltliche Ausgestaltung der bloß nebenberuflich ausgeübten Vertretertätigkeit überhaupt nicht tangiert werden. Dass die nebenberuflichen Vertreter nur für einen Unternehmer einer Vertretertätigkeit nachgehen könnten, folge im Übrigen häufig bereits aus dem Umstand, dass sie ihre hauptberufliche Tätigkeit in anderen Bereichen ausübten.

Der Gesetzgeber konnte sich dem erläuterten Entwurf letztlich nicht mehr widmen, da aufgrund des Zweiten Weltkriegs andere Prioritäten zu setzen waren.[117]

3. Entwurf eines Handelsvertretergesetzes der Centralvereinigung Deutscher Handelsvertreter- und Handelsmakler-Verbände (CDH) aus den Jahren 1949/1950

Von Dezember 1949 bis April 1950 erarbeitete die Centralvereinigung Deutscher Handelsvertreter- und Handelsmakler-Verbände (CDH) einen neuen Entwurf eines Handelsvertretergesetzes (CDH-Entwurf).[118] Dieser Gesetzentwurf lehnte sich weitgehend an den Akademieentwurf aus dem Jahr 1940 an.[119]

§ 28 des CDH-Entwurfs enthielt eine der Vorschrift des § 29 des Akademieentwurfs nachempfundene, inhaltlich nahezu identische und in Abs. 2 der Norm sogar wortgleiche Sonderregelung für die nebenberufliche Handelsvertretertätigkeit. Die Nichtgeltung der Regelungen des Entwurfs über die Provisionsabrechnung (§ 11 des CDH-Entwurfs), die Kündigungsfristen (§ 17 des CDH-Entwurfs) und den Anspruch

117 Begr. zum Entwurf eines Gesetzes zur Änderung des Handelsgesetzbuches (Recht der Handelsvertreter), BT-Drucks. 1/3856 vom 15.11.1952, S. 12; *Möller* ZfV 1953, 89; *Reinicke/Reinicke* NJW 1953, 1609; *von Brunn* S. 1.

118 Begr. zum Entwurf eines Gesetzes zur Änderung des Handelsgesetzbuches (Recht der Handelsvertreter), BT-Drucks. 1/3856 vom 15.11.1952, S. 11 f.; Materialien zum Gesetz zur Änderung des Handelsgesetzbuchs (Recht der Handelsvertreter) vom 06.08.1953, Entwurf eines Handelsvertretergesetzes, S. 1 ff.

119 Begr. zum Entwurf eines Gesetzes zur Änderung des Handelsgesetzbuches (Recht der Handelsvertreter), BT-Drucks. 1/3856 vom 15.11.1952, S. 12; *Schubert*, Akademie für Deutsches Recht, 1933–1945, Protokolle der Ausschüsse, Band 5, Einleitung, S. XXV.

auf eine angemessene Entschädigung im Fall einer zu missbilligenden Kündigung (§ 19 des CDH-Entwurfs) wurde in knappen Worten damit gerechtfertigt, dass diese Regelungen nur für den hauptberuflichen Handelsvertreter bestimmt und im Fall einer nebenberuflichen Tätigkeit den Unternehmern nicht zumutbar seien.[120]

Auch dieser Entwurf verzichtete auf eine Definition des Handelsvertreters im Nebenberuf, selbst die Einzelbegründung des § 28 des CDH-Entwurfs verhielt sich hierzu nicht. Aufgrund der engen Anlehnung an den Entwurf der Akademie für Deutsches Recht ist aber davon auszugehen, dass dessen Verständnis von nebenberuflicher Handelsvertretertätigkeit auch dem CDH-Entwurf zugrunde lag.

4. Regierungsentwurf eines Gesetzes zur Änderung des Handelsgesetzbuches (Recht der Handelsvertreter) aus dem Jahr 1952

Im Jahr 1952 beschloss die Bundesregierung angesichts der enormen wirtschaftlichen Bedeutung der Handelsvertretertätigkeit in Deutschland, den seit Jahrzehnten andauernden Reformbestrebungen zur Umsetzung zu verhelfen.[121] Sie legte den Entwurf eines Gesetzes zur Änderung des Handelsgesetzbuches (Recht der Handelsvertreter) vor, der das Handelsvertreterrecht dadurch erneuern sollte, dass er „die sozialpolitischen Forderungen der Gegenwart und die Belange der Handelsvertreter und Unternehmer angemessen berücksichtigt und damit den Handelsvertretern die für eine erfolgreiche Tätigkeit erforderliche Rechtssicherheit gibt".[122]

Der Regierungsentwurf bezweckte vor dem Hintergrund der oftmals bestehenden wirtschaftlichen Abhängigkeit der Handelsvertreter von den Unternehmern, die Rechtsstellung der Handelsvertreter durch die nunmehr vorgesehene Unabdingbarkeit einiger in ihrem Interesse erlassener Vorschriften zu verbessern.[123] Die damit einhergehende Einschränkung des auch das HGB beherrschenden Grundsatzes der Vertragsfreiheit wurde aufgrund der unverkennbaren Schutzbedürftigkeit der Handelsvertreter für unvermeidbar gehalten.[124]

---

120 Materialien zum Gesetz zur Änderung des Handelsgesetzbuchs (Recht der Handelsvertreter) vom 06.08.1953, Entwurf eines Handelsvertretergesetzes, Begründung der einzelnen Bestimmungen des CDH-Entwurfes, S. 25.

121 Begr. zum Entwurf eines Gesetzes zur Änderung des Handelsgesetzbuches (Recht der Handelsvertreter), BT-Drucks. 1/3856 vom 15.11.1952, S. 12.

122 Begr. zum Entwurf eines Gesetzes zur Änderung des Handelsgesetzbuches (Recht der Handelsvertreter), BT-Drucks. 1/3856 vom 15.11.1952, S. 12.

123 Begr. zum Entwurf eines Gesetzes zur Änderung des Handelsgesetzbuches (Recht der Handelsvertreter), BT-Drucks. 1/3856 vom 15.11.1952, S. 10 f.; BGH NJW 1965, 1132, 1133; Baumbach/Hopt/*Hopt* § 84 Rn. 2; *Franta* MDR 1953, 530 f.; *Reinicke/Reinicke* NJW 1953, 1609; *Schröder* BB 1963, 567; *von Brunn* S. 2, der die Bestimmungen des Entwurfs als Schutzgesetz für die Handelsvertreter wertet.

124 Begr. zum Entwurf eines Gesetzes zur Änderung des Handelsgesetzbuches (Recht der Handelsvertreter), BT-Drucks. 1/3856 vom 15.11.1952, S. 10 f.

Anders als bei dem Akademieentwurf aus dem Jahr 1940 und dem CDH-Entwurf aus den Jahren 1949/1950 strebte man die Neugestaltung des Handelsvertreterrechts nicht über die Schaffung eines eigenständigen, neben das HGB tretenden Handelsvertretergesetzes an; die Neuregelung sollte vielmehr in die bestehenden Vorschriften im Siebenten Abschnitt des Ersten Buchs des HGB integriert werden.[125]

Art. 1 des Regierungsentwurfs enthielt u. a. folgende Regelung:[126]

§ 92b

(1) Handelsvertreter im Nebenberuf ist, wer nicht überwiegend als Handelsvertreter tätig ist oder wer aus dieser Tätigkeit nicht den überwiegenden Teil seines Arbeitseinkommens bezieht.

(2) Auf einen Handelsvertreter im Nebenberuf sind §§ 89, 89b nicht anzuwenden. Ist das Vertragsverhältnis auf unbestimmte Zeit eingegangen, so kann es mit einer Frist von einem Monat für den Schluss eines Kalendermonats gekündigt werden; wird eine andere Kündigungsfrist vereinbart, so muss sie für beide Teile gleich sein. Der Anspruch auf einen angemessenen Vorschuss nach § 87a Abs. 1 Satz 3 kann ausgeschlossen werden.

(3) Auf Absatz 2 kann sich nur der Unternehmer berufen, der den Handelsvertreter ausdrücklich als Handelsvertreter im Nebenberuf mit der Vermittlung oder dem Abschluss von Geschäften betraut hat. Abweichendes kann nicht vereinbart werden.

Bundesregierung und Bundesrat stimmten darin überein, dass es sich hierbei um eine Sondervorschrift im Handelsvertreterrecht handelt.[127]

Abs. 1 dieser Norm begründete die Bundesregierung wie folgt:[128] Eine Begriffsbestimmung des Handelsvertreters im Nebenberuf, die auch in Zweifelsfällen immer zu vollkommen zufrieden stellenden Ergebnissen führe, sei kaum möglich. Für die Abgrenzung des haupt- vom nebenberuflichen Handelsvertreter sei bewusst die Tätigkeit als solche und nicht (nur) eine Erwerbstätigkeit heranzuziehen, um der allgemeinen Verkehrsauffassung widersprechende Ergebnisse zu vermeiden. Bei einer Vertretertätigkeit von Hausfrauen oder Studenten etwa müssten diese nämlich ansonsten regelmäßig als hauptberufliche Handelsvertreter angesehen werden, da es sich bei ihrer Haupttätigkeit nicht um eine Erwerbstätigkeit handele und sie hieraus kein Arbeitseinkommen bezögen. Die Einordnung eines als Handelsvertreter

---

125 Begr. zum Entwurf eines Gesetzes zur Änderung des Handelsgesetzbuches (Recht der Handelsvertreter), BT-Drucks. 1/3856 vom 15.11.1952, S. 12; Baumbach/Hopt/*Hopt* § 84 Rn. 2; *Franta* MDR 1953, 530; *Strietholt* ZfV 1952, 364.

126 Art. 1 des Entwurfs eines Gesetzes zur Änderung des Handelsgesetzbuches (Recht der Handelsvertreter), BT-Drucks. 1/3856 vom 15.11.1952, S. 7.

127 Vgl. Entwurf eines Gesetzes zur Änderung des Handelsgesetzbuches (Recht der Handelsvertreter), BT-Drucks. 1/3856 vom 15.11.1952, S. 13 und 47.

128 Begr. zum Entwurf eines Gesetzes zur Änderung des Handelsgesetzbuches (Recht der Handelsvertreter), BT-Drucks. 1/3856 vom 15.11.1952, S. 42.

tätigen Pensionärs als haupt- oder nebenberuflicher Vertreter richte sich danach, ob seine Provisionseinkünfte über seine Pension hinausgingen.

Die Nichtgeltung bzw. Abdingbarkeit der in Abs. 2 der Norm genannten Vorschriften für den Handelsvertreter im Nebenberuf wurde damit begründet, dass sie auf einen Handelsvertreter zugeschnitten seien, bei dem der Handelsvertreterberuf den Schwerpunkt seiner Tätigkeit ausmache.[129]

Im Einzelnen stellte die Bundesregierung folgende Erwägungen an:[130]

Die zwingende Kündigungsregelung des § 89 des Regierungsentwurfs, welche den Handelsvertreter „vor einem kurzfristigen Verlust seiner Existenzgrundlage" bewahren wolle, sei nicht passend für den nebenberuflichen Vertreter. Dessen Tätigkeit sei nicht in gleichem Maße auf Dauer angelegt wie die eines hauptberuflichen Vertreters und sie bilde darüber hinaus nicht seine Existenzgrundlage. Einer Kündigung sei eine geringere existenzgefährdende Wirkung beizumessen als dies bei einem hauptberuflichen Vertreter der Fall sei. Die Kündigungsbestimmungen unterlägen deshalb der Disposition der Parteien. Einzige Grenze bilde die Vorgabe, dass bei der Vereinbarung einer Kündigungsfrist, die von der in Abs. 2 S. 2 Halbs. 1 der Norm genannten abweiche, diese für beide Teile gleich sein müsse. Auf diese Weise solle eine Benachteiligung des Handelsvertreters vermieden werden.

Auch § 89b des Regierungsentwurfs passe nicht für den nebenberuflichen Vertreter. Diese Norm diene nur dem Schutz desjenigen Handelsvertreters, der infolge der Vertragsbeendigung den von ihm geschaffenen Kundenstamm an den Unternehmer verliere und sich daher um den Aufbau einer neuen Existenz kümmern müsse. Da aber die Vertretertätigkeit des nebenberuflichen Vertreters nicht seine Existenzgrundlage darstelle, sei er insoweit nicht schutzbedürftig.

Der in § 87a Abs. 1 S. 3 Halbs. 1 des Regierungsentwurfs vorgesehene Anspruch auf einen angemessenen Provisionsvorschuss bei Vorleistung des Unternehmers finde seine Rechtfertigung darin, dass der Handelsvertreter regelmäßig eines solchen Vorschusses bedürfe, um seinen Lebensunterhalt und die erforderlichen Ausgaben für seinen Geschäftsbetrieb zu finanzieren. Für den nebenberuflichen Handelsvertreter sei dieser Vorschuss nicht zwingend erforderlich, da die Einkünfte aus seiner Vertretertätigkeit für ihn nicht die alleinige finanzielle Quelle darstellten. Zudem könne die zwingende Vorgabe einer Vorschusspflicht für den Unternehmer große Nachteile mit sich bringen. Es bestehe die erhebliche Gefahr, dass ein möglicher Rückgewähranspruch hinsichtlich eines gezahlten Vorschusses nach § 87a Abs. 2 des Regierungsentwurfs gegenüber dem nebenberuflichen Vertreter nicht oder nur schwierig zu realisieren sei.

---

129 Begr. zum Entwurf eines Gesetzes zur Änderung des Handelsgesetzbuches (Recht der Handelsvertreter), BT-Drucks. 1/3856 vom 15.11.1952, S. 42.

130 Begr. zum Entwurf eines Gesetzes zur Änderung des Handelsgesetzbuches (Recht der Handelsvertreter), BT-Drucks. 1/3856 vom 15.11.1952, S. 42 f.

Abs. 3 der Norm rechtfertigte die Bundesregierung wie folgt:[131] Die Abgrenzung zwischen der haupt- und nebenberuflichen Handelsvertretertätigkeit könne im einzelnen Fall erhebliche Probleme bereiten. Um zu verhindern, dass sich die Unternehmer zur Umgehung ihrer Pflichten nach den §§ 89 und 89b des Regierungsentwurfs im Nachhinein auf eine nur nebenberufliche Tätigkeit des Handelsvertreters beriefen, verlange Abs. 3 der Norm für eine Geltendmachung der Sonderregelung durch den Unternehmer eine ausdrückliche Betrauung des Handelsvertreters als „Handelsvertreter im Nebenberuf". Dies habe zur Konsequenz, dass die Parteien bei Vertragsbeginn die Frage der haupt- oder nebenberuflichen Tätigkeit explizit erörterten. Wenn ein Handelsvertreter als Nebenberufler betraut werde, könne er mit der späteren Behauptung, zu Beginn des Vertreterverhältnisses kein nebenberuflicher Handelsvertreter gewesen zu sein, nicht gehört werden. Er könne lediglich darlegen, im Verlauf des Vertreterverhältnisses zum hauptberuflichen Vertreter geworden zu sein.

Die in Abs. 1 des § 92b des Regierungsentwurfs enthaltene Legaldefinition des Handelsvertreters im Nebenberuf sah sich in der Folgezeit vielfältiger Kritik ausgesetzt. So wurde beanstandet, dass sie für die Abgrenzung lediglich pauschal auf eine Tätigkeit als Handelsvertreter abstelle; dies hat nämlich nach Auffassung von Teilen der Versicherungswirtschaft zur Folge, dass ein hauptberuflicher Warenvertreter, der nebenbei Versicherungsverträge vermittle, auch hinsichtlich dieser Versicherungsvermittlung als hauptberuflicher Vertreter anzusehen sei; die hiermit einhergehende Ausgleichsberechtigung solcher Vertreter belaste die Versicherungsunternehmen in erheblichem Maße.[132] Außerdem fehle eine Klarstellung, dass im Fall der Vermittlertätigkeit eines Pensionärs auch dessen Pension zum „Arbeitseinkommen" i.S. der Legaldefinition gehöre.[133]

Auch *von Brunn* äußerte einige Bedenken gegen die Begriffsbestimmung in § 92b Abs. 1 des Regierungsentwurfs:[134]

Die vorgesehene Legaldefinition werde zu zahlreichen Zweifelsfragen in der Praxis führen. Es bleibe bereits unklar, ob die jenseits der Handelsvertretertätigkeit überwiegend ausgeübte Betätigung überhaupt kaufmännischer Natur sein müsse. Wenn eine Person überwiegend gar keiner Tätigkeit nachgehe, d.h. es an einem eigentlichen Hauptberuf fehle, und ihre nur geringe Betätigung eine Handelsvertretertätigkeit darstelle, so sei sie nach der Legaldefinition nicht als nebenberuflicher Handelsvertreter anzusehen. Diese Einordnung und die hieraus folgende Anwendbarkeit der vielfach zwingenden Regelungen der §§ 84 ff. des Regierungsentwurfs werde Unternehmer jedoch zukünftig davon abhalten, Menschen, die sich z.B. durch

131 Begr. zum Entwurf eines Gesetzes zur Änderung des Handelsgesetzbuches (Recht der Handelsvertreter), BT-Drucks. 1/3856 vom 15.11.1952, S. 43.

132 *Baums* BB 1986, 891, 892; *Küstner* BB 1966, 1212; Küstner/Thume/*Schürr* Band 1 Kap. I Rn. 200; *Strietholt* ZfV 1952, 364, 367.

133 *Baums* BB 1986, 891, 892.

134 *von Brunn* S. 44 ff.; vgl. auch *ders.* NJW 1954, 56 f.

die Nachwirkungen des Zweiten Weltkriegs in einer schwierigen wirtschaftlichen Situation befänden, die Gelegenheit zu geben, sich durch eine gelegentliche Vermittlungstätigkeit einen kleinen Hinzuverdienst zu erwerben.

Darüber hinaus werfe die Abgrenzung zwischen Haupt- und Nebenberuf dort erhebliche Zweifelsfragen auf, wo mit der Handelsvertretertätigkeit ein im eigenen Namen und auf eigene Rechnung geführtes Geschäft verbunden sei.[135] Dies betreffe namentlich das Kraftfahrzeuggeschäft (Neuwagenhandel als Handelsvertretung verbunden mit einem Gebrauchtwagenhandel, einem Ersatzteilgeschäft und dem Betrieb einer Instandsetzungswerkstatt im eigenen Namen und auf eigene Rechnung) und das Tankstellengeschäft (Betrieb der Tankstelle als Handelsvertreter für eine Kraftstoffgesellschaft verbunden mit dem Betrieb einer Raststätte im eigenen Namen und auf eigene Rechnung). Handele es sich hierbei insgesamt um ein größeres Unternehmen, übe der Handelsvertreter nur noch die Leitung über den Gesamtbetrieb aus. Seine Tätigkeit lasse sich nicht mehr in eine Vertreter- und in eine im eigenen Namen und für eigene Rechnung ausgeübte Tätigkeit aufspalten. Demzufolge könne man einen solchen Handelsvertreter auch nicht je nach dem sich verändernden Umfang und Ertrag der einzelnen Geschäftszweige einmal als haupt- und einmal als nebenberuflich tätig einordnen. Das Vertragsverhältnis mit dem Unternehmer müsse stattdessen einen einheitlichen und gleichbleibenden Charakter aufweisen. Den für die Beurteilung des rechtlichen Charakters des Vertragsverhältnisses maßgeblichen Zeitpunkt gebe der Regierungsentwurf aber nicht vor.

Zudem sei es mit den Erfordernissen der Absatzorganisation des Unternehmers nicht vereinbar, dass – ziehe man für die Abgrenzung jeweils die tatsächlichen Verhältnisse heran – unter den für diesen tätigen Handelsvertretern sowohl Haupt- als auch Nebenberufler zu finden sein könnten, ohne dass der Unternehmer hiervon Kenntnis erlange. Denn er habe überhaupt keinen Einblick in die jeweilige Gestaltung der (Gesamt-)Tätigkeit durch den einzelnen Vertreter. Es müsse daher im Interesse des Unternehmers erreicht werden, dass die von ihm mit sämtlichen Handelsvertretern unter Verwendung eines einheitlichen Wortlauts abgeschlossenen Verträge einheitlich beurteilt werden. In welchem Umfang der jeweilige Vertreter seine außerhalb der Handelsvertretung stehende Tätigkeit ausübe, dürfe nicht entscheidend sein.

Zur Vermeidung der aufgezeigten Abgrenzungsprobleme regte *von Brunn* an, diejenigen Handelsvertreter als nebenberuflich tätig einzustufen, die „ihren Lebensunterhalt nicht ausschließlich aus Vertreterprovisionen bestreiten oder nicht die gesamte tägliche Arbeitszeit ausschließlich der Handelsvertretertätigkeit widmen“.[136]

Aufgrund all dieser Bedenken sprachen sich im Zuge der parlamentarischen Beratung des Regierungsentwurfs sowohl der federführende Ausschuss für Rechtswesen und Verfassungsrecht als auch der mitberatende Ausschuss für Wirtschaftspolitik dafür aus, auf die vorgesehene Legaldefinition des Handelsvertreters im Nebenberuf zu verzichten; stattdessen wurde § 92b des Regierungsentwurfs so

135 Vgl. die Darstellung bei *Baums* BB 1986, 891, 892.

136 *von Brunn* S. 56.

geändert, dass in der Frage, ob ein Handelsvertreter nur als Handelsvertreter im Nebenberuf tätig ist, die Verkehrsauffassung ausschlaggebend ist.[137] Darüber hinaus wurde § 92b Abs. 3 S. 2 des Regierungsentwurfs, der die Unzulässigkeit von abweichenden Vereinbarungen zu der Regelung über die Geltendmachung der Sondervorschrift durch den Unternehmer normierte, gestrichen und in einem gesonderten Absatz die Anwendbarkeit der Norm auf Versicherungs- und Bausparkassenvertreter erweitert.[138]

Die auf diese Weise abgeänderte Fassung des § 92b des Regierungsentwurfs nahm der Gesetzgeber als Sonderregelung für den Handelsvertreter im Nebenberuf durch die Handelsvertreternovelle vom 06.08.1953 mit Wirkung vom 01.12.1953 in das HGB auf.[139]

5. Gemeinsamkeiten und Unterschiede der Gesetzentwürfe

Vergleicht man nun die verschiedenen Gesetzentwürfe auf dem Weg zur Schaffung des § 92b HGB, so lässt sich Folgendes feststellen:

Allein der Akademieentwurf eines „Gesetzes zur Ordnung der Versicherungsvermittlung" und der Regierungsentwurf beabsichtigten, eine Legaldefinition zur Abgrenzung zwischen der haupt- und nebenberuflichen Vermittler- bzw. Vertretertätigkeit vorzugeben. Beide Entwürfe legten für die gesetzliche Begriffsbestimmung zwei Komponenten zugrunde, nämlich zum einen das Kriterium der überwiegenden Tätigkeit und zum anderen das der Hauptquelle des Arbeitseinkommens.

Mit dem Abstellen auf die Tätigkeit als solche statt auf eine Erwerbstätigkeit wich der Regierungsentwurf jedoch bewusst von dem Akademieentwurf ab; auch

---

137 Kurzprotokoll der 202. Sitzung des Ausschusses für Wirtschaftspolitik des Deutschen Bundestags vom 07.05.1953, Anlage 3, S. 3; Mündlicher Bericht des Ausschusses für Rechtswesen und Verfassungsrecht über den Entwurf eines Gesetzes zur Änderung des Handelsgesetzbuches (Recht der Handelsvertreter) – Nr. 3856 der Drucksachen –, BT-Drucks. 1/4604 vom 26.06.1953, S. 13 f.; Schriftlicher Bericht des Ausschusses für Rechtswesen und Verfassungsrecht, Anlage 24 zum Stenographischen Bericht der 280. Sitzung des Deutschen Bundestags vom 03.07.1953, S. 14206 ff.; *Baums* BB 1986, 891, 892.

138 Kurzprotokoll der 202. Sitzung des Ausschusses für Wirtschaftspolitik des Deutschen Bundestags vom 07.05.1953, Anlage 3, S. 3; Mündlicher Bericht des Ausschusses für Rechtswesen und Verfassungsrecht über den Entwurf eines Gesetzes zur Änderung des Handelsgesetzbuches (Recht der Handelsvertreter) – Nr. 3856 der Drucksachen -, BT-Drucks. 1/4604 vom 26.06.1953, S. 14; Schriftlicher Bericht des Ausschusses für Rechtswesen und Verfassungsrecht, Anlage 24 zum Stenographischen Bericht der 280. Sitzung des Deutschen Bundestags vom 03.07.1953, S. 14208; *Baums* BB 1986, 891, 892; Heymann/Horn/*Sonnenschein*/*Weitemeyer* § 92b Rn. 15 f.

139 Art. 1 des Gesetzes zur Änderung des Handelsgesetzbuchs (Recht der Handelsvertreter) vom 06.08.1953, BGBl. I, S. 771, 775.

die Zielsetzung der beiden Entwürfe war eine gänzlich andere.[140] Während der Akademieentwurf den Schutz des Rechtsverkehrs und die Hervorhebung eines eigenen Berufsstands der hauptberuflich tätigen Versicherungsvermittler durch deren besondere Zulassung bezweckte, wollte der Regierungsentwurf der (angenommenen) geringeren Schutzwürdigkeit des nebenberuflichen Vertreters Rechnung tragen. Dies erklärt auch, weshalb der Akademieentwurf den Hauptberuf definierte, der Regierungsentwurf hingegen den Nebenberuf.

Alle dargestellten Gesetzentwürfe zur Änderung des Rechts der Handelsvertreter waren auf das gleiche Ziel gerichtet. Man hielt bestimmte Regelungen des Handelsvertreterrechts bei nur nebenberuflicher Vertretertätigkeit für unpassend, weil sie davon ausgehen, dass die Vertretertätigkeit des Handelsvertreters seine Existenzgrundlage bildet. Die Entwürfe ließen hinsichtlich der an sich zwingend ausgestalteten Regelungen über die Kündigungsfristen und den Entschädigungs- bzw. Ausgleichsanspruch nicht lediglich abweichende Parteivereinbarungen zu, sondern erklärten diese Regelungen für den nebenberuflichen Vertreter von vornherein für nicht anwendbar.[141] Der im Akademieentwurf eines Handelsvertretergesetzes aus dem Jahr 1940 und im CDH-Entwurf aus den Jahren 1949/1950 vorgesehene Anspruch auf eine angemessene Entschädigung im Fall einer zu missbilligenden Kündigung fand sich in abgewandelter Form in dem neu geschaffenen Ausgleichsanspruch gemäß § 89b des Regierungsentwurfs wieder.[142]

Während jedoch der Akademieentwurf eines Handelsvertretergesetzes und der CDH-Entwurf in der Bestimmung über die Provisionsabrechnung für den Fall einer nebenberuflichen Vertretertätigkeit eine nicht zu rechtfertigende Belastung für den Unternehmer sahen und daher ihre Abdingbarkeit bzw. Nichtgeltung regelten, sah der Regierungsentwurf insoweit keine Abweichung vor. Dieser enthielt wiederum erstmals Regelungen zur Abdingbarkeit des Anspruchs auf einen angemessenen Provisionsvorschuss und zur Geltendmachung der Sondervorschrift durch den Unternehmer.

Im Ergebnis muss man aber konstatieren, dass der Akademieentwurf eines Handelsvertretergesetzes und hieran anknüpfend auch der CDH-Entwurf erstmals eine rechtliche Differenzierung zwischen der haupt- und nebenberuflichen Vertretertätigkeit für sämtliche Handelsvertreter vorsahen. Vor allem bei der Erarbeitung des erstgenannten Entwurfs stellte man zur Rechtfertigung der (nur wenigen) Ausnahmen von den allgemeinen Vorschriften des Handelsvertreterrechts umfangreiche Überlegungen an, die teilweise auch bei der Schaffung des § 92b HGB eine Rolle spielten. Weitere Gemeinsamkeit war der Verzicht auf eine Legaldefinition des nebenberuflichen Vertreters, auch wenn dem bei der Aufstellung der beiden genannten

140 *Baums* BB 1986, 891.
141 *Baums* BB 1986, 891.
142 Vgl. Begr. zum Entwurf eines Gesetzes zur Änderung des Handelsgesetzbuches (Recht der Handelsvertreter), BT-Drucks. 1/3856 vom 15.11.1952, S. 33; *Reinicke/Reinicke* NJW 1953, 1609, 1611.

Entwürfe – soweit ersichtlich – keine kontroverse Diskussion vorausging. Es ist somit durchaus gerechtfertigt, die in diesen Entwürfen vorgesehenen Regelungen für die nebenberufliche Handelsvertretertätigkeit als Vorläufer des späteren § 92b HGB anzusehen.[143]

6. EG-Handelsvertreterrichtlinie aus dem Jahr 1986

Die Vorschrift des § 92b HGB blieb bis heute unverändert. Insbesondere erforderte die Umsetzung der EG-Handelsvertreterrichtlinie aus dem Jahr 1986[144] in nationales Recht keine Änderung oder gar Aufhebung der Sonderregelung, da diese mit den Bestimmungen der Richtlinie in vollem Umfang in Einklang steht.[145] Zwar gibt auch die Richtlinie keine Legaldefinition des Handelsvertreters im Nebenberuf vor. Sie räumt aber in Art. 2 Abs. 2 jedem Mitgliedstaat die Möglichkeit ein, die Nichtanwendbarkeit der Richtlinie auf Personen vorzusehen, die Handelsvertretertätigkeiten ausüben, welche nach dem Recht dieses Mitgliedstaats als nebenberufliche Tätigkeiten angesehen werden. Das ist über § 92b HGB zum Teil erfolgt, denn die §§ 84 ff. HGB gelten für nebenberufliche Handelsvertreter nur eingeschränkt, vgl. § 92b Abs. 1 HGB.[146]

III. Zweck der Regelung

Vor dem Hintergrund der Entstehungsgeschichte des § 92b HGB ist der vom Gesetzgeber mit dieser Sonderregelung verfolgte Zweck kritisch zu hinterfragen.

1. Intention des Gesetzgebers

Der Gesetzgeber hält den Handelsvertreter im Nebenberuf für nicht im gleichen Maße schutzbedürftig wie den hauptberuflichen Handelsvertreter, da der Nebenberufler über sonstige Einkünfte verfüge, namentlich aus seinem Hauptberuf.[147] Die Abweichung von bestimmten, nach Ansicht des Gesetzgebers auf den

---

143 Vgl. auch *Möller* ZfV 1953, 89; *Reinicke/Reinicke* NJW 1953, 1609; *Schubert*, Akademie für Deutsches Recht, 1933–1945, Protokolle der Ausschüsse, Band 5, Einleitung, S. XXIV f.

144 Richtlinie 86/653/EWG des Rates vom 18.12.1986 zur Koordinierung der Rechtsvorschriften der Mitgliedstaaten betreffend die selbständigen Handelsvertreter, ABl. EG Nr. L 382 vom 31.12.1986, S. 17 ff.

145 *Ankele* § 92b Rn. 1; Ebenroth/Boujong/*Löwisch* § 92b Rn. 1; Ensthaler/*Genzow* § 92b Rn. 9; Oetker/*Busche* § 92b Rn. 1; Staub/Canaris/*Emde* § 92b Rn. 3.

146 Ebenroth/Boujong/*Löwisch* § 92b Rn. 26; *Escher* BB 1999, 72, 73; *Kampf* S. 15 f.; Koller/Kindler/*Roth* § 92b Rn. 1; Oetker/*Busche* § 92b Rn. 1; *Sellhorst* EWS 2001, 481, 483.

147 Begr. zum Entwurf eines Gesetzes zur Änderung des Handelsgesetzbuches (Recht der Handelsvertreter), BT-Drucks. 1/3856 vom 15.11.1952, S. 42 f.; siehe auch BGH NJW-RR 2007, 1286, 1288; NJW 2013, 2111, 2113; LG Frankfurt VersR 1989, 181,

hauptberuflichen Handelsvertreter zugeschnittenen Vorschriften soll diesem Umstand Geltung verschaffen.[148]

Ob der Gesetzgeber hierdurch zugleich eine Entlastung des Unternehmers herbeiführen will, wird in der Literatur unterschiedlich beurteilt: Teilweise wird eine Entlastungsabsicht nur hinsichtlich der mit einer zwingenden Vorschusspflicht einhergehenden Gefahren angenommen,[149] teilweise nimmt man eine generelle Entlastungsabsicht an.[150] *Emde* vermutet sogar, dass man durch die Einfügung des § 92b HGB in das Gesetz die „als weitgehend empfundenen Folgen" der den Schutz des Handelsvertreters bezweckenden Neuregelung kompensieren und zur Entlastung des Unternehmers der Norm die Funktion eines „Gegengewichtes" zukommen lassen wollte.[151]

Die Tragfähigkeit dieses Ansatzes ist zweifelhaft. Zum einen ergibt sich aus der Begründung des Regierungsentwurfs lediglich, dass durch die Neugestaltung des Handelsvertreterrechts den Interessen sowohl der Handelsvertreter als auch der Unternehmer angemessen Rechnung getragen werden sollte.[152] Dass aber gerade mit der Sonderregelung für den nebenberuflichen Handelsvertreter zu Gunsten der Unternehmer ein Ausgleich für die nunmehr zwingende Geltung einiger im Interesse der Handelsvertreter erlassener Vorschriften geschaffen werden sollte, ist nicht ersichtlich.

Zum anderen wird der Aspekt der Entlastung des Unternehmers in der Begründung des Regierungsentwurfs allein im Zusammenhang mit der Erläuterung der Abdingbarkeit des Vorschussanspruchs angeführt.[153] Da die Sonderregelung im Übrigen ausschließlich mit der geringeren Schutzbedürftigkeit des nebenberuflichen Handelsvertreters, dessen Vertretertätigkeit nicht seine Existenzgrundlage sei, gerechtfertigt wird,[154] ist der maßgebliche Zweck der Normierung in der Berücksichtigung dieses Umstands zu sehen.[155] Dies bestätigt auch der Blick auf

182 f.; *Ankele* § 92b Rn. 3; *Emde* BB 2008, 2755, 2757; Koller/Kindler/*Roth* § 92b Rn. 1; Staub/Canaris/*Emde* Vor § 84 Rn. 33 und § 92b Rn. 2 m.w.N.

148 OLG Oldenburg NJOZ 2013, 256, 257; Baumbach/Hopt/*Hopt* § 92b Rn. 1; Heymann/Horn/*Sonnenschein/Weitemeyer* § 92b Rn. 1; MünchKomm/*von Hoyningen-Huene* § 92b Rn. 3; Röhricht/Graf von Westphalen/*Thume* § 92b Rn. 1.

149 So Heymann/Horn/*Sonnenschein/Weitemeyer* § 92b Rn. 1.

150 So wohl MünchKomm/*von Hoyningen-Huene* § 92b Rn. 3.

151 Staub/Canaris/*Emde* § 92b Rn. 3.

152 Begr. zum Entwurf eines Gesetzes zur Änderung des Handelsgesetzbuches (Recht der Handelsvertreter), BT-Drucks. 1/3856 vom 15.11.1952, S. 12.

153 Begr. zum Entwurf eines Gesetzes zur Änderung des Handelsgesetzbuches (Recht der Handelsvertreter), BT-Drucks. 1/3856 vom 15.11.1952, S. 43; Heymann/Horn/*Sonnenschein/Weitemeyer* § 92b Rn. 1.

154 Begr. zum Entwurf eines Gesetzes zur Änderung des Handelsgesetzbuches (Recht der Handelsvertreter), BT-Drucks. 1/3856 vom 15.11.1952, S. 42 f.; siehe nur OLG Oldenburg NJOZ 2013, 256, 257; MünchKomm/*von Hoyningen-Huene* § 92b Rn. 16.

155 Ganz ähnlich *Herschel/Beine* S. 208.

die Entstehungsgeschichte der Norm. Allen Gesetzentwürfen zur Änderung des Handelsvertreterrechts lag die Annahme zugrunde, dass bestimmte Regelungen des Handelsvertreterrechts bei nur nebenberuflicher Vertretertätigkeit unpassend sind, weil sie davon ausgehen, dass die Vertretertätigkeit des Handelsvertreters seine Existenzgrundlage bildet. Der Gedanke der Entlastung des Unternehmers hingegen fand in den Entwurfsbegründungen nur vereinzelt Erwähnung.[156]

Die Entlastung des Unternehmers ist zudem automatische Folge der durch die Sonderregelung bewirkten Schlechterstellung des nebenberuflichen Handelsvertreters, so dass dieser Aspekt insgesamt in den Hintergrund rückt.

2. Rechtspolitische Bedenken

Der Zweck der Sonderregelung für den nebenberuflichen Handelsvertreter wird von einigen Autoren als rechtspolitisch verfehlt angesehen.

Insbesondere die vom Gesetzgeber unterstellte geringere wirtschaftliche Schutzbedürftigkeit im Vergleich zum hauptberuflichen Handelsvertreter wird zum Teil sehr stark in Frage gestellt: So sei der Handelsvertreter im Nebenberuf nicht weniger schutzbedürftig und -würdig als andere Handelsvertreter.[157] Gerade die nur eingeschränkten Schutz genießenden nebenberuflichen Vertreter seien häufig als wirtschaftlich schwach einzustufen.[158]

Losgelöst von der – noch näher zu untersuchenden – Rechtfertigung der einzelnen Abweichungen von den §§ 84 ff. HGB erweist sich jedoch die gesetzgeberische Einschätzung, dass der Handelsvertreter dann weniger schutzbedürftig ist, wenn es sich bei seiner Vertretertätigkeit nicht um seine Existenzgrundlage handelt, als zutreffend.[159] Vom Grundsatz her ist es legitim, den nebenberuflichen Vertreter, dessen Vertretertätigkeit einen bloßen „Nebenerwerb"[160] bildet und dessen Existenzgrundlage in einer anderen Betätigung begründet ist, von denjenigen Bestimmungen des Handelsvertreterrechts auszunehmen, die die Existenz des Handelsvertreters

---

156 Vgl. Begr. zum Entwurf eines Gesetzes zur Änderung des Handelsgesetzbuches (Recht der Handelsvertreter), BT-Drucks. 1/3856 vom 15.11.1952, S. 43; Denkschrift zum Entwurf eines Handelsvertretergesetzes (Gesetz über die Rechtsverhältnisse der Handelsvertreter und Handelsreisenden), vorgelegt von *H. C. Nipperdey/Rolf Dietz*, Arbeitsberichte der Akademie für Deutsches Recht Nr. 17, Berlin 1940, S. 190; Materialien zum Gesetz zur Änderung des Handelsgesetzbuchs (Recht der Handelsvertreter) vom 06.08.1953, Entwurf eines Handelsvertretergesetzes, Begründung der einzelnen Bestimmungen des CDH-Entwurfes, S. 25.

157 Giesler/*Emde* § 2 Rn. 557; Staub/Canaris/*ders.* § 89b Rn. 20 und § 92b Rn. 2; ebenso *Specks* S. 60.

158 *Duden* § 92b Anm. 1) A; *Trinkhaus* S. 6.

159 Im Ergebnis auch *o.V.* VW 1966, 826.

160 OLG Oldenburg NJOZ 2013, 256, 257; *Küstner* VW 2002, 1793; MünchKomm/*von Hoyningen-Huene* § 92b Rn. 16; vgl. LG Frankfurt VersR 1989, 181, 182 f.; RGRK/*Würdinger* § 92b Anm. 3.

sichern helfen sollen.[161] Denn ein solcher Vertreter bedarf zu seiner Existenzsicherung nicht des Schutzes derartiger Bestimmungen.

Darüber hinaus wollte der Gesetzgeber mit der Handelsvertreternovelle im Jahr 1953 in erster Linie der regelmäßig vorliegenden wirtschaftlichen Abhängigkeit der Handelsvertreter von den Unternehmern entgegensteuern.[162] Bildet nun aber die Vertretertätigkeit nicht die Grundlage der Existenz des Handelsvertreters, kann er diese Tätigkeit ohne Gefährdung seiner Existenz jederzeit aufgeben, auch wenn dies im Einzelfall zu spürbaren wirtschaftlichen Einbußen führen mag. Maßgebend ist, dass ein derartiger Vertreter – anders als ein Hauptberufler – nicht zwingend auf die Einkünfte aus der Vertretertätigkeit angewiesen ist.[163] Der nebenberufliche Vertreter ist damit von der typischerweise gegebenen wirtschaftlichen Überlegenheit des Unternehmers nicht in gleichem Maße betroffen wie der hauptberufliche Vertreter.[164] Anders als dieser ist er bei der vertraglichen Gestaltung des Handelsvertreterverhältnisses nicht gezwungen, den Unternehmer einseitig bevorzugende Regelungen widerspruchslos zu akzeptieren.[165] Verfolgte der Gesetzgeber mit der Sonderregelung das Ziel, einen überschießenden Rechtsschutz zugunsten des nebenberuflichen Handelsvertreters zu vermeiden, ist dies nicht zu beanstanden.

Emde meint indes, dass der Gesetzgeber im Rahmen des § 92b HGB in einem „Fehlbild" nicht auf die jeweilige Vertragsbeziehung zwischen Unternehmer und Handelsvertreter, sondern auf die Person bzw. den „Stand" des Handelsvertreters abstelle; es sei nicht einzusehen, auf welche Weise die nebenberufliche Ausübung der Vertretertätigkeit das Leistungs- und Gegenleistungsverhältnis der Vertragsparteien beeinflussen könne; die Norm sei daher zu streichen.[166]

Dem ist zu entgegnen, dass es dem Gesetzgeber mit der Einfügung des § 92b HGB in das Gesetz nicht um die Hervorhebung eines eigenen Berufsstands der nebenberuflichen Handelsvertreter ging, anders als dies beim Akademieentwurf eines „Gesetzes zur Ordnung der Versicherungsvermittlung" hinsichtlich der hauptberuflichen Versicherungsvermittler der Fall war. Es war keineswegs eine rechtliche Benachteiligung des nebenberuflichen Handelsvertreters unabhängig von der einzelnen vertraglichen Beziehung zum Unternehmer beabsichtigt. Über die Regelungen in § 92b Abs. 2 und 3 HGB wird nämlich das konkrete Vertragsverhältnis zwischen Unternehmer und Handelsvertreter in Bezug genommen. Die ausdrückliche Betrauung des Handelsvertreters als selbiger im Nebenberuf kann schließlich nur in eben diesem Vertragsverhältnis erfolgen. Des Weiteren kann die für die Qualifizierung der Vertretertätigkeit maßgebliche Verkehrsauffassung die

---

161 Im Ergebnis ähnlich *Ahle* DB 1963, 227; Schlegelberger/*Schröder* § 92b Rn. 1.

162 Vgl. oben C.II.2. und 4.

163 LG Frankfurt VersR 1989, 181, 182 f.

164 *Ahle* DB 1963, 227.

165 Vgl. *Franta* MDR 1953, 530, 531.

166 Staub/Canaris/*Emde* § 92b Rn. 2; vgl. Ebenroth/Boujong/*Löwisch* § 92b Rn. 1, der die Norm für wenig gelungen hält.

konkrete Vertretertätigkeit, wie sie auf der Basis der individuellen Vertragsbeziehung der Parteien ausgeübt wird, nicht unbeachtet lassen.[167]

Der Gedanke, dass es für das Vertragsverhältnis zwischen Unternehmer und Handelsvertreter grundsätzlich belanglos ist, ob der Handelsvertreter haupt- oder nebenberuflich tätig ist, d.h. noch einer anderen Tätigkeit nachgeht, verdient hingegen Zustimmung. Hiervon ging man bereits bei der Erarbeitung des Akademieentwurfs eines Handelsvertretergesetzes aus dem Jahr 1940 aus.[168] Dem wird dadurch Rechnung getragen, dass für den nebenberuflichen Vertreter die Nichtgeltung lediglich einzelner, nach Ansicht des Gesetzgebers auf eine hauptberufliche Vertretertätigkeit zugeschnittener Bestimmungen der §§ 84 ff. HGB festgelegt wird; im Übrigen sind aber sämtliche Vorschriften des Handelsvertreterrechts auf ihn anzuwenden, sofern keine abweichende Vereinbarung besteht.[169]

Generelle Bedenken gegen den rechtspolitischen Grundgedanken der Norm bestehen somit nicht. Es wird jedoch zu prüfen sein, ob der konkrete Regelungsinhalt eine zweckentsprechende praktische Umsetzung der Norm ermöglicht.

IV. Anwendungsbereich der Regelung

Adressat der Norm des § 92b HGB ist nach Abs. 1 der Handelsvertreter im Nebenberuf, also ein Handelsvertreter i.S. des § 84 HGB, der gemäß § 92b HGB nebenberuflich tätig ist.[170]

Die Norm trifft eine ausdrückliche Aussage zu ihrem Anwendungsbereich nur in Abs. 4, wonach die Vorschriften der Abs. 1 bis 3 sinngemäß für Versicherungs- und Bausparkassenvertreter gelten. Da auch diese Vertreter Handelsvertreter i.S. des § 84 Abs. 1 HGB sind (vgl. § 92 Abs. 1, 2 und 5 HGB), wird § 92b Abs. 4 HGB ganz überwiegend lediglich eine deklaratorische Bedeutung beigemessen.[171] Selbst die Tatsache, dass die selbstständigen Versicherungsvermittler mehrheitlich im

---

167 Ausführlich hierzu unten D.II.1.

168 Denkschrift zum Entwurf eines Handelsvertretergesetzes (Gesetz über die Rechtsverhältnisse der Handelsvertreter und Handelsreisenden), vorgelegt von *H. C. Nipperdey*/*Rolf Dietz*, Arbeitsberichte der Akademie für Deutsches Recht Nr. 17, Berlin 1940, S. 189.

169 *Ahle* DB 1963, 227; Baumbach/Hopt/*Hopt* § 92b Rn. 1; Ebenroth/Boujong/*Löwisch* § 92b Rn. 1; Heymann/Horn/*Sonnenschein*/*Weitemeyer* § 92b Rn. 6; MünchKomm/*von Hoyningen-Huene* § 92b Rn. 4; Oetker/*Busche* § 92b Rn. 1 und 4; Schlegelberger/*Schröder* § 92b Rn. 1; Staub/Canaris/*Emde* § 92b Rn. 11.

170 Statt aller Staub/Canaris/*Emde* § 92b Rn. 4.

171 Baumbach/Hopt/*Hopt* § 92b Rn. 6; Ebenroth/Boujong/*Löwisch* § 92b Rn. 2; Heymann/Horn/*Sonnenschein*/*Weitemeyer* § 92b Rn. 16; MünchKomm/*von Hoyningen-Huene* § 92b Rn. 14; Oetker/*Busche* § 92b Rn. 3; Staub/Canaris/*Emde* § 92b Rn. 27; abweichend *Baums* BB 1986, 891, vgl. hierzu unten D.III.2.b).

Nebenberuf tätig sind,[172] erfordert in rechtlicher Hinsicht keine Ausdehnung der Anwendbarkeit des § 92b HGB auf diese Erscheinungsformen des Handelsvertreters durch eine gesonderte Norm. § 92b Abs. 4 HGB ist mithin mangels eines eigenständigen Regelungsgehalts verzichtbar und könnte gestrichen werden.[173]

Im Übrigen muss man sich für die Beantwortung der Frage, ob auch andere Absatzmittler potentielle Adressaten des § 92b HGB sein können, immer den Ausnahmecharakter dieser Norm vergegenwärtigen.[174] Aus dem Wortlaut und der Entstehungsgeschichte des § 92b HGB sowie der Gesetzessystematik folgt, dass der Gesetzgeber davon ausgeht, dass die hauptberufliche Handelsvertretertätigkeit i.S. der §§ 84 ff. HGB den gesetzlichen Normalfall darstellt und es sich bei der nebenberuflichen Vertretertätigkeit um einen Ausnahmefall handelt, der eine bestimmte (Sonder-)Regelung erfordert.[175] Durch diese werden einzelne, für unpassend gehaltene allgemeine Bestimmungen des Handelsvertreterrechts verdrängt.[176]

1. Kommissionsagent

Zum Teil wird eine analoge Anwendung des § 92b HGB auf den Kommissionsagenten im Nebenberuf befürwortet.[177] Für diesen Absatzmittler gibt es keine gesetzliche Regelung.

Kommissionsagent ist derjenige, der ständig mit dem Abschluss von Geschäften im eigenen Namen, jedoch auf fremde Rechnung (eines anderen Unternehmers) betraut ist.[178] Er unterscheidet sich vom Handelsvertreter allein dadurch, dass dieser die Geschäfte im Namen des Unternehmers abschließt.[179] Der Kommissionsagent weist auch zum Kommissionär i.S. des § 383 Abs. 1 HGB eine sehr starke Ähnlichkeit auf: Von ihm hebt er sich nur durch das Merkmal der ständigen Betrauung ab, an der es bei einem Kommissionär fehlt, vgl. § 383 Abs. 1 HGB.[180] Der Kommissionsagent nimmt damit insgesamt eine Zwitterstellung ein.[181] Während die ständige Betrauung

---

172 Siehe nur *Baums* BB 1986, 891 f.; *Beenken/Reckenfelderbäumer* VW 2006, 76; MünchKomm/*von Hoyningen-Huene* § 92b Rn. 13; Oetker/*Busche* § 92b Rn. 3.

173 Vgl. *Duden* § 92b Anm. 1) A; Staub/Canaris/*Emde* § 92b Rn. 27.

174 Vgl. *Ulmer* S. 398 f. Fn. 18 f.

175 Begr. zum Entwurf eines Gesetzes zur Änderung des Handelsgesetzbuches (Recht der Handelsvertreter), BT-Drucks. 1/3856 vom 15.11.1952, S. 13.

176 Oetker/*Busche* § 92b Rn. 4.

177 So Ebenroth/Boujong/*Löwisch* § 92b Rn. 2; Flohr/Wauschkuhn/*Billing* § 92b Rn. 24 unter Hinweis auf die typologische Nähe der beiden Absatzmittler.

178 Baumbach/Hopt/*Hopt* § 84 Rn. 19 und § 383 Rn. 3; Röhricht/Graf von Westphalen/*Thume* § 84 Rn. 41; Röhricht/Graf von Westphalen/*Lenz* § 383 Rn. 25.

179 Röhricht/Graf von Westphalen/*Thume* § 84 Rn. 41.

180 Baumbach/Hopt/*Hopt* § 84 Rn. 18 f.; Röhricht/Graf von Westphalen/*Thume* § 84 Rn. 41; Röhricht/Graf von Westphalen/*Lenz* § 383 Rn. 25; Staub/Canaris/*Emde* Vor § 84 Rn. 379.

181 Baumbach/Hopt/*Hopt* § 383 Rn. 3; Röhricht/Graf von Westphalen/*Lenz* § 383 Rn. 25.

ihn und den Handelsvertreter eint, hat er mit dem Kommissionär die Absatzmittlung im eigenen Namen und auf fremde Rechnung gemein.[182] Nach herrschender Meinung sind daher auf das Vertragsverhältnis zwischen dem Kommissionsagenten und seinem Auftraggeber, dem Kommittenten, die Vorschriften des Handelsvertreterrechts entsprechend anzuwenden, es sei denn, dem stehen vorrangige Regelungen in den §§ 383 ff. HGB entgegen.[183]

Für eine analoge Anwendung des § 92b HGB auf den Kommissionsagenten bedarf es einer planwidrigen Regelungslücke. Gemäß § 406 Abs. 1 S. 2 HGB gelten die §§ 383 ff. HGB auch für einen Kaufmann, der – ohne Kommissionär zu sein – im Betrieb seines Handelsgewerbes ein Kommissionsgeschäft zu schließen übernimmt, sog. Gelegenheitskommissionär.[184] Der Gesetzgeber hat also offensichtlich die mögliche Fallgestaltung, dass jemand Kommissionsgeschäfte vornimmt, ohne zu dem Adressatenkreis des § 383 Abs. 1 HGB zu gehören, erkannt. Hierfür hat er allerdings eine Abweichung von den allgemeinen Regelungen des Kommissionsgeschäfts in den §§ 383 ff. HGB nicht für notwendig erachtet. Eine der Vorschrift des § 92b HGB angenäherte Regelung für diejenigen Kaufleute, die nur nebenberuflich Kommissionsgeschäfte abschließen, welche dann auch auf Kommissionsagenten anwendbar wäre, hat er nicht in das HGB aufgenommen.[185] Anders gewendet: Sind auf einen Gelegenheitskommissionär i.S. des § 406 Abs. 1 S. 2 HGB die §§ 383 ff. HGB in vollem Umfang anwendbar, so müssen die für Kommissionäre geltenden Normen erst recht auf einen Kommissionsagenten ohne Einschränkung Anwendung finden, der nicht nur gelegentlich, sondern sogar in nebenberuflicher Tätigkeit Kommissionsgeschäfte abschließt. An der notwendigen planwidrigen Regelungslücke fehlt es somit.

Auch das Bestehen einer vergleichbaren Interessenlage muss ernstlich bezweifelt werden. Die durch die Handelsvertreternovelle im Jahr 1953 hervorgebrachte Spezialregelung für den Handelsvertreter im Nebenberuf ist eingebettet in das vom Gesetzgeber seinerzeit verfolgte Regelungskonzept, mit dem den besonderen Belangen der meist von den Unternehmern wirtschaftlich abhängigen Handelsvertreter Rechnung getragen werden sollte.[186] In diesem Zusammenhang stellt § 92b HGB – wie bereits dargelegt – eine Ausnahmeregelung des Handelsvertreterrechts dar, die der Berücksichtigung des eingeschränkten Schutzbedürfnisses des nur nebenberuflich tätigen Handelsvertreters dient. Dass eine vergleichbare Situation auch bei Kommissionsagenten anzunehmen ist, erscheint schon deswegen ausgeschlossen, weil der Gesetzgeber diese Vertriebsform bislang überhaupt keiner gesetzlichen

---

182 Koller/Kindler/*Roth* § 383 Rn. 4; Röhricht/Graf von Westphalen/*Lenz* § 383 Rn. 25; Staub/Canaris/*Emde* Vor § 84 Rn. 379.

183 Statt vieler Röhricht/Graf von Westphalen/*Thume* § 84 Rn. 41 m.w.N.; Staub/Canaris/*Emde* Vor § 84 Rn. 379 m.w.N.

184 Baumbach/Hopt/*Hopt* § 406 Rn. 2; Ebenroth/Boujong/*Füller* § 406 Rn. 1 und 4.

185 Vgl. Staub/Canaris/*Emde* Vor § 84 Rn. 378.

186 Vgl. oben C.II.2. und 4.

Regelung zugeführt hat. Der Grundgedanke des § 92b HGB lässt sich somit nicht auf den Kommissionsagenten im Nebenberuf übertragen.[187]

Darüber hinaus würde im Fall der Anwendbarkeit des § 92b HGB auf den Kommissionsagenten die Regelung des § 92b Abs. 1 S. 3 HGB, die die Abdingbarkeit des Provisionsvorschussanspruchs aus § 87a Abs. 1 S. 2 HGB normiert, leer laufen. Die Provisionsvorschriften des Handelsvertreterrechts sind nämlich – mit Ausnahme von § 87 Abs. 2 und 3 HGB – auf den Kommissionsagenten nicht analog anwendbar.[188]

Eine analoge Anwendung von § 92b HGB auf den Kommissionsagenten ist mithin abzulehnen.[189]

2. Vertragshändler

Zu untersuchen ist ferner, ob § 92b HGB im Fall eines Vertragshändlers entsprechend zur Anwendung kommen kann.

Als Vertragshändler wird ein Absatzmittler bezeichnet, der von einem anderen Unternehmer (Hersteller oder Lieferant) ständig damit betraut wird, dessen Waren im eigenen Namen und auf eigene Rechnung zu vertreiben und sich fortlaufend um den Absatz dieser Waren zu bemühen.[190] Nach ständiger Rechtsprechung des BGH ist das Handelsvertreterrecht analog auf den – ebenfalls im Gesetz nicht geregelten – Vertragshändler anwendbar, wenn er mit handelsvertretertypischen Rechten und Pflichten in die Vertriebsorganisation des Herstellers oder Lieferanten eingebunden ist mit der Folge, dass seine Tätigkeit starke Ähnlichkeit zu der eines Handelsvertreters aufweist.[191]

Gegen die analoge Anwendung der Sonderregelung für den nebenberuflichen Handelsvertreter auf das Vertragshändlerverhältnis spricht zunächst der bereits erwähnte Ausnahmecharakter dieser Regelung. Außerdem übt der Vertragshändler – anders als der Handelsvertreter und der Kommissionsagent – seine Absatzmittlungstätigkeit nicht für fremde Rechnung aus; er erwirbt die Waren beim Hersteller oder Lieferanten im eigenen Namen und auf eigene Rechnung und veräußert sie sodann ebenfalls im eigenen Namen und auf eigene Rechnung an den Kunden weiter.[192] Diese Zweistufigkeit des Vertriebswegs[193] und die damit regelmäßig einhergehende

---

187 Vgl. auch BGH MDR 2002, 1259.

188 Ebenroth/Boujong/*Löwisch* § 84 Rn. 138; Staub/Canaris/*Emde* Vor § 84 Rn. 379; a.A. Baumbach/Hopt/*Hopt* § 84 Rn. 19.

189 Oetker/*Busche* § 92b Rn. 1.

190 LG Düsseldorf BeckRS 2007, 17449; Ebenroth/Boujong/*Löwisch* § 84 Rn. 140; MünchKomm/*von Hoyningen-Huene* Vorbemerkung zu § 84 Rn. 13; Röhricht/Graf von Westphalen/*Thume* § 84 Rn. 42; Staub/Canaris/*Emde* Vor § 84 Rn. 305.

191 Statt vieler BGH MDR 2007, 1084; *Thume* BB 2011, 1800, 1802 und 1804 m.w.N.

192 MünchKomm/*von Hoyningen-Huene* Vorbemerkung zu § 84 Rn. 15; Röhricht/Graf von Westphalen/*Thume* § 84 Rn. 42 f.

193 Röhricht/Graf von Westphalen/*Thume* § 84 Rn. 42.

Abwälzung des Absatzrisikos auf den Vertragshändler[194] bringt für diesen ein deutlich größeres finanzielles Risiko mit sich.[195] Folglich wäre die Annahme einer geringeren wirtschaftlichen Schutzbedürftigkeit des nebenberuflichen Vertragshändlers (vergleichbar mit der des nebenberuflichen Handelsvertreters) bedenklich.

Die Nichtanwendbarkeit der Provisionsvorschriften des Handelsvertreterrechts einschließlich des § 87a HGB[196] würde im Übrigen auch hier dazu führen, dass die Regelung des § 92b Abs. 1 S. 3 HGB ins Leere liefe.[197]

Eine analoge Anwendung des § 92b HGB auf den Vertragshändler im Nebenberuf wird somit zu Recht allgemein abgelehnt.[198]

3. Franchisenehmer

Schließlich stellt sich die Frage nach einer analogen Anwendung des § 92b HGB auf den Franchisenehmer im Nebenberuf.[199]

Franchisenehmer ist, wer gegen Zahlung einer Vergütung vom Franchisegeber ständig damit betraut wird, unter Nutzung eines von diesem vorgegebenen einheitlichen Geschäftskonzepts Waren oder Dienstleistungen im eigenen Namen und auf eigene Rechnung zu vertreiben, wobei der Franchisenehmer – wie der Vertragshändler – das Absatzrisiko zu tragen hat.[200] Eine analoge Anwendung des § 92b HGB käme hier nur im Fall des Subordinations-Franchising in Betracht, welches aufgrund der stark ausgeprägten Weisungsabhängigkeit des Franchisenehmers dem Handelsvertreterverhältnis angenähert ist.[201] Das Partnerschafts- bzw. Koordinations-Franchising hingegen führt zu einem bloßen auf Austausch gerichteten Dauerschuldverhältnis, in dessen Rahmen der Franchisenehmer weder die Weisungen des Franchisegebers zu befolgen noch dessen Interessen zu wahren hat.[202]

---

194 Vgl. BGH IHR 2010, 265, 270; LG Düsseldorf BeckRS 2007, 17449.

195 Staub/Canaris/*Emde* § 92b Rn. 4.

196 Baumbach/Hopt/*Hopt* § 84 Rn. 11; Ebenroth/Boujong/*Löwisch* § 84 Rn. 148 m.w.N.; Röhricht/Graf von Westphalen/*Thume* § 84 Rn. 43.

197 Vgl. *Ulmer* S. 398 Fn. 18.

198 LG Düsseldorf BeckRS 2007, 17449; Baumbach/Hopt/*Hopt* § 84 Rn. 11; Ebenroth/Boujong/*Löwisch* § 84 Rn. 148 und § 92b Rn. 2; Koller/Kindler/*Roth* Vorbemerkung zu § 84 Rn. 9; Oetker/*Busche* § 92b Rn. 1; Staub/Canaris/*Emde* Vor § 84 Rn. 305 und § 92b Rn. 4; a.A. nur Flohr/Wauschkuhn/*Billing* § 92b Rn. 23; *Samwer* AfP 1983, 355.

199 Siehe hierzu Baumbach/Hopt/*Hopt* § 84 Rn. 11; Ebenroth/Boujong/*Löwisch* § 92b Rn. 2; Flohr/Wauschkuhn/*Billing* § 92b Rn. 23; Giesler/*Giesler*/*Güntzel* § 4 Rn. 468; Oetker/*Busche* § 92b Rn. 1; Staub/Canaris/*Emde* § 92b Rn. 4.

200 Ebenroth/Boujong/*Löwisch* § 84 Rn. 158 f. m.w.N.; Koller/Kindler/*Roth* Vorbemerkung zu § 84 Rn. 11; MünchKomm/*von Hoyningen-Huene* Vorbemerkung zu § 84 Rn. 17; Röhricht/Graf von Westphalen/*Thume* § 84 Rn. 46.

201 Siehe OLG München BB 2002, 2521, 2522; Ebenroth/Boujong/*Löwisch* § 84 Rn. 163.

202 Ebenroth/Boujong/*Löwisch* § 84 Rn. 164 f.; Martinek/Semler/*Martinek*/*Habermeier* § 27 Rn. 87 f.

Zwar ist die für eine entsprechende Anwendung der Vorschriften des Handelsvertreterrechts erforderliche handelsvertreterähnliche Eingliederung des (Subordinations-) Franchisenehmers in die Vertriebsorganisation des Franchisegebers[203] noch weitgehender als beim Vertragshändler.[204] Dies führt aber gerade nicht dazu, dass der nur nebenberuflich tätige Franchisenehmer generell als weniger schutzbedürftig anzusehen ist. Denn auch in diesem Fall hat er wegen des Handelns auf eigene Rechnung das Absatzrisiko zu tragen. Mangels einer mit der nebenberuflichen Handelsvertretertätigkeit vergleichbaren Interessenlage lässt sich die Grundidee des § 92b HGB nicht für das Vertragsverhältnis zwischen Franchisegeber und Franchisenehmer heranziehen.[205] Hinzu kommt, dass die Provisionsvorschriften der §§ 87 ff. HGB ohnehin keine entsprechende Anwendung finden,[206] vgl. § 92b Abs. 1 S. 3 HGB.

Damit scheidet eine analoge Anwendung von § 92b HGB auf Subordinations-Franchiseverträge aus.[207]

Im Ergebnis handelt es sich bei § 92b HGB mithin um eine nicht analogiefähige Sonderregelung.[208]

V. Inhalt der Regelung

§ 92b Abs. 1 HGB enthält drei Abweichungen von den allgemeinen Bestimmungen der §§ 84 ff. HGB. Diese Abweichungen sind ihrerseits allerdings nicht zwingender Natur, sondern können abbedungen werden.[209]

1. Besondere Kündigungsregelung in § 92b Abs. 1 S. 2 HGB

§ 92b Abs. 1 S. 1 HGB erklärt die Kündigungsregelungen in § 89 HGB für unanwendbar. S. 2 der Norm bestimmt stattdessen, dass ein auf unbestimmte Zeit eingegangenes Vertragsverhältnis mit einer Frist von einem Monat für den Schluss eines Kalendermonats gekündigt werden kann. Bei nebenberuflicher Handelsvertretertätigkeit gilt diese Kündigungsregelung für beide Teile unmittelbar kraft Gesetzes,

---

203 Siehe nur MünchKomm/*von Hoyningen-Huene* Vorbemerkung zu § 84 Rn. 16 und 21 m.w.N.; Staub/Canaris/*Emde* Vor § 84 Rn. 355; *Thume* BB 2011, 1800, 1802 und 1804.

204 MünchKomm/*von Hoyningen-Huene* Vorbemerkung zu § 84 Rn. 20; Röhricht/Graf von Westphalen/*Thume* § 84 Rn. 47.

205 Vgl. BGH MDR 2002, 1259.

206 Ebenroth/Boujong/*Löwisch* § 84 Rn. 172; Giesler/*Giesler*/*Güntzel* § 4 Rn. 468; Staub/Canaris/*Emde* Vor § 84 Rn. 355 m.w.N.

207 Anders Staub/Canaris/*Emde* Vor § 84 Rn. 355; vgl. auch OLG München BB 2002, 2521, 2522.

208 Vgl. Oetker/*Busche* § 92b Rn. 1.

209 Ebenroth/Boujong/*Löwisch* § 92b Rn. 15 f.; MünchKomm/*von Hoyningen-Huene* § 92b Rn. 31; Oetker/*Busche* § 92b Rn. 4; Staub/Canaris/*Emde* § 92b Rn. 11 und 29.

die Parteien müssen die Norm des § 89 HGB nicht erst vertraglich ausschließen.[210] Ihnen steht es aber frei, die Anwendbarkeit der Norm zu vereinbaren.[211]

Aufgrund des eindeutigen Wortlauts des § 92b Abs. 1 S. 2 HGB betrifft die Regelung nur auf unbestimmte Zeit geschlossene Handelsvertreterverträge. Ist das Vertragsverhältnis hingegen auf bestimmte Zeit eingegangen, kommt es zu keiner Abweichung gegenüber dem Handelsvertreter im Hauptberuf; ein solcher Vertrag endet automatisch durch Zeitablauf.[212]

Der Gesetzgeber rechtfertigt die von § 89 Abs. 1 S. 1 und 2 HGB abweichende und sich nicht mit zunehmender Vertragsdauer verlängernde[213] Frist zur ordentlichen Kündigung des Vertragsverhältnisses wie folgt:[214] Die zwingende Kündigungsregelung des § 89 HGB, welche den (hauptberuflichen) Handelsvertreter „vor einem kurzfristigen Verlust seiner Existenzgrundlage" bewahren wolle, sei nicht passend für den nebenberuflichen Vertreter. Dessen Tätigkeit sei nicht in gleichem Maße auf Dauer angelegt wie die eines hauptberuflichen Vertreters und sie bilde darüber hinaus nicht seine Existenzgrundlage. Einer Kündigung sei eine geringere existenzgefährdende Wirkung beizumessen, als dies bei einem hauptberuflichen Vertreter der Fall sei.[215]

Diese Begründung begegnet keinen durchgreifenden Bedenken. Ist nämlich die Existenzgrundlage des nebenberuflichen Vertreters in einer außerhalb der Vertretertätigkeit liegenden Betätigung begründet, bedarf er zu seiner Existenzsicherung eben nicht des Schutzes einer längeren Kündigungsfrist, während der er sich eine neue Vertretertätigkeit suchen kann.[216] Gelingt ihm dies während der kurzen Kündigungsfrist des § 92b Abs. 1 S. 2 HGB nicht, so ist seine wirtschaftliche Existenz

---

210 MünchKomm/*von Hoyningen-Huene* § 92b Rn. 31; Schlegelberger/*Schröder* § 92b Rn. 3; *ders.* INF 1977, 33; *ders.* INF 1978, 401; Staub/Canaris/*Emde* § 89 Rn. 75 und § 92b Rn. 11.

211 MünchKomm/*von Hoyningen-Huene* § 92b Rn. 31.

212 Ebenroth/Boujong/*Löwisch* § 92b Rn. 13; Röhricht/Graf von Westphalen/*Thume* § 89 Rn. 25; Staub/Canaris/*Emde* § 92b Rn. 11.

213 Ebenroth/Boujong/*Löwisch* § 92b Rn. 12; Heymann/Horn/*Sonnenschein/ Weitemeyer* § 92b Rn. 7; MünchKomm/*von Hoyningen-Huene* § 92b Rn. 15; Röhricht/Graf von Westphalen/*Thume* § 92b Rn. 1; Schlegelberger/*Schröder* § 92b Rn. 3; *ders.* INF 1977, 33; *ders.* INF 1978, 401; Staub/Canaris/*Emde* § 92b Rn. 11; *Trinkhaus* S. 6.

214 Begr. zum Entwurf eines Gesetzes zur Änderung des Handelsgesetzbuches (Recht der Handelsvertreter), BT-Drucks. 1/3856 vom 15.11.1952, S. 42.

215 Vgl. oben C.II.4.

216 Im Ergebnis ebenso OLG Oldenburg NJOZ 2013, 256, 257; *Ankele* § 92b Rn. 6; Ebenroth/Boujong/*Löwisch* § 92b Rn. 12; *Herschel/Beine* S. 210; Heymann/Horn/*Sonnenschein/ Weitemeyer* § 92b Rn. 7; MünchKomm/*von Hoyningen-Huene* § 92b Rn. 16; Oetker/*Busche* § 92b Rn. 5; siehe bereits Denkschrift zum Entwurf eines Handelsvertretergesetzes (Gesetz über die Rechtsverhältnisse der Handelsvertreter und Handelsreisenden), vorgelegt von *H. C. Nipperdey/Rolf Dietz*, Arbeitsberichte der Akademie für Deutsches Recht Nr. 17, Berlin 1940, S. 190; a.A. Staub/Canaris/*Emde* § 92b Rn. 2 und 11.

nicht gefährdet, da diese nicht von der nun endenden Vertretertätigkeit abhängig ist.[217]

a) Abbedingung des § 92b Abs. 1 S. 2 Halbs. 1 HGB durch Individualvereinbarung der Parteien

Aufgrund der hieraus folgenden eingeschränkten Bedeutung der Vertretertätigkeit für den nebenberuflichen Handelsvertreter[218] ist auch die vom Gesetz (mangels zwingender Ausgestaltung des § 92b Abs. 1 S. 2 Halbs. 1 HGB) zugelassene Abdingbarkeit der Regelung im Grundsatz nicht zu beanstanden.[219] So kann die Kündigungsfrist individualvertraglich sowohl verlängert als auch verkürzt und auch ein vom Ende eines Kalendermonats abweichender Kündigungstermin festgelegt werden.[220] Dies führt dazu, dass die Vereinbarung etwa einer vierzehntägigen[221] oder gar eintägigen[222] Kündigungsfrist mit Wirkung zu einem bestimmten Wochentag[223] möglich ist. Bedenken hiergegen nach den §§ 138, 242 BGB bestehen – jenseits von besonders gelagerten Einzelfällen, etwa bei Vornahme beträchtlicher Investitionen durch den Vertreter – nicht.[224]

Einzige gesetzliche Schranke ist, dass bei Vereinbarung einer von § 92b Abs. 1 S. 2 Halbs. 1 HGB abweichenden Kündigungsfrist diese für beide Teile gleich sein muss, § 92b Abs. 1 S. 2 Halbs. 2 HGB. Nach ganz herrschender Meinung muss auch ein abweichender Kündigungstermin für beide Parteien gleichermaßen gelten.[225] Zwar gibt der Wortlaut der Norm das nicht ausdrücklich vor. Der hiermit verfolgte

---

217 Vgl. auch BGH NJW-RR 2007, 1286, 1288.

218 Oetker/*Busche* § 92b Rn. 5.

219 In diesem Sinne auch OLG Oldenburg NJOZ 2013, 256, 257; MünchKomm/*von Hoyningen-Huene* § 92b Rn. 16.

220 Begr. zum Entwurf eines Gesetzes zur Änderung des Handelsgesetzbuches (Recht der Handelsvertreter), BT-Drucks. 1/3856 vom 15.11.1952, S. 42; ebenso statt vieler MünchKomm/*von Hoyningen-Huene* § 92b Rn. 15; Staub/Canaris/*Emde* § 92b Rn. 11.

221 Flohr/Wauschkuhn/*Billing* § 92b Rn. 18; Küstner/Thume/*Schürr* Band 1 Kap. I Rn. 195; Röhricht/Graf von Westphalen/*Thume* § 92b Rn. 1; vgl. bereits Denkschrift zum Entwurf eines Handelsvertretergesetzes (Gesetz über die Rechtsverhältnisse der Handelsvertreter und Handelsreisenden), vorgelegt von *H. C. Nipperdey*/*Rolf Dietz*, Arbeitsberichte der Akademie für Deutsches Recht Nr. 17, Berlin 1940, S. 191.

222 *Trinkhaus* S. 6 und 101.

223 Küstner/Thume/*Schürr* Band 1 Kap. I Rn. 195.

224 So aber Staub/Canaris/*Emde* § 89 Rn. 75 und § 92b Rn. 11 und 13: „angemessene Auslauffrist" nötig.

225 Siehe nur Ebenroth/Boujong/*Löwisch* § 92b Rn. 13; Heymann/Horn/*Sonnenschein*/*Weitemeyer* § 92b Rn. 7; *Herschel*/*Beine* S. 210; a.A. *Ankele* § 92b Rn. 7; *o.V.* VW 1961, 551, 552.

Zweck, eine Benachteiligung des Handelsvertreters zu vermeiden,[226] lässt sich aber nur durch eine extensive Auslegung der Norm erreichen.[227]

Werden ungleiche Kündigungsfristen oder -termine für Unternehmer und Handelsvertreter vereinbart, führt dies zur Unwirksamkeit dieser Vereinbarung mit der Folge, dass insoweit die Regelung des § 92b Abs. 1 S. 2 Halbs. 1 HGB zur Anwendung kommt.[228] Der Vertrag insgesamt bleibt wirksam.[229]

b) Abbedingung des § 92b Abs. 1 S. 2 Halbs. 1 HGB in den AGB des Unternehmers

Näherer Prüfung bedarf die Abbedingung des § 92b Abs. 1 S. 2 Halbs. 1 HGB durch AGB. Die Schranke des § 92b Abs. 1 S. 2 Halbs. 2 HGB gilt selbstredend auch hier. Eine von der genannten Kündigungsregelung abweichende Bestimmung in AGB darf den Vertragspartner außerdem nicht unangemessen benachteiligen, was insbesondere dann gegeben ist, wenn die Abweichung mit wesentlichen Grundgedanken der gesetzlichen Regelung, d.h. mit dem „gesetzlichen Leitbild einer Handelsvertretung im Nebenberuf" nicht zu vereinbaren ist, § 307 Abs. 1 S. 1 und Abs. 2 Nr. 1 BGB.[230]

Eine Verkürzung der einmonatigen Kündigungsfrist in den AGB des Unternehmers ist mit dem gesetzlichen Leitbild des § 92b HGB vereinbar und daher unbedenklich.[231] Denn der nebenberufliche Handelsvertreter, für den die Vertretertätigkeit lediglich einen – für die Existenzsicherung irrelevanten – Nebenverdienst darstellt, läuft auch bei einer vierzehntägigen oder sogar noch kürzeren Kündigungsfrist nicht Gefahr, plötzlich seine Existenzgrundlage zu verlieren. Überdies billigt der Gesetzgeber selbst dem hauptberuflichen Vertreter im ersten Vertragsjahr nur eine einmonatige Kündigungsfrist zu. Dies spricht gegen eine unangemessene Benachteiligung des weniger schutzbedürftigen Vertreters im Nebenberuf durch eine die Einmonatsfrist unterschreitende Kündigungsfrist.

Fraglich ist hingegen, ob eine Verlängerung der gesetzlichen Kündigungsfrist in den AGB des Unternehmers mit wesentlichen Grundgedanken des § 92b HGB dann unvereinbar ist, wenn die vorgesehene Frist über die für den hauptberuflichen

---

226 Begr. zum Entwurf eines Gesetzes zur Änderung des Handelsgesetzbuches (Recht der Handelsvertreter), BT-Drucks. 1/3856 vom 15.11.1952, S. 42.

227 Ganz ähnlich *Herschel/Beine* S. 210.

228 Statt vieler Ebenroth/Boujong/*Löwisch* § 92b Rn. 13; Schlegelberger/*Schröder* § 92b Rn. 3; a.A. nur *Duden* § 92b Anm. 2) A: Geltung der längeren Frist für beide Parteien analog § 89 Abs. 3 S. 2 HGB a.F. (ähnlich § 89 Abs. 2 S. 2 HGB).

229 Ebenroth/Boujong/*Löwisch* § 92b Rn. 13; Heymann/Horn/*Sonnenschein/ Weitemeyer* § 92b Rn. 7; Staub/Canaris/*Emde* § 92b Rn. 11.

230 Ebenroth/Boujong/*Löwisch* § 92b Rn. 14 und 23; vgl. Staub/Canaris/*Emde* § 92b Rn. 11.

231 Flohr/Wauschkuhn/*Billing* § 92b Rn. 18; a.A. Staub/Canaris/*Emde* § 92b Rn. 11 und 13.

Handelsvertreter maßgebliche Kündigungsfrist gemäß § 89 Abs. 1 HGB hinausgeht.[232] Der Unternehmer mag in der Praxis mit der Vorgabe von längeren Kündigungsfristen bezwecken, den nebenberuflichen Handelsvertreter langfristig einzusetzen, um möglichst lange in den Genuss der für ihn günstigen Rechtsfolgen des § 92b Abs. 1 S. 1 HGB zu kommen.[233]

Das OLG Celle hält eine Vertragsbedingung, die für beide Parteien eine ordentliche Kündigungsfrist von zwölf Monaten für den Schluss eines Kalenderjahrs bestimmt, für unwirksam und begründet dies wie folgt:[234] Bei einer nebenberuflichen Handelsvertretertätigkeit könnten beide Parteien auf eine schnelle Beendigung des Vertretervertrages angewiesen sein. So müsse vor allem der nebenberufliche Vertreter auf Veränderungen hinsichtlich seiner hauptberuflichen Tätigkeit oder seiner familiären Umstände flexibel reagieren können. Die durch die in Rede stehende Vertragsbedingung bewirkte Verlängerung der Kündigungsfrist um bis zu 23 Monate (gegenüber der Einmonatsfrist des § 92b Abs. 1 S. 2 Halbs. 1 HGB) sei für eine nebenberufliche Vertretertätigkeit daher „als unangemessen lang und als knebelnd" zu bewerten. Hierfür spreche auch, dass diese Frist erheblich länger sei als die für den Handelsvertreter im Hauptberuf in § 89 Abs. 1 HGB vorgesehene Frist. Der Grundgedanke des § 92b HGB, die Vertragsparteien in die Lage zu versetzen, den Vertretervertrag eines nebenberuflichen Handelsvertreters schneller zu beenden als den eines Hauptberuflers, werde hierdurch „geradezu ad absurdum" geführt.

Das OLG Oldenburg widerspricht dieser Sichtweise ausdrücklich; es sieht in der formularvertraglichen Vorgabe einer identischen ordentlichen Kündigungsfrist durch folgende Klausel

> „Nach einer Vertragslaufzeit von drei Jahren ist die Kündigung nur noch unter Einhaltung einer Frist von 12 Monaten auf das Ende eines Kalenderjahres zulässig."

keine unangemessene Benachteiligung eines nebenberuflichen Handelsvertreters nach § 307 Abs. 1 S. 1 BGB:[235]

Entgegen der Ansicht des OLG Celle sei gesetzgeberischer Grundgedanke des § 92b HGB nicht, einen nebenberuflichen Vertretervertrag schneller beenden zu können als den eines hauptberuflich Tätigen. Zweck der Norm sei die Berücksichtigung der geringeren Schutzbedürftigkeit des nebenberuflichen Handelsvertreters, für den die Vertretertätigkeit – anders als beim Hauptberufler – nicht die Existenzgrundlage sei und der demgemäß keiner langen Umstellungsfrist zwischen Kündigung und Beendigung des Vertreterverhältnisses bedürfe.

---

232 So Baumbach/Hopt/*Hopt* § 92b Rn. 7; Oetker/*Busche* § 92b Rn. 5; a.A. *Emde* § 92b Rn. 12.

233 *Thies* BB 2013, 1428; siehe auch *Hallermann-Christoph* LMK 2013, 347495.

234 OLG Celle BeckRS 2005, 07526; zweifelnd Staub/Canaris/*Emde* § 92b Rn. 11.

235 OLG Oldenburg NJOZ 2013, 256 ff.; zustimmend *Emde* § 92b Rn. 12; *Evers*/*Oberst* VW 2012, 1366; anders die Vorinstanz LG Aurich BeckRS 2013, 07343.

Vor diesem Hintergrund könne sich eine unangemessene Benachteiligung des nebenberuflichen Handelsvertreters nicht daraus ergeben, dass die in den AGB vorgegebene Kündigungsfrist länger sei als die im Gesetz geregelte Kündigungsfrist für den Handelsvertreter im Hauptberuf. Ein schützenswertes Interesse des Handelsvertreters im Nebenberuf, schneller aus der Vertragsbeziehung zum Unternehmer ausscheiden zu können als der hauptberufliche Handelsvertreter, sei nicht anzuerkennen. Beide seien von möglichen Veränderungen persönlicher oder familiärer Umstände in gleichem Maße betroffen. Veränderungen im Hinblick auf die hauptberuflich ausgeübte Tätigkeit seien für den nebenberuflichen Vertreter sogar im Grundsatz leichter durchführbar, da er die Vertretertätigkeit neben dem neuen Hauptberuf fortführen könne.

Die durch die vereinbarte Kündigungsfrist herbeigeführte vertragliche Bindung von höchstens 24 Monaten erweise sich daher auch für den Handelsvertreter im Nebenberuf nicht als unangemessen lang. Werde der Vertretervertrag auf bestimmte Zeit abgeschlossen, sei nach Einschätzung des Gesetzgebers eine Bindungsdauer von bis zu fünf Jahren nicht zu beanstanden, vgl. § 624 BGB. Zudem entspreche eine angemessen lange Kündigungsfrist dem Interesse beider Vertragsparteien, insbesondere dem des Unternehmers. Dieser könne mit einer über die gesetzliche Frist des § 89 Abs. 1 HGB hinausgehenden Kündigungsfrist die Fluktuation unter den für ihn tätigen Handelsvertretern begrenzen.

Der im Anschluss an die Entscheidung des OLG Oldenburg als Revisionsinstanz angerufene BGH hält die in Rede stehende Vertragsbedingung hingegen wegen unangemessener Benachteiligung eines nebenberuflich tätigen Handelsvertreters für unwirksam und schließt sich im Ergebnis der Ansicht des OLG Celle an:[236] Zwar gehe das OLG Oldenburg richtigerweise von einer geringeren Schutzbedürftigkeit des nebenberuflichen Handelsvertreters aus, welche der Gesetzgeber bei der Schaffung des § 92b HGB angenommen habe. Maßgeblich für die Inhaltskontrolle gemäß § 307 Abs. 1 BGB sei aber dessen ungeachtet die Frage, ob eine formularvertragliche Verlängerung der Kündigungsfrist für einen im Nebenberuf tätigen Handelsvertreter diesen unangemessen benachteilige. Dies sei hier zu bejahen, weil der nebenberufliche Handelsvertreter ein berechtigtes und schutzwürdiges Interesse an einer zeitnahen Auflösung des Vertragsverhältnisses habe. Eine derart lange Kündigungsfrist schränke seine Flexibilität und Mobilität in erheblicher Weise ein. Hierdurch könne er davon abgehalten werden, einen der Existenzsicherung dienenden Hauptberuf bei einem anderen Unternehmer aufzunehmen. Gegenüber diesen schützenswerten Belangen des Nebenberuflers seien die mit einer langen Kündigungsfrist für ihn verbundenen Vorteile, nämlich der Ausschluss einer kurzfristigen Kündigungsmöglichkeit durch den Unternehmer, ebenso wie das Interesse des Unternehmers an einer Begrenzung der Fluktuation nebenberuflicher Handelsvertreter nachrangig.

236 BGH NJW 2013, 2111 ff.

Das OLG Oldenburg hebt zwar an sich den Normzweck des § 92b HGB zutreffend hervor.[237] Es vernachlässigt aber, dass sich der Gesetzgeber mit der Kündigungsregelung in § 92b Abs. 1 S. 2 Halbs. 1 HGB bewusst für eine Einschränkung des Bestandsschutzes nur nebenberuflicher Handelsvertreterverhältnisse entschieden hat.[238] Die logische und durchaus beabsichtigte[239] Folge dessen ist, dass beide Parteien sich schneller von einem nebenberuflichen Vertretervertrag lösen können, als es ihnen bei einem hauptberuflich tätigen Vertreter möglich wäre.[240] Dies ist dem Regelungszweck sozusagen immanent und kann – was vom OLG Oldenburg nicht thematisiert wird – im Interesse beider Parteien liegen. Während der Unternehmer ein Interesse daran haben kann, sein Vertriebssystem kurzfristig reorganisieren zu können,[241] kann der nebenberuflich tätige Handelsvertreter aus den vom OLG Celle und vom BGH angeführten Gründen an einer schnellen Beendigung des Vertretervertrages interessiert sein.

Bereits bei der Schaffung des Akademieentwurfs eines Handelsvertretergesetzes aus dem Jahr 1940 ging man davon aus, dass die für den hauptberuflichen Vertreter vorgesehenen langen Kündigungsfristen und die so bewirkte längere Bindung an den Unternehmer für den nebenberuflich tätigen Vertreter von großem Nachteil sein könnten, weil sie u.U. seine übrigen und für ihn wichtigeren Dispositionen beeinträchtigten.[242]

Machen äußere, d. h. (haupt)berufliche oder familiäre Umstände die weitere Ausübung der nebenberuflichen Vertretertätigkeit unmöglich oder unzumutbar, muss der Nebenberufler hierauf zeitnah reagieren können, da er dieser Tätigkeit im Hinblick auf seine Existenzsicherung ohnehin nicht zwingend bedarf. Dies unterscheidet ihn maßgeblich vom Hauptberufler, für den die Vertretertätigkeit existenzielle Bedeutung hat und der auch bei Veränderungen persönlicher oder familiärer Art an seiner Existenzgrundlage grundsätzlich festhalten muss. Im Übrigen ist es keineswegs so, dass – wie vom OLG Oldenburg angenommen – ein nebenberuflicher Vertreter im Fall von Veränderungen des Hauptberufs seiner Vertretertätigkeit stets weiterhin nachgehen kann. Das ist etwa dann nicht der Fall, wenn der Hauptberuf nunmehr in zeitlicher Hinsicht eine Nebentätigkeit des Betreffenden nicht mehr zulässt.

Vor diesem Hintergrund kommt es für den Nebenberufler in der Tat einer Knebelung gleich, wenn er mindestens noch ein Jahr, im ungünstigsten Fall noch fast zwei Jahre nach Ausspruch der ordentlichen Kündigung an den Handelsvertretervertrag

---

237 Vgl. oben C.III.
238 Vgl. *Schröder* INF 1977, 33.
239 Oetker/*Busche* § 92b Rn. 5.
240 Vgl. Ebenroth/Boujong/*Löwisch* § 92b Rn. 14.
241 *Schröder* INF 1977, 33; *ders.* INF 1978, 401.
242 Denkschrift zum Entwurf eines Handelsvertretergesetzes (Gesetz über die Rechtsverhältnisse der Handelsvertreter und Handelsreisenden), vorgelegt von *H. C. Nipperdey/Rolf Dietz*, Arbeitsberichte der Akademie für Deutsches Recht Nr. 17, Berlin 1940, S. 190 f.

gebunden ist.[243] Die Entscheidungen des OLG Celle und des BGH verdienen somit Zustimmung.[244] Sie entsprechen dem gesetzlichen Leitbild des § 92b HGB.

Unscharf ist die Argumentation des BGH nur insoweit, als er die Unbilligkeit der langen Kündigungsfrist darin erblickt, dass der nebenberufliche Handelsvertreter hierdurch an der Aufnahme eines existenzsichernden Hauptberufs gehindert werden könne.[245] Hier geht es aber nicht um die Aufnahme, sondern um etwaige Veränderungen der (bereits vorhandenen) hauptberuflichen Tätigkeit, auf die der Handelsvertreter flexibel reagieren können muss. Verfügt er nämlich noch nicht über einen solchen existenzsichernden Hauptberuf, scheidet er als Handelsvertreter im Nebenberuf i.S. des § 92b HGB aus.[246]

Wenngleich der BGH nur über die in Rede stehende Kündigungsfrist von zwölf Monaten zum Jahresende zu entscheiden hatte, so ist doch davon auszugehen, dass er hiermit zugleich der formularmäßigen Vorgabe jedweder Kündigungsfrist für nebenberufliche Handelsvertreter, die über die für den Hauptberufler in § 89 Abs. 1 HGB geregelten Fristen hinausgeht, eine Absage erteilt hat.[247] Denn im Rahmen der Begründung seiner Entscheidung stellt der BGH explizit darauf ab, dass der Vertretervertrag eines nebenberuflichen Handelsvertreters nach der gesetzlichen Regelung schneller beendet werden können solle als der eines Hauptberuflers.[248] Für die künftige Vertragsgestaltung werden Unternehmer daher darauf zu achten haben, dass sie – wenn die vertraglichen Kündigungsbestimmungen nicht im Einzelnen mit dem Handelsvertreter ausgehandelt werden – bei nebenberuflich tätigen Vertretern keine Kündigungsfristen vorgeben, die über die entsprechend der Vertragsdauer gestaffelten Fristen von einem Monat bis zu sechs Monaten gemäß § 89 Abs. 1 S. 1 und 2 HGB hinausgehen; die gewählten Fristen müssen vielmehr dahinter zurückbleiben.[249]

2. Ausschluss des Ausgleichsanspruchs

Nach § 92b Abs. 1 S. 1 HGB findet die Ausgleichsregelung des § 89b HGB keine Anwendung auf den Handelsvertreter im Nebenberuf. Ein vertraglicher

243 Vgl. auch Graf von Westphalen/Thüsing/*Graf von Westphalen* Teil „Klauselwerke“, Handelsvertretervertrag Rn. 60.

244 Ebenfalls zustimmend Ebenroth/Boujong/*Löwisch* § 92b Rn. 14; *Hallermann-Christoph* LMK 2013, 347495; Oetker/*Busche* § 92b Rn. 5; Röhricht/Graf von Westphalen/*Thume* § 92b Rn. 1; ablehnend *Emde* § 92b Rn. 12.

245 BGH NJW 2013, 2111, 2113.

246 Vgl. oben C.III. sowie unten D.II.1.c) und d).

247 Anders *Thies* BB 2013, 1428, der eine Entscheidung des BGH in Fällen einer kürzeren als der streitgegenständlichen Kündigungsfrist noch nicht für gefallen hält; in diesem Sinne auch *Hallermann-Christoph* LMK 2013, 347495.

248 BGH NJW 2013, 2111, 2113.

249 So auch *Thies* BB 2013, 1428.

Ausschluss der Norm ist auch hier nicht erforderlich.[250] Ihre Anwendbarkeit kann aber wiederum durch eine Parteivereinbarung herbeigeführt werden.[251] Dann richtet sich die Höhe des geschuldeten Ausgleichs vorrangig nach der Vereinbarung der Parteien, nur hilfsweise ist hierfür auf die Norm des § 89b HGB zurückzugreifen.[252]

Der Gesetzgeber rechtfertigt die Nichtanwendbarkeit des § 89b HGB damit, dass diese Norm nur dem Schutz desjenigen Handelsvertreters diene, der infolge der Vertragsbeendigung den von ihm geschaffenen Kundenstamm an den Unternehmer verliere und sich daher um den Aufbau einer neuen Existenz kümmern müsse; da aber die Vertretertätigkeit des nebenberuflichen Vertreters nicht seine Existenzgrundlage darstelle, sei er insoweit nicht schutzbedürftig.[253]

a) Rechtspolitische Bedenken

Einige Stimmen im Schrifttum halten den gesetzlichen Ausschluss des Ausgleichsanspruchs mit dieser Begründung für rechtspolitisch angreifbar.[254]

Der dem Handelsvertreter nach § 89b HGB zustehende Ausgleich stellt „in seinem Kern eine Vergütung für die Erarbeitung eines Kundenstammes" dar,[255] den er bei Vertragende zugunsten des Unternehmers einbüßt.[256] Der Ausgleich ist die Gegenleistung für die durch die Provisionszahlungen noch nicht voll vergütete Markterschließungsleistung des Handelsvertreters, in deren Genuss der Unternehmer weiterhin kommt.[257] Der Ausgleichsanspruch ist hingegen nicht – jedenfalls nicht primär – auf die Gewährung von Sozialschutz zugunsten des Handelsvertreters

250 MünchKomm/*von Hoyningen-Huene* § 92b Rn. 17 und 31; Schlegelberger/*Schröder* § 92b Rn. 4; *ders.* INF 1977, 33; *ders.* INF 1978, 401; Staub/Canaris/*Emde* § 92b Rn. 11.

251 Ebenroth/Boujong/*Löwisch* § 92b Rn. 15; Heidel/Schall/*Keßler* § 92b Rn. 4; Heymann/Horn/*Sonnenschein*/*Weitemeyer* § 92b Rn. 8; MünchKomm/*von Hoyningen-Huene* § 92b Rn. 17 und 31; Schlegelberger/*Schröder* § 92b Rn. 4; Staub/Canaris/*Emde* § 92b Rn. 11.

252 Ebenroth/Boujong/*Löwisch* § 92b Rn. 15; MünchKomm/*von Hoyningen-Huene* § 92b Rn. 17; Schlegelberger/*Schröder* § 92b Rn. 4; Staub/Canaris/*Emde* § 92b Rn. 11.

253 Begr. zum Entwurf eines Gesetzes zur Änderung des Handelsgesetzbuches (Recht der Handelsvertreter), BT-Drucks. 1/3856 vom 15.11.1952, S. 42; vgl. oben C.II.4.

254 Siehe *Baums* BB 1986, 891, 892; *Bruck*/*Möller* Vor §§ 43–48 Anm. 382; Giesler/*Emde* § 2 Rn. 557; *Günther* S. 55; *Küstner* VW 2002, 1793; Küstner/Thume-Vorauflage/*ders.* Band 2 Kap. II Rn. 141 f.; MünchKomm/*von Hoyningen-Huene* § 92b Rn. 18 f.; Oetker/*Busche* § 92b Rn. 6; *Specks* S. 60 f. und 70 f.; Staub/Canaris/*Emde* § 92b Rn. 2 und 11.

255 BGH NJW 1959, 1430, 1431.

256 Ausführlich hierzu oben B.II.4.

257 Statt aller MünchKomm/*von Hoyningen-Huene* § 89b Rn. 3 und § 92b Rn. 18 f.; vgl. oben B.II.4.

gerichtet.[258] Dass der Gesetzgeber bei der Schaffung des § 89b HGB zugleich die wirtschaftliche Situation und soziale Absicherung der Handelsvertreter im Blick hatte,[259] tangiert den vordergründigen Vergütungscharakter des Ausgleichs nicht.[260]

Die Regelung des § 89b HGB ist also in maßgeblicher Weise auf die Vergütung einer Leistung des Handelsvertreters und gerade nicht auf eine Sicherung seiner wirtschaftlichen Existenz gerichtet,[261] wie dies bei der Kündigungsregelung in § 89 HGB der Fall ist. Für das Leistungs- und Gegenleistungsverhältnis ist es aber – wie dargestellt – grundsätzlich folgenlos, ob der Handelsvertreter haupt- oder nebenberuflich tätig ist.[262] Die Markterschließungsleistung des nebenberuflichen Vertreters ist nicht weniger vergütungswürdig als die des hauptberuflichen Vertreters.[263] Dementsprechend ist der Provisionsanspruch während des Bestehens des Vertretervertrages nicht wegen einer etwaigen Nebenberuflichkeit ausgeschlossen; nichts anderes kann dann für den Ausgleich als „kapitalisierte [...] Restvergütung" für die Schaffung des Kundenstamms[264] gelten, welche Surrogat der infolge der Vertragsbeendigung entfallenen Provisionsansprüche ist.[265] Die gesetzgeberische Begründung des Ausgleichsausschlusses für den nebenberuflichen Handelsvertreter ist daher mit der aufgezeigten Rechtsnatur des Ausgleichsanspruchs nicht vereinbar.[266]

Dem Umstand, dass im konkreten Fall lediglich eine nebenberufliche Vertretertätigkeit vorlag und der Aufbau des Kundenstamms daher nicht in gleichem Maße wie durch einen hauptberuflichen Vertreter erfolgen konnte, wird bereits durch die höhenmäßige Begrenzung des Ausgleichsanspruchs gemäß § 89b Abs. 1 S. 1 Nr. 1 und Abs. 2 HGB Rechnung getragen.[267] Eine Berücksichtigung der Nebenberuflichkeit kann zusätzlich über die Kriterien der Billigkeit (§ 89b Abs. 1 S. 1 Nr. 2 HGB) und Angemessenheit (§ 89b Abs. 1 S. 1 HGB) erfolgen.

---

258 *Baums* BB 1986, 891, 892; *Bruck/Möller* Vor §§ 43–48 Anm. 383; *Canaris* § 15 Rn. 104 und 113; MünchKomm/*von Hoyningen-Huene* § 92b Rn. 19; Oetker/*Busche* § 92b Rn. 6; Staub/Canaris/*Emde* § 89b Rn. 20; in diesem Sinne bereits Kurzprotokoll der 194. Sitzung des Ausschusses für Wirtschaftspolitik des Deutschen Bundestags vom 12.03.1953, S. 4; Protokoll der 271. Sitzung des Ausschusses für Rechtswesen und Verfassungsrecht des Deutschen Bundestages vom 25.06.1953, S. 5.

259 BVerfG NJW 1996, 381.

260 Siehe nur Baumbach/Hopt/*Hopt* § 89b Rn. 3; MünchKomm/*von Hoyningen-Huene* § 92b Rn. 19; vgl. oben B.II.4.

261 MünchKomm/*von Hoyningen-Huene* § 92b Rn. 19.

262 Staub/Canaris/*Emde* § 92b Rn. 2.

263 *Bruck/Möller* Vor §§ 43–48 Anm. 382; Giesler/*Emde* § 2 Rn. 557; *Günther* S. 55 und 73; MünchKomm/*von Hoyningen-Huene* § 92b Rn. 19; Oetker/*Busche* § 92b Rn. 6.

264 Staub/Canaris/*Emde* § 89b Rn. 16.

265 *Specks* S. 60 f.; vgl. Küstner/Thume-Vorauflage/*Küstner* Band 2 Kap. II Rn. 141.

266 *Baums* BB 1986, 891, 892; Staub/Canaris/*Emde* § 92b Rn. 11.

267 So auch *Baums* BB 1986, 891, 892; Giesler/*Emde* § 2 Rn. 557.

Zudem kann es entgegen der Gesetzesbegründung[268] für die Ausgleichsberechtigung nicht darauf ankommen, ob der Handelsvertreter wegen der Vertragsbeendigung gezwungen ist, sich eine neue Existenz aufzubauen.[269] Nach der Rechtsprechung des BGH sind nämlich dann, wenn der Vertrag zwischen Unternehmer und Handelsvertreter durch den Tod des Letzteren beendet wird, dessen Erben berechtigt, den Ausgleichsanspruch geltend zu machen.[270]

Es ist somit rechtspolitisch wie dogmatisch verfehlt, mit dem Ausgleichsausschluss die geringere Schutzbedürftigkeit des nebenberuflichen Vertreters berücksichtigen zu wollen.

Besonders deutlich wird die Problematik im Fall der nebenberuflich tätigen Versicherungsvertreter. Deren Vertreterverträge beinhalten üblicherweise eine sog. Provisionsverzichtsklausel, wonach ihnen bei Vertragsbeendigung nur die bis zu diesem Zeitpunkt fällig gewordenen Provisionen zustehen.[271] Derartige Klauseln werden als zulässig betrachtet, da dem Versicherungsvertreter anstelle der schon entstandenen, jedoch durch die Beendigung des Vertrages (wieder) entfallenen Provisionsansprüche der Ausgleichsanspruch aus § 89b HGB gewährt wird.[272] Ist nun dieser Anspruch wegen Nebenberuflichkeit kraft Gesetzes ausgeschlossen, hat dies eine – vom Gesetzgeber begünstigte – ungerechtfertigte Benachteiligung des Versicherungsvertreters zur Folge, da ihm auf diese Weise bereits verdiente Vermittlungsprovisionen entzogen werden.[273] Allein der gesetzliche Ausschluss des Ausgleichsanspruchs führt hier dazu, dass ein Verzicht eines nebenberuflichen Versicherungsvertreters auf bei Vertragsende noch nicht fällige Provisionsansprüche nach dem Maßstab der §§ 138, 307 BGB als unwirksam anzusehen sein kann.[274]

Dass die vorgenannte Problematik dadurch relativiert wird, dass der Unternehmer dem nebenberuflichen Versicherungsvertreter eine Altersversorgung finanziert,[275] erscheint zweifelhaft. Hierdurch würde nicht die aktuell erbrachte Markterschließungsleistung des Vertreters vergütet. Außerdem vermag man auf diese Weise nicht das Problem als Ganzes zu lösen, da die Finanzierung einer

---

268 Begr. zum Entwurf eines Gesetzes zur Änderung des Handelsgesetzbuches (Recht der Handelsvertreter), BT-Drucks. 1/3856 vom 15.11.1952, S. 42.

269 *Baums* BB 1986, 891, 892.

270 Siehe nur BGH NJW 1957, 1029, 1031; *Baums* BB 1986, 891, 892.

271 OLG Frankfurt MDR 1986, 502; *Baums* BB 1986, 891, 892; *Beenken* VW 2008, 614; *Bruck/Möller* Vor §§ 43–48 Anm. 382; *Specks* S. 71.

272 OLG Frankfurt MDR 1986, 502; *Baums* BB 1986, 891, 892; *Beenken* VW 2008, 614; Bruck/*Möller* Vor §§ 43–48 Anm. 382; Küstner/Thume-Vorauflage/*Küstner* Band 2 Kap. II Rn. 141; *Specks* S. 71.

273 So zu Recht Küstner/Thume-Vorauflage/*Küstner* Band 2 Kap. II Rn. 141 f.; *ders.* VW 2002, 1793; *Specks* S. 71.

274 Vgl. *Bruck/Möller* Vor §§ 43–48 Anm. 382; *Günther* S. 55; Küstner/Thume-Vorauflage/*Küstner* Band 2 Kap. II Rn. 141; *Specks* S. 71 f.

275 So Küstner/Thume/*Thume* Band 2 Kap. II Rn. 110.

Altersversorgung zugunsten von nebenberuflichen Vertretern nicht als marktüblich bezeichnet werden kann.[276]

b) Vereinbarkeit mit Art. 3 GG

Darüber hinaus wird der Ausschluss des Ausgleichsanspruchs für den nebenberuflichen Handelsvertreter teilweise wegen Verstoßes gegen den allgemeinen Gleichheitssatz des Art. 3 Abs. 1 GG für verfassungswidrig gehalten.[277]

Für die Ungleichbehandlung der haupt- und nebenberuflichen Handelsvertreter hinsichtlich der Ausgleichsberechtigung fehlt es in der Tat an einem sachlichen Grund. Die vom Gesetzgeber insoweit vorgenommene Differenzierung ist bereits zur Erreichung des von ihm verfolgten – grundsätzlich legitimen – Zwecks, der geringeren Schutzbedürftigkeit des nur nebenberuflich tätigen Vertreters Rechnung zu tragen,[278] ungeeignet und damit unverhältnismäßig. Denn es handelt sich bei § 89b HGB nicht um eine auf den hauptberuflichen Vertreter zugeschnittene und dessen Existenzsicherung dienende Vorschrift, so dass der Ausschluss des nebenberuflichen Vertreters von dieser Begünstigung den angestrebten Zweck von vornherein nicht zu fördern vermag.

Aufgrund der geschilderten rechtspolitischen Bedenken sowie der festgestellten Unvereinbarkeit mit Art. 3 Abs. 1 GG sollte der Gesetzgeber de lege ferenda die Nichtanwendbarkeit des § 89b HGB auf den Handelsvertreter im Nebenberuf fallen lassen und diese Norm aus dem Wortlaut des § 92b Abs. 1 S. 1 HGB streichen.[279]

3. Abdingbarkeit des Vorschussanspruchs

Schließlich kann gemäß § 92b Abs. 1 S. 3 HGB der an sich zwingende Anspruch des Handelsvertreters auf einen angemessenen Vorschuss nach § 87a Abs. 1 S. 2 HGB – ganz oder nur zum Teil[280] – ausgeschlossen werden. Fehlt eine dahingehende (wirksame) Vereinbarung, kann auch der nebenberufliche Handelsvertreter im Zeitpunkt der Geschäftsausführung durch den Unternehmer einen angemessenen Vorschuss verlangen.[281]

---

276 *Beenken* VW 2008, 614.

277 So wohl Giesler/*Emde* § 2 Rn. 557; MünchKomm/*von Hoyningen-Huene* § 92b Rn. 19; Oetker/*Busche* § 92b Rn. 6; Staub/Canaris/*Emde* § 92b Rn. 11; a.A. Ebenroth/Boujong/*Löwisch* § 92b Rn. 15.

278 Vgl. oben C.III.

279 Ebenso (jedenfalls für den Versicherungsvertreter) Küstner/Thume-Vorauflage/*Küstner* Band 2 Kap. II Rn. 141 f.; *Specks* S. 71.

280 Statt aller Baumbach/Hopt/*Hopt* § 92b Rn. 9; Heymann/Horn/*Sonnenschein*/*Weitemeyer* § 92b Rn. 9.

281 Ebenroth/Boujong/*Löwisch* § 92b Rn. 16; MünchKomm/*von Hoyningen-Huene* § 92b Rn. 20; *o.V.* VW 1961, 551, 552; Röhricht/Graf von Westphalen/*Thume* § 92b Rn. 1; Schlegelberger/*Schröder* § 92b Rn. 5; Staub/Canaris/*Emde* § 92b Rn. 11.

Der Gesetzgeber begründet die Abdingbarkeit des Provisionsvorschussanspruchs damit, dass der nebenberufliche Handelsvertreter nicht zwingend auf einen solchen Vorschuss angewiesen sei, um seinen Lebensunterhalt und die erforderlichen Ausgaben für seinen Geschäftsbetrieb zu finanzieren; die Einkünfte aus seiner Vertretertätigkeit stellten für ihn nicht die alleinige finanzielle Quelle dar; zudem könne die zwingende Vorgabe einer Vorschusspflicht für den Unternehmer große Nachteile mit sich bringen, da die erhebliche Gefahr bestehe, dass ein möglicher Rückgewähranspruch hinsichtlich eines gezahlten Vorschusses nach § 87a Abs. 2 HGB gegenüber dem nebenberuflichen Vertreter nicht oder nur schwierig zu realisieren sei.[282]

Diese Begründung überzeugt nur zum Teil. Dem Gesetzgeber ist beizupflichten, soweit er darauf abstellt, dass für den nebenberuflichen Vertreter ein Vorschuss dann nicht zwingend erforderlich ist, wenn er zur Finanzierung seines Lebensunterhalts und seines Geschäftsbetriebs auf sonstige finanzielle Quellen zurückgreifen kann,[283] die Provisionseinnahmen hierfür also nicht von Relevanz sind.[284] Dient die Vertretertätigkeit lediglich der Aufbesserung seiner gesicherten anderweitigen Einkünfte,[285] so hängt seine wirtschaftliche Existenz nicht von der (zeitnahen) Provisionszahlung durch den Unternehmer ab. Eine Vereinbarung, nach der abweichend von dem Grundsatz des § 87a Abs. 1 S. 1 HGB der Provisionsanspruch nicht schon mit der Ausführung des Geschäfts durch den Unternehmer, sondern erst mit der Ausführung des Geschäfts durch den Kunden entstehen soll,[286] gefährdet folglich weder den Lebensunterhalt noch den Geschäftsbetrieb des nebenberuflichen Vertreters. Da er ein sonstiges ausreichendes Einkommen hat, ist ihm – anders als dem Hauptberufler – die Vorfinanzierung etwaig erforderlicher Aufwendungen für die Geschäftsanbahnung und -vermittlung zuzumuten.

Soweit der Gesetzgeber allerdings auf die Gefahr für den Unternehmer abstellt, dass ein denkbarer Rückgewähranspruch gemäß § 87a Abs. 2 HGB gegenüber dem nebenberuflichen Vertreter ggf. nicht durchgesetzt werden kann,[287] kann dies die Abdingbarkeit des Vorschussanspruchs nicht tragen. Allein mit der Tatsache einer nebenberuflichen Vertretertätigkeit kann eine derartige Gefahr nicht plausibel begründet werden. Der Handelsvertreter haftet nämlich persönlich und unbeschränkt mit seinem gesamten (Privat-)Vermögen für die aus dem Vertreterverhältnis resultierenden Verbindlichkeiten gegenüber dem Unternehmer.[288] Er muss auch die

282 Begr. zum Entwurf eines Gesetzes zur Änderung des Handelsgesetzbuches (Recht der Handelsvertreter), BT-Drucks. 1/3856 vom 15.11.1952, S. 43; vgl. oben C.II.4.

283 *Herschel/Beine* S. 211; Küstner/Thume/*Schürr* Band 1 Kap. I Rn. 196; MünchKomm/*von Hoyningen-Huene* § 92b Rn. 21; Oetker/*Busche* § 92b Rn. 7; vgl. *Eberstein* S. 54.

284 Heymann/Horn/*Sonnenschein*/*Weitemeyer* § 92b Rn. 9; Koller/Kindler/*Roth* § 92b Rn. 3.

285 LG Frankfurt VersR 1989, 181, 182; *Schröder* INF 1978, 401, 404.

286 Vgl. oben B.II.2.

287 Küstner/Thume/*Schürr* Band 1 Kap. I Rn. 196.

288 Vgl. BGH WM 1975, 181, 182.

Einkünfte aus seiner hauptberuflichen Tätigkeit zur Tilgung dieser Verbindlichkeiten einsetzen.

Eine denkbare Alternative zu der vom Gesetzgeber gewählten Regelung wäre gewesen, dem nebenberuflichen Vertreter den unabdingbaren Vorschussanspruch zu belassen und der Nebenberuflichkeit lediglich über das Kriterium der Angemessenheit als Korrektiv Rechnung zu tragen. So war es im Akademieentwurf eines Handelsvertretergesetzes aus dem Jahr 1940 vorgesehen.[289] Die Höhe des Vorschusses hängt jedoch u. a. von dessen Bedeutung für die Sicherung des Lebensunterhalts und des Geschäftsbetriebs des Handelsvertreters ab.[290] Daher macht es im Ergebnis keinen substantiellen Unterschied, ob der Vorschussanspruch abbedungen oder bei der Bemessung der angemessenen Höhe berücksichtigt wird, dass der nebenberuflich tätige Vertreter zur Sicherung von Lebensunterhalt und Geschäftsbetrieb nicht zwingend auf die Provision und somit erst recht nicht auf einen Provisionsvorschuss angewiesen ist.[291] Der Anspruch ist dann allenfalls in nicht nennenswerter Höhe gegeben.

VI. Zwischenergebnis

Der Gesetzgeber verfolgt mit der Sonderregelung des § 92b HGB zulässigerweise das Ziel, den Handelsvertreter im Nebenberuf von denjenigen Vorschriften des Handelsvertreterrechts auszunehmen, denen die Vorstellung zugrunde liegt, dass es sich bei der Vertretertätigkeit um die Existenzgrundlage des Handelsvertreters handelt. Denn nach dem gesetzgeberischen Verständnis des nur nebenberuflich tätigen Vertreters hat dieser bereits in ausreichendem Maße anderweitige finanzielle Quellen zur Verfügung.[292] Vor diesem Hintergrund lassen sich die Abweichungen von den §§ 87a Abs. 1 S. 2 und 89 HGB rechtfertigen. Die Nichtgeltung des § 89b HGB ist hingegen verfehlt und sogar verfassungswidrig.

1. Handelsvertreter im Nebenberuf als tauglicher Adressat des § 92a HGB?

Es ist zu prüfen, ob bei konsequenter Umsetzung des gesetzgeberischen Gestaltungswillens der nebenberufliche Handelsvertreter auch von der Norm des § 92a

---

289 Denkschrift zum Entwurf eines Handelsvertretergesetzes (Gesetz über die Rechtsverhältnisse der Handelsvertreter und Handelsreisenden), vorgelegt von *H. C. Nipperdey/Rolf Dietz*, Arbeitsberichte der Akademie für Deutsches Recht Nr. 17, Berlin 1940, S. 190.

290 Vgl. oben B.II.2.

291 Vgl. LG Frankfurt VersR 1989, 181, 182 f.

292 Vgl. Begr. zum Entwurf eines Gesetzes zur Änderung des Handelsgesetzbuches (Recht der Handelsvertreter), BT-Drucks. 1/3856 vom 15.11.1952, S. 42 f.; BGH NJW 2013, 2111, 2113; LG Frankfurt VersR 1989, 181, 182 f.; *Eberstein* S. 54; Oetker/*Busche* § 92b Rn. 2 und 7; RGRK/*Würdinger* § 92b Anm. 3.

HGB auszunehmen wäre, die aufgrund des eindeutigen Wortlauts von § 92b Abs. 1 HGB nach zutreffender, allerdings umstrittener Auffassung de lege lata auch für diesen gilt.[293]

Mittels der in § 92a Abs. 1 HGB enthaltenen Verordnungsermächtigung sollen die notwendigen sozialen und wirtschaftlichen Bedürfnisse derjenigen Handelsvertreter sichergestellt werden, die vertraglich nicht für weitere Unternehmer tätig werden dürfen oder dies nach Art und Umfang ihrer Tätigkeit nicht können, sog. Einfirmenvertreter. Wegen dieser Ausrichtung auf die Sicherung der wirtschaftlichen Existenz des Handelsvertreters[294] gehört der nebenberufliche Vertreter nicht zum ins Auge gefassten Adressatenkreis der Bestimmung.[295] Außerdem werden Art und Umfang des Hauptberufs eine Nebentätigkeit für mehrere Unternehmer häufig schon faktisch ausschließen.[296]

Der Blick auf die Entstehungsgeschichte des § 92b HGB ergibt nichts anderes. Im Regierungsentwurf selbst ging man davon aus, dass Rechtsverordnungen nach § 92a HGB für den nebenberuflichen Vertreter grundsätzlich nicht gedacht seien, da seine Existenzgrundlage nicht auf der Tätigkeit für einen (einzigen) Unternehmer beruhe und er deshalb dieses besonderen Schutzes nicht bedürfe.[297] Auch § 28 des Akademieentwurfs eines Handelsvertretergesetzes aus dem Jahr 1940, welcher sich mit eben dieser Problematik des Einfirmenvertreters beschäftigte, sollte auf den nebenberuflichen Vertreter keine Anwendung finden.[298]

Der Handelsvertreter im Nebenberuf ist somit kein tauglicher Adressat des § 92a HGB. Zwar ist der Erlass einer Rechtsverordnung nach § 92a HGB bislang nicht erfolgt und auch nicht beabsichtigt.[299] Die Reichweite der Norm wird jedoch bei der

---

293 Statt vieler BAG NJW 2005, 1146, 1147 m.w.N., auch zur Gegenmeinung; OLG Saarbrücken VersR 2006, 1216; Henssler/Willemsen/*Kalb* § 5 ArbGG Rn. 12; a.A. etwa OLG Karlsruhe NZA-RR 1998, 463, 464.

294 Vgl. Begr. zum Entwurf eines Gesetzes zur Änderung des Handelsgesetzbuches (Recht der Handelsvertreter), BT-Drucks. 1/3856 vom 15.11.1952, S. 39 ff.; *Friebel* ZfV 1954, 41.

295 LG Magdeburg NJW-RR 1998, 329; *Ankele* § 92b Rn. 4; *Bruck/Möller* Vor §§ 43–48 Anm. 419; RGRK/*Würdinger* § 92b Anm. 3; Schlegelberger/*Schröder* § 92b Rn. 1; *Trinkhaus* S. 87; *von Brunn* S. 47.

296 Vgl. *Beenken/Reckenfelderbäumer* VW 2006, 76.

297 Begr. zum Entwurf eines Gesetzes zur Änderung des Handelsgesetzbuches (Recht der Handelsvertreter), BT-Drucks. 1/3856 vom 15.11.1952, S. 42.

298 Denkschrift zum Entwurf eines Handelsvertretergesetzes (Gesetz über die Rechtsverhältnisse der Handelsvertreter und Handelsreisenden), vorgelegt von *H. C. Nipperdey/Rolf Dietz*, Arbeitsberichte der Akademie für Deutsches Recht Nr. 17, Berlin 1940, S. 192 f.

299 Siehe nur Baumbach/Hopt/*Hopt* § 92a Rn. 2; Röhricht/Graf von Westphalen/*Thume* § 92a Rn. 1.

Frage relevant, unter welchen Voraussetzungen Handelsvertreter den Rechtsweg zu den Arbeitsgerichten beschreiten können, vgl. § 5 Abs. 3 ArbGG.[300]

2. Provisionsabrechnung gemäß § 87c HGB auch bei nebenberuflich tätigen Handelsvertretern

Zu Recht hat der Gesetzgeber – anders als noch der Akademieentwurf und der CDH-Entwurf[301] – für den Fall einer nebenberuflichen Vertretertätigkeit keine Abweichung hinsichtlich der in § 87c HGB geregelten Provisionsabrechnung vorgesehen.

Diese Norm soll dem Handelsvertreter Klarheit darüber verschaffen, ob und ggf. in welcher Höhe ihm Provisionsansprüche zustehen und ihn auf diese Weise davor bewahren, dass ihm der Unternehmer Provisionen vorenthält.[302] Der Handelsvertreter kann die Provisionsabrechnung des Unternehmers mit den eigenen Unterlagen über die Vertretertätigkeit vergleichen und so überprüfen, ob der Unternehmer alle ihm gebührenden Provisionen vollständig erfasst und an ihn ausgekehrt hat.[303] Insoweit ist kein geringeres Schutzbedürfnis des Nebenberuflers anzuerkennen, weil dessen Provisionsanspruch gegenüber dem des Hauptberuflers – von dem hiervon zu trennenden Vorschussanspruch abgesehen – keinen Einschränkungen unterliegt.[304]

300 Baumbach/Hopt/*Hopt* § 92a Rn. 2; Henssler/Willemsen/*Kalb* § 5 ArbGG Rn. 1 und 12; vgl. Ebenroth/Boujong/*Löwisch* § 92b Rn. 24.

301 Denkschrift zum Entwurf eines Handelsvertretergesetzes (Gesetz über die Rechtsverhältnisse der Handelsvertreter und Handelsreisenden), vorgelegt von *H. C. Nipperdey*/*Rolf Dietz*, Arbeitsberichte der Akademie für Deutsches Recht Nr. 17, Berlin 1940, S. 190; Materialien zum Gesetz zur Änderung des Handelsgesetzbuchs (Recht der Handelsvertreter) vom 06.08.1953, Entwurf eines Handelsvertretergesetzes, Begründung der einzelnen Bestimmungen des CDH-Entwurfes, S. 25.

302 Röhricht/Graf von Westphalen/*Thume* § 87c Rn. 1; vgl. Ebenroth/Boujong/*Löwisch* § 87c Rn. 59; MünchKomm/*von Hoyningen-Huene* § 87c Rn. 3 ff.; Staub/Canaris/*Emde* § 87c Rn. 9 und 77.

303 BGH MDR 1989, 796 m.w.N.; Ebenroth/Boujong/*Löwisch* § 87c Rn. 59; Röhricht/Graf von Westphalen/*Thume* § 87c Rn. 7.

304 Vgl. MünchKomm/*von Hoyningen-Huene* § 92b Rn. 20; Staub/Canaris/*Emde* § 92b Rn. 11.

D. Abgrenzung zwischen der haupt- und nebenberuflichen Handelsvertretertätigkeit

Aufgrund der aufgezeigten unterschiedlichen Rechtsfolgen ist die Frage, unter welchen Voraussetzungen von einer nebenberuflichen Handelsvertretertätigkeit i.S. des § 92b HGB auszugehen bzw. wie diese zur hauptberuflichen Tätigkeit abzugrenzen ist, von zentraler Bedeutung.

I. Praktische Notwendigkeit einer rechtsklaren Abgrenzung

Sowohl für den Handelsvertreter als auch für den Unternehmer besteht ein erhebliches praktisches Bedürfnis, zuverlässig einschätzen zu können, ob die Handelsvertretertätigkeit als haupt- oder nebenberuflich einzustufen ist. Für beide muss vorhersehbar sein, wie der Vertreter in einem denkbaren späteren Prozess voraussichtlich behandelt wird.

Dieses Bedürfnis nach größtmöglicher Rechtssicherheit folgt für den Handelsvertreter bereits daraus, dass er wissen muss, wann er als Nebenberufler eingestuft wird und damit nur eingeschränkten gesetzlichen Schutz genießt. Dies gilt insbesondere dann, wenn er eigentlich (auch) die Vertretertätigkeit zur Sicherung seiner Existenz einsetzen und dementsprechend hauptberuflich tätig sein will. Für den Unternehmer versteht sich die Notwendigkeit einer möglichst rechtsklaren Abgrenzung von selbst, da er sein Vertriebssystem zu organisieren hat und die Einsetzung nebenberuflicher Vertreter für ihn erheblich kostensparender sein kann als die von hauptberuflichen Vertretern.[305] Außerdem macht die Betrauung von im Nebenberuf tätigen Vertretern eine kurzfristige Umsetzung von unternehmerischen Maßnahmen möglich.[306]

Ohne eine einigermaßen praktikable Abgrenzungsmethode führt das Gegenüberstehen dieser gegenläufigen Interessen zwangsläufig zu Differenzen zwischen Handelsvertreter und Unternehmer über die rechtliche Einordnung der Vertretertätigkeit.[307]

305 *Escher* BB 1999, 72; *Küstner* BB 1999, 541, 544; *Schröder* INF 1978, 401.

306 *Schröder* INF 1977, 33; *ders.* INF 1978, 401.

307 *Küstner* BB 1966, 1212; Küstner/Thume/*Schürr* Band 1 Kap. I Rn. 198.

II. Dogmatische Grundlagen der Abgrenzung

Zunächst ist der Blick auf die dogmatischen Grundlagen der Abgrenzung zwischen Haupt- und Nebenberuf zu richten.

1. Bestimmung nach der Verkehrsauffassung, § 92b Abs. 3 HGB

Der Gesetzgeber hat auf die im Regierungsentwurf vorgesehene Legaldefinition des Handelsvertreters im Nebenberuf bewusst verzichtet[308] und stellt stattdessen in § 92b Abs. 3 HGB für die Frage, ob ein Handelsvertreter nur als solcher im Nebenberuf tätig ist, auf die Verkehrsauffassung ab. Weitere Vorgaben für die Begriffsbestimmung enthält die Norm nicht.[309]

Da durch die Handelsvertreternovelle im Jahr 1953 erstmals eine Regelung für den nebenberuflichen Handelsvertreter im Gesetz verankert wurde, konnte zum damaligen Zeitpunkt naturgemäß nicht auf eine bereits vollständig ausgebildete Verkehrsauffassung für die in Rede stehende Abgrenzungsfrage zurückgegriffen werden.[310] Daher sah *von Brunn* in § 92b Abs. 3 HGB eine „Blankett-Norm", die sich nicht ausfüllen lasse.[311] Zutreffend ist jedoch die Einordnung dieser gesetzlichen Regelung als von der Rechtsprechung zu konkretisierende Generalklausel.[312]

Aus der wortlautgetreuen Auslegung des § 92b Abs. 3 HGB folgt, dass die Rechtsprechung anhand der Verkehrsauffassung ausschließlich über die Qualität der Vertretertätigkeit zu entscheiden und nicht etwa abzuwägen hat, ob die Abweichungen von den §§ 87a Abs. 1 S. 2, 89 und 89b HGB dem Handelsvertreter im konkreten Fall zumutbar sind.[313]

a) Anschauungen der beteiligten Wirtschaftskreise im jeweiligen Einzelfall

Bei der Verkehrsauffassung handelt es sich um die „Anschauungen der beteiligten Wirtschaftskreise im jeweiligen Einzelfall".[314]

---

308 *Baums* BB 1986, 891, 893; Ebenroth/Boujong/*Löwisch* § 92b Rn. 4 und 7 m.w.N.; *o.V.* VW 1961, 551, 552; Staub/Canaris/*Emde* § 92b Rn. 5; *Trinkhaus* S. 104 Fn. 321; *von Brunn* NJW 1954, 56, 57; vgl. oben C.II.4.

309 *Küstner* BB 1966, 1212; Küstner/Thume/*Schürr* Band 1 Kap. I Rn. 198; *o.V.* VW 1969, 1489; *Trinkhaus* S. 6.

310 *von Brunn* NJW 1954, 56 f.

311 *von Brunn* NJW 1954, 56, 57.

312 *Ankele* § 92b Rn. 2; Ensthaler/*Genzow* § 92b Rn. 1; *Franta* MDR 1953, 530, 533; *Herschel/Beine* S. 207; *o.V.* VW 1969, 1489; *Trinkhaus* S. 103; in diesem Sinne letztlich auch *von Brunn* NJW 1954, 56, 57.

313 *Baums* BB 1986, 891, 893; vgl aber unten D.II.4.c)bb).

314 LG Bonn, Beschluss vom 06.04.2009 – 14 O 120/08 (n.v.); ebenso Ebenroth/Boujong/*Löwisch* § 92b Rn. 7 m.w.N.; *Höft* VersR 1973, 154; *o.V.* VW 1969, 1489;

Hiernach ist für die Entscheidung der Frage, ob eine Handelsvertretertätigkeit im Haupt- oder Nebenberuf ausgeübt wird, stets eine Betrachtung der Umstände des Einzelfalls ausschlaggebend.[315] Maßgebend sind allein die Umstände der konkret zu beurteilenden Vertretertätigkeit.[316] Eine generalisierende Betrachtungsweise dergestalt, dass eine bestimmte Gruppe von Handelsvertretern immer oder zumindest typischerweise nur nebenberuflich tätig ist, verbietet sich damit.

Näherer Betrachtung bedarf die Frage, was genau sich hinter der (Verkehrs-) Auffassung der beteiligten Wirtschaftskreise verbirgt, an der sich die Betrachtung des jeweiligen Einzelfalls zu orientieren hat.

Zu den beteiligten Wirtschaftskreisen in diesem Sinne sind zunächst die Handelsvertreter und die von ihnen vertretenen Unternehmer als an einem Handelsvertreterverhältnis direkt beteiligte Personen zu zählen.[317] Auch die Anschauung der Kunden eines Handelsvertreters ist von einiger Bedeutung.[318] Denn die Kunden kommen ebenfalls mit dessen Tätigkeit, etwa in Form der Kundenwerbung und -betreuung, unmittelbar in Kontakt.

Diese Kreise sind über ihre Auffassung in Bezug auf das jeweils in Rede stehende Handelsvertreterverhältnis zu befragen.[319] Entscheidende Bedeutung kommt dabei der allgemeinen[320] oder aber – wenn unterschiedliche Auffassungen in den beteiligten Kreisen existieren – der überwiegenden[321] bzw. herrschenden[322]

Schlegelberger/*Schröder* § 92b Rn. 2; *ders.* INF 1978, 401, 403; Staub/Canaris/*Emde* § 92b Rn. 5; *Trinkhaus* S. 103.

315 *Ankele* § 92b Rn. 2; Ensthaler/*Genzow* § 92b Rn. 1; Giesler/*Klapperich* § 2 Rn. 60; Küstner/Thume/*Schürr* Band 1 Kap. I Rn. 231; Küstner/Thume-Vorauflage/*Küstner* Band 2 Kap. II Rn. 135; Martinek/Semler/*Flohr*/*Pohl* § 17 Rn. 26; *o.V.* VW 1961, 551, 552; Röhricht/Graf von Westphalen/*Thume* § 92b Rn. 2; vgl. Heymann/Horn/*Sonnenschein*/*Weitemeyer* § 92b Rn. 4.

316 BGH NJW 1965, 1132, 1134; LG Stuttgart, Urteil vom 15.05.1981 – 8 KfH O 11/81 (n.v.).

317 *Schröder* INF 1978, 401, 403; vgl. Gutachten des Deutschen Industrie- und Handelstages vom 23.01.1957, HVR Nr. 145 (1957): „Dieses Ergebnis beruht auf einer Befragung von Unternehmen der chemischen Industrie und Handelsvertretern."

318 BGH NJW-RR 2007, 1286, 1288; LG Bonn, Beschluss vom 06.04.2009 – 14 O 120/08 (n.v.); *Beenken*/*Reckenfelderbäumer* VW 2006, 76.

319 Vgl. Gutachten des Deutschen Industrie- und Handelstages vom 23.01.1957, HVR Nr. 145 (1957); RGRK/*Würdinger* § 92b Anm. 1; ausführlich hierzu unten F.II.

320 LG Stuttgart, Urteil vom 15.05.1981 – 8 KfH O 11/81 (n.v.); *Ankele* § 92b Rn. 14; *Herschel*/*Beine* S. 207; Küstner/Thume/*Schürr* Band 1 Kap. I Rn. 231; *Schröder* INF 1978, 401, 403.

321 Gutachten des Deutschen Industrie- und Handelstages vom 23.01.1957, HVR Nr. 145 (1957); *Schröder* INF 1978, 401, 403.

322 Heymann/Horn/*Sonnenschein*/*Weitemeyer* § 92b Rn. 3.

Verkehrsauffassung zu, die räumlich und zeitlich in der Branche anzutreffen ist, in der die konkrete Handelsvertretertätigkeit erfolgt.[323]

Für die Abgrenzung zwischen der haupt- und nebenberuflichen Vertretertätigkeit ist der Schwerpunkt der Tätigkeit des Handelsvertreters aus der maßgeblichen Sicht der genannten Kreise zu ermitteln.[324] Es kommt darauf an, wie diese die gesamte Tätigkeit des Handelsvertreters wahrnehmen,[325] d.h. es bedarf näherer Prüfung, ob aus ihrer Sicht die (Gesamt-)Tätigkeit des Handelsvertreters von der Vertretertätigkeit oder aber von einer sonstigen Betätigung geprägt ist.[326]

In Anlehnung an das bereits bei der Schaffung des Akademieentwurfs eines Handelsvertretergesetzes aus dem Jahr 1940 gegebene Verständnis nebenberuflicher Tätigkeit[327] wird die Verkehrsauffassung grundsätzlich denjenigen Handelsvertreter als nebenberuflich tätig einstufen, bei dem der „Schwerpunkt der Lebensgestaltung" nicht in der Vertreter-, sondern in einer „anderen" Tätigkeit zu finden ist.[328]

Da diese allgemeine Abgrenzungsformel naturgemäß vage und somit wenig praktikabel ist,[329] muss die Abgrenzung im einzelnen Fall anhand von Indizien vorgenommen werden.[330] Umstritten ist allerdings, welche Indizien für die Ermittlung des Schwerpunkts der Lebensgestaltung des Handelsvertreters ausschlaggebend sein sollen.[331]

---

323 *Schröder* INF 1978, 401, 403; vgl. auch RGZ 114, 9, 12 zum Begriff der „Verkehrssitte".

324 Staub/Canaris/*Emde* § 92b Rn. 5; vgl. Begr. zum Entwurf eines Gesetzes zur Änderung des Handelsgesetzbuches (Recht der Handelsvertreter), BT-Drucks. 1/3856 vom 15.11.1952, S. 42.

325 LG Stuttgart, Urteil vom 15.05.1981 – 8 KfH O 11/81 (n.v.); *Herschel/Beine* S. 208; *o.V.* VW 1969, 1489; *Trinkhaus* S. 103.

326 *Schröder* INF 1977, 33, 34; vgl. *Trinkhaus* S. 106 f.; vgl. auch BAG NJW 1968, 518.

327 Denkschrift zum Entwurf eines Handelsvertretergesetzes (Gesetz über die Rechtsverhältnisse der Handelsvertreter und Handelsreisenden), vorgelegt von *H. C. Nipperdey/Rolf Dietz*, Arbeitsberichte der Akademie für Deutsches Recht Nr. 17, Berlin 1940, S. 188.

328 *Ankele* § 92b Rn. 15; *Eberstein* S. 54; *o.V.* VW 1961, 551, 552; Röhricht/Graf von Westphalen/*Thume* § 92b Rn. 2; *Westphal* S. 27; ebenso Küstner/Thume/*Thume* Band 2 Kap. II Rn. 104; *Sellhorst* EWS 2001, 481, 483; *Westphal* Vertriebsrecht Rn. 126; vgl. *Herschel/Beine* S. 207; *Höft* VersR 1973, 154, die auf den Schwerpunkt der „beruflichen" Lebensgestaltung abstellen.

329 *Höft* VersR 1973, 154.

330 Vgl. LG Stuttgart, Urteil vom 15.05.1981 – 8 KfH O 11/81 (n.v.); Ebenroth/Boujong/*Löwisch* § 92b Rn. 4 und 7; Flohr/Wauschkuhn/*Billing* § 92b Rn. 6; Staub/Canaris/*Emde* § 92b Rn. 5.

331 Ausführlich hierzu OLG Bamberg HVR Nr. 935 (1999); vgl. unten D.II.4.

b) Maßgeblicher Zeitpunkt für die Abgrenzung

Welcher Zeitpunkt für die Abgrenzung zwischen Haupt- und Nebenberuf maßgebend ist, gibt das Gesetz ebenfalls nicht ausdrücklich vor. Auch der Regierungsentwurf tat dies nicht.[332] In Betracht kommen der Zeitpunkt des Vertragsschlusses, der Zeitpunkt der Vertragsbeendigung oder der für das Vorhandensein einer bestimmten Rechtsposition maßgebliche Zeitpunkt.[333]

Da die Vertriebsorganisation des Unternehmers einen Überblick über die rechtliche Qualifizierung der einzelnen Vertreter erfordere und jener ein Interesse an der Herstellung klarer und beständiger Verhältnisse habe, ist *von Brunn* der Ansicht, dass es allein auf den Willen der Vertragsparteien im Zeitpunkt des Vertragsschlusses ankommen könne.[334]

Der Wortlaut des § 92b Abs. 3 HGB („tätig ist") spricht jedoch dafür, dass nicht auf die Verhältnisse im Zeitpunkt des Abschlusses des Handelsvertretervertrages abzustellen ist, sondern auf diejenigen in dem Zeitpunkt, der für das Bestehen oder Nichtbestehen der Rechte aus §§ 87a, 89 und 89b HGB maßgebend ist.[335] Dies entspricht wohl auch dem Willen des Gesetzgebers. Schon in der Begründung des Regierungsentwurfs wurde ausgeführt, dass der Handelsvertreter darlegen könne, dass er im Verlauf des Vertreterverhältnisses zum hauptberuflichen Vertreter geworden sei.[336] Die Verhältnisse zu Beginn des Handelsvertretervertrages müssen nach Meinung des Gesetzgebers also nicht zwingend ausschlaggebend sein.

Das bedeutet, dass grundsätzlich die gegenwärtige Rechtsstellung des Handelsvertreters entscheidend ist.[337] Geht die Kündigung zu einem Zeitpunkt zu, in dem der Vertreter im Nebenberuf tätig ist, gilt die kurze Kündigungsfrist des § 92b Abs. 1 S. 2 Halbs. 1 HGB, selbst wenn er später zum hauptberuflichen Vertreter wird; die Ausgleichsberechtigung des Vertreters hängt davon ab, ob er im Zeitpunkt der Vertragsbeendigung hauptberuflich tätig ist (nach der Beendigung der Vertretertätigkeit kann keine Änderung der für die Abgrenzungsfrage relevanten Verhältnisse mehr eintreten); die zunächst wirksame Abbedingung des Provisionsvorschussanspruchs wird in dem Moment unwirksam, in dem der Vertreter vom Nebenberufler zum Hauptberufler wird.[338]

---

332 Kritisch hierzu *von Brunn* S. 45 f.

333 *von Brunn* S. 46; *ders.* NJW 1954, 56, 57.

334 *von Brunn* NJW 1954, 56, 57; ähnlich bereits *ders.* S. 46.

335 So auch MünchKomm/*von Hoyningen-Huene* § 92b Rn. 22; Schlegelberger/*Schröder* § 92b Rn. 6; Staub/Canaris/*Emde* § 92b Rn. 12; *Trinkhaus* S. 103.

336 Begr. zum Entwurf eines Gesetzes zur Änderung des Handelsgesetzbuches (Recht der Handelsvertreter), BT-Drucks. 1/3856 vom 15.11.1952, S. 43.

337 *Bruck/Möller* Vor §§ 43–48 Anm. 15; *Trinkhaus* S. 103.

338 So MünchKomm/*von Hoyningen-Huene* § 92b Rn. 22; Schlegelberger/*Schröder* § 92b Rn. 6; Staub/Canaris/*Emde* § 92b Rn. 12; vgl. hierzu aber unten E.II.2.d)aa).

c) Erfordernis der Ausübung eines Hauptberufs

Die Ausübung einer Handelsvertretertätigkeit im Nebenberuf hat begriffsnotwendig zur Voraussetzung, dass der Handelsvertreter einer sonstigen Tätigkeit nachgeht, die seinen Hauptberuf darstellt,[339] unabhängig davon, welche genauen Anforderungen an diesen zu stellen sind. Die Vertretertätigkeit muss „daneben" ausgeübt werden[340] und auf diese Weise „neben" den Hauptberuf treten. Daraus folgt zugleich, dass die Vertreter- und die sonstige Tätigkeit unterscheidbar sein müssen, um überhaupt eine Abgrenzung zwischen Haupt- und Nebenberuf vornehmen zu können.

Das Erfordernis der Ausübung eines Hauptberufs lässt sich auch aus dem Sinn und Zweck der Regelung des § 92b HGB ableiten. Die vom Gesetzgeber – zu Recht – angenommene geringere Schutzbedürftigkeit des Handelsvertreters im Nebenberuf gründet schließlich auf der Annahme, dass dieser über sonstige Einkünfte, namentlich aus einer anderen Tätigkeit, seinem Hauptberuf, verfüge.[341] Die Einordnung des Handelsvertreters als Nebenberufler setzt damit das Vorhandensein einer anderweitigen hauptberuflichen Tätigkeit voraus.[342] Folgerichtig wird auch die Verkehrsauffassung ohne Vorliegen dieser Voraussetzung nicht von einem Nebenberuf ausgehen.[343]

Der BGH führt hierzu in seinem Urteil vom 18.04.2007[344] aus, dass die Sonderregelung des § 92b HGB den im Nebenberuf tätigen Handelsvertreter für nicht schutzbedürftig in Bezug auf die §§ 89, 89b HGB halte, da „seine wirtschaftliche Existenz nicht auf dieser Tätigkeit, sondern auf einer anderen Grundlage, insbesondere einem vorrangig ausgeübten Hauptberuf, beruht".[345] Dieser – im Grundsatz zutreffende und den Regelungszweck des § 92b HGB korrekt erfassende – Ansatz darf aber nicht so verstanden werden, dass es für die Anwendung des § 92b HGB nicht zwingend eines Hauptberufs bedarf, solange nur die wirtschaftliche Existenzgrundlage nicht auf der Vertretertätigkeit fußt. Der BGH setzt vielmehr im konkret zu entscheidenden Fall offensichtlich den Begriff „Hauptberuf" mit einer Erwerbstätigkeit gleich.[346]

---

339 OLG Nürnberg NJW 1957, 1720, 1721; LG Stuttgart VersR 1956, 415, 416; *Ahle* DB 1963, 227; Ebenroth/Boujong/*Löwisch* § 92b Rn. 4; Ensthaler/*Genzow* § 92b Rn. 2; Heidel/Schall/*Keßler* § 92b Rn. 3; Heymann/Horn/*Sonnenschein*/*Weitemeyer* § 92b Rn. 3; MünchKomm/*von Hoyningen-Huene* § 92b Rn. 6; Oetker/*Busche* § 92b Rn. 2; Schlegelberger/*Schröder* § 92b Rn. 2a; *ders.* INF 1977, 33, 34; Staub/Canaris/*Emde* § 92b Rn. 5; a.A. offenbar Koller/Kindler/*Roth* § 92b Rn. 2; zweifelnd noch *von Brunn* NJW 1954, 56, 57.

340 Oetker/*Busche* § 92b Rn. 2.

341 Vgl. hierzu oben C.III.

342 Siehe nur BGH NJW 1965, 1132, 1134; Staub/Canaris/*Emde* § 92b Rn. 5.

343 Beispielhaft Gutachten des Deutschen Industrie- und Handelstages vom 23.01.1957, HVR Nr. 145 (1957).

344 NJW-RR 2007, 1286 ff.

345 BGH NJW-RR 2007, 1286, 1288.

346 Vgl. hierzu unten D.II.1.d).

Die Notwendigkeit der Ausübung eines Hauptberufs bedeutet jedoch nicht, dass haupt- und nebenberufliche Tätigkeit gleichzeitig in der Weise ausgeübt werden müssen, dass sie sich ständig abwechseln und jeweils nur kurzzeitig, nämlich für die Ausübung der anderen Tätigkeit, unterbrochen werden.[347] Allerdings wird man verlangen müssen, dass der Handelsvertreter, falls er den Hauptberuf gegenwärtig nicht ausübt, ernsthaft beabsichtigt, diesen in absehbarer Zeit wieder aufzunehmen, die Unterbrechung somit nur vorübergehender Natur ist.[348] Denn hat er seinen Hauptberuf endgültig aufgegeben, ist keine Abgrenzung zwischen einer haupt- und einer nebenberuflichen Vertretertätigkeit mehr möglich und die Anwendung von § 92b HGB von vornherein ausgeschlossen.[349]

d) Anforderungen an den Hauptberuf

Hieran anknüpfend stellt sich die bedeutsame Frage, welche Anforderungen die Verkehrsauffassung an den Hauptberuf des Handelsvertreters im Einzelnen stellt, d. h. welche Beschaffenheit dieser aufweisen muss, um überhaupt eine Qualifizierung der Handelsvertretertätigkeit als nebenberuflich zu ermöglichen.

Wie bereits festgestellt, muss der Hauptberuf so beschaffen sein, dass er von der (nebenberuflich ausgeübten) Vertretertätigkeit unterschieden werden kann. Es muss sich um eine „andere" Tätigkeit handeln, auf welcher der Schwerpunkt der Lebensgestaltung liegt.[350] Nur wenn der Handelsvertreter zwei verschiedene, klar voneinander zu trennende Berufe ausübt, kann sich die hier interessierende Abgrenzungsfrage stellen.[351] In Literatur und Praxis wird dies auf unterschiedliche Weise zum Ausdruck gebracht:

Zum Teil wird, um einen Nebenberuf annehmen zu können, die Ausübung eines „andersartigen" Hauptberufs verlangt.[352]

Angehörige der chemischen Industrie haben anlässlich der Beurteilung einer Handelsvertretertätigkeit für eine chemische Fabrik für die Einordnung dieser Tätigkeit als Nebenberuf einen Hauptberuf gefordert, der sich „von der Handelsvertretertätigkeit deutlich abgrenzen läßt und zu ihr in einem Gegensatz steht".[353] Ein Handelsvertreter, der auch als Großhändler tätig sei, sei kein nebenberuflicher Handelsvertreter, wenn seine Großhandels- und seine Vertretertätigkeit branchenmäßig

---

347 Ebenroth/Boujong/*Löwisch* § 92b Rn. 4; Heymann/Horn/*Sonnenschein*/*Weitemeyer* § 92b Rn. 3; Koller/Kindler/*Roth* § 92b Rn. 2; Staub/Canaris/*Emde* § 92b Rn. 6.

348 Am Beispiel eines Studenten *Schröder* INF 1977, 33, 35.

349 *Schröder* INF 1977, 33, 35; Staub/Canaris/*Emde* § 92b Rn. 6.

350 Vgl. oben D.II.1.a).

351 BGH NJW-RR 2007, 1286, 1288; Ebenroth/Boujong/*Löwisch* § 92b Rn. 4; *Höft* VersR 1973, 154; Koller/Kindler/*Roth* § 92b Rn. 1.

352 So Heymann/Horn/*Sonnenschein*/*Weitemeyer* § 92b Rn. 3; Küstner/Thume/*Schürr* Band 1 Kap. I Rn. 198; ebenfalls OLG Bamberg HVR Nr. 935 (1999).

353 Gutachten des Deutschen Industrie- und Handelstages vom 23.01.1957, HVR Nr. 145 (1957).

verbunden seien; beide Tätigkeiten seien dann als gleichartig zu betrachten; sie stünden sich in ihrer wirtschaftlichen Bedeutung derart nahe, dass eine gegenseitige Abhängigkeit bestehe.[354]

Der BGH führt in dem bereits erwähnten Urteil vom 18.04.2007[355] aus, dass die Regelung des § 92b HGB voraussetze, dass der Handelsvertreter – sofern kein Sonderfall einer „anderweitigen Existenzgrundlage“ gegeben sei – „zwei unterschiedliche Berufe ausübt, die im Hinblick auf die wirtschaftliche Existenz des Handelsvertreters voneinander unabhängig sind“.[356] Der Handelsvertreter dürfe durch die Beendigung des Handelsvertretervertrages nicht seine gesamte wirtschaftliche Existenz verlieren.[357]

Aus diesen Vorgaben lässt sich allgemein ableiten, dass jedenfalls in den Fällen kein Nebenberuf i.S. des § 92b HGB vorliegen kann, in denen die Handelsvertreter- und die sonstige Tätigkeit einen wirtschaftlichen Zusammenhang[358] aufweisen, der die Gleichartigkeit[359] bzw. Abhängigkeit beider Tätigkeiten begründet. Folglich ist dann auch keine Abgrenzung zu einem Hauptberuf möglich. Nach der Verkehrsauffassung ist in diesen Fällen ein einheitlicher Beruf des Handelsvertreters gegeben.[360]

Richtigerweise präzisiert der BGH diesen Gedanken entsprechend dem Regelungszweck des § 92b HGB dahingehend, dass der Hauptberuf dem Handelsvertreter eine von der Vertretertätigkeit unabhängige wirtschaftliche Existenzgrundlage bieten oder aber – in „Sonderfällen“ – zumindest eine anderweitige, von der Vertretertätigkeit losgelöste Existenzgrundlage vorhanden sein muss.[361] Fehlt es nämlich an diesem Erfordernis, würde mit der Anwendung der Sonderregelung deren Zweck verfehlt. Die Existenzgrundlage des Vertreters ist in diesem Fall nicht isoliert in einer außerhalb der Vertretertätigkeit liegenden Betätigung begründet. Demzufolge könnte seine Existenz bei Beendigung des Vertreterverhältnisses gefährdet sein.

Zumindest missverständlich sind daher die Ausführungen des BGH in seinem Urteil vom 21.03.2013:[362] „Zwar mag das Gesetzgebungsverfahren im Jahr 1952 von der Vorstellung beeinflusst gewesen sein, dass ein Handelsvertreter im Nebenberuf zusätzlich bereits einen existenzsichernden Hauptberuf ausübt [...]. Dies kann sich

---

354 Gutachten des Deutschen Industrie- und Handelstages vom 23.01.1957, HVR Nr. 145 (1957).

355 NJW-RR 2007, 1286 ff.

356 BGH NJW-RR 2007, 1286, 1288; zustimmend Baumbach/Hopt/*Hopt* § 92b Rn. 1.

357 BGH NJW-RR 2007, 1286, 1288.

358 Vgl. hierzu unten D.II.3.

359 Vgl. LG Stuttgart, Urteil vom 15.05.1981 – 8 KfH O 11/81 (n.v.); Baumbach/Hopt/*Hopt* § 92b Rn. 2; Koller/Kindler/*Roth* § 92b Rn. 2; Staub/Canaris/*Emde* § 92b Rn. 10, die von Gleichrangigkeit sprechen.

360 BGH NJW-RR 2007, 1286, 1288; LG Bonn, Beschluss vom 06.04.2009 – 14 O 120/08 (n.v.); *Baums* BB 1986, 891, 893; Staub/Canaris/*Emde* § 92b Rn. 10; *Thume* BB 2007, 1750, 1751; vgl. auch BAG NJW 1968, 518.

361 BGH NJW-RR 2007, 1286, 1288.

362 NJW 2013, 2111, 2113; vgl. bereits oben C.V.1.b).

jedoch ohne Weiteres auch anders verhalten, etwa bei einer Betreuung von Familienangehörigen." Letzteres ist unzutreffend, sofern es an einer Existenzgrundlage jenseits der Vertretertätigkeit fehlt. Dann kann diese kein Nebenberuf gemäß § 92b HGB sein.

Kann nach diesen Grundsätzen kein Hauptberuf und damit zugleich auch kein Nebenberuf i.S. des § 92b HGB festgestellt werden, ist die Frage nach der Anwendbarkeit der Norm bereits an dieser Stelle zu verneinen.

Ist jedoch diese Hürde genommen, wird die konkrete Art des Hauptberufs nach allgemeiner Ansicht für unerheblich gehalten.[363]

So sei insbesondere irrelevant, ob der Hauptberuf eine selbstständige oder unselbstständige Tätigkeit sei.[364] Dem ist zuzustimmen. Der Wortlaut des § 92b Abs. 3 HGB stellt gerade keine näheren Anforderungen an die Art des Hauptberufs. Für eine Beschränkung des Anwendungsbereichs des § 92b HGB auf im Hauptberuf selbstständig Tätige wäre auch kein einleuchtender Grund ersichtlich, zumal die nebenberufliche Vertretertätigkeit von Beamten und Angestellten rechtstatsächlich von nicht unerheblicher Bedeutung ist.[365]

Ebenso soll es nicht darauf ankommen, ob es sich bei dem Hauptberuf überhaupt um eine entgeltliche, dem Erwerb dienende Tätigkeit handelt.[366]

Diese Sichtweise steht im Einklang mit der Entstehungsgeschichte des § 92b HGB. Der zur Verordnung über die Versicherung von Kraftfahrzeugen vom 14.02.1938 ergangene Runderlass Nr. 51/38 des Reichskommissars für die Preisbildung vom 05.05.1938 sowie der Akademieentwurf eines „Gesetzes zur Ordnung der Versicherungsvermittlung" setzten noch für die Annahme einer hauptberuflichen Tätigkeit eine Erwerbstätigkeit voraus.[367] Den späteren Entwürfen einer Sonderregelung für den nebenberuflichen Handelsvertreter lag hingegen die Auffassung zugrunde, dass

---

363 Siehe nur Schlegelberger/*Schröder* § 92b Rn. 2c; Staub/Canaris/*Emde* § 92b Rn. 6.

364 OLG Bamberg HVR Nr. 935 (1999); *Baums* BB 1986, 891, 893; *Bruck/Möller* Vor §§ 43–48 Anm. 180; Ebenroth/Boujong/*Löwisch* § 92b Rn. 4; Heidel/Schall/*Keßler* § 92b Rn. 3; Heymann/Horn/*Sonnenschein/ Weitemeyer* § 92b Rn. 3; Koller/Kindler/*Roth* § 92b Rn. 2; MünchKomm/*von Hoyningen-Huene* § 92b Rn. 6; Schlegelberger/*Schröder* § 92b Rn. 2c; *Specks* S. 73; Staub/Canaris/*Emde* § 92b Rn. 5.

365 Statt vieler Ebenroth/Boujong/*Löwisch* § 92b Rn. 2 und 5; MünchKomm/*von Hoyningen-Huene* § 92b Rn. 9.

366 OLG Bamberg HVR Nr. 935 (1999); *Ankele* § 92b Rn. 16; Baumbach/Hopt/*Hopt* § 92b Rn. 2; *Baums* BB 1986, 891, 893; Ebenroth/Boujong/*Löwisch* § 92b Rn. 4; *Herschel/Beine* S. 207; Heymann/Horn/*Sonnenschein/ Weitemeyer* § 92b Rn. 3; Koller/Kindler/*Roth* § 92b Rn. 2; MünchKomm/*von Hoyningen-Huene* § 92b Rn. 6; *o.V.* VW 1961, 551, 552; *o.V.* VW 1964, 954, 955; RGRK/*Würdinger* § 92b Anm. 1; Schlegelberger/*Schröder* § 92b Rn. 2c; *ders.* INF 1978, 401, 403; *Specks* S. 73; Staub/Canaris/*Emde* § 92b Rn. 6.

367 *Schubert*, Akademie für Deutsches Recht, 1933–1945, Protokolle der Ausschüsse, Band 13, Entwurf des Ausschusses eines Gesetzes zur Ordnung der Versicherungsvermittlung, S. 614; siehe auch *Baums* BB 1986, 891; *Möller* S. 31 ff.

es sich bei dem Hauptberuf nicht zwingend um eine Erwerbstätigkeit handeln, sondern für die Abgrenzung auf die Tätigkeit als solche abgestellt werden muss.[368]

Es entspräche auch nicht der Verkehrsauffassung, bei einer unentgeltlichen, nicht auf wirtschaftlichen Erwerb gerichteten Tätigkeit generell das Vorliegen eines Hauptberufs zu verneinen.[369] Eine solche Tätigkeit, wird sie auch im Allgemeinen nur als Freizeitbeschäftigung wahrgenommen, kann ebenso den Schwerpunkt der Lebensgestaltung einer Person bilden wie eine Erwerbstätigkeit.[370] Zugleich würde man hierdurch die Maßgabe vernachlässigen, dass für die Entscheidung der Frage, ob eine Handelsvertretertätigkeit im Haupt- oder Nebenberuf ausgeübt wird, stets eine Betrachtung der konkreten Umstände des Einzelfalls ausschlaggebend ist.

Es liegt zudem auf der Hand, dass Unternehmer, die aus Kostengründen nur Nebenberufler einsetzen wollen, i.d.R. davon absähen, Personen ohne ausgeübte Erwerbstätigkeit als Handelsvertreter zu betrauen, wenn diese zwingend als hauptberuflich und damit u. a. als ausgleichsberechtigt i.S. des § 89b HGB anzusehen wären; dies hätte zur Folge, dass sie vielfach an der Aufnahme einer Vertretertätigkeit gehindert wären, mit der sie ihre finanzielle Situation verbessern wollen.[371]

Nach alledem ist eine weite Auslegung des Begriffs des Hauptberufs angezeigt.[372] Jedwede „handelsvertreterfremde Tätigkeit" kommt als Hauptberuf in Betracht.[373] Dies ändert allerdings nichts an dem oben aufgezeigten, vom BGH herausgearbeiteten Erfordernis, dass der Hauptberuf bzw. die Haupttätigkeit – sofern man unter einem „Beruf" nur eine Erwerbstätigkeit versteht[374] – dem Handelsvertreter grundsätzlich eine von der Vertretertätigkeit unabhängige wirtschaftliche Existenzgrundlage bieten muss. Dieser Umstand rechtfertigt es auch, in der Diskussion der hier interessierenden Abgrenzungsproblematik im Grundsatz am Begriff des „Hauptberufs" festzuhalten. Zwar mag dieser Terminus nach allgemeinem Sprachgebrauch in der Tat auf eine entgeltliche Tätigkeit hindeuten, derer es – wie dargestellt – nicht zwingend bedarf. Durch die Verwendung dieses Begriffs wird

---

368 Begr. zum Entwurf eines Gesetzes zur Änderung des Handelsgesetzbuches (Recht der Handelsvertreter), BT-Drucks. 1/3856 vom 15.11.1952, S. 42; *Baums* BB 1986, 891 f.; vgl. Denkschrift zum Entwurf eines Handelsvertretergesetzes (Gesetz über die Rechtsverhältnisse der Handelsvertreter und Handelsreisenden), vorgelegt von *H. C. Nipperdey/Rolf Dietz*, Arbeitsberichte der Akademie für Deutsches Recht Nr. 17, Berlin 1940, S. 188 und 193.

369 Begr. zum Entwurf eines Gesetzes zur Änderung des Handelsgesetzbuches (Recht der Handelsvertreter), BT-Drucks. 1/3856 vom 15.11.1952, S. 42; *Schröder* INF 1978, 401, 403 f.; vgl. Gutachten des Deutschen Industrie- und Handelstages vom 23.01.1957, HVR Nr. 145 (1957); *o.V.* VW 1964, 954, 955.

370 Vgl. Begr. zum Entwurf eines Gesetzes zur Änderung des Handelsgesetzbuches (Recht der Handelsvertreter), BT-Drucks. 1/3856 vom 15.11.1952, S. 42.

371 In diese Richtung bereits *von Brunn* S. 44 f.; *ders.* NJW 1954, 56, 57.

372 Vgl. auch *Trinkhaus* S. 107.

373 Staub/Canaris/*Emde* § 92b Rn. 6.

374 Vgl. zu den Begrifflichkeiten Staub/Canaris/*Emde* § 92b Rn. 5 f.

aber zugleich verdeutlicht, dass die Anwendung des § 92b HGB im Regelfall das Vorhandensein einer existenzsichernden (und damit entgeltlichen) Haupttätigkeit voraussetzt und die Fälle einer unentgeltlichen, d.h. keinerlei Einkommen hervorbringenden Haupttätigkeit als Sonderfälle besonderer Betrachtung bedürfen.[375] Bei einer völligen Abstandnahme vom Begriff des „Hauptberufs", etwa zugunsten dem der „Haupttätigkeit" oder „Hauptbeschäftigung",[376] bestünde die Gefahr, diesen in der Normanwendung zentralen Aspekt zu vernachlässigen. Selbst wenn man also diesen Begriff stets mit einer Erwerbstätigkeit gleichsetzt, so ist er doch für den von § 92b HGB erfassten Normalfall in der Sache zutreffend.

2. Tätigkeit für mehrere Unternehmer, sog. Mehrfachvertreter

Hat nicht nur ein Unternehmer, sondern haben zugleich mehrere Unternehmer ein und denselben Handelsvertreter jeweils mit der Vermittlung oder dem Abschluss von Geschäften ständig betraut, wird dieser als Mehrfachvertreter[377] oder Mehrfirmenvertreter[378] bezeichnet. Die Begriffe sind gleichbedeutend.

Liegt eine derartige Konstellation vor, stellt sich die Frage, ob der Handelsvertreter im Verhältnis zu einem der Unternehmer hauptberuflich, im Verhältnis zu einem oder ggf. mehreren anderen Unternehmern hingegen nebenberuflich tätig sein kann.[379]

Sowohl Rechtsprechung als auch Literatur qualifizieren die Tätigkeit des Handelsvertreters gegenüber jedem der von ihm vertretenen Unternehmer und damit insgesamt als hauptberuflich, ohne Rücksicht darauf, welcher Stellenwert der einzelnen Vertretertätigkeit gemessen an der Gesamttätigkeit des Vertreters zukommt.[380]

---

375 Siehe BGH NJW-RR 2007, 1286, 1288; vgl. hierzu unten D.III.4.

376 In diese Richtung Staub/Canaris/*Emde* § 92b Rn. 5 f.

377 So OLG Stuttgart VersR 1957, 329 sowie die Vorinstanz LG Stuttgart VersR 1956, 415, 416; Ebenroth/Boujong/*Löwisch* § 92b Rn. 6; *Küstner* BB 1966, 1212, 1214; Küstner/Thume/*Schürr* Band 1 Kap. I Rn. 228; Röhricht/Graf von Westphalen/*Thume* § 92b Rn. 4; *Trinkhaus* S. 109 und 374.

378 So Baumbach/Hopt/*Hopt* § 92b Rn. 2; Giesler/*Klapperich* § 2 Rn. 61; Giesler/*Nauschütt/Sperrer* § 2 Rn. 1300; *Lohmüller* VW 1955, 151; Oetker/*Busche* § 92b Rn. 2; Staub/Canaris/*Emde* § 92b Rn. 9.

379 *von Brunn* NJW 1954, 56, 57.

380 BGH, Urteil vom 02.02.1961 – VII ZR 253/59 (n.v.); OLG Stuttgart VersR 1957, 329 sowie die Vorinstanz LG Stuttgart VersR 1956, 415, 416; OLG Karlsruhe BeckRS 2012, 24190; LG Düsseldorf HVR Nr. 84 (1954); *Alff* Rn. 20; *Ankele* § 92b Rn. 19; Baumbach/Hopt/*Hopt* § 92b Rn. 2; *Baums* BB 1986, 891, 893; Ebenroth/Boujong/*Löwisch* § 92b Rn. 6; *Finke* WM 1969, 1122, 1123; Giesler/*Emde* § 2 Rn. 553; Giesler/*Klapperich* § 2 Rn. 61; Giesler/*Nauschütt/Sperrer* § 2 Rn. 1300; *Günther* S. 54; Heymann/Horn/*Sonnenschein/Weitemeyer* § 92b Rn. 4; HK/*Ruß* § 92b Rn. 1; Koller/Kindler/*Roth* § 92b Rn. 2; *Küstner* BB 1966, 1212, 1213; Küstner/Thume/*Schürr* Band 1 Kap. I Rn. 204; Küstner/Thume/*Thume* Band 2 Kap. II Rn. 106; *Lohmüller* VW 1955, 151; Martinek/Semler/*Flohr/Pohl* § 17 Rn. 26; MünchKomm/*von Hoyningen-Huene*

Hierfür muss zunächst als logische Voraussetzung die Handelsvertretertätigkeit im Ganzen ihrerseits als einziger Beruf oder zumindest als Hauptberuf des Vertreters anzusehen und nicht nur Nebenberuf i.S. des § 92b HGB gegenüber einer anderen Tätigkeit sein.[381]

Dass eine differenzierende Betrachtung der für mehrere Unternehmer erfolgenden Handelsvertretertätigkeit nicht vorgenommen wird, ist ohne Weiteres in dem Fall eingängig, in dem „Tätigkeitsumfang und -entgelt" hinsichtlich aller vertretenen Unternehmer mehr oder weniger identisch sind.[382] Dann kann schon faktisch keine Aufteilung der Gesamttätigkeit in eine haupt- und eine nebenberufliche Vertretertätigkeit erfolgen.

Darüber hinaus ist bei einer Vertretertätigkeit für verschiedene Unternehmer zu berücksichtigen, dass es an der Ausübung eines „anderen" bzw. „andersartigen" (Haupt-)Berufs fehlt, der der Vertretertätigkeit gegenübergestellt werden könnte, um diese ggf. als nebenberuflich einzuordnen.[383] Der Beruf des Handelsvertreters als solcher ist ein eigenständiger Beruf[384] und kann im Fall der Tätigkeit für mehrere Unternehmer nicht in einen haupt- und einen nebenberuflichen Teil aufgespaltet werden.[385] Die Tätigkeit für mehrere Unternehmer ändert den rechtlichen Charakter dieses Berufs nicht.

Da bei einer Mehrfachvertretung folglich keine vertreterfremde Tätigkeit[386] gegeben ist, kann sich von vornherein nicht die Frage stellen, ob aus der Sicht der beteiligten Wirtschaftskreise die Gesamttätigkeit des Handelsvertreters von der Vertretertätigkeit oder aber von einer sonstigen Betätigung geprägt ist.[387] Die jeweiligen Vertretertätigkeiten sind vielmehr als gleichartig anzusehen, so dass ein

---

§ 92b Rn. 10; Oetker/*Busche* § 92b Rn. 2; RGRK/*Würdinger* § 92b Anm. 1; Röhricht/Graf von Westphalen/*Thume* § 92b Rn. 4; Schlegelberger/*Schröder* § 92b Rn. 2b; *ders.* INF 1977, 33, 35; *ders.* INF 1978, 401, 405; Staub/Canaris/*Emde* § 92b Rn. 9; *Trinkhaus* S. 109 und 374; *Westphal* S. 27.

381 So auch Baumbach/Hopt/*Hopt* § 92b Rn. 2; Giesler/*Klapperich* § 2 Rn. 61; Giesler/*Nauschütt*/*Sperrer* § 2 Rn. 1300; Röhricht/Graf von Westphalen/*Thume* § 92b Rn. 4.

382 *Küstner* BB 1966, 1212, 1213; Küstner/Thume/*Schürr* Band 1 Kap. I Rn. 205: Erst-Recht-Schluss.

383 BGH, Urteil vom 02.02.1961 – VII ZR 253/59 (n.v.); *Ahle* DB 1963, 227; *Alff* Rn. 20; *Finke* WM 1969, 1122, 1123; Giesler/*Klapperich* § 2 Rn. 60; *Günther* S. 54; *Küstner* BB 1966, 1212, 1213; Küstner/Thume/*Schürr* Band 1 Kap. I Rn. 204; Martinek/Semler/*Flohr*/*Pohl* § 17 Rn. 26; *Schröder* INF 1977, 33, 34; Staub/Canaris/*Emde* § 92b Rn. 9.

384 OLG Stuttgart VersR 1957, 329; OLG Karlsruhe BeckRS 2012, 24190; LG Düsseldorf HVR Nr. 84 (1954); *Ankele* § 92b Rn. 19; MünchKomm/*von Hoyningen-Huene* § 92b Rn. 10; Schlegelberger/*Schröder* § 92b Rn. 2b; vgl. *von Brunn* NJW 1954, 56, 57.

385 Vgl. Oetker/*Busche* § 92b Rn. 2.

386 Staub/Canaris/*Emde* § 92b Rn. 6.

387 Vgl. oben D.II.1.a).

einheitlicher Beruf des Handelsvertreters vorliegt.[388] Die einzelnen Vertreterverhältnisse müssen deshalb dasselbe rechtliche Schicksal teilen.

Anderenfalls würde es zu einer ungerechtfertigten Schlechterstellung des Mehrfachvertreters gegenüber einem Einfirmenvertreter kommen, der ebenfalls keiner anderen Beschäftigung als der Vertretertätigkeit nachgeht und daher generell kein Nebenberufler i.S. des § 92b HGB sein kann.[389] Wird ein Einfirmenvertreter im Nachhinein zum Mehrfachvertreter, indem ihm z.B. entgegen der ursprünglichen vertraglichen Vereinbarung eine weitere Vertretertätigkeit für einen anderen Unternehmer erlaubt wird, so kann aus den genannten Gründen diese Tätigkeit nicht als nebenberuflich betrachtet werden.[390]

Die Verkehrsauffassung wird somit bei keiner der mehreren, von einem Handelsvertreter übernommenen Vertretungen einen Nebenberuf annehmen, auch dann nicht, wenn eine hiervon hinter der oder den anderen „umsatz- und ertragsmäßig" zurückbleibt.[391]

Der Wortlaut des § 84 Abs. 1 S. 1 HGB, der von der Absatzmittlung für „einen" anderen Unternehmer spricht, steht dem nicht entgegen. Diese Norm definiert allgemein den Begriff des Handelsvertreters und befasst sich insoweit lediglich mit dem gesetzlichen Regelfall der Vertretertätigkeit für (nur) einen Unternehmer. Sie verlangt keine getrennte Betrachtung einzelner Vertreterverhältnisse.

Zum Teil wird auf die Vermutung des § 344 Abs. 1 HGB als Argument für die Hauptberuflichkeit einer weiteren Handelsvertretertätigkeit für einen anderen Unternehmer zurückgegriffen.[392] Hiernach gelten die von einem Kaufmann vorgenommenen Rechtsgeschäfte im Zweifel als zum Betrieb seines Handelsgewerbes gehörig. Dies begegnet in zweierlei Hinsicht Bedenken:

Zunächst kommt die genannte Vermutung nach herrschender Meinung nur bei Geschäften eines Kaufmanns zur Anwendung.[393] Der Handelsvertreter muss aber nicht zwingend Kaufmann i.S. der §§ 1 ff. HGB sein, vgl. § 84 Abs. 4 HGB.

Zudem beansprucht § 344 Abs. 1 HGB nach einer in der Literatur vertretenen Ansicht auch dann Geltung, wenn ein Kaufmann zusätzlich zu seinem kaufmännischen Gewerbe auch ein nichtkaufmännisches Gewerbe ausübt.[394] Dieser Ansicht

388 Baumbach/Hopt/*Hopt* § 92b Rn. 2; Giesler/*Nauschütt*/*Sperrer* § 2 Rn. 1300; Oetker/*Busche* § 92b Rn. 2; Staub/Canaris/*Emde* § 92b Rn. 9; *Trinkhaus* S. 109.

389 *Baums* BB 1986, 891, 893.

390 Staub/Canaris/*Emde* § 92b Rn. 9; a.A. Schlegelberger/*Schröder* § 92b Rn. 2b.

391 Gutachten des Deutschen Industrie- und Handelstages vom 23.01.1957, HVR Nr. 145 (1957).

392 So MünchKomm/*von Hoyningen-Huene* § 92b Rn. 10; Schlegelberger/*Schröder* § 92b Rn. 2b; *ders.* INF 1977, 33, 35; in diesem Sinne auch OLG Karlsruhe BeckRS 2012, 24190.

393 Siehe nur Ebenroth/Boujong/*Joost* § 344 Rn. 3; MünchKomm/*K. Schmidt* § 343 Rn. 17 und § 344 Rn. 5.

394 Streitig, so jedenfalls Ebenroth/Boujong/*Joost* § 344 Rn. 4; Heymann/Horn/*Horn* § 344 Rn. 4 m.w.N.; a.A. Baumbach/Hopt/*Hopt* § 344 Rn. 1; Koller/Kindler/*Roth* § 344 Rn. 2; Oetker/*Pamp* § 344 Rn. 3 m.w.N.

folgend, würde der Rückgriff auf die genannte Zweifelsregelung im Einzelfall eine Widerlegung der darin enthaltenen Vermutung dahingehend ermöglichen, dass ein vom Handelsvertreter eingegangenes, weiteres Vertreterverhältnis nicht zum Betrieb seines Handelsgewerbes gehört und deshalb u.U. nur nebenberuflich ausgeübt wird.[395] Auf diese Weise könnte letztlich doch eine Aufspaltung der einheitlichen, wenn auch für mehrere Unternehmer ausgeübten Vertretertätigkeit herbeigeführt werden.

Ob die einzelnen Vertretungen in ein und demselben Wirtschaftszweig ausgeübt werden, kann schlechthin nicht entscheidend sein.[396] Die Vertretertätigkeiten sind nicht deswegen sämtlich als hauptberuflich anzusehen, weil sie innerhalb einer bestimmten Branche ausgeübt werden, sondern weil sie jeweils Bestandteil des eigenständigen und einheitlichen Handelsvertreterberufs mit den in § 84 Abs. 1 HGB genannten Merkmalen sind. Der teilweise vertretenen Auffassung, dass ein Nebenberuf dann vorliege könne, wenn sich der Handelsvertreter „in seiner ganz überwiegenden Handelsvertretertätigkeit auf eine ganz bestimmte Branche spezialisiert hat (z. B. den Absatz von Baustoffen) und nebenher in unbedeutendem Umfang für eine ganz andere Branche (z. B. den Süßwarenhandel) tätig wird",[397] kann daher nicht gefolgt werden. Ebenso wenig wie die Einordnung des Mehrfachvertreters als Hauptberufler von dem Umfang der Tätigkeit für die einzelnen Unternehmer[398] oder von der Höhe der aus den einzelnen Vertretungen resultierenden Einnahmen[399] abhängt, ebenso wenig kann die Spezialisierung des Handelsvertreters auf eine bestimmte Branche insoweit von Bedeutung sein.[400] Die Frage, unter welchen Voraussetzungen von einer „anderen" Branche in obigem Sinne gesprochen werden

---

395 Vgl. Ebenroth/Boujong/*Joost* § 344 Rn. 9.

396 Ebenroth/Boujong/*Löwisch* § 92b Rn. 6; Heymann/Horn/*Sonnenschein/Weitemeyer* § 92b Rn. 4; Koller/Kindler/*Roth* § 92b Rn. 2; Staub/Canaris/*Emde* § 92b Rn. 9; vgl. auch *Trinkhaus* S. 374.

397 Schlegelberger/*Schröder* § 92b Rn. 2b; ebenso *ders.* INF 1977, 33, 35; zustimmend Ebenroth/Boujong/*Löwisch* § 92b Rn. 6; in diesem Sinne wohl auch MünchKomm/*von Hoyningen-Huene* § 92b Rn. 10; ausführlich zum Sonderfall des sog. Mehrbranchen-Vertreters unten D.III.2.b).

398 BGH, Urteil vom 02.02.1961 – VII ZR 253/59 (n.v.); OLG Stuttgart VersR 1957, 329; LG Düsseldorf HVR Nr. 84 (1954); *Alff* Rn. 20; *Ankele* § 92b Rn. 19; Baumbach/Hopt/*Hopt* § 92b Rn. 2; *Baums* BB 1986, 891, 893; *Finke* WM 1969, 1122, 1123; Giesler/*Emde* § 2 Rn. 553; *Günther* S. 54; *Küstner* BB 1966, 1212, 1213; Martinek/Semler/*Flohr/Pohl* § 17 Rn. 26; Schlegelberger/*Schröder* § 92b Rn. 2b; *ders.* INF 1978, 401, 405; Staub/Canaris/*Emde* § 92b Rn. 9.

399 *Baums* BB 1986, 891, 893; Ebenroth/Boujong/*Löwisch* § 92b Rn. 6; Heymann/Horn/*Sonnenschein/Weitemeyer* § 92b Rn. 4; *Küstner* BB 1966, 1212, 1213; Röhricht/Graf von Westphalen/*Thume* § 92b Rn. 4; Staub/Canaris/*Emde* § 92b Rn. 9; *Westphal* S. 27.

400 Ebenso Staub/Canaris/*Emde* § 92b Rn. 9.

kann, kann zudem weitere Unklarheiten mit sich bringen,[401] etwa im Fall verwandter Branchen.

Ob die dargelegten Grundsätze auch dann zur Anwendung kommen, wenn der Handelsvertreter zusätzlich zu seiner Vertretertätigkeit eine sonstige Vertriebstätigkeit ausübt, auf welche die §§ 84 ff. HGB im Einzelfall analoge Anwendung finden,[402] ist äußerst zweifelhaft. Denn aufgrund der bestehenden Unterschiede zwischen einer Tätigkeit als Handelsvertreter und einer solchen als Kommissionsagent, Vertragshändler oder Franchisenehmer[403] kann nicht mehr von gleichartigen Betätigungen gesprochen werden. Derartige Vertriebstätigkeiten sind nicht Bestandteil des Berufsbilds des Handelsvertreters. Zu beachten ist in diesem Zusammenhang, dass nach der hier vertretenen Auffassung aufgrund der fehlenden Analogiefähigkeit des § 92b HGB eine (analoge) Anwendung dieser Norm auf andere Absatzmittler ausscheidet. Grundsätzlich denkbar ist mithin die nebenberufliche Ausübung einer Vertretertätigkeit neben der hauptberuflichen Ausübung einer sonstigen Vertriebstätigkeit, nicht aber der umgekehrte Fall.

Im Ergebnis bleibt also festzuhalten, dass bei der Frage nach der rechtlichen Einordnung einer Mehrfachvertretung vernachlässigt werden kann, welche Kriterien für die Bestimmung des Schwerpunkts der Lebensgestaltung des Handelsvertreters nach der Verkehrsauffassung maßgebend sein müssen. Der Mehrfachvertreter ist im Verhältnis zu jedem der von ihm vertretenen Unternehmer hauptberuflicher Handelsvertreter.

3. Enger wirtschaftlicher Zusammenhang zwischen der Vertretertätigkeit und der sonstigen Berufstätigkeit

Es ist weitgehend anerkannt, dass bei Vorliegen eines engen wirtschaftlichen Zusammenhangs zwischen der Handelsvertreter- und der sonstigen Berufstätigkeit keine nebenberufliche Handelsvertretertätigkeit i.S. des § 92b HGB gegeben ist, wenn „nach der Verkehrsauffassung gerade diese Verbindung in den betreffenden Wirtschaftskreisen häufig anzutreffen ist".[404]

Fraglich ist, wann genau von einem engen wirtschaftlichen Zusammenhang in diesem Sinne auszugehen ist.

---

401 Staub/Canaris/*Emde* § 92b Rn. 9.

402 So Giesler/*Emde* § 2 Rn. 553; Staub/Canaris/*ders.* § 92b Rn. 10.

403 Vgl. oben C.IV.

404 Ensthaler/*Genzow* § 92b Rn. 3; *Küstner* BB 1966, 1212, 1213; Küstner/Thume/*Schürr* Band 1 Kap. I Rn. 207; Staub/Canaris/*Emde* Vor § 84 Rn. 33 und § 92b Rn. 10; ebenso LG Bonn, Beschluss vom 06.04.2009 – 14 O 120/08 (n.v.); *Ahle* DB 1963, 227; Baumbach/Hopt/*Hopt* § 92b Rn. 2; Ebenroth/Boujong/*Löwisch* § 92b Rn. 6; Heymann/Horn/*Sonnenschein*/*Weitemeyer* § 92b Rn. 4; MünchKomm/*von Hoyningen-Huene* § 92b Rn. 11; Oetker/*Busche* § 92b Rn. 2; Röhricht/Graf von Westphalen/*Thume* § 92b Rn. 4; Schlegelberger/*Schröder* § 92b Rn. 2c; *Westphal* S. 27; *ders.* Vertriebsrecht Rn. 127.

a) Branchenmäßige Verbundenheit der Tätigkeiten

Eine Nebenberuflichkeit wird von einigen Autoren jedenfalls dann verneint, wenn zwischen der Vertreter- und der sonstigen Tätigkeit eine branchenmäßige Verbindung existiert.[405] Diese Ansicht entspricht der Verkehrsauffassung für den Fall des Zusammentreffens einer Großhandelstätigkeit mit einer Vertretertätigkeit in der chemischen Industrie.[406] Anders als bei der Fallkonstellation der Mehrfachvertretung kann an dieser Stelle eine Differenzierung nach der Zuordnung der Tätigkeiten zu einer bestimmten Branche erfolgen. Es handelt sich nicht lediglich um eine als einheitlich zu betrachtende Tätigkeit als Handelsvertreter, sondern es stehen Tätigkeiten unterschiedlichen Charakters in Rede. Es liegt mit anderen Worten zwar an sich – anders als bei einer Vertretertätigkeit für mehrere Unternehmer – eine „andere" Tätigkeit vor, diese kann aber u.U. mit der Vertretertätigkeit derart zusammenhängen, dass kein Nebenberuf i.S. des § 92b HGB gegeben ist.

Bei einem Tätigwerden des Handelsvertreters in ein und derselben Branche ist regelmäßig davon auszugehen, dass sich die einzelnen Tätigkeiten planmäßig ergänzen sollen. Der Erfolg der einen Tätigkeit hängt maßgeblich auch vom Erfolg der anderen Tätigkeit ab. Beide profitieren von der Ausübung der jeweils anderen, z. B. durch die Nutzung des branchenspezifischen Know-hows sowie der existierenden Kundenbeziehungen. Man denke nur an den Fall des im eigenen Namen erfolgenden Verkaufs von Waren des Herstellers bei zusätzlicher, für ihn vorgenommener Absatzmittlung derartiger Waren.[407]

Das LG Stuttgart hat sich anlässlich der Beurteilung einer Betätigung in der Kraftfahrzeugbranche (Unterhaltung eines Reparaturbetriebs als Vertragswerkstatt des Unternehmers sowie Vermittlung von Kaufverträgen über Kraftfahrzeuge für diesen) zur Frage des Bestehens eines engen wirtschaftlichen Zusammenhangs geäußert: Ein solcher Zusammenhang verlange, dass der „Zeit- und Kostenaufwand für die eine Tätigkeit von dem für die andere nicht getrennt werden kann, wie z. B. bei einem Vertreter, der bei Kundenbesuchen zugleich für das vertretene Unternehmen und für einen in eigener Regie geführten Handel mit Produkten gleicher bzw. ergänzender Bedarfskategorie akquiriert".[408]

---

405 So *Ahle* DB 1963, 227; *Baums* BB 1986, 891, 893; Ebenroth/Boujong/*Löwisch* § 92b Rn. 6; Heymann/Horn/*Sonnenschein*/*Weitemeyer* § 92b Rn. 4; MünchKomm/*von Hoyningen-Huene* § 92b Rn. 11; Schlegelberger/*Schröder* § 92b Rn. 2c; Staub/Canaris/*Emde* § 92b Rn. 10; *Westphal* S. 27; *ders.* Vertriebsrecht Rn. 127; vgl. auch BAG NJW 1968, 518.

406 Gutachten des Deutschen Industrie- und Handelstages vom 23.01.1957, HVR Nr. 145 (1957); vgl. oben D.II.1.d).

407 *Baums* BB 1986, 891, 893; Heymann/Horn/*Sonnenschein*/*Weitemeyer* § 92b Rn. 4; MünchKomm/*von Hoyningen-Huene* § 92b Rn. 11.

408 LG Stuttgart, Urteil vom 15.05.1981 – 8 KfH O 11/81 (n.v.); siehe hierzu auch Küstner/Thume/*Schürr* Band 1 Kap. I Rn. 208.

Dem kann nicht gefolgt werden. Die Annahme einer engen wirtschaftlichen Verbindung zweier, in der gleichen Branche ausgeübter Tätigkeiten folgt weder daraus, dass ihre Ausübung in zeitlicher Hinsicht parallel und im gleichen Umfang erfolgt, noch daraus, dass für beide Tätigkeiten ein einheitlicher finanzieller Aufwand erforderlich ist. Vielmehr ist es die inhaltliche, branchenspezifische Verbundenheit beider Tätigkeiten, die dazu führt, dass die eine nicht losgelöst von der anderen betrachtet werden kann.[409]

Ist ein derartiger Zusammenhang gegeben, sind beide Tätigkeiten nach der Verkehrsauffassung als gleichwertig zu betrachten, unabhängig davon, in welchem Umfang ihnen nachgegangen oder welches Einkommen aus ihnen erzielt wird.[410] Auch hier liegt ein einheitlicher Beruf des Handelsvertreters vor.[411]

b) BGH: Tankstellenhalter keine Handelsvertreter im Nebenberuf

Fehlt es an einer branchenmäßigen Verbindung, können andere Gründe für das Vorhandensein eines engen wirtschaftlichen Zusammenhangs gegeben sein.

In seiner richtungsweisenden Entscheidung vom 18.04.2007[412] befasst sich der BGH mit dem von einem Mineralölunternehmen vorgegebenen Vertriebskonzept, wonach Tankstellenhalter auf einer von dem Unternehmen zu pachtenden Tankstelle Kraftstoffe und Motorenöle in dessen Namen und auf dessen Rechnung als Handelsvertreter vertreiben und darüber hinaus gleichzeitig einen Tankstellen-Shop („on the run") betreiben, in welchem sie auf der Basis eines von dem Unternehmen entwickelten Franchisesystems sonstige Waren und Dienstleistungen im eigenen Namen (und auf eigene Rechnung) offerieren.[413]

Die im Rahmen dieses Vertriebskonzepts verwendete Klausel

> „Der Partner übernimmt auf der Station in ... die Lagerung und als Handelsvertreter im Nebenberuf im Namen und für Rechnung der ESSO den Verkauf von ESSO Markenkraftstoffen, ESSO Markenschmierstoffen und Mobil Markenschmierstoffen

---

409 Vgl. LG Bonn, Beschluss vom 06.04.2009 – 14 O 120/08 (n.v.).

410 LG Bonn, Beschluss vom 06.04.2009 – 14 O 120/08 (n.v.); *Ahle* DB 1963, 227; Baumbach/Hopt/*Hopt* § 92b Rn. 2; Ebenroth/Boujong/*Löwisch* § 92b Rn. 6; Ensthaler/*Genzow* § 92b Rn. 3; Gutachten des Deutschen Industrie- und Handelstages vom 23.01.1957, HVR Nr. 145 (1957); Koller/Kindler/*Roth* § 92b Rn. 2; Küstner/Thume/*Schürr* Band 1 Kap. I Rn. 207; RGRK/*Würdinger* § 92b Anm. 1; Schlegelberger/*Schröder* § 92b Rn. 2c; Staub/Canaris/*Emde* § 92b Rn. 10; *Westphal* Vertriebsrecht Rn. 127; einschränkend *Küstner* BB 1966, 1212, 1213, der verlangt, dass es sich bei der Vertretertätigkeit um das „Grundgewerbe" handelt.

411 *Baums* BB 1986, 891, 893 f.; Staub/Canaris/*Emde* § 92b Rn. 10; vgl. auch BAG NJW 1968, 518.

412 NJW-RR 2007, 1286 ff.

413 BGH NJW-RR 2007, 1286.

(„Agenturprodukte") sowie die Ausführung der von ihm abgeschlossenen Geschäfte und die Einziehung der Verkaufserlöse."

hält der BGH wegen Verstoßes gegen das Transparenzgebot und der damit einhergehenden unangemessenen Benachteiligung der Tankstellenhalter für unwirksam, § 307 Abs. 1 S. 1 und 2 BGB.[414]

Zur Begründung führt der BGH im Einzelnen aus:[415]

Entgegen des Inhalts der genannten Klausel seien die Tankstellenhalter hinsichtlich des Vertriebs von Kraftstoffen und Motorenölen für das Mineralölunternehmen nach der Verkehrsauffassung nicht als Handelsvertreter im Nebenberuf im Verhältnis zu dem damit untrennbar verbundenen Betrieb des Tankstellen-Shops tätig. Die auf der Grundlage des vorformulierten Vertragswerks – zusammengesetzt aus dem Agenturvertrag (Tankstellengeschäft) und dem Pacht-/Franchisevertrag (Shop-Geschäft) – ausgeübte Tätigkeit der Tankstellenhalter werde als einheitlicher Betrieb einer Tankstelle mit angeschlossenem Shop wahrgenommen und nicht als hauptberufliche Tätigkeit im Shop-Geschäft und nebenberufliche Tätigkeit im Tankstellengeschäft. Die Einordnung der Tankstellenhalter als Nebenberufler sei bei einer derartigen vertraglichen Konstruktion generell verfehlt.

Es fehle bereits an einer hinreichenden Trennung von Tankstellen- und Shop-Geschäft im äußeren Erscheinungsbild der Tankstelle. Die gesamte Geschäftsabwicklung mit den Kunden finde an einer gemeinsamen Kasse im Tankstellen-Shop statt. Angesichts dieses einheitlichen Auftritts gegenüber den Kunden sei nach der Verkehrsauffassung der Betrieb von Tankstellen- und Shop-Geschäft als einheitlicher Beruf anzusehen.

Zudem bildeten beide Geschäftszweige nach dem Vertriebskonzept des Mineralölunternehmens auch eine rechtliche Einheit. Sie seien durch die Koppelung von Agenturvertrag einerseits und Pacht-/Franchisevertrag andererseits unauflöslich miteinander verbunden. Denn nach dem Vertragswerk könne das Tankstellengeschäft nicht unabhängig vom Shop-Geschäft ausgeübt werden und umgekehrt, die Einzelverträge seien vielmehr in ihrem Bestand voneinander abhängig. Beide Geschäftszweige seien daher lediglich unselbstständige Betriebsteile der Tankstelle als solcher.

Aufgrund dieser engen tatsächlichen und rechtlichen Verknüpfung von Tankstellen- und Shop-Geschäft entspreche es nicht der Verkehrsauffassung, die sachlich zusammenhängende Tätigkeit der Tankstellenhalter in zwei voneinander unabhängige Berufe aufzugliedern, nämlich in einen Hauptberuf (Shop-Geschäft) und einen Nebenberuf (Tankstellengeschäft).

Eine solche Aufspaltung werde auch dem Zweck der Regelung des § 92b HGB nicht gerecht, da die Tankstellenhalter gerade nicht zwei Berufe ausübten, die für sie zwei voneinander unabhängige wirtschaftliche Existenzgrundlagen darstellten. Die Beendigung des Agenturvertrages führe gemäß dem Vertragswerk automatisch

414 BGH NJW-RR 2007, 1286 f.
415 BGH NJW-RR 2007, 1286, 1287 ff.

auch zur Beendigung des Pacht-/Franchisevertrages und damit gleichsam zum Verlust der gesamten wirtschaftlichen Existenz der Tankstellenhalter. Eine fehlende Schutzbedürftigkeit i.S. des § 92b HGB könne für diese folglich nicht angenommen werden.

Die in Rede stehende, inhaltlich unzutreffende Klausel sei daher geeignet, die Tankstellenhalter nach Vertragsbeendigung von der Geltendmachung des ihnen zustehenden Ausgleichsanspruchs gemäß § 89b HGB abzuhalten und verstoße deshalb gegen das Transparenzgebot.

Die Entscheidung des BGH überzeugt.[416] Er stellt für die Begründung eines engen wirtschaftlichen Zusammenhangs zwischen der Vertreter- und der sonstigen Tätigkeit auf eine tatsächliche und eine rechtliche Komponente ab. Es ist hiernach nicht nur zu bewerten, wie die (Gesamt-)Tätigkeit des Vertreters in den Augen der Verkehrsauffassung nach außen hin in Erscheinung tritt, sondern auch, ob die konkrete Vertragsgestaltung eine Aufspaltung der von dem Vertreter ausgeübten Tätigkeiten in einen Haupt- und einen Nebenberuf erlaubt. Für die Bejahung des wirtschaftlichen Zusammenhangs genügt es, wenn sich entweder aus der tatsächlichen oder aus der rechtlichen Betrachtung des Einzelfalls die Untrennbarkeit[417] der Tätigkeiten ergibt. Einer Kumulation bedarf es nicht.

Teil der tatsächlichen Betrachtung muss neben dem äußeren Erscheinungsbild der Betätigung des Vertreters auch die Frage sein, ob die von diesem erbrachten Leistungen typischerweise und planmäßig in dieser Kombination am Markt angeboten werden; in diesem Fall wirkt sich die Beendigung der Vertretertätigkeit zugleich nachteilig auf den Erfolg der anderen Tätigkeit aus, etwa weil die Kunden bei Wegfall der in der Eigenschaft als Handelsvertreter angebotenen Leistung i.d.R. auch von der Inanspruchnahme der anderen Leistung absehen.[418]

Die rechtliche Betrachtung muss sich – so ist der weitere Gedankengang des BGH zu verstehen – in maßgeblicher Weise an Sinn und Zweck des § 92b HGB orientieren. Entscheidend ist also, ob die potentiell als Hauptberuf in Betracht kommende Tätigkeit dem Handelsvertreter eine von der Vertretertätigkeit unabhängige wirtschaftliche Existenzgrundlage bietet oder nicht.[419] Missverständlich sind die Ausführungen des BGH nur insoweit, als er zu verlangen scheint, dass beide Tätigkeiten je für sich betrachtet dem Vertreter eine unabhängige Existenzgrundlage verschaffen müssen. Dies ist hinsichtlich der Vertretertätigkeit jedoch nicht der Fall.

---

416 Ebenfalls zustimmend *Döpfer* EWiR 2008, 17, 18; *Emde* BB 2008, 2755, 2757; MünchKomm/*von Hoyningen-Huene* § 92b Rn. 11; *Thume* BB 2007, 1750, 1751; Staub/Canaris/*Emde* Vor § 84 Rn. 33.

417 LG Bonn, Beschluss vom 06.04.2009 – 14 O 120/08 (n.v.); MünchKomm/*von Hoyningen-Huene* § 92b Rn. 11.

418 *Baums* BB 1986, 891, 893 f.; vgl. LG Bonn, Beschluss vom 06.04.2009 – 14 O 120/08 (n.v.).

419 Vgl. bereits oben D.II.1.d).

Die Tatsache, dass die Tätigkeiten für ein und denselben Unternehmer ausgeübt werden, kann für die Bejahung einer rechtlichen Verknüpfung nicht allein ausreichend sein.[420] Es ist durchaus denkbar, dass zwischen dem Unternehmer und dem Vertreter mehrere Vertragsverhältnisse bestehen, von denen nur eines eine Vertretertätigkeit darstellt und die in ihrem Bestand völlig unabhängig voneinander sind. Auch eine branchenmäßige Verbindung ist in dieser Konstellation nicht zwingend, da der Unternehmer in mehreren Branchen tätig sein und dementsprechend den Handelsvertreter in der einen mit einer Vertretung und in einer anderen mit einer sonstigen Tätigkeit beauftragen kann.

Umgekehrt kann ein rechtlicher und damit letztlich ein wirtschaftlicher Zusammenhang nicht schon deswegen verneint werden, weil der Handelsvertreter im Hinblick auf die Vertreter- und die sonstige Tätigkeit nicht mit demselben Unternehmer kontrahiert hat, sondern stattdessen z.B. der Handelsvertretervertrag mit dem Unternehmer selbst, der andere Vertrag hingegen mit einer Tochtergesellschaft innerhalb des gleichen Konzerns abgeschlossen worden ist; eine solche Vertragsgestaltung muss als unzulässiger Versuch einer Umgehung des zwingend ausgestalteten Ausgleichsanspruchs gemäß § 89b HGB betrachtet werden.[421] Sie vermag an der im Einzelfall vorliegenden wirtschaftlichen Einheit[422] beider Tätigkeiten nichts zu ändern. Die Rechtsprechung musste sich jedoch bislang – soweit ersichtlich – mit dieser Frage nicht befassen.

Die vorgenannten Maßstäbe für das Vorliegen eines engen wirtschaftlichen Zusammenhangs tragen insbesondere den seitens *von Brunn* bereits vor Inkrafttreten des § 92b HGB erhobenen Bedenken gegen die im Regierungsentwurf vorgesehene Begriffsbestimmung des nebenberuflichen Handelsvertreters Rechnung.[423] Er hatte darauf hingewiesen, dass bei Verbindung einer Handelsvertretertätigkeit mit einem im eigenen Namen und auf eigene Rechnung geführten Geschäft, insbesondere beim Betrieb von Tankstellen, der Vertreter vielfach nur noch die Leitung über den Gesamtbetrieb ausübe und sich seine Tätigkeit somit nicht mehr in eine Vertreter- und in eine im eigenen Namen und für eigene Rechnung ausgeübte Tätigkeit aufspalten lasse; es sei verfehlt, die Vertretertätigkeit eines derartigen Handelsvertreters je nach dem sich verändernden Umfang und Ertrag der einzelnen Geschäftszweige einmal als haupt- und einmal als nebenberuflich einzuordnen; das Vertragsverhältnis mit dem Unternehmer müsse stattdessen einen einheitlichen und gleichbleibenden Charakter aufweisen.[424]

---

420 Vgl. *Emde* BB 2008, 2755, 2757; Staub/Canaris/*ders.* § 92b Rn. 28; abweichend wohl BAG NJW 1968, 518.

421 Ebenso Baumbach/Hopt/*Hopt* § 92b Rn. 1; Ebenroth/Boujong/*Löwisch* § 92b Rn. 4; *Emde* BB 2008, 2755, 2757; *Thume* BB 2007, 1750, 1751; Staub/Canaris/*Emde* § 92b Rn. 28; vgl. *Döpfer* EWiR 2008, 17, 18.

422 LG Bonn, Beschluss vom 06.04.2009 – 14 O 120/08 (n.v.); Ebenroth/Boujong/*Löwisch* § 92b Rn. 4; Staub/Canaris/*Emde* Vor § 84 Rn. 33.

423 Vgl. oben C.II.4.

424 *von Brunn* S. 45 f.

Dieser Forderung kommt man nach, wenn man unter den geschilderten Voraussetzungen einen engen wirtschaftlichen Zusammenhang zwischen der Vertreter- und der sonstigen Berufstätigkeit annimmt. Das hat zur Folge, dass der Vertreter solange nicht als Nebenberufler i.S. des § 92b HGB behandelt werden kann, wie der wirtschaftliche Zusammenhang Bestand hat, unabhängig davon, wie umfang- und ertragreich die Vertretertätigkeit im Verhältnis zu der sonstigen Tätigkeit ist.[425]

Bei konsequenter Umsetzung der dargelegten Grundsätze erscheint es zweifelhaft, einen Arbeitnehmer, der zusätzlich zu seiner entgeltlichen Tätigkeit als Angestellter im Innendienst nebenher für seinen Arbeitgeber mit dessen Erlaubnis einer Vermittlungstätigkeit nachgeht und hierfür Provision erhält, bei Vorliegen eines engen wirtschaftlichen Zusammenhangs zwischen beiden Tätigkeiten insgesamt als Arbeitnehmer einzustufen.[426] Es ist nicht einzusehen, warum die Tätigkeit, mit der die Vertretertätigkeit wirtschaftlich eng zusammenhängen kann, zwingend gewerblicher bzw. selbstständiger Natur sein muss.[427] Voraussetzung muss in diesem Zusammenhang selbstredend sein, dass eine echte Vertretertätigkeit i.S. des § 84 Abs. 1 HGB und nicht nur eine Gelegenheitsvermittlung gegeben ist, welche die Angestelltentätigkeit ergänzt und damit lediglich Teil des Arbeitsverhältnisses ist.[428] Ein branchenspezifischer Zusammenhang kann ebenso gut zwischen einer selbstständigen und einer unselbstständigen Tätigkeit bestehen. Darüber hinaus ist eine tatsächliche und/oder rechtliche Verknüpfung der Vertretertätigkeit auch mit einer unselbstständigen Tätigkeit in der beschriebenen Weise möglich. Das äußere, gegenüber den Kunden erfolgende Auftreten desjenigen Vertreters, der zugleich Arbeitnehmer ist, ist sogar dadurch gekennzeichnet, dass – anders als in dem vom BGH zu entscheidenden Fall – in Bezug auf beide Tätigkeiten kein Handeln im eigenen Namen erfolgt. Gleiches gilt für den GmbH-Geschäftsführer, welcher ebenfalls nicht selbstständig i.S. des § 14 Abs. 1 BGB tätig ist[429] und der zusätzlich zu seiner Geschäftsführertätigkeit Geschäfte für die Gesellschaft gegen Provision vermittelt.[430] Auch in diesen Fällen liegt ein einheitlicher Beruf vor, der sich allerdings nicht aus zwei gewerblichen Tätigkeiten zusammensetzt, sondern aus einer gewerblichen, d. h. der nicht unter § 92b HGB fallenden Vertretertätigkeit, und einer unselbstständigen Tätigkeit. Eine Aufspaltung in einen Haupt- und einen Nebenberuf kann hier ebenfalls nicht erfolgen.

---

425 Gutachten des Deutschen Industrie- und Handelstages vom 23.01.1957, HVR Nr. 145 (1957).

426 So BAG NJW 1968, 518; *Ankele* § 92b Rn. 17; *Bruck/Möller* Vor §§ 43–48 Anm. 159; Röhricht/Graf von Westphalen/*Thume* § 92b Rn. 3; für Nebenberuflichkeit Staub/Canaris/*Emde* § 92b Rn. 6 Fn. 45.

427 A.A. wohl *Baums* BB 1986, 891, 893 f.; Koller/Kindler/*Roth* § 92b Rn. 2; RGRK/*Würdinger* § 92b Anm. 1; *Westphal* S. 27.

428 Vgl. BAG NJW 1968, 518.

429 Statt aller BGH MDR 1996, 890, 891.

430 Ebenroth/Boujong/*Löwisch* § 92b Rn. 6.

4. Abgrenzung anhand der sog. Übergewichtstheorie

Ist kein Fall der Mehrfachvertretung gegeben und kann auch kein enger wirtschaftlicher Zusammenhang zwischen der Vertreter- und der sonstigen Tätigkeit festgestellt werden, stellt sich die überaus praxisrelevante Frage, welche Kriterien bzw. Indizien für die Ermittlung des Schwerpunkts der Lebensgestaltung des Handelsvertreters und damit für die Abgrenzung zwischen Haupt- und Nebenberuf heranzuziehen sind.

Einer der hierzu entwickelten Ansätze ist die sog. Übergewichtstheorie, die nach derzeitigem Stand in Rechtsprechung und Literatur als herrschend bezeichnet werden darf.[431]

a) Historische Entwicklung der Übergewichtstheorie

Die Entstehung der Übergewichtstheorie ist eng verknüpft mit der Entstehungsgeschichte des § 92b HGB selbst.[432] Im Zuge der Differenzierung zwischen haupt- und nebenberuflicher Tätigkeit in der Versicherungswirtschaft wurde deutlich, dass man eine hauptberufliche Vermittlertätigkeit nur bei Vorliegen zweier Voraussetzungen annahm: die Vermittlertätigkeit müsse sowohl die überwiegende Erwerbstätigkeit als auch die Hauptquelle des Erwerbseinkommens darstellen.[433] Schon aus dem eindeutigen Wortlaut der seinerzeitigen Bestimmungen, allen voran des Runderlasses Nr. 51/38 des Reichskommissars für die Preisbildung vom 05.05.1938 sowie des Akademieentwurfs eines „Gesetzes zur Ordnung der Versicherungsvermittlung" aus dem Jahr 1942, ergab sich, dass für die Bejahung einer hauptberuflichen Tätigkeit das kumulative Vorhandensein der genannten Voraussetzungen erforderlich war.[434]

Auf dieser Grundlage etablierte sich die Übergewichtstheorie in der rechtswissenschaftlichen Literatur als „Faustregel" für die Abgrenzung zwischen haupt- und

---

431 Vgl. OLG Bamberg HVR Nr. 935 (1999); LG Hannover VersR 1973, 153; LG Stuttgart, Urteil vom 15.05.1981 – 8 KfH O 11/81 (n.v.); LG Bonn, Beschluss vom 06.04.2009 – 14 O 120/08 (n.v.); Baumbach/Hopt/*Hopt* § 92b Rn. 2; *Bruck/Möller* Vor §§ 43–48 Anm. 15; Ebenroth/Boujong/*Löwisch* § 92b Rn. 4 m.w.N.; Ensthaler/*Genzow* § 92b Rn. 1; *Escher* BB 1999, 72; Giesler/*Klapperich* § 2 Rn. 60; *Günther* S. 54; *Höft* VersR 1973, 154; *Küstner* BB 1966, 1212; *ders.* VW 1998, 1746; *ders.* BB 1999, 541, 543; Küstner/Thume-Vorauflage/*ders.* Band 2 Kap. II Rn. 134; *o.V.* VW 1964, 954, 955; *o.V.* VW 1969, 1489; Röhricht/Graf von Westphalen/*Thume* § 92b Rn. 2; Staub/Canaris/*Emde* Vor § 84 Rn. 33 und § 92b Rn. 5.

432 Ausführlich hierzu oben C.II.

433 *Baums* BB 1986, 891; *Bruck/Möller* Vor §§ 43–48 Anm. 15; *Möller* S. 31 ff.; *Trinkhaus* S. 103 f.; vgl. oben C.II.1.

434 *Schubert*, Akademie für Deutsches Recht, 1933–1945, Protokolle der Ausschüsse, Band 13, Entwurf des Ausschusses eines Gesetzes zur Ordnung der Versicherungsvermittlung, S. 614 und 621; siehe auch *Bruck/Möller* Vor §§ 43–48 Anm. 15; *Möller* S. 31 ff.

nebenberuflicher Vertretertätigkeit.[435] Bei der Erarbeitung des Entwurfs eines Gesetzes zur Änderung des Handelsgesetzbuches (Recht der Handelsvertreter) im Jahr 1952 orientierte sich die Bundesregierung an dieser Theorie.[436] Die im Regierungsentwurf enthaltene Legaldefinition des nebenberuflichen Handelsvertreters stellte ebenfalls auf die Kriterien der überwiegenden Tätigkeit und der Erzielung des überwiegenden Teils des Arbeitseinkommens ab.[437] Für eine hauptberufliche Vertretertätigkeit bedurfte es hiernach – kumulativ – der überwiegenden Tätigkeit als Handelsvertreter und der Erzielung des überwiegenden Teils des Arbeitseinkommens aus der Vertretertätigkeit.[438] Wesentlicher Unterschied zu den vorherigen Begriffsbestimmungen war – wie bereits erörtert[439] – das Abstellen auf die Tätigkeit als solche statt auf eine Erwerbstätigkeit.[440]

Das Vorhaben der Bundesregierung, die Übergewichtstheorie zur Erleichterung der Abgrenzung zwischen Haupt- und Nebenberuf im Gesetz zu verankern, wurde später zugunsten des heutigen § 92b Abs. 3 HGB und der darin geregelten Heranziehung der Verkehrsauffassung fallen gelassen.[441] Die Bundesregierung selbst hatte bereits einräumen müssen, dass auch mit der von ihr vorgeschlagenen Definition des nebenberuflichen Handelsvertreters nicht in allen Fällen gänzlich zufrieden stellende Ergebnisse zu erzielen seien.[442]

Der zum Teil vertretenen Ansicht, wonach die dem Regierungsentwurf zugrunde liegende Begriffsbestimmung des hauptberuflichen Handelsvertreters mit der Meinung des Gesetzgebers hierzu übereinstimmt,[443] ist daher nicht beizupflichten. Dies würde nämlich letztlich zu der Annahme führen, dass sich der Gesetzgeber mit der Handelsvertreternovelle im Jahr 1953 uneingeschränkt der Übergewichtstheorie

---

435 *Höft* VersR 1973, 154; *o.V.* VW 1969, 1489; vgl. *Herschel/Beine* S. 208; *Küstner* BB 1966, 1212 m.w.N.; Küstner/Thume/*Schürr* Band 1 Kap. I Rn. 201; Küstner/Thume-Vorauflage/*Küstner* Band 2 Kap. II Rn. 134; *Möller* S. 31 ff.

436 In diesem Sinne *Küstner* BB 1966, 1212; Küstner/Thume/*Schürr* Band 1 Kap. I Rn. 201; Küstner/Thume-Vorauflage/*Küstner* Band 2 Kap. II Rn. 134; *Strietholt* ZfV 1952, 364, 367; abweichend insoweit Staub/Canaris/*Emde* § 92b Rn. 5, nach dem die Übergewichtstheorie ihrerseits auf die Legaldefinition des Regierungsentwurfs zurückgeht; ähnlich auch *o.V.* VW 1969, 1489.

437 Art. 1 des Entwurfs eines Gesetzes zur Änderung des Handelsgesetzbuches (Recht der Handelsvertreter), BT-Drucks. 1/3856 vom 15.11.1952, S. 7.

438 Begr. zum Entwurf eines Gesetzes zur Änderung des Handelsgesetzbuches (Recht der Handelsvertreter), BT-Drucks. 1/3856 vom 15.11.1952, S. 42.

439 Vgl. oben C.II.5. und D.II.1.d).

440 Begr. zum Entwurf eines Gesetzes zur Änderung des Handelsgesetzbuches (Recht der Handelsvertreter), BT-Drucks. 1/3856 vom 15.11.1952, S. 42; *Baums* BB 1986, 891 f.; *Möller* S. 31 ff.

441 Vgl. oben C.II.4.

442 Begr. zum Entwurf eines Gesetzes zur Änderung des Handelsgesetzbuches (Recht der Handelsvertreter), BT-Drucks. 1/3856 vom 15.11.1952, S. 42.

443 So *Küstner* BB 1966, 1212; Küstner/Thume-Vorauflage/*ders.* Band 2 Kap. II Rn. 134; ähnlich Küstner/Thume/*Schürr* Band 1 Kap. I Rn. 201.

anschloss. Hiergegen spricht jedoch, dass der Gesetzgeber bewusst auf eine Legaldefinition des Handelsvertreters im Nebenberuf verzichtete[444] und damit zugleich auch der Übergewichtstheorie – jedenfalls in der Form, in der diese im Regierungsentwurf abgebildet war – die Gefolgschaft verweigerte.[445]

Aus dem gleichen Grund ist nicht davon auszugehen, dass eine Abgrenzung, die sich an den dem Regierungsentwurf vorausgegangenen Begriffsbestimmungen von Haupt- bzw. Nebenberuf[446] orientiert, in der hiervon jeweils erfassten Branche gleichzeitig immer auch der in § 92b Abs. 3 HGB in Bezug genommenen Verkehrsauffassung entspricht.[447] Anderenfalls käme dem Verweis auf die Verkehrsauffassung in diesen Fällen – anders als vom Gesetzgeber intendiert – keine eigenständige inhaltliche Bedeutung mehr zu. Dieser wollte hiermit den bestehenden Abgrenzungsproblemen und Zweifelsfällen ganz offensichtlich aus dem Weg gehen und der Rechtsprechung allein die Klärung der Frage anvertrauen, wann ein Handelsvertreter als solcher im Nebenberuf tätig ist.[448]

b) Voraussetzungen einer hauptberuflichen Handelsvertretertätigkeit nach der Übergewichtstheorie

Gemäß der Übergewichtstheorie ist nur derjenige Handelsvertreter hauptberuflich tätig, der durch seine Vertretertätigkeit „überwiegend in Anspruch genommen wird und aus ihr auch sein überwiegendes Arbeitseinkommen bezieht".[449] Entsprechend des historischen Ursprungs der Übergewichtstheorie bedarf es des kumulativen Vorliegens beider Erfordernisse, anderenfalls ist der Vertreter nur als Nebenberufler zu qualifizieren.[450]

aa) Überwiegende Tätigkeit als Handelsvertreter

Zur Erfüllung der ersten Voraussetzung muss der Handelsvertretertätigkeit gegenüber einer anderen Tätigkeit ein Übergewicht zukommen.[451] Um dies feststellen zu

---

444 *Baums* BB 1986, 891, 893; Ebenroth/Boujong/*Löwisch* § 92b Rn. 4 und 7 m.w.N.; *o.V.* VW 1961, 551, 552; Staub/Canaris/*Emde* § 92b Rn. 5; *Trinkhaus* S. 104 Fn. 321; *von Brunn* NJW 1954, 56, 57.

445 Ebenso *Baums* BB 1986, 891, 893; *Trinkhaus* S. 104 Fn. 321.

446 Vgl. oben C.II.1.

447 In diesem Sinne *Bruck/Möller* Vor §§ 43–48 Anm. 15 m.w.N.; *Herschel/Beine* S. 208; ähnlich *Höft* VersR 1973, 154; a.A. *Trinkhaus* S. 104 Fn. 321.

448 *Ankele* § 92b Rn. 2; *Franta* MDR 1953, 530, 533; *o.V.* VW 1969, 1489; *Trinkhaus* S. 103; vgl. *von Brunn* NJW 1954, 56, 57.

449 Beispielhaft Ensthaler/*Genzow* § 92b Rn. 1; *Küstner* BB 1999, 541, 543.

450 Statt vieler *Höft* VersR 1973, 154; *Küstner* BB 1966, 1212; *ders.* BB 1999, 541, 543.

451 LG Hannover VersR 1973, 153; LG Stuttgart, Urteil vom 15.05.1981 – 8 KfH O 11/81 (n.v.); *Ahle* DB 1963, 227; Heidel/Schall/*Keßler* § 92b Rn. 3; *Höft* VersR 1973, 154; Küstner/Thume/*Thume* Band 2 Kap. II Rn. 104; MünchKomm/*von Hoyningen-Huene* § 92b Rn. 6; Schlegelberger/*Schröder* § 92b Rn. 2a; Staub/Canaris/*Emde* § 92b Rn. 5.

können, müssen weitere Kriterien herangezogen werden, die man als Hilfskriterien bezeichnen könnte. Hierbei werden unterschiedliche Aspekte hervorgehoben:

Einige stellen darauf ab, ob die Vertretertätigkeit die „Arbeitskraft" des Betreffenden in überwiegendem Maße in Anspruch nimmt.[452] Auch Angehörige der chemischen Industrie haben anlässlich der Beurteilung einer Tätigkeit als Großhändler und zugleich Handelsvertreter für eine chemische Fabrik als entscheidend erachtet, „in welchem Umfang der Handelsvertreter seine Zeit und seine Arbeitskraft für sein Vertretergeschäft einsetzt".[453] Diese beiden Merkmale werden von einigen Stimmen in Rechtsprechung und Literatur ebenfalls herausgestellt.[454] *Von Hoyningen-Huene* verbindet sie, indem er für maßgebend hält, „welche Tätigkeit die Arbeitskraft nach Zeit und Umfang zum überwiegenden Teil in Anspruch nimmt".[455]

Andere verlangen für ein Überwiegen einer der vom Vertreter ausgeübten Tätigkeiten, dass er sich ihr „nach Zeit, Art und Ausmaß seines Arbeitseinsatzes überwiegend widmet".[456]

Wiederum andere verweisen für diese Frage auf die Gegenüberstellung von „Zeit und Umfang" beider Tätigkeiten,[457] ohne auf die Arbeitskraft bzw. den Arbeitseinsatz des Vertreters zu rekurrieren.

Der letztgenannte Ansatz ist gegenüber den zuvor genannten vorzugswürdig, da es sich – wie bereits festgestellt[458] – bei dem Hauptberuf nicht zwingend um eine Erwerbstätigkeit handeln muss. Die Begriffe „Arbeitskraft" und „Arbeitseinsatz" legen jedoch genau dies nahe, zumal unter Arbeitskraft in der Sache nichts anderes als die Erwerbsfähigkeit zu verstehen ist, d. h. die individuelle Fähigkeit eines Menschen zur Ausübung einer Erwerbstätigkeit.[459] Diese Begriffe sind daher zumindest irreführend und für die Entwicklung einer rechtsklaren, möglichst alle denkbaren Einzelfälle erfassenden Abgrenzungsmethode ungeeignet.

---

452 OLG Nürnberg NJW 1957, 1720, 1721; *Ankele* § 92b Rn. 15; *Eberstein* S. 54; *Escher* BB 1999, 72; *Herschel/Beine* S. 207; *Sellhorst* EWS 2001, 481, 483; *Specks* S. 73; *Westphal* S. 27; vgl. auch *Möller* S. 33 ff.

453 Gutachten des Deutschen Industrie- und Handelstages vom 23.01.1957, HVR Nr. 145 (1957).

454 OLG Stuttgart VersR 1957, 329; LG Düsseldorf HVR Nr. 84 (1954); *Ahle* DB 1963, 227; Ensthaler/*Genzow* § 92b Rn. 2; HK/*Ruß* § 92b Rn. 1; *Höft* VersR 1973, 154; *Küstner* BB 1966, 1212, 1213; *o.V.* VW 1969, 1489; *Schröder* INF 1978, 401, 403 ff.

455 MünchKomm/*von Hoyningen-Huene* § 92b Rn. 7; so auch Flohr/Wauschkuhn/*Billing* § 92b Rn. 5.

456 LG Bonn, Beschluss vom 06.04.2009 – 14 O 120/08 (n.v.); ebenso Ebenroth/Boujong/*Löwisch* § 92b Rn. 4; Staub/Canaris/*Emde* § 92b Rn. 5; ähnlich Heymann/Horn/*Sonnenschein*/*Weitemeyer* § 92b Rn. 3.

457 Heidel/Schall/*Keßler* § 92b Rn. 3; Koller/Kindler/*Roth* § 92b Rn. 2; Oetker/*Busche* § 92b Rn. 2; Schlegelberger/*Schröder* § 92b Rn. 2a; so auch Baumbach/Hopt/*Hopt* § 92b Rn. 2; *Baums* BB 1986, 891, 894; Küstner/Thume/*Schürr* Band 1 Kap. I Rn. 201; vgl. auch BAG NJW 1968, 518.

458 Vgl. oben D.II.1.d).

459 Siehe nur RGZ 163, 40, 43; BGH BB 1970, 862; NJW 1991, 2422 f.

Darüber hinaus ist nicht zu erkennen, welcher Mehrwert den genannten Begriffen gegenüber einem (bloßen) Abstellen auf Zeit und Umfang der Vertretertätigkeit im Vergleich zu der anderen Betätigung zukommen soll. Wendet nämlich der Vertreter seine Arbeitskraft vornehmlich für die Vertretertätigkeit auf bzw. gilt sein Arbeitseinsatz schwerpunktmäßig dieser Tätigkeit, so wird diese stets auch zeitlich überwiegen.[460]

Für ein Überwiegen einer Tätigkeit nach Zeit und Umfang ist zu verlangen, dass für diese mehr Zeit als für die andere Tätigkeit aufgewendet wird, der Zeitaufwand für erstere also über die Hälfte des in der Summe für beide Tätigkeiten anfallenden Zeitaufwands ausmacht.[461] Hierbei muss maßgebend sein, wie sich die vom Vertreter eingesetzte Zeit faktisch auf die unterschiedlichen Betätigungen verteilt, nicht aber, inwieweit eine dahingehende vertragliche Verpflichtung besteht oder welchen zeitlichen Einsatz ihm die jeweilige Tätigkeit erfahrungsgemäß abverlangt.[462] Denn die rechtliche Einordnung des Handelsvertreters unterliegt – was noch eingehend zu erörtern sein wird – nicht der Disposition der Parteien.[463]

bb) Erzielung des überwiegenden Teils des Einkommens aus der Handelsvertretertätigkeit

Weitere Voraussetzung einer hauptberuflichen Handelsvertretertätigkeit gemäß der Übergewichtstheorie ist der Bezug des überwiegenden Einkommens aus der Tätigkeit als Handelsvertreter.[464] Maßgebend ist insoweit das (jeweilige) Bruttoeinkommen.[465]

Einige Vertreter der Übergewichtstheorie ziehen in diesem Zusammenhang ausschließlich das „Arbeitseinkommen" heran,[466] wozu auch etwaig gewährte „Sachbezüge" gehören sollen, nicht aber das „Einkommen aus Kapital oder früherer Arbeit (Pensionen)".[467] Diese Auffassung orientiert sich historisch an dem

---

460 Vgl. OLG Bamberg HVR Nr. 935 (1999); *Schröder* INF 1978, 401, 404.

461 *Schröder* INF 1978, 401, 404; vgl. LG Stuttgart, Urteil vom 15.05.1981 – 8 KfH O 11/81 (n.v.).

462 In diesem Sinne aber *Schröder* INF 1977, 33, 34; *ders.* INF 1978, 401, 404; wie hier wohl Staub/Canaris/*Emde* § 92b Rn. 5.

463 Vgl. hierzu unten D.IV.

464 Siehe nur LG Hannover VersR 1973, 153; LG Bonn, Beschluss vom 06.04.2009 – 14 O 120/08 (n.v.); Baumbach/Hopt/*Hopt* § 92b Rn. 2; Koller/Kindler/*Roth* § 92b Rn. 2; Staub/Canaris/*Emde* § 92b Rn. 5.

465 Flohr/Wauschkuhn/*Billing* § 92b Rn. 5; *Höft* VersR 1973, 154; Küstner/Thume/*Schürr* Band 1 Kap. I Rn. 201 f.

466 So etwa *Bruck/Möller* Vor §§ 43–48 Anm. 15; Ensthaler/*Genzow* § 92b Rn. 1; *Escher* BB 1999, 72; *Küstner* BB 1966, 1212; *ders.* VW 1998, 1746; *ders.* BB 1999, 541, 543; Küstner/Thume/*Schürr* Band 1 Kap. I Rn. 201; allein abstellend auf die Einkünfte aus Erwerbstätigkeit *o.V.* VW 1969, 1489.

467 *Bruck/Möller* Vor §§ 43–48 Anm. 15; *Möller* S. 32; für die Nichtberücksichtigung von Rentenbezügen ebenfalls *Küstner* BB 1999, 541, 543.

Akademieentwurf eines „Gesetzes zur Ordnung der Versicherungsvermittlung“ und dem Regierungsentwurf, welche auf das „Arbeitseinkommen“ abstellten,[468] sowie im Besonderen an dem Runderlass Nr. 51/38 des Reichskommissars für die Preisbildung vom 05.05.1938, der explizit regelte, dass jegliche Einkünfte aus Kapitalvermögen sowie Pensionszahlungen für die Frage der Abgrenzung zwischen Haupt- und Nebenberuf irrelevant seien.[469] Schon der Regierungsentwurf ging jedoch abweichend hiervon davon aus, dass auch Pensionszahlungen zum „Arbeitseinkommen“ i.S. der Legaldefinition gehörten.[470]

Als Konsequenz aus der – zu Recht – vorgenommenen weiten Auslegung des Begriffs des Hauptberufs[471] verbietet es sich, solche Einkünfte, die nicht unmittelbar aus einer Erwerbstätigkeit resultieren, bei der in Rede stehenden Abgrenzungsproblematik generell auszuklammern. Entscheidend muss vielmehr sein, ob diese Einkünfte der Sicherung der wirtschaftlichen Existenz des Vertreters dienen, mit anderen Worten, ob sie dazu führen, dass die Vertretertätigkeit nicht als Existenzgrundlage des Vertreters betrachtet werden kann, weil mit den sonstigen Einkünften bereits eine ausreichende anderweitige Einkommensquelle vorhanden ist.[472] Berücksichtigungsfähig sind daher grundsätzlich sämtliche Einkünfte des Vertreters, unabhängig davon, ob und in welchem Umfang er seine (Arbeits-)Zeit für deren Erzielung einsetzen muss. Aus diesem sowie den oben[473] genannten Gründen ist der Begriff „Arbeitseinkommen“ zu vermeiden.

Pensions- und Rentenzahlungen sind demnach im Ergebnis nicht anders zu behandeln als das aus einer Erwerbstätigkeit bezogene Einkommen.[474] Das Gleiche muss für Einkünfte aus Kapitalvermögen sowie aus Vermietung und Verpachtung gelten.[475] Für eine Ungleichbehandlung verschiedener Einkommensarten mit der Folge der Schlechterstellung derjenigen Vertreter, die etwa nicht über

---

468 *Schubert*, Akademie für Deutsches Recht, 1933–1945, Protokolle der Ausschüsse, Band 13, Entwurf des Ausschusses eines Gesetzes zur Ordnung der Versicherungsvermittlung, S. 614; Art. 1 des Entwurfs eines Gesetzes zur Änderung des Handelsgesetzbuches (Recht der Handelsvertreter), BT-Drucks. 1/3856 vom 15.11.1952, S. 7; siehe auch *Baums* BB 1986, 891; *Möller* S. 31.

469 *Bruck/Möller* Vor §§ 43–48 Anm. 15; *Möller* S. 33; *Trinkhaus* S. 103.

470 Begr. zum Entwurf eines Gesetzes zur Änderung des Handelsgesetzbuches (Recht der Handelsvertreter), BT-Drucks. 1/3856 vom 15.11.1952, S. 42; vgl. oben C.II.4.

471 Vgl. oben D.II.1.d).

472 *Ankele* § 92b Rn. 18; vgl. LG Frankfurt VersR 1989, 181, 182 f.; *Eberstein* S. 54; Oetker/*Busche* § 92b Rn. 2; RGRK/*Würdinger* § 92b Anm. 3.

473 D.II.4.b)aa).

474 Heute allgemeine Auffassung, siehe nur Baumbach/Hopt/*Hopt* § 92b Rn. 2; *Eberstein* S. 54; *Herschel/Beine* S. 207 f.; Heymann/Horn/*Sonnenschein/Weitemeyer* § 92b Rn. 3; Oetker/*Busche* § 92b Rn. 2; *o.V.* VW 1964, 954, 955; Röhricht/Graf von Westphalen/*Thume* § 92b Rn. 3.

475 Im Ergebnis ebenso *Ankele* § 92b Rn. 18; a.A. *Küstner* BB 1966, 1212, 1213; Küstner/Thume/*Schürr* Band 1 Kap. I Rn. 202; MünchKomm/*von Hoyningen-Huene* § 92b Rn. 10; *o.V.* VW 1964, 954, 955; Staub/Canaris/*Emde* § 92b Rn. 5; *Trinkhaus* S. 110.

Kapitaleinkommen, sondern lediglich über Einkommen aus einer (weiteren) Erwerbstätigkeit verfügen, ist kein vernünftiger Grund ersichtlich. Abzustellen ist stets auf das Einkommen als solches.[476]

Dass der Handelsvertreter auf (beträchtliches) Vermögen zurückgreifen kann, ist für die Abgrenzung zwischen Haupt- und Nebenberuf hingegen irrelevant.[477] Da die Bestimmung des beruflichen Tätigkeitsschwerpunkts in Rede steht, können nur laufende Einnahmen Berücksichtigung finden. Es geht nicht an, dem Handelsvertreter abzuverlangen, nahezu sein gesamtes Vermögen aufzuzehren, bevor er erstmals als Handelsvertreter im Hauptberuf betrachtet werden kann.

Im Ergebnis bleibt festzuhalten: Folgt man bei der Abgrenzung von haupt- und nebenberuflicher Handelsvertretertätigkeit der Übergewichtstheorie, sollte für eine hauptberufliche Vertretertätigkeit konsequent verlangt werden, dass der Handelsvertreter in diese mehr Zeit investiert als in eine andere von ihm ausgeübte Tätigkeit (bei mehreren anderen Tätigkeiten muss der Zeitaufwand für diese in der Summe geringer sein als für die Vertretertätigkeit) und – zusätzlich – aus der Vertretertätigkeit mehr als die Hälfte der ihm insgesamt zufließenden Einnahmen erzielt.

c) Abweichende Meinungen

Während manche davon ausgehen, dass mit der Anwendung der Übergewichtstheorie immer ein der Verkehrsauffassung entsprechendes Ergebnis erzielt wird,[478] lehnen andere die Heranziehung (nur) der beiden von dieser Theorie erfassten Kriterien ab.

So finden sich Stimmen in der Literatur, die zur Ermittlung der Verkehrsauffassung nicht ausschließlich auf einzelne Kriterien, namentlich die der Legaldefinition des § 92b Abs. 1 des Regierungsentwurfs bzw. der Übergewichtstheorie, abstellen wollen, sondern hierfür eine Gesamtschau sämtlicher, tatsächlich vorliegender Umstände der Tätigkeit des Handelsvertreters befürworten.[479]

aa) Abgrenzung nach der sog. Wesentlichkeitstheorie

Einen umfangreichen Gegenentwurf zur Übergewichtstheorie bildet die von *Trinkhaus* für die Abgrenzung des haupt- vom nebenberuflichen Versicherungsvertreter entwickelte sog. Wesentlichkeitstheorie.[480] Im Ausgangspunkt unternimmt er den Versuch, eine Grundregel aufzustellen, an der sich die Bestimmung der Verkehrsauffassung im jeweiligen Einzelfall zu orientieren hat („Allgemeine Leitsätze“);

476 In diesem Sinne wohl auch Baumbach/Hopt/*Hopt* § 92b Rn. 2.
477 Staub/Canaris/*Emde* § 92b Rn. 5; a.A. *Trinkhaus* S. 110.
478 *Küstner* BB 1966, 1212; Küstner/Thume/*Schürr* Band 1 Kap. I Rn. 202; ganz ähnlich *Höft* VersR 1973, 154.
479 *Ankele* § 92b Rn. 14; *Baums* BB 1986, 891, 893; *Eberstein* S. 53; *Herschel/Beine* S. 207; *o.V.* VW 1961, 551, 552; Staub/Canaris/*Emde* § 92b Rn. 5.
480 *Trinkhaus* S. 106 ff.; kritisch hierzu *Bruck/Möller* Vor §§ 43–48 Anm. 15.

hiernach kann die genannte Abgrenzungsfrage „nur unter Berücksichtigung der Gesamttätigkeit, der Lebensstellung, des Gesamteinkommens und des Einkommens als Vertreter sowie der sonstigen Umstände des Einzelfalles danach beantwortet werden, ob die Beschäftigung nur von nebensächlicher oder von ausschlaggebender, wesentlicher Bedeutung ist und ob es angemessen erscheint, die Bestimmungen für nebenberufliche oder für hauptberufliche Vertreter anzuwenden. Bei der Abwägung ist der sozialpolitische Schutzzweck zu berücksichtigen, der dem Vertreter im Hauptberuf zugute kommt. Der Begriff ‚*Vertreter im Hauptberuf*' ist daher weit auszulegen."[481]

Auf dieser grundlegenden Erkenntnis aufbauend differenziert *Trinkhaus* nach einzelnen Fallgruppen: „Vertreter mit erkennbarem Hauptberuf", „Vertreter mit mehreren Berufen", „Mehrfachvertreter, Waren- und Versicherungsvertreter", „Studenten und Hausfrauen" sowie „Vertreter ohne eigentlichen Hauptberuf".[482]

Im Zuge der Erörterung der an zweiter Stelle genannten Fallgruppe konkretisiert *Trinkhaus* den Grundgedanken seiner Wesentlichkeitstheorie: Entscheidend sei die „wirtschaftliche Bedeutung" der Vertretertätigkeit für die Person des Vertreters; diese könne nur dann als nebenberuflich angesehen werden, wenn sie gegenüber der anderen Tätigkeit von „unwesentlicher, nebensächlicher Bedeutung" sei, wobei dem Zeitaufwand und dem Einkommen insoweit eine Indizwirkung zukomme; eine hauptberufliche Vertretertätigkeit setze also im Umkehrschluss voraus, dass sie von wesentlicher Bedeutung für die Bestreitung des Lebensunterhalts und damit für die Existenzsicherung des Vertreters sei.[483]

Betrachtet man die sich gegenüberstehenden Positionen genauer, so stellt man fest, dass die Wesentlichkeitstheorie gegenüber der Übergewichtstheorie den Vorteil größerer Offenheit hat, indem sie sich nicht mit den Kriterien der überwiegenden Tätigkeit und der Erzielung des überwiegenden Einkommens begnügt. Sie kann auf diese Weise zu mehr Einzelfallgerechtigkeit beitragen, als dies die Übergewichtstheorie mit ihrer strikten Heranziehung ausschließlich dieser beiden Kriterien vermag.

Dass sich nach der wiedergegebenen Grundregel die Abgrenzung (auch) danach richten soll, ob eine Anwendung des § 92b Abs. 1 HGB mit den darin geregelten Rechtsfolgen im konkreten Einzelfall „angemessen" ist,[484] lenkt den Blick auf die möglichen Folgen einer Qualifizierung der Vertretertätigkeit als nebenberuflich. Gegen die Vermengung der Voraussetzungs- und der Rechtsfolgenseite der Sonderregelung für den nebenberuflichen Handelsvertreter sprechen zwar an sich Wortlaut und Systematik der Norm: In dieser erfolgt eine Trennung von Beurteilungsmaßstab für

481 *Trinkhaus* S. 106 f.

482 *Trinkhaus* S. 107 ff.

483 *Trinkhaus* S. 108 ff.; ganz ähnlich *Ankele* § 92b Rn. 16 und 18.

484 *Trinkhaus* S. 107; ebenso RGRK/*Würdinger* § 92b Anm. 1; Staub/Canaris/*Emde* § 92b Rn. 5: „rechtsfolgenbezogene Normanwendung"; vgl. auch Staub/Canaris/*ders.* § 92b Rn. 27.

die Nebenberuflichkeit (Abs. 3) und Rechtsfolgen der – zuvor festgestellten – Nebenberuflichkeit (Abs. 1).[485] Hierdurch wird aber der Zweck der Regelung des § 92b HGB in den Vordergrund gestellt, die nach zutreffender Auffassung des BGH verlangt, dass der Hauptberuf dem Handelsvertreter eine von der Vertretertätigkeit unabhängige wirtschaftliche Existenzgrundlage bieten oder aber – in „Sonderfällen" – zumindest eine anderweitige, von der Vertretertätigkeit losgelöste Existenzgrundlage vorhanden sein muss.[486] Ist dies nicht der Fall, kann eine Anwendung des § 92b Abs. 1 HGB aufgrund der hiermit für den Vertreter verbundenen Nachteile nicht als angemessen betrachtet werden.

Auf der anderen Seite verfolgt *Trinkhaus* seinen Ansatz in doppelter Hinsicht nicht mit letzter Konsequenz: Zum einen sollen die Grundsätze der Wesentlichkeitstheorie nicht stets bei Ausübung mehrerer Erwerbstätigkeiten durch den Vertreter zur Anwendung kommen (nämlich nur bei Vertretern „mit mehreren Berufen", nicht aber bei solchen „mit erkennbarem Hauptberuf").[487] Die hierdurch bewirkte uneinheitliche Anwendung der Wesentlichkeitstheorie provoziert Abgrenzungsschwierigkeiten zwischen den genannten Fallgruppen. Zum anderen greift auch diese Theorie in einzelnen Fallgruppen letztlich wieder auf die Abgrenzungsmerkmale der Übergewichtstheorie als Indizien zurück.[488] Dem Bedürfnis der Vertragsparteien nach größtmöglicher Rechtssicherheit[489] wird man auf diese Weise kaum gerecht.

bb) Zeitaufwand als ausschlaggebendes Abgrenzungskriterium

Abweichend von der Übergewichts- und der Wesentlichkeitstheorie halten einige den Zeitaufwand, der den jeweiligen, vom Vertreter ausgeübten Tätigkeiten zuzuordnen ist, für das an erster Stelle stehende Abgrenzungskriterium; das Verhältnis der hieraus jeweils erzielten Einnahmen sei hingegen zu vernachlässigen.[490] Begründet wird dies damit, dass die Sonderregelung des § 92b HGB für die Abgrenzung die „Tätigkeit" des Handelsvertreters und damit die von ihm erbrachte Leistung als maßgebend erachte, nicht die ihm gewährte Gegenleistung.[491]

Innerhalb der letztgenannten Auffassung wird allerdings eine bedeutende Ausnahme von der grundsätzlichen Maßgeblichkeit der zeitlichen Beanspruchung des Vertreters gemacht: Eine Nebenberuflichkeit wird ausnahmsweise verneint, wenn

---

485 Vgl. *Baums* BB 1986, 891, 893; *Bruck/Möller* Vor §§ 43–48 Anm. 15; vgl. auch oben D.II.1.

486 BGH NJW-RR 2007, 1286, 1288.

487 *Trinkhaus* S. 107 f.; vgl. *Bruck/Möller* Vor §§ 43–48 Anm. 15.

488 *Trinkhaus* S. 108 f.

489 Vgl. oben D.I.

490 Heidel/Schall/*Keßler* § 92b Rn. 3; MünchKomm/*von Hoyningen-Huene* § 92b Rn. 7 f.; Oetker/*Busche* § 92b Rn. 2; Schlegelberger/*Schröder* § 92b Rn. 2a; *ders.* INF 1977, 33, 34; *ders.* INF 1978, 401, 404; Staub/Canaris/*Emde* § 92b Rn. 5; a.A. Ebenroth/Boujong/*Löwisch* § 92b Rn. 4.

491 MünchKomm/*von Hoyningen-Huene* § 92b Rn. 8; Staub/Canaris/*Emde* § 92b Rn. 5.

die Einkünfte aus der Vertretertätigkeit – trotz ihres gegenüber der anderen Tätigkeit geringeren Zeitumfangs – „praktisch die Existenzgrundlage sicherstellen".[492] Aufgrund der existenzsichernden Funktion der Vertretertätigkeit sei diese dann nach der Verkehrsauffassung als hauptberuflich einzuordnen.[493]

Sonnenschein/Weitemeyer heben diesen Aspekt generell – und nicht lediglich als Ausnahmekonstellation – hervor: Die Höhe der Einnahmen könne gegenüber dem für die jeweilige Tätigkeit aufgewendeten Arbeitseinsatz nicht von nachrangiger Bedeutung sein, weil die Abgrenzung von haupt- und nebenberuflicher Vertretertätigkeit auch davon abhänge, welche Tätigkeit tatsächlich die Existenzgrundlage darstelle.[494] Auch *Löwisch* misst diesem Umstand eine zumindest indizielle, wenn auch nicht entscheidende Bedeutung bei.[495]

Gegen eine Heranziehung des Zeitaufwands als ausschlaggebendes Abgrenzungskriterium spricht, dass dies die Gefahr mit sich bringen würde, solche Vertreter als nebenberuflich i.S. des § 92b HGB einzustufen, die zwar weniger Zeit in ihre Vertretertätigkeit als in ihre sonstige Tätigkeit investieren, aber gerade die Einkünfte aus der Vertretertätigkeit zur Bestreitung ihres Lebensunterhalts verwenden müssen. Insbesondere dann, wenn die (potentielle) Haupttätigkeit unentgeltlicher Natur ist und sonstige Einnahmen fehlen, wird dieses Risiko bestehen. Doch gilt dies gleichermaßen auch in dem Fall, in dem die anderweitige Betätigung eine Erwerbstätigkeit ist und diese nur zusammen mit der Vertretertätigkeit die Existenzgrundlage des Vertreters bildet. In diesen Konstellationen ist die Anwendung des § 92b Abs. 1 HGB nach Sinn und Zweck der Norm nicht gerechtfertigt, da der Vertreter hier nicht in hinreichendem Maße über sonstige finanzielle Quellen verfügt. Es fehlt dann an einer sich allein auf den vermeintlichen Hauptberuf stützenden bzw. einer anderweitigen, von der Vertretertätigkeit losgelösten wirtschaftlichen Existenzgrundlage, welche das geringere Schutzbedürfnis des Vertreters – wie es die Sonderregelung voraussetzt – begründen könnte.[496]

Auch die Übergewichtstheorie läuft Gefahr, in derartigen Fällen zu unangemessenen Ergebnissen zu führen. Aufgrund der von ihr verlangten Kumulation von überwiegender Tätigkeit und überwiegender Einkommenserzielung sieht sie ebenfalls die Vertretertätigkeit stets als Nebenberuf an, wenn diese dem Vertreter im Vergleich zu der sonstigen Tätigkeit einen geringeren Zeitaufwand abverlangt.

Die von der Auffassung, die maßgeblich auf den zeitlichen Umfang der Tätigkeit abstellt, teilweise ins Feld geführte Ausnahmekonstellation betrifft mithin geradezu den Kern der Frage der Abgrenzung von Haupt- und Nebenberuf. Anders als die

492 MünchKomm/*von Hoyningen-Huene* § 92b Rn. 8; Staub/Canaris/*Emde* § 92b Rn. 5; ähnlich Schlegelberger/*Schröder* § 92b Rn. 2a.

493 MünchKomm/*von Hoyningen-Huene* § 92b Rn. 8; Schlegelberger/*Schröder* § 92b Rn. 2a.

494 Heymann/Horn/*Sonnenschein/Weitemeyer* § 92b Rn. 3.

495 Ebenroth/Boujong/*Löwisch* § 92b Rn. 4.

496 Vgl. Staub/Canaris/*Emde* § 92b Rn. 6, der für den Fall des Fehlens sonstiger Einkünfte ebenfalls Zweifel an der Anwendbarkeit der Norm äußert.

Übergewichtstheorie erkennt dies die Wesentlichkeitstheorie, soweit sie in Präzisierung ihrer allgemeinen Grundregel nach der wirtschaftlichen Bedeutung der Vertretertätigkeit fragt und immer dann Hauptberuflichkeit annimmt, wenn der Vertreter mit den Einkünften aus ihr – verglichen mit den sonstigen Einkünften – einen „wesentlichen Beitrag" zu seiner Existenz leistet.[497]

Darüber hinaus gibt der Wortlaut des § 92b Abs. 3 HGB („tätig ist") nicht bindend vor, dass nur auf die Leistung des Vertreters und nicht auf die Gegenleistung in Form der erzielten Einnahmen abzustellen ist.[498] Diese Sichtweise begegnet schon mit Blick auf die Entstehungsgeschichte des § 92b HGB Bedenken. Denn sie würde letztlich dazu führen, dass der erste Teil der seinerzeit in § 92b Abs. 1 des Regierungsentwurfs enthaltenen Legaldefinition des nebenberuflichen Handelsvertreters („wer nicht überwiegend als Handelsvertreter tätig ist")[499] heute alleinige Geltung beansprucht. Die gesetzgeberische Intention war jedoch, auf die Implementierung der Übergewichtstheorie nicht nur zum Teil, sondern im Ganzen zu verzichten und stattdessen die Abgrenzungsfrage gemäß der Verkehrsauffassung entscheiden zu lassen.[500] Eine Absicht des Gesetzgebers, mit der Formulierung des § 92b Abs. 3 HGB die vom Vertreter erbrachte Leistung bzw. den Tätigkeitsumfang zum maßgeblichen Abgrenzungskriterium zu erheben, ist nicht zu erkennen. Vielmehr sollten für die Abgrenzung erkennbar weder weitere Vorgaben gemacht noch den beteiligten Wirtschaftskreisen einzelne Kriterien an die Hand gegeben werden, die zum Maßstab der Abgrenzung zu machen sind. Im Übrigen ist die vom Vertreter erbrachte Leistung schon deswegen nicht als vorrangiges Kriterium anzusehen, weil auch die von ihm erzielten Provisionseinkünfte als vertragliche Gegenleistung unmittelbar mit seiner Tätigkeit als Vertreter verknüpft sind.

cc) Strenge Orientierung am Regelungszweck des § 92b HGB

Obwohl die den Zeitaufwand als entscheidend erachtende Ansicht demnach abzulehnen ist, wird durch sie die bereits erwähnte Gefahr deutlich, dass Vertreter trotz in keiner Weise verringerter Schutzbedürftigkeit nach der Verkehrsauffassung als Nebenberufler eingestuft werden. Denn die zeitliche Beanspruchung des Vertreters ist in den Augen der beteiligten Wirtschaftskreise von ausschlaggebender Bedeutung.[501] Insbesondere bei Zusammentreffen der Vertretertätigkeit mit einer unentgeltlichen (und zeitlich überwiegenden) Tätigkeit kann es im Einzelfall zu

---

497 *Trinkhaus* S. 110; so zum Teil auch *Bruck/Möller* Vor §§ 43–48 Anm. 15; in diesem Sinne ebenfalls *Ankele* § 92b Rn. 16 und 18.

498 So aber MünchKomm/*von Hoyningen-Huene* § 92b Rn. 8; Staub/Canaris/*Emde* § 92b Rn. 5.

499 Art. 1 des Entwurfs eines Gesetzes zur Änderung des Handelsgesetzbuches (Recht der Handelsvertreter), BT-Drucks. 1/3856 vom 15.11.1952, S. 7.

500 *Baums* BB 1986, 891, 893; *Trinkhaus* S. 103 und 104 Fn. 321; vgl. oben D.II.4.a).

501 So ausdrücklich MünchKomm/*von Hoyningen-Huene* § 92b Rn. 8; Staub/Canaris/*Emde* § 92b Rn. 5; in diese Richtung in der Tat Gutachten des Deutschen

unangemessenen Ergebnissen kommen, die vom Regelungszweck des § 92b HGB nicht mehr gedeckt sind. Es spricht zwar nichts dagegen, das zeitliche Ausmaß der jeweiligen Tätigkeit des Vertreters als Indiz heranzuziehen. Maßgebend muss aber letztlich die Frage sein, in welcher der Tätigkeiten die faktische Existenzgrundlage des Vertreters zu sehen ist.[502] Diese kann in nur einer der Tätigkeiten liegen oder sich aus beiden bzw. mehreren Tätigkeiten zusammensetzen.

Ob mit dem alleinigen Verweis auf die Verkehrsauffassung und dem hiermit einhergehenden Fehlen jeglicher, bereits aus dem Gesetzeswortlaut ersichtlicher Einschränkungen der Reichweite der Norm eine zweckentsprechende Anwendung der Regelung des § 92b HGB ermöglicht wird, muss somit ernstlich bezweifelt werden. Diese erfordert als Ausnahmeregelung[503] eine enge und restriktive Auslegung, die sich daran zu orientieren hat, ob der Vertreter seiner Vertretertätigkeit zur Sicherung seiner wirtschaftlichen Existenz (zumindest anteilig) bedarf oder eben nicht.[504] Ersteres wird man dann annehmen müssen, wenn der Vertreter ohne die Einkünfte aus der Vertretertätigkeit zur Aufrechterhaltung seines Lebensunterhalts auf finanzielle Hilfe Dritter, z.B. staatliche Unterstützung, angewiesen ist.[505] Es ist nicht gesichert, dass die beteiligten Wirtschaftskreise diesem zentralen Aspekt in jedem Einzelfall Rechnung tragen, wovon aber einige Stimmen in der Literatur offenbar ausgehen.[506] Eine Klarstellung seitens des Gesetzgebers erscheint daher notwendig, um zu gewährleisten, dass von der Sonderregelung des § 92b HGB nicht entgegen ihres Grundgedankens und damit zu Unrecht Gebrauch gemacht wird.[507]

Die aufgezeigten Gründe stehen auch der seitens *von Brunn* seinerzeit vorgeschlagenen Legaldefinition[508] entgegen, wonach diejenigen Handelsvertreter als nebenberuflich tätig eingestuft werden sollten, die „ihren Lebensunterhalt nicht ausschließlich aus Vertreterprovisionen bestreiten oder nicht die gesamte tägliche Arbeitszeit ausschließlich der Handelsvertretertätigkeit widmen".[509] Die Zugrundelegung dieser Definition würde dem Ausnahmecharakter des § 92b HGB zuwider zu einer ausufernden Anwendung der Norm führen und auf diese Weise zahlreiche Vertreter erfassen, die auf die gesetzlichen Schutzbestimmungen für den hauptberuflichen Handelsvertreter in hohem Maße angewiesen sind.

Industrie- und Handelstages vom 23.01.1957, HVR Nr. 145 (1957); vgl. OLG Bamberg HVR Nr. 935 (1999).

502 Vgl. Heymann/Horn/*Sonnenschein*/*Weitemeyer* § 92b Rn. 3.

503 Vgl. oben C.IV.

504 Vgl. *Trinkhaus* S. 107 ff.

505 Vgl. LG Frankfurt VersR 1989, 181, 182.

506 In diesem Sinne wohl MünchKomm/*von Hoyningen-Huene* § 92b Rn. 8; Schlegelberger/*Schröder* § 92b Rn. 2a; Staub/Canaris/*Emde* § 92b Rn. 5.

507 Vgl. hierzu unten G.

508 Vgl. oben C.II.4.

509 *von Brunn* S. 56.

Da es sich bei der Abgrenzung um eine Wertungsentscheidung im konkreten Einzelfall handelt,[510] ist zweifelhaft, ob sich zur Förderung der Rechtsklarheit dieser Abgrenzung auf vorher festgelegte Prozentsätze zurückgreifen lässt: So könnte man theoretisch überlegen, eine existenzsichernde Funktion der Vertretertätigkeit und damit deren Hauptberuflichkeit i.d.R. dann anzunehmen, wenn die monatlichen (Netto-)Einnahmen aus ihr einen bestimmten Prozentsatz der dem Vertreter insgesamt im Monat zur Verfügung stehenden finanziellen Mittel übersteigen.[511] *Trinkhaus* nennt insoweit etwa beispielhaft die Erste Verordnung zur Vereinfachung des Leistungs- und Beitragsrechts in der Sozialversicherung vom 17.03.1945:[512] Nach § 168 Abs. 2 dieser Verordnung bleiben Dienstleistungen in der Krankenversicherung versicherungsfrei, wenn sie nur nebenher und gegen ein geringfügiges Entgelt ausgeübt werden, wobei ein Entgelt dann als geringfügig eingestuft wird, wenn es „durchschnittlich ein Fünftel des Gesamteinkommens nicht überschreitet".[513] Je nach der individuellen Einkommenssituation des Betreffenden kann aber eine solche Grenze sowohl zu hoch als auch zu niedrig angesetzt sein, um zu einem im Lichte des § 92b HGB sachgerechten Ergebnis zu gelangen. Während für einen einkommensschwachen Handelsvertreter Provisionseinkünfte, die im Monat weniger als ein Fünftel des Gesamteinkommens betragen, von existenzieller Bedeutung sein können, können bei einem wohlhabenden Handelsvertreter die Provisionseinkünfte aufgrund der Höhe seiner sonstigen Einnahmen ohne jede Relevanz für die Existenzsicherung sein, auch wenn sie oberhalb der genannten Grenze liegen. Die Aufstellung einer derartigen Abgrenzungsregel, der allenfalls eine Indizfunktion zukommen könnte, hilft also letztlich nicht weiter. Es bedarf vielmehr stets einer sorgfältigen und kritischen Einzelfallbetrachtung.

Zur Klarstellung sei an dieser Stelle angemerkt, dass hier allein eine Abgrenzung zwischen der haupt- und nebenberuflichen Tätigkeit als Handelsvertreter vorgenommen wird.[514] Es hat keine rechtlichen Auswirkungen auf die sonstige Tätigkeit, wenn nach der vorgeschlagenen Abgrenzungsmethode die Vertretertätigkeit als hauptberuflich – d.h. nicht als nur nebenberuflich, vgl. § 92b Abs. 3 HGB – qualifiziert wird. Es ist eine rein begriffliche Frage, ob man die andere Tätigkeit in diesem Fall als „nebenberuflich" bezeichnen will, was angesichts der Tatsache, dass aus ihr u.U. die überwiegenden Einnahmen erzielt werden, zweifelhaft ist. Es ist dann vielmehr von der Gleichwertigkeit beider Tätigkeiten auszugehen.[515]

---

510 Vgl. *Emde* § 92b Rn. 6; Oetker/*Busche* § 92b Rn. 2.

511 Vgl. auch *Trinkhaus* S. 104 f. und 108 f., der sich gegen die Verwendung von Prozentsätzen ausspricht.

512 *Trinkhaus* S. 105.

513 RGBl. I, S. 41, 42.

514 Siehe nur BGH NJW 1965, 1132, 1134.

515 Vgl. auch oben D.II.3.a).

Im Ergebnis ist die Übergewichtstheorie abzulehnen. Von ihrem Grundgedanken her ist die Wesentlichkeitstheorie vorzugswürdig, da sie zu Recht den Regelungszweck des § 92b HGB bei der Entscheidung der hier interessierenden Abgrenzungsfrage in den Vordergrund stellt.

III. Praktische Umsetzung im Einzelfall

Vor dem Hintergrund der soeben erörterten dogmatischen Grundlagen der Abgrenzung zwischen haupt- und nebenberuflicher Handelsvertretertätigkeit ist die Umsetzung der Sonderregelung des § 92b HGB in der Praxis anhand einiger bedeutsamer Einzelfälle in den Blick zu nehmen.

1. Postagenturbetreiber

Gegenwärtig kommt dem Absatz von Waren und Dienstleistungen der Deutschen Post AG durch private Agenturbetreiber, meist Einzelhändler,[516] eine stetig wachsende wirtschaftliche Bedeutung zu.[517] Die Tätigkeit dieser sog. Postagenturbetreiber ist regelhaft als nebenberufliche Handelsvertretertätigkeit konzipiert.[518]

a) Rechtsnatur von Postagenturverträgen

Bei der Absatzmittlung durch eine sog. Postagentur handelt es sich um eine besondere Form der Vertriebsgestaltung, welche die Deutsche Post AG als Alternative zu den von ihr in eigener Regie betriebenen Filialen entwickelte.[519] Kennzeichnend für dieses Vertriebskonzept ist, dass ein Postschalter bzw. eine Posttheke in einen existierenden Geschäftsbetrieb integriert wird und dessen Inhaber sodann neben seinem eigentlichen Geschäft Waren und Dienstleistungen der Deutschen Post AG in deren Namen und auf deren Rechnung am Markt anbietet.[520] Teil dieser Absatzmittlungstätigkeit ist auch der Vertrieb von Dienstleistungen Dritter, wie der Deutschen Postbank AG, der ebenfalls im Namen und auf Rechnung des jeweiligen Dritten erfolgt.[521]

---

516 Stern/*Stober*/*Moelle*/*Müller-Dehn* PostR, § 2 PTRegG Rn. 40; beispielhaft LG Dortmund NJOZ 2007, 1485, 1486.

517 Vgl. oben A.

518 Siehe nur OLG Karlsruhe NZA-RR 1998, 463; OLG Koblenz WM 2006, 1452, 1453; LG Dortmund NJOZ 2007, 1485, 1486; VG Hannover NJW 1998, 920, 921; Ebenroth/Boujong/*Löwisch* § 92b Rn. 5; *Emde* BB 2007, BB-Special 3, Heft 14, 3; Staub/Canaris/*ders.* § 92b Rn. 6.

519 LG Dortmund NJOZ 2007, 1485 f.; BeckRS 2007, 04466.

520 OLG Köln BeckRS 2009, 27270; LG Dortmund NJOZ 2007, 1485 f.; BeckRS 2007, 04466; LG Bonn, Beschluss vom 06.04.2009 – 14 O 120/08 (n.v.).

521 LG Dortmund NJOZ 2007, 1485, 1486; BeckRS 2007, 04466.

Die vertragliche Grundlage hierfür bildet der zwischen der Deutschen Post AG und dem jeweiligen Gewerbetreibenden abzuschließende Postagenturvertrag. Diesem wird typischerweise eine Präambel vorangestellt, in welcher die Zielsetzung des Postagenturbetriebs festgeschrieben wird: nämlich zum einen die dauerhafte Gewährleistung einer „flächendeckenden Versorgung der Bevölkerung mit postalischen Grundleistungen“[522] und zum anderen die Förderung der Geschäftstätigkeit beider Vertragspartner.[523] Im Postagenturvertrag findet sich zudem standardmäßig eine Bestimmung, wonach der Agenturbetreiber die „Rechtsstellung eines Handelsvertreters im Nebenberuf“ innehat.[524]

Für seine Absatzmittlungstätigkeit erhält der Agenturbetreiber neben Provisionen für einzelne, von ihm herbeigeführte Geschäftsabschlüsse und etwaigen Bonuszahlungen üblicherweise eine Grundvergütung.[525]

Da der Postagenturbetreiber durch das Handeln im Namen und auf Rechnung der Deutschen Post AG fremde (Vermögens-)Interessen wahrnimmt, ist der Postagenturvertrag als entgeltlicher Geschäftsbesorgungsvertrag i.S. des § 675 BGB zwischen der Deutschen Post AG als Auftraggeberin und dem Agenturbetreiber als Beauftragtem zu qualifizieren.[526] Folge ist die Anwendbarkeit zahlreicher Vorschriften des Auftragsrechts, vgl. § 675 Abs. 1 BGB. Ob ein Postagenturvertrag darüber hinaus alle gesetzlichen Merkmale eines Handelsvertretervertrages i.S. der §§ 84 ff. HGB erfüllt, ist (nur) bezüglich des Merkmals der Selbstständigkeit problematisch und umstritten.[527] Wegen des unmittelbar in der Postagentur erfolgenden Vertragsschlusses mit den Kunden handelt es sich bei der Absatzmittlung durch den Agenturbetreiber jedenfalls nicht um eine bloße Vermittlungs-, sondern um eine Abschlusstätigkeit i.S. des § 84 Abs. 1 S. 1 Fall 2 HGB.[528]

b) *Normative Grundlagen der Postagenturtätigkeit*

Um die Rechts- und Pflichtenstellung der Parteien des Postagenturvertrages korrekt zu erfassen, muss man sich zunächst die normativen Grundlagen der Tätigkeit des Postagenturbetreibers vergegenwärtigen.

---

522 So jedenfalls im Fall LG Dortmund NJOZ 2007, 1485, 1486; fast wortgleich auch im Parallelverfahren BeckRS 2007, 04466.

523 LG Dortmund NJOZ 2007, 1485, 1486; BeckRS 2007, 04466.

524 OLG Frankfurt BeckRS 2008, 05706; LG Dortmund NJOZ 2007, 1485, 1486; BeckRS 2007, 04466; LG Bonn, Beschluss vom 06.04.2009 – 14 O 120/08 (n.v.); ebenso OLG Koblenz WM 2006, 1452, 1453; OLG Köln BeckRS 2009, 27270.

525 Siehe nur OLG Koblenz WM 2006, 1452, 1453; OLG Köln BeckRS 2009, 27270; LG Dortmund NJOZ 2007, 1485, 1487.

526 OLG Koblenz WM 2006, 1452, 1453; OLG Saarbrücken BeckRS 2007, 19261; OLG Frankfurt BeckRS 2008, 05706; OLG Köln BeckRS 2009, 27270; *Emde* BB 2007, BB-Special 3, Heft 14, 3.

527 Vgl. hierzu unten D.III.1.c).

528 *Basedow/Donath/Schmidt* S. 34.

Nach Art. 87f Abs. 1 GG gewährleistet der Bund im Bereich des Postwesens und der Telekommunikation flächendeckend angemessene und ausreichende Dienstleistungen.[529] Diese werden als privatwirtschaftliche Tätigkeiten durch die aus dem Sondervermögen Deutsche Bundespost hervorgegangenen Unternehmen – wie der Deutschen Post AG, vgl. Art. 143b Abs. 1 S. 1 GG[530] – und durch andere private Anbieter erbracht, Art. 87f Abs. 2 S. 1 GG.

In Umsetzung dieses grundgesetzlichen Infrastrukturgewährleistungsauftrags[531] regelt § 11 Abs. 1 S. 1 PostG, dass Universaldienstleistungen (i.S. des Art. 87f Abs. 1 GG) ein Mindestangebot an Postdienstleistungen sind, die flächendeckend in einer bestimmten Qualität und zu einem erschwinglichen Preis erbracht werden. Der Universaldienst umfasst nur solche Dienstleistungen, die allgemein als unabdingbar angesehen werden, § 11 Abs. 1 S. 3 PostG. In der Post-Universaldienstleistungsverordnung (PUDLV) sind Inhalt und Umfang des Universaldienstes im Einzelnen festgelegt, vgl. § 11 Abs. 2 PostG.[532]

Die PUDLV bestimmt, dass als Universaldienstleistungen die Beförderung von Briefsendungen, Paketen sowie Zeitungen und Zeitschriften anzusehen sind, vgl. § 1 PUDLV. §§ 2 ff. PUDLV befassen sich sodann u.a. mit den (Mindest-) Qualitätsmerkmalen, die für die genannten Dienstleistungen zu fordern sind (etwa betreffend das Annahme- und Zustellnetz sowie die Auslieferungszeiten),[533] und mit den Maßstäben für die jeweils zu erhebenden Entgelte, vgl. auch § 11 Abs. 2 S. 3 PostG. Hervorzuheben sind dabei §§ 2 Nr. 1, 3 Nr. 1 PUDLV, wonach bundesweit mindestens 12.000 stationäre Einrichtungen vorhanden sein müssen, in denen Verträge über Brief- und Paketbeförderungsleistungen abgeschlossen und abgewickelt werden können und die werktäglich nachfragegerecht betriebsbereit sein müssen. Außerdem wird vorgegeben, wie sich die Einrichtungen auf die einzelnen Kommunen zu verteilen haben.[534] Zu diesen Einrichtungen zählen neben den von der Deutschen Post AG betriebenen Postfilialen auch die Postagenturen, vgl. Art. 87f Abs. 2 S. 1 GG.[535]

---

529 Vgl. den Wortlaut der Präambel des Postagenturvertrages in den Fällen LG Dortmund NJOZ 2007, 1485, 1486; BeckRS 2007, 04466: Hier findet der Auftrag aus Art. 87f Abs. 1 GG in Form der ununterbrochenen Sicherstellung einer flächendeckenden Versorgung der Bevölkerung mit postalischen Grundleistungen Erwähnung.

530 *Ritgen* NJW 2000, 1315.

531 Badura/von Danwitz/*von Danwitz* § 11 Rn. 2; *Ritgen* NJW 2000, 1315 f.; *Stern* DVBl. 1997, 309, 311.

532 Ausführlich zur PUDLV *Ritgen* NJW 2000, 1315, 1316 f.

533 *Ritgen* NJW 2000, 1315, 1316.

534 *Ritgen* NJW 2000, 1315, 1316.

535 *Ritgen* NJW 2000, 1315, 1316; Stern/*Stober*/*Moelle*/*Müller-Dehn* PostR, § 2 PTRegG Rn. 40.

c) *Rechte und Pflichten der Vertragsparteien*

Es liegt in der Gestaltungsfreiheit der Deutschen Post AG, Postagenturen mit dem Vertrieb ihrer Waren und Dienstleistungen zu betrauen, solange nur die Einhaltung der gesetzlichen Vorgaben gewährleistet ist.[536] Hierzu wird dem Postagenturbetreiber von der Deutschen Post AG regelmäßig ein umfangreiches Pflichtenprogramm auferlegt.

Das betrifft zum einen die äußere Gestaltung seiner Tätigkeit. Er muss den Betrieb der Postagentur das ganze Jahr über aufrechterhalten und sicherstellen, dass die Öffnungszeiten der Postagentur mit denen des bereits vorhandenen Geschäftsbetriebs übereinstimmen.[537] Der Postagenturbetreiber hat zudem in für die Kunden deutlich wahrnehmbarer Weise den Betrieb der Postagentur kenntlich zu machen und die Leistungen, die er im Auftrag der Deutschen Post AG und Dritter erbringt, zu bewerben, etwa durch gut sichtbare Hinweisschilder.[538]

Was die inhaltliche Gestaltung seiner Tätigkeit anbelangt, so ist er gehalten, im Rahmen des Betriebs der Postagentur sämtliche, von der Deutschen Post AG festgelegten Waren und Dienstleistungen zum vorgegebenen Preis anzubieten.[539] Weitere zentrale Vertragspflicht des Postagenturbetreibers ist es, jeden Tag nicht nur die eingelieferten Briefe und Pakete, sondern auch die „Abrechnungs- und Buchungsunterlagen" mit den dazugehörigen Belegen der Deutschen Post AG zuzuleiten, so dass diese ständig über alle von ihm getätigten Geschäftsabschlüsse in Kenntnis gesetzt wird.[540] Erwähnung bedarf schließlich die vor Beginn der Agenturtätigkeit dem Agenturbetreiber und den etwaig von ihm eingesetzten Mitarbeitern abverlangte Verschwiegenheitsverpflichtung, d.h. die Verpflichtung zur Wahrung des Post-, Bank- und Fernmeldegeheimnisses, welche auch für die Zeit nach Vertragsbeendigung gilt.[541] Zumindest teilweise[542] geschieht dies durch die Abgabe eines Gelöbnisses mit folgendem Wortlaut: „Ich gelobe: Ich werde die mir übertragenen Obliegenheiten gewissenhaft erfüllen und das Grundgesetz für die Bundesrepublik Deutschland sowie die Gesetze wahren".[543]

Der Deutschen Post AG obliegt es – jenseits der Zahlung der vereinbarten Vergütung – in erster Linie, dem Postagenturbetreiber eine ordnungsgemäße und dem

536 Stern/*Stober/Moelle/Müller-Dehn* PostR, § 2 PTRegG Rn. 40.

537 LG Mainz NJW-RR 2001, 637; LG Dortmund NJOZ 2007, 1485, 1486 f.; BeckRS 2007, 04466; vgl. *Basedow/Donath/Schmidt* S. 124.

538 LG Mainz NJW-RR 2001, 637, 638; LG Dortmund NJOZ 2007, 1485, 1486; BeckRS 2007, 04466.

539 LG Mainz NJW-RR 2001, 637 f.; LG Dortmund NJOZ 2007, 1485, 1486; BeckRS 2007, 04466.

540 LG Mainz NJW-RR 2001, 637, 638; LG Dortmund NJOZ 2007, 1485, 1486; BeckRS 2007, 04466.

541 LG Dortmund NJOZ 2007, 1485, 1487; BeckRS 2007, 04466.

542 So im Fall LG Dortmund NJOZ 2007, 1485, 1487.

543 LG Dortmund NJOZ 2007, 1485, 1487.

Zweck des Agenturvertrages entsprechende Ausübung der Agenturtätigkeit zu ermöglichen. Neben der Zurverfügungstellung der zu vertreibenden Waren gehört hierzu insbesondere, dass sie ihm die für den Agenturbetrieb erforderlichen Gegenstände, z. B. eine Posttheke mit Kasse und Computer,[544] überlässt, die vom Agenturbetreiber entweder gekauft oder gemietet werden.[545] Des Weiteren erhält er ein aus zwei Aktenordnern bestehendes Handbuch, welches von der Deutschen Post AG laufend erweitert und auf den neuesten Stand gebracht wird und Hilfestellung bei Fragen der praktischen Abwicklung der Geschäfte des Agenturbetriebs geben soll.[546]

Für die Geschäftsabwicklung stellt die Deutsche Post AG auch die notwendige Software in Form eines elektronischen Postschalter-Systems („EPOS-System") zur Verfügung und weist den Agenturbetreiber in dessen Nutzung ein.[547] Durch dieses System sollen sämtliche im Rahmen des Agenturbetriebs erfolgenden Transaktionen in der Weise erfasst werden, dass die in der betreffenden Postagentur anfallenden Geschäftsvorgänge manuell in den dortigen Computer eingegeben werden (sog. „Front-Office") und die gespeicherten Daten sodann nach Geschäftsschluss einem sog. „Back-Office" der Deutschen Post AG zur Weiterverarbeitung zugeleitet werden.[548] Die dahingehende Pflicht des Agenturbetreibers erstreckt sich auch auf die Dokumentation des Bestands der Postagenturkasse hinsichtlich aller zu- und abfließenden Geldbeträge.[549] Durch die Anwendung dieses Systems erhalten beide Parteien täglich einen Überblick über den Kassenbestand, genauer gesagt über den Bargeldsollbestand, den tatsächlichen Bargeldbestand sowie eine etwaige zwischen beiden bestehende Differenz („Bargelddifferenz"); hieraus lässt sich letztlich auch der gegenwärtige Stand der Gesamtverbindlichkeiten des Agenturbetreibers ablesen.[550] Denn dieser hat – wie im Postagenturvertrag ausdrücklich geregelt – bei Vertragsbeendigung die zu diesem Zeitpunkt u.U. vorhandenen Kassenfehlbestände auszugleichen.[551]

---

544 LG Bonn, Beschluss vom 06.04.2009 – 14 O 120/08 (n.v.).

545 LG Dortmund NJOZ 2007, 1485, 1486; BeckRS 2007, 04466.

546 OLG Koblenz WM 2006, 1452, 1454; BeckRS 2010, 12148; LG Dortmund NJOZ 2007, 1485, 1486 und 1489 f.; BeckRS 2007, 04466; LG Bonn, Beschluss vom 06.04.2009 – 14 O 120/08 (n.v.); vgl. auch OLG Köln BeckRS 2009, 27270.

547 OLG Düsseldorf, Beschluss vom 09.02.2005 – I-16 U 84/04, bei juris; OLG Koblenz WM 2006, 1452, 1453 f.; OLG Köln BeckRS 2009, 27270; OLG Koblenz BeckRS 2010, 12148.

548 OLG Koblenz WM 2006, 1452, 1453; OLG Frankfurt BeckRS 2008, 05706; OLG Köln BeckRS 2009, 27270; OLG Koblenz BeckRS 2010, 12148.

549 OLG Köln BeckRS 2009, 27270.

550 OLG Düsseldorf, Beschluss vom 09.02.2005 – I-16 U 84/04, bei juris; OLG Frankfurt BeckRS 2008, 05706; OLG Köln BeckRS 2009, 27270; ausführlich hierzu auch OLG Koblenz BeckRS 2010, 12148.

551 OLG Koblenz WM 2006, 1452, 1453; OLG Frankfurt BeckRS 2008, 05706; OLG Köln BeckRS 2009, 27270; OLG Koblenz BeckRS 2010, 12148; OLG Frankfurt BeckRS 2010, 19018.

d) *Insbesondere: Verpflichtung des Postagenturbetreibers zum Ausgleich von Kassenfehlbeständen*

Das EPOS-System ist Gegenstand einiger neuerer obergerichtlicher Entscheidungen, die sich mit eben dieser Verpflichtung des Postagenturbetreibers zur Erstattung nach Vertragsbeendigung festgestellter Bargeldfehlbestände befassen.[552]

Kernaussage dieser Entscheidungen ist, dass es bezüglich der Pflicht des Postagenturbetreibers, der Deutschen Post AG alles herauszugeben, was er aus der Geschäftsbesorgung erlangt, §§ 675 Abs. 1, 667 Fall 2 BGB, zu einer Zweiteilung der Darlegungs- und Beweislast kommt: Die Deutsche Post AG hat zunächst die Zurverfügungstellung eines funktionierenden Systems für die Geschäftsabwicklung und die ordnungsgemäße Einweisung des Agenturbetreibers in dessen Nutzung darzulegen und ggf. nachzuweisen.[553] Es ist jedoch nicht an ihr, die korrekte Erfassung der jeweiligen, in der Postagentur erfolgten Geschäftsvorgänge darzulegen, die gleichsam die Berechnungsgrundlage für einen bei Vertragsbeendigung bestehenden Bargeldfehlbestand bilden.[554] Da der Agenturbetreiber das sog. Front-Office in eigener Regie führt, wäre ihr eine entsprechende Darlegung schon faktisch nicht möglich.[555] Daraus folgt, dass auf Seiten der Deutschen Post AG im Grundsatz ein schutzwürdiges Vertrauen auf die Richtigkeit und Vollständigkeit der an sie übermittelten Daten besteht mit der Folge, dass sie diese zur Begründung eines Kassenfehlbestands bei Vertragsende heranziehen darf.[556] Es obliegt vielmehr dem Agenturbetreiber, darzulegen und ggf. zu beweisen, dass der unter Anwendung des EPOS-Systems festgestellte (Bargeld-)Fehlbestand in der Postagenturkasse unzutreffend ist oder dass er diesen zumindest nicht zu vertreten hat.[557] In diesem Zusammenhang eint alle zur Erstattungspflicht des Agenturbetreibers ergangenen

552 Statt vieler OLG Frankfurt BeckRS 2008, 05706.

553 OLG Koblenz WM 2006, 1452, 1453 f.; OLG Köln BeckRS 2009, 27270; BeckRS 2011, 05555; BeckRS 2011, 05556.

554 OLG Koblenz WM 2006, 1452, 1454; OLG Frankfurt BeckRS 2008, 05706; OLG Köln BeckRS 2009, 27270; OLG Koblenz BeckRS 2010, 12148; OLG Frankfurt BeckRS 2010, 19018; OLG Köln BeckRS 2011, 05555.

555 OLG Düsseldorf, Beschluss vom 09.02.2005 – I-16 U 84/04, bei juris; OLG Koblenz WM 2006, 1452, 1454; OLG Frankfurt BeckRS 2008, 05706; OLG Köln BeckRS 2009, 27270; OLG Frankfurt BeckRS 2010, 19018; OLG Köln BeckRS 2011, 05556.

556 OLG Düsseldorf, Beschluss vom 09.02.2005 – I-16 U 84/04, bei juris; OLG Koblenz WM 2006, 1452, 1454; OLG Frankfurt BeckRS 2008, 05706; OLG Köln BeckRS 2009, 27270; OLG Frankfurt BeckRS 2010, 19018; OLG Köln BeckRS 2011, 05555.

557 OLG Düsseldorf, Beschluss vom 09.02.2005 – I-16 U 84/04, bei juris; OLG Koblenz WM 2006, 1452, 1454; OLG Saarbrücken BeckRS 2007, 19261; OLG Frankfurt BeckRS 2008, 05706; OLG Köln BeckRS 2009, 27270; OLG Frankfurt BeckRS 2010, 19018; OLG Köln BeckRS 2011, 05555; BeckRS 2011, 05556.

Entscheidungen, dass sie zugunsten der Deutschen Post AG grundsätzlich von der einwandfreien und zuverlässigen Funktionalität des EPOS-Systems ausgehen.[558]

Mit den vorstehenden Grundsätzen, die als inzwischen gefestigte Rechtsprechung bezeichnet werden können,[559] wird die für die Herausgabepflicht des § 667 Fall 2 BGB nach Ansicht des BGH allgemein bestehende Darlegungs- und Beweislastverteilung[560] in sachgerechter Weise auf das Verhältnis zwischen der Deutschen Post AG und dem Postagenturbetreiber angewendet. Die von Letzterem zu fordernde Entlastung in Bezug auf etwaige Bargeldfehlbestände ist ihm insbesondere deswegen zumutbar, weil der Vorgang der Datenerfassung in seinem ausschließlichen Verantwortungsbereich liegt und er diesen – anders als die Deutsche Post AG – überwachen und kontrollieren kann.[561] Letztlich wird er nur an den von ihm veranlassten Datenübermittlungen zu den Geschäftsvorgängen in der von ihm geführten Postagentur festgehalten.[562]

Dieser Gesichtspunkt, d.h. die zwar im Interesse der Deutschen Post AG, aber dennoch in eigener Verantwortung erfolgende Aufgabenwahrnehmung durch den Agenturbetreiber,[563] steht zudem der Annahme entgegen, dass seine Einstandspflicht für Kassenfehlbestände zu einem knebelnden Charakter und damit zur Sittenwidrigkeit des Postagenturvertrages gemäß § 138 Abs. 1 BGB führt.[564] Eine vertragliche Risikoverteilung, nach der ein Vertragspartner für solche Umstände einzustehen hat, die in seinen alleinigen Herrschaftsbereich fallen, ist nicht zu beanstanden.[565] Auch die dem Agenturbetreiber auferlegten umfangreichen vertraglichen Pflichten in Bezug auf die Betriebsausübung wirken für ihn in diesem Zusammenhang nicht knebelnd.[566] Hierdurch wird insbesondere nicht vorgegeben, in welcher Weise er dem Risiko eines Bargeldfehlbestands in der Postagenturkasse zu begegnen hat. Er ist völlig frei in seiner Entscheidung, von ihm für geeignet erachtete Maßnahmen zur Vermeidung derartiger Fehlbestände zu ergreifen. Der Agenturbetreiber kann

558 OLG Düsseldorf, Beschluss vom 09.02.2005 – I-16 U 84/04, bei juris; OLG Koblenz WM 2006, 1452, 1454 f.; OLG Saarbrücken BeckRS 2007, 19261; OLG Frankfurt BeckRS 2008, 05706; OLG Köln BeckRS 2009, 27270; OLG Koblenz BeckRS 2010, 12148; OLG Frankfurt BeckRS 2010, 19018; OLG Köln BeckRS 2011, 05555; BeckRS 2011, 05556.

559 Siehe nur OLG Köln BeckRS 2009, 27270; BeckRS 2011, 05556.

560 Insbesondere BGH NJW 1986, 1492, 1493; NJW-RR 1987, 963.

561 OLG Düsseldorf, Beschluss vom 09.02.2005 – I-16 U 84/04, bei juris; OLG Saarbrücken BeckRS 2007, 19261; OLG Koblenz BeckRS 2010, 12148; OLG Frankfurt BeckRS 2010, 19018; OLG Köln BeckRS 2011, 05556; vgl. auch OLG Brandenburg BeckRS 2008, 08320.

562 OLG Köln BeckRS 2009, 27270.

563 BGH NJW 2001, 832; OLG Koblenz WM 2006, 1452, 1453; OLG Köln BeckRS 2009, 27270; LG Dortmund NJOZ 2007, 1485, 1486; BeckRS 2007, 04466; VG Hannover NJW 1998, 920, 921.

564 Ebenso OLG Koblenz BeckRS 2010, 12148; vgl. auch LG Mainz NJW-RR 2001, 637 f.

565 Vgl. OLG Brandenburg BeckRS 2008, 08320; OLG Koblenz BeckRS 2010, 12148.

566 Vgl. LG Mainz NJW-RR 2001, 637 f.

außerdem mithilfe des EPOS-Systems jederzeit einen sog. „Soll-Ist-Vergleich" durchführen, um zu ermitteln, ob und in welcher Höhe eine Bargelddifferenz vorliegt und ihm daher eine (spätere) Inanspruchnahme durch die Deutsche Post AG droht.[567]

e) Selbstständigkeit i.S. des § 84 Abs. 1 S. 2 HGB

Die in der Praxis des Postagenturbetriebs überaus wichtige Frage, ob dem Agenturbetreiber nach Vertragsbeendigung ein Ausgleichsanspruch gemäß § 89b HGB zusteht, verneint das LG Dortmund in zwei Urteilen vom 14.12.2006 unter Hinweis auf dessen fehlende Handelsvertretereigenschaft.[568] Das Gericht sieht in beiden von ihm zu entscheidenden, gleichgelagerten Fällen den Postagenturbetreiber auf der Grundlage des mit der Deutschen Post AG geschlossenen Vertrages einer arbeitnehmertypischen „Weisungsdichte" ausgesetzt und demzufolge das Merkmal der Selbstständigkeit i.S. des § 84 Abs. 1 S. 1 und 2 HGB nicht als gegeben an:[569]

Der Selbstständigkeit des Agenturbetreibers stehe bereits entgegen, dass er als privater Anbieter i.S. des Art. 87f Abs. 2 S. 1 GG in die Erfüllung des grundgesetzlich vorgegebenen Infrastrukturgewährleistungsauftrags für das Postwesen nach Art. 87f Abs. 1 GG eingeschaltet sei. Aufgrund der ihm in diesem Zusammenhang gemachten detaillierten Vorgaben, insbesondere durch die PUDLV, sei er derart weisungsgebunden in Bezug auf den Geschäftsablauf und die Ausübung seiner Tätigkeit, dass eine im Wesentlichen freie Tätigkeitsgestaltung i.S. von § 84 Abs. 1 S. 2 HGB nicht gegeben sei.

Zudem sei der Agenturbetreiber in Angelegenheiten der Kundenwerbung und –betreuung nicht hinreichend frei, da nach den vertraglichen Vorgaben die konkrete Gestaltung der Einrichtung der Postagentur praktisch allein vom Willen der Deutschen Post AG abhänge. Aufgrund seiner Hinweispflicht auf den Betrieb der Postagentur und auf die von ihm angebotenen Leistungen, u. a. durch das Anbringen von „Standard-Preistafeln", könne er diese Leistungen nicht nach eigenem Belieben bewerben. Das an sich für eine Selbstständigkeit des Geschäftsinhabers streitende Kriterium des Vorliegens eigener Geschäftsräume werde hierdurch entwertet.

Darüber hinaus sei durch den Postagenturvertrag und die PUDLV die Arbeitszeit des Agenturbetreibers in einer Weise vorgegeben, die es ihm faktisch unmöglich mache, in Urlaub zu gehen, ohne dass er gleichzeitig gezwungen wäre, Mitarbeiter zur Aufrechterhaltung des Agenturbetriebs einzustellen.

Die Argumentation des LG Dortmund greift zu kurz.[570] Es verkennt, dass die Selbstständigkeit i.S. des § 84 Abs. 1 HGB nicht dadurch ausgeschlossen wird, dass der Unternehmer vorgibt, wie der Absatzmittler die Waren und Dienstleistungen

567 Siehe nur OLG Köln BeckRS 2009, 27270; OLG Koblenz BeckRS 2010, 12148.
568 LG Dortmund NJOZ 2007, 1485, 1488 ff.; BeckRS 2007, 04466.
569 LG Dortmund NJOZ 2007, 1485, 1488 ff.; BeckRS 2007, 04466.
570 Kritisch hierzu ebenfalls LG Bonn, Beschluss vom 06.04.2009 – 14 O 120/08 (n.v.); *Emde* BB 2008, 2701, 2703.

zu vertreiben hat.[571] Denn die Gestaltung der Vertriebsorganisation obliegt grundsätzlich dem Unternehmer.[572]

Hinzu kommt, dass der konkrete Geschäftstyp eine Einschränkung der Gestaltungsfreiheit des Absatzmittlers erfordern kann.[573] Die Deutsche Post AG hat ein erhebliches wirtschaftliches Interesse daran, dass alle für sie handelnden Postagenturbetreiber unter Verwendung der gleichen Geschäftsausstattung einschließlich der Nutzung des EPOS-Systems tätig werden und auf diese Weise einheitlich gegenüber den Kunden auftreten.[574] Gleiches gilt für die zu erhebenden Leistungsentgelte.[575] Dies alles dient – wie auch die Sicherstellung des dauerhaften Betriebs der Postagentur[576] – letztlich dem Ziel, die gesamte Bevölkerung mit (gemessen an Qualität und Preis) angemessenen Postdienstleistungen zu versorgen, so wie es von Art. 87f Abs. 1 GG und § 11 Abs. 1 S. 1 PostG gefordert wird.[577] Erteilt die Deutsche Post AG den von ihr eingesetzten Agenturbetreibern Weisungen in Bezug auf die Führung und Ausstattung der Postagentur, welche lediglich eine solche Homogenität herstellen und sichern sollen, führt dies nicht zur Unselbstständigkeit der Agenturbetreiber.[578]

Allgemein gilt, dass Weisungen, mit denen der Unternehmer – nicht zuletzt in seinem eigenen Interesse – die Tätigkeit des Absatzmittlers fördern will, dessen Selbstständigkeit nicht entgegenstehen, sofern sie ihren „Kerngehalt" nicht tangieren.[579] Der Unternehmer ist ohnehin zur Unterstützung des Handelsvertreters verpflichtet, vgl. § 86a Abs. 1 und 2 HGB.[580] Daraus folgt, dass man eine Selbstständigkeit des Agenturbetreibers erst dann wird verneinen können, wenn er keinerlei nennenswerten eigenen Entscheidungsspielraum mehr hinsichtlich der Art und Weise der Betriebsausübung besitzt.[581]

In den vom LG Dortmund zu beurteilenden Fällen ist hiervon nicht auszugehen. Auf der Grundlage der von der Deutschen Post AG vorgegebenen Rahmenbedingungen (insbesondere durch das von ihr zur Verfügung gestellte Handbuch) ist der

---

571 LG Bonn, Beschluss vom 06.04.2009 – 14 O 120/08 (n.v.); *Emde* BB 2008, 2701, 2703.

572 *Basedow/Donath/Schmidt* S. 118; Baumbach/Hopt/*Hopt* § 84 Rn. 38.

573 BGH WM 1975, 931, 932; OLG Köln BeckRS 2009, 27270; *Basedow/Donath/Schmidt* S. 118 ff.; Baumbach/Hopt/*Hopt* § 84 Rn. 37.

574 OLG Köln BeckRS 2009, 27270; BeckRS 2011, 05555; *Basedow/Donath/Schmidt* S. 8, 54, 56 und 115; Baumbach/Hopt/*Hopt* § 84 Rn. 37 f.

575 OLG Köln BeckRS 2009, 27270; Baumbach/Hopt/*Hopt* § 84 Rn. 37.

576 OLG Köln BeckRS 2009, 27270; LG Mainz NJW-RR 2001, 637; LG Dortmund NJOZ 2007, 1485, 1486 f.; BeckRS 2007, 04466.

577 Vgl. OLG Köln BeckRS 2009, 27270.

578 OLG Köln BeckRS 2009, 27270; BeckRS 2011, 05555; *Basedow/Donath/Schmidt* S. 118 f. und 121 f.; Baumbach/Hopt/*Hopt* § 84 Rn. 38.

579 Siehe nur BAG NZA 1995, 649, 652; *Basedow/Donath/Schmidt* S. 117 und 122 m.w.N.; vgl. oben B.I.1.

580 BAG NZA 1995, 649, 652; Röhricht/Graf von Westphalen/*Thume* § 86a Rn. 3 und 14.

581 Vgl. auch BGH WM 1975, 931, 932; *Basedow/Donath/Schmidt* S. 120.

Agenturbetreiber in der Gestaltung seiner Agenturtätigkeit frei.[582] Er kann den Arbeitseinsatz für die einzelnen Agenturgeschäfte nach eigenem Belieben bestimmen und insoweit – je nach Bedarf – auf selbst ausgesuchte Mitarbeiter zurückgreifen.[583] Mit der einer höheren Kundenakzeptanz dienenden[584] vertraglichen Vorgabe, den Betrieb der Postagentur das ganze Jahr über aufrechtzuerhalten und sicherzustellen, dass die Öffnungszeiten der Postagentur mit denen des sonstigen Geschäftsbetriebs übereinstimmen, wird weder ein exakter Arbeitsplan noch die Einhaltung einer konkreten täglichen Arbeitszeit vorgeschrieben.[585] Ebenso wenig wird im Postagenturvertrag – soweit ersichtlich – die persönliche Anwesenheit des Agenturbetreibers gefordert.[586] Welche Öffnungszeiten dem Erfordernis der nachfragegerechten Betriebsbereitschaft aus § 2 Nr. 1 PUDLV genügen, liegt im Ermessen des Agenturbetreibers.[587] Auch in Fragen der Kundenbetreuung verbleiben ihm ausreichende Gestaltungsmöglichkeiten. Auf diese Weise kann er unternehmerische Chancen, etwa in der Hoffnung auf steigende Provisionszahlungen, wahrnehmen. Als Kehrseite hat er auch die unternehmerischen Risiken seiner Geschäftstätigkeit zu tragen.[588] Dass er in seiner Urlaubsplanung nicht völlig frei ist, ändert an der Gesamtwürdigung seiner Tätigkeit als selbstständige Handelsvertretertätigkeit nichts,[589] zumal § 84 Abs. 1 S. 2 HGB lediglich eine „im Wesentlichen" freie Tätigkeitsgestaltung und Arbeitszeitbestimmung verlangt.[590]

Letztlich muss auch das LG Dortmund trotz Annahme der Unselbstständigkeit des Agenturbetreibers einräumen, dass er ungeachtet des Erhalts einer Grundvergütung ein (hierdurch eingeschränktes) Unternehmerrisiko trage, eigenes Personal beschäftige und es sich um seine eigenen Geschäftsräumlichkeiten handele.[591]

Erwähnenswert ist schließlich die – nicht entscheidungstragende – Feststellung des LG Dortmund, dass entgegen den allgemeinen Grundsätzen zur Beweislast im Rahmen des § 89b Abs. 1 S. 1 Nr. 1 HGB[592] nicht vermutet werden könne, dass der Postagenturbetreiber den im Zeitpunkt der Vertragsbeendigung existierenden

582 OLG Köln BeckRS 2011, 05555.

583 OLG Köln BeckRS 2011, 05555; vgl. auch BGH WM 1975, 931, 932; *Basedow/Donath/Schmidt* S. 125.

584 *Basedow/Donath/Schmidt* S. 8 und 124; vgl. die Präambel im Fall LG Dortmund NJOZ 2007, 1485, 1486.

585 OLG Köln BeckRS 2011, 05555.

586 Vgl. *Basedow/Donath/Schmidt* S. 123 f. und 127.

587 Vgl. LG Dortmund NJOZ 2007, 1485, 1487; BeckRS 2007, 04466 und die dort zitierten Vertragsbestimmungen.

588 OLG Köln BeckRS 2011, 05555.

589 Im Ergebnis ebenso *Basedow/Donath/Schmidt* S. 124.

590 So auch *Basedow/Donath/Schmidt* S. 116; Baumbach/Hopt/*Hopt* § 84 Rn. 38; *Bruck/Möller* Vor §§ 43–48 Anm. 159.

591 LG Dortmund NJOZ 2007, 1485, 1490; BeckRS 2007, 04466.

592 Statt vieler Baumbach/Hopt/*Hopt* § 89b Rn. 22 m.w.N.

Kundenstamm (neu) geworben habe und dieser der Deutschen Post AG auch nach diesem Zeitpunkt erhalten bleibe; angesichts ihres hohen Bekanntheitsgrads und Marktanteils sowie ihrer flächendeckenden Präsenz würden zahlreiche Kunden die von ihr angebotenen Leistungen in Anspruch nehmen, ohne dass dies auf eine werbende Tätigkeit des Agenturbetreibers zurückzuführen sei.[593] Diese Ansicht ist vor dem Hintergrund eines zunehmenden Wettbewerbs, dem sich die Deutsche Post AG ausgesetzt sieht, nicht unbedenklich.[594]

Betrachtet man den Postagenturbetreiber mit der ganz überwiegenden Rechtsprechung somit zu Recht als Handelsvertreter i.S. des § 84 Abs. 1 HGB,[595] so schließt sich die für die Berechtigung aus § 89b HGB entscheidende Frage an, ob er entsprechend der Regelung im Postagenturvertrag als nebenberuflicher Handelsvertreter i.S. des § 92b HGB tätig wird.

f) Enger wirtschaftlicher Zusammenhang zwischen Einzelhandels- und Postagenturbetrieb

Eine nebenberufliche Handelsvertretertätigkeit des Agenturbetreibers würde bereits dann ausscheiden, wenn zwischen der Postagentur- und der sonstigen Geschäftstätigkeit ein enger wirtschaftlicher Zusammenhang in dem oben beschriebene Sinne[596] anzunehmen wäre.

Nach Auffassung des LG Bonn stellt der gleichzeitige Betrieb eines Einzelhandelsgeschäfts und einer Postagentur – anders als in der Fallkonstellation des Tankstellenhalters[597] – in den Augen der Verkehrsauffassung keine einheitliche Berufsausübung dar:[598] Aus Kundensicht sei eine Postagentur, welche im Nachhinein in ein schon bestehendes Einzelhandelsgeschäft eingefügt werde, ihrer Art nach nur als untergeordneter Teil des Gesamtgeschäfts anzusehen. Das Einzelhandelsgeschäft könne sowohl vor Beginn als auch nach Beendigung der Agenturtätigkeit und damit ohne Rücksicht auf diese betrieben werden. Durch das Vorhandensein einer separaten Posttheke samt Kasse sei der Agenturbetrieb auch optisch und organisatorisch eindeutig von dem übrigen Geschäftsbereich getrennt. Angesichts dieser zeitlichen und gegenständlichen Begrenzung der Agenturtätigkeit seien beide Geschäftsbereiche selbstständig und gerade nicht untrennbar miteinander verbunden.

---

593 LG Dortmund NJOZ 2007, 1485, 1490 f.; BeckRS 2007, 04466; ähnlich bereits *Basedow/Donath/Schmidt* S. 40, jedenfalls für Briefdienstleistungen.

594 In diesem Sinne ebenfalls *Emde* BB 2008, 2701, 2703; Staub/Canaris/*ders.* § 84 Rn. 55 Fn. 319; vgl. *Stern* DVBl. 1997, 309, 311 f. und 315 f.

595 Siehe nur BGH NJW 2001, 832; OLG Frankfurt BeckRS 2008, 05706; OLG Köln BeckRS 2009, 27270; BeckRS 2011, 05555; LG Bonn, Beschluss vom 06.04.2009 – 14 O 120/08 (n.v.).

596 D.II.3.

597 BGH NJW-RR 2007, 1286, 1288; vgl. oben D.II.3.b).

598 LG Bonn, Beschluss vom 06.04.2009 – 14 O 120/08 (n.v.).

In der Tat tritt eine Postagentur nach außen hin, d. h. gegenüber den Kunden, als gesonderter und unabhängig von dem übrigen Geschäft geführter Betriebsteil in Erscheinung.[599] Es fehlt insbesondere an einer gemeinsamen Kasse zur Abwicklung sämtlicher, in beiden Betriebsteilen anfallender Geschäftsvorgänge.[600] Das äußere Erscheinungsbild der Gesamttätigkeit zwingt daher nicht zur Annahme eines engen wirtschaftlichen Zusammenhangs zwischen dem Postagentur- und dem sonstigen Geschäftsbetrieb. Aufgrund der Vielfältigkeit der Einzelhandelsbetriebe, mit denen der Postagenturbetrieb kombiniert wird,[601] kann außerdem nicht angenommen werden, dass die von den Geschäftsinhabern erbrachten Leistungen typischerweise und planmäßig in dieser Kombination am Markt angeboten werden; dies spricht gegen die Annahme, dass die Beendigung der Agenturtätigkeit notwendigerweise zugleich nachteilige Folgen für die andere Tätigkeit zeitigen wird.[602]

Schließlich ist auch in rechtlicher Hinsicht von der Eigenständigkeit beider Geschäftszweige auszugehen. Denn der mit der Deutschen Post AG geschlossene Postagenturvertrag ist in seinem Bestand völlig unabhängig von der gleichzeitig ausgeübten Einzelhandelstätigkeit, vor allem selbstständig kündbar.[603] Umgekehrt lässt der Agenturbetrieb die Einzelhandelstätigkeit rechtlich unberührt. In dieser kann somit prinzipiell eine von der Agenturtätigkeit (rechtlich) unabhängige wirtschaftliche Existenzgrundlage liegen, was unabdingbare Voraussetzung für eine zweckentsprechende Anwendung der Sonderregelung des § 92b HGB auf den Agenturbetreiber wäre.[604]

Ohne Rücksicht auf den konkreten Gegenstand der vom Agenturbetreiber parallel zur Postagentur ausgeübten Einzelhandelstätigkeit fehlt es auf den ersten Blick auch an einer branchenmäßigen Verbindung beider Tätigkeiten. Zwar mögen sich im Einzelfall das Warenangebot der Postagentur und dasjenige des Einzelhandelsbetriebs, etwa eines Schreibwarengeschäfts, teilweise ergänzen.[605] Eine inhaltliche, branchenspezifische Verknüpfung, die vergleichbar wäre z. B. mit einer Reparatur- und Vermittlungstätigkeit in der Kraftfahrzeugbranche,[606] folgt daraus jedoch noch

599 Vgl. *Basedow/Donath/Schmidt* S. 8.

600 BGH NJW-RR 2007, 1286, 1288.

601 Vgl. OLG Karlsruhe NZA-RR 1998, 463 und NJW-RR 2001, 1147: Kiosk; OLG Köln BeckRS 2009, 27270: Textilreinigungsbetrieb; BeckRS 2011, 05555: Reisebüro mit Lotto-Toto-Annahmestelle; LG Dortmund NJOZ 2007, 1485, 1486: Vertrieb von Tabakwaren, Zeitschriften und diversen Kleinartikeln; LG Bonn, Beschluss vom 06.04.2009 – 14 O 120/08 (n.v.): Schreibwarengeschäft mit Lotto-Toto-Annahmestelle.

602 Vgl. *Baums* BB 1986, 891, 893 f.

603 Siehe nur LG Mainz NJW-RR 2001, 637; LG Dortmund NJOZ 2007, 1485, 1487; BeckRS 2007, 04466.

604 BGH NJW-RR 2007, 1286, 1288.

605 LG Bonn, Beschluss vom 06.04.2009 – 14 O 120/08 (n.v.); vgl. auch Gutachten des Deutschen Industrie- und Handelstages vom 23.01.1957, HVR Nr. 145 (1957).

606 Vgl. LG Stuttgart, Urteil vom 15.05.1981 – 8 KfH O 11/81 (n.v.); vgl. oben D.II.3.a).

nicht. Die von der Deutschen Post AG angebotenen und von den Agenturbetreibern zu vertreibenden Waren und Dienstleistungen sind Teil des Postwesens und damit einer in sich abgeschlossenen Branche, für die mit dem PostG und der PUDLV nähere gesetzliche Regelungen existieren.

Auf der anderen Seite kann in der Frage des Bestehens eines engen wirtschaftlichen Zusammenhangs die – oben dargelegte[607] – herausgehobene Bedeutung der von einer Postagentur abzusetzenden Waren und Dienstleistungen für die Bevölkerung nicht außer Acht gelassen werden. Gerade der Umstand, dass in einem bestimmten Einzelhandelsbetrieb auch Posterzeugnisse vertrieben werden, wird für zahlreiche Kunden der ausschlaggebende Grund sein, eben diesen Einzelhandelsbetrieb aufzusuchen. Dort können sie je nach Bedarf bzw. bei Gelegenheit auch noch andere Geschäfte als Agenturgeschäfte tätigen.[608] Ist ein Kunde etwa sowohl an Schreibwaren als auch an den von einer Postagentur vertriebenen Waren interessiert, wird er bevorzugt ein solches Schreibwarengeschäft aufsuchen, in dem parallel eine Postagentur betrieben wird. Anders ausgedrückt: Weiß ein Kunde um die Existenz einer Postagentur in einem konkreten Einzelhandelsbetrieb und bedarf er Waren aus beiden Geschäftsbereichen, wird er regelmäßig davon absehen, einen anderen, vergleichbaren Einzelhandelsbetrieb ohne angeschlossene Postagentur aufzusuchen. Diese Annahme steht im Einklang mit dem Ziel des Postagenturbetriebs, (auch) die Kundenakzeptanz bei der Erbringung von Postdienstleistungen zu verbessern und zu sichern.[609]

Außerdem ist zu berücksichtigen, dass die Postagenturen jeweils die Menschen in einem bestimmten Einzugsgebiet einer Stadt bzw. Gemeinde mit Postdienstleistungen versorgen sollen, d.h. sie in diesem Bereich häufig erste, weil einzige Anlaufstelle sind, vgl. § 2 Nr. 1 PUDLV. Dies schränkt die Wahlmöglichkeit potentieller Kunden ein, die im Zweifel die nächstgelegene Postagentur aufsuchen werden, ohne Rücksicht darauf, welche Produkte dort neben den Posterzeugnissen vertrieben werden. Der Betrieb der Postagentur, der für den konkreten Einzelhandelsbetrieb ein Alleinstellungsmerkmal darstellen kann, sorgt hier aber dafür, dass Kunden zugleich auch mit dem sonstigen Warensortiment des Einzelhandelsbetriebs in Kontakt kommen, selbst wenn sie (zunächst) nur an dem Erwerb von Posterzeugnissen interessiert sind. Dies ermöglicht Gelegenheitskäufe einzelner Kunden.

Es ist somit nicht zu leugnen, dass aus Sicht der Kunden eine enge wirtschaftliche Verbindung zwischen der Postagentur- und der sonstigen Geschäftstätigkeit besteht. Letztere profitiert häufig von der Ausübung der Erstgenannten, die entscheidend zum wirtschaftlichen Erfolg des Geschäftsbetriebs insgesamt beitragen

---

607 D.III.1.b).

608 *Basedow/Donath/Schmidt* S. 8, die von einem „Verbundeffekt beim Einkaufen" sprechen; vgl. auch *Baums* BB 1986, 891, 893.

609 So ausdrücklich die Präambel im Fall LG Dortmund NJOZ 2007, 1485, 1486; *Basedow/Donath/Schmidt* S. 8 und 124.

kann.[610] Kommt der Agenturtätigkeit eine derartige wirtschaftliche Bedeutung zu, ist die Einzelhandelstätigkeit von ihr geradezu abhängig.[611] In der Konsequenz lässt sich bei der Postagenturtätigkeit nicht von einem bloßen Nebenberuf sprechen.

g) *Weitere Bedenken gegen eine standardmäßige Einsetzung des Postagenturbetreibers als nebenberuflicher Handelsvertreter*

Es erscheint auch im Übrigen verfehlt, den Postagenturbetreiber standardmäßig als Nebenberufler einzuordnen, wie es in den von der Deutschen Post AG vorgegebenen Postagenturverträgen vorgesehen ist. Allein der historische Umstand, dass die in § 12 Abs. 1, 4 und 5 der Richtlinien über die Organisation der Postämter (OrgRichtlPost)[612] normierten Poststellen I und II von den privaten Posthaltern i.d.R. „im Nebenerwerb“[613] bzw. „nebenberuflich und nebenher“[614] betrieben wurden, vermag eine solchermaßen generalisierende Festlegung auf eine nebenberufliche Handelsvertretertätigkeit nicht zu rechtfertigen. Die Posthalter wurden seinerzeit nicht als Handelsvertreter, sondern herkömmlicherweise als Beamte auf Widerruf für die Deutsche Bundespost tätig.[615]

Die Ausarbeitung eines Vertriebskonzepts dergestalt, dass sämtliche für den Unternehmer tätigen Handelsvertreter als Nebenberufler i.S. des § 92b HGB zu qualifizieren sind, verstößt gegen den Grundsatz, dass für die Abgrenzung von Haupt- und Nebenberuf stets eine Betrachtung der Umstände des konkreten Einzelfalls ausschlaggebend ist.[616] Eine generelle und mit Anspruch auf Allgemeingültigkeit

---

610 Vgl. LG Bonn, Beschluss vom 06.04.2009 – 14 O 120/08 (n.v.): Hier erzielte die Agenturbetreiberin erst mit Aufnahme der Agenturtätigkeit und nur während deren Ausübung Gewinne.

611 Vgl. auch Gutachten des Deutschen Industrie- und Handelstages vom 23.01.1957, HVR Nr. 145 (1957).

612 Siehe Anlage 1 zur Unterrichtung durch die Bundesregierung über die Postversorgung auf dem Lande, Konzept des Bundesministers für das Post- und Fernmeldewesen für die künftige Postversorgung auf dem Lande, BT-Drucks. 9/408 vom 08.05.1981, S. 7.

613 BGH NJW 2001, 832; VG Hannover NJW 1998, 920, 921; *Basedow/Donath/Schmidt* S. 5.

614 Anlage 3 zur Unterrichtung durch die Bundesregierung über die Postversorgung auf dem Lande, Konzept des Bundesministers für das Post- und Fernmeldewesen für die künftige Postversorgung auf dem Lande, BT-Drucks. 9/408 vom 08.05.1981, S. 11.

615 Anlage 3 zur Unterrichtung durch die Bundesregierung über die Postversorgung auf dem Lande, Konzept des Bundesministers für das Post- und Fernmeldewesen für die künftige Postversorgung auf dem Lande, BT-Drucks. 9/408 vom 08.05.1981, S. 11; ausführlich zum Betrieb von Poststellen durch Posthalter *Basedow/Donath/Schmidt* S. 4 f.

616 Vgl. oben D.II.1.a).

vorgenommene Klassifizierung der Rechtsstellung des Postagenturbetreibers als Handelsvertreter im Nebenberuf ist damit nicht zu vereinbaren.

Des Weiteren lässt auch die folgende Überlegung die Einordnung der Postagenturbetreiber als Nebenberufler aus Sicht der beteiligten Wirtschaftskreise zweifelhaft erscheinen:

Aufgrund des aus Art. 87f Abs. 1 GG folgenden staatlichen Infrastrukturgewährleistungsauftrags besteht ein „besonderes öffentliches Interesse" daran, dass nach Qualität und Preis angemessene und ausreichende Postdienstleistungen flächendeckend erbracht werden,[617] vgl. § 11 Abs. 1 S. 1 PostG. Um diesem Auftrag nachzukommen, bedient sich die Deutsche Post AG in rechtlich zulässiger Weise immer stärker zunehmend der Postagenturen.[618] Bei diesen können nach herrschender Auffassung auch Schriftstücke mittels Ersatzzustellung durch Niederlegung i.S. des § 181 Abs. 1 S. 2 ZPO wirksam zugestellt werden; in rechtlicher Hinsicht ist es irrelevant, ob die Niederlegung und Aufbewahrung i.S. des § 181 Abs. 2 S. 1 ZPO in den von der Deutschen Post AG selbst betriebenen Filialen oder in den von ihr eingesetzten Vertriebseinheiten, den Postagenturen, erfolgt, vgl. § 33 Abs. 1 PostG.[619] Die Deutsche Post AG übt insoweit unter Mitwirkung der Postagenturen Hoheitsbefugnisse aus, § 33 Abs. 1 S. 2 PostG.[620]

Mit dem Postagenturbetrieb werden also auch öffentliche Interessen verfolgt. Dies kann die Wahrnehmung der Gesamttätigkeit des Agenturbetreibers – nicht zuletzt durch die mit Postdienstleistungen zu versorgenden Kunden – maßgeblich prägen und so zugleich den Einfluss der daneben ausgeübten Einzelhandelstätigkeit auf den Gesamtcharakter des Geschäftsbetriebs mindern.

Im Ergebnis erweist sich die Anwendung des § 92b HGB auf Postagenturbetreiber als äußerst fragwürdig.

Teilt man die vorgenannten Bedenken nicht, müssen für die Beantwortung der Frage, ob ein Postagenturbetreiber als haupt- oder nebenberuflicher Handelsvertreter tätig ist, die allgemeinen Grundsätze zur Abgrenzung zwischen Haupt- und Nebenberuf herangezogen werden. Die Einordnung richtet sich (auch) dann nach der Verkehrsauffassung, § 92b Abs. 3 HGB.[621]

Stellt man auf die Kriterien der Übergewichtstheorie ab, so können der zeitliche Umfang der Agenturtätigkeit sowie die hieraus erzielten Einnahmen für deren hauptberufliche Ausübung streiten.[622]

---

617 *Stern* DVBl. 1997, 309, 312; ebenso LG Mainz NJW-RR 2001, 637, 638; Badura/von Danwitz/*von Danwitz* § 11 Rn. 8.

618 Stern/*Stober*/*Moelle*/*Müller-Dehn* PostR, § 2 PTRegG Rn. 40; vgl. oben A.

619 BGH NJW 2001, 832 m.w.N., auch zur Gegenmeinung; OLG Karlsruhe NJW-RR 2001, 1147; VG Hannover NJW 1998, 920, 921; MünchKomm-ZPO/*Häublein* § 181 Rn. 4.

620 BGH NJW 2001, 832; VG Hannover NJW 1998, 920, 921.

621 So auch LG Bonn, Beschluss vom 06.04.2009 – 14 O 120/08 (n.v.).

622 Vgl. hierzu den Tatsachenvortrag der Postagenturbetreiber in den Fällen LG Dortmund NJOZ 2007, 1485, 1487; BeckRS 2007, 04466; LG Bonn, Beschluss vom 06.04.2009 – 14 O 120/08 (n.v.).

Folgt man der hier für die Abgrenzung allgemein vertretenen Auffassung, ist entscheidend auf die wirtschaftliche Bedeutung der Postagenturtätigkeit für die Person des Agenturbetreibers abzustellen und zu ermitteln, ob ihr eine existenzsichernde Funktion zukommt oder nicht.[623] Besonderes Augenmerk ist hierbei – in Anlehnung an die obigen[624] grundsätzlichen Ausführungen zum wirtschaftlichen Zusammenhang zwischen Postagentur- und Einzelhandelstätigkeit – auf die Frage zu legen, ob erst der Vertrieb der Waren und Dienstleistungen der Deutschen Post AG dem Agenturbetreiber eine gewinnbringende Führung des Gesamtbetriebs ermöglicht.[625]

2. Versicherungsvertreter

Die Sonderregelung des § 92b HGB findet gemäß § 92 Abs. 1 und 2 HGB uneingeschränkte Anwendung auf den Versicherungsvertreter im Nebenberuf, ohne dass es hierfür der klarstellenden Regelung in § 92b Abs. 4 HGB bedarf.[626] Einzig § 92b Abs. 1 S. 3 HGB geht ins Leere, da der Provisionsanspruch des Versicherungsvertreters abweichend von dem Grundsatz des § 87a Abs. 1 HGB (erst) mit Zahlung der für die Provisionsberechnung maßgeblichen Prämie durch den Versicherungsnehmer entsteht, § 92 Abs. 4 HGB; eine Vorschussleistung ist in dieser Spezialregelung nicht vorgesehen.[627] Die Abgrenzung zwischen haupt- und nebenberuflicher Versicherungsvermittlung hat demnach – wie auch bei allen anderen Handelsvertretern – anhand der Verkehrsauffassung zu erfolgen, § 92b Abs. 3 HGB.[628]

Irrelevant ist in diesem Zusammenhang die früher auf dem Gebiet der Kraftfahrtversicherung maßgebliche „preisrechtliche Abgrenzung" von Haupt- und Nebenberuf.[629] Die am 31.12.1994 außer Kraft getretene Verordnung über die Tarife in der Kraftfahrtversicherung vom 20.11.1967[630] verlangte für die Annahme einer hauptberuflichen Vermittlertätigkeit, dass die betreffende Person „gewerbsmäßig als Vermittler in der Kraftfahrtversicherung tätig ist und regelmäßig den überwiegenden Teil ihrer Einnahmen aus der Vermittlung von Versicherungsverträgen zieht".[631]

---

623 Vgl. MünchKomm/*von Hoyningen-Huene* § 92b Rn. 8; vgl. oben D.II.4.c).
624 D.III.1.f).
625 Vgl. LG Bonn, Beschluss vom 06.04.2009 – 14 O 120/08 (n.v.).
626 Siehe nur Giesler/*Nauschütt*/*Sperrer* § 2 Rn. 1297; vgl. bereits oben C.IV.
627 *Bruck*/*Möller* Vor §§ 43–48 Anm. 419; Giesler/*Nauschütt*/*Sperrer* § 2 Rn. 1298; *Knapp* VW 1952, 391, 394.
628 BGH NJW 1999, 639, 641; OLG Stuttgart VersR 1957, 329; *Bruck*/*Möller* Vor §§ 43–48 Anm. 15; *Höft* VersR 1973, 154.
629 *Küstner* BB 1966, 1212, 1213; Küstner/Thume/*Thume* Band 2 Kap. II Rn. 107; siehe hierzu auch *Höft* VersR 1973, 154; *o.V.* VW 1961, 551, 552; *o.V.* VW 1964, 954, 955; *o.V.* VW 1969, 1489.
630 Küstner/Thume/*Thume* Band 2 Kap. II Rn. 107 Fn. 179; *o.V.* VW 1969, 1489.
631 Beilage zum Bundesanzeiger Nr. 225 vom 01.12.1967; siehe auch *Höft* VersR 1973, 154; vgl. die nahezu identischen Zitate von Legaldefinitionen der Hauptberuflichkeit in preisrechtlichen Normen bei *Küstner* BB 1966, 1212, 1213; *o.V.* VW 1964, 954, 955.

Primäres Ziel dieser Begriffsbestimmung war es, präzise (Verbots-)Regelungen für strafrechtliche Zwecke zu schaffen.[632] Nebenberuflichen Vermittlern standen nämlich nur der Höhe nach begrenzte Provisionsansprüche zu.[633] Es entsprach schon damals der allgemeinen Auffassung, dass diese nur für die Provisionshöhe relevante Abgrenzungsformel die nach dem Handelsvertreterrecht unter exklusiver Heranziehung der Verkehrsauffassung vorzunehmende Abgrenzung nicht beeinflussen kann.[634] Weder war dies beabsichtigt noch durch eine untergesetzliche Norm überhaupt rechtlich zulässig.[635]

Streitig ist hingegen, ob sich die rechtliche Einordnung des noch eine weitere Tätigkeit ausübenden Versicherungsvertreters als Haupt- oder Nebenberufler nach der Übergewichtstheorie[636] oder der Wesentlichkeitstheorie richtet. Letztere nimmt eine hauptberufliche Versicherungsvertretertätigkeit an, wenn diese von wesentlicher Bedeutung für die Bestreitung des Lebensunterhalts und damit für die Existenzsicherung des Vertreters ist.[637]

a) Ausnahmeregelungen für den nebenberuflichen Versicherungsvermittler

Liegt eine nebenberufliche Versicherungsvermittlung vor und sind die vermittelten Versicherungsverträge nach Gegenstand, Jahresprämie und Vertragslaufzeit nur von untergeordneter Bedeutung, gilt der Versicherungsvertreter als „Bagatellvermittler" und wird u. a. von den Mitteilungs-, Beratungs- und Dokumentationspflichten der §§ 60 ff. VVG sowie von der Schadensersatzpflicht gemäß § 63 VVG ausgenommen, § 66 VVG i.V.m. § 34d Abs. 9 Nr. 1 GewO.[638] Ein solcher Vermittler bedarf zudem ausnahmsweise[639] nicht der gewerberechtlichen Erlaubnis der zuständigen Industrie- und Handelskammer nach § 34d Abs. 1 S. 1 GewO.[640]

---

632 *Höft* VersR 1973, 154 m.w.N.; *o.V.* VW 1964, 954, 955; *o.V.* VW 1969, 1489.

633 Vgl. bereits oben C.II.

634 LG Hannover VersR 1973, 153; *Höft* VersR 1973, 154 m.w.N.; *Küstner* BB 1966, 1212, 1213 m.w.N.; Küstner/Thume/*Thume* Band 2 Kap. II Rn. 107 m.w.N.; *o.V.* VW 1961, 551, 552; *o.V.* VW 1964, 954, 955; *o.V.* VW 1969, 1489; *Specks* S. 73.

635 *o.V.* VW 1964, 954, 955.

636 So die herrschende Auffassung, siehe nur LG Hannover VersR 1973, 153 f.; Giesler/*Nauschütt/Sperrer* § 2 Rn. 1299; *Höft* VersR 1973, 154; *Küstner* BB 1966, 1212, 1213; Küstner/Thume/*Schürr* Band 1 Kap. I Rn. 209.

637 So zu Recht *Trinkhaus* S. 108; ganz ähnlich *Ankele* § 92b Rn. 16 und 18; vgl. oben D.II.4.c)aa).

638 Ebenroth/Boujong/*Löwisch* § 92b Rn. 3; Tettinger/Wank/*Ennuschat* § 34d Rn. 124.

639 Tettinger/Wank/*Ennuschat* § 34d Rn. 124 f.

640 Ebenroth/Boujong/*Löwisch* § 92b Rn. 3.

b) *Sonderfall: Waren- und Versicherungsvermittler, sog. Mehrbranchen-Vertreter*

Eine (vermeintliche) Sonderkonstellation im Recht der Handelsvertreter bildet die gleichzeitig ausgeübte Waren- und Versicherungsvermittlung. Zum Teil wird ein derartiger Vertreter in Abgrenzung zum Mehrfachvertreter als Mehrbranchen-Vertreter bezeichnet.[641]

Die herrschende Meinung beurteilt diese Fallgestaltung anders als die der Mehrfachvertretung:[642] Da der Gegenstand der Vermittlungstätigkeit bei dem Vertrieb von Waren und dem von Versicherungen grundverschieden sei, was durch die vom Gesetzgeber geschaffenen Sonderregelungen für den Versicherungsvertreter verdeutlicht werde, könne insoweit von einer einheitlichen Vertretertätigkeit nicht die Rede sein. Bleibe die Versicherungsvermittlung bezüglich des Tätigkeitsumfangs oder der hieraus erzielten Einkünfte hinter der Warenvermittlung zurück, so handele es sich nach der Verkehrsauffassung bei Ersterer nur um eine nebenberufliche Vertretertätigkeit i.S. des § 92b HGB. Dies gelte z.B. für einen Kraftfahrzeughändler oder einen Tankstellenbetreiber, die neben ihrer Haupttätigkeit als (Waren-) Handelsvertreter Kraftfahrzeugversicherungen vertrieben.[643] In gleicher Weise sei zu entscheiden, wenn ein Reisebüro hauptsächlich Reiseverträge vermittle und nebenbei Versicherungsverträge wie etwa Reiserücktrittskosten- und Gepäckversicherungen vertreibe.[644] In den vorgenannten Fällen sei die Versicherungsvertretung nach der Verkehrsauffassung lediglich „ein ‚Akzessorium' zum eigentlichen Erwerbsgeschäft".[645]

Es ist indes fraglich, ob es gerechtfertigt ist, im Fall der Waren- und Versicherungsvermittlung ausnahmsweise von den zur Mehrfachvertretung vertretenen Grundsätzen abzuweichen[646] bzw. die Mehrfachvertretung begrifflich ausschließlich

---

641 So etwa Küstner/Thume/*Schürr* Band 1 Kap. I Rn. 226; Röhricht/Graf von Westphalen/*Thume* § 92b Rn. 5; vgl. bereits oben D.II.2.

642 *Ankele* § 92b Rn. 20; *Baums* BB 1986, 891 und 893; *Bruck/Möller* Vor §§ 43–48 Anm. 15 und 180; Ebenroth/Boujong/*Löwisch* § 92b Rn. 6; *Küstner* BB 1966, 269; *ders.* BB 1966, 1212, 1214; Küstner/Thume/*Schürr* Band 1 Kap. I Rn. 227 ff.; *Lohmüller* VW 1955, 151; MünchKomm/*von Hoyningen-Huene* § 92b Rn. 10; *o.V.* VW 1964, 954, 955; Röhricht/Graf von Westphalen/*Thume* § 92b Rn. 5; Schlegelberger/*Schröder* § 92b Rn. 2b; *ders.* INF 1977, 33, 35; *Specks* S. 73 f.; *Strietholt* ZfV 1952, 364, 367; *Westphal* Vertriebsrecht Rn. 126; vgl. auch Kurzprotokoll der 202. Sitzung des Ausschusses für Wirtschaftspolitik des Deutschen Bundestags vom 07.05.1953, S. 3.

643 *Küstner* BB 1966, 1212, 1214; Küstner/Thume/*Schürr* Band 1 Kap. I Rn. 229; Röhricht/Graf von Westphalen/*Thume* § 92b Rn. 5.

644 Küstner/Thume/*Schürr* Band 1 Kap. I Rn. 226 f.; Röhricht/Graf von Westphalen/*Thume* § 92b Rn. 5.

645 *Küstner* BB 1966, 1212, 1214; Küstner/Thume/*Schürr* Band 1 Kap. I Rn. 229; vgl. auch RGRK/*Würdinger* § 92b Anm. 1; Staub/Canaris/*Emde* § 92b Rn. 6.

646 So ausdrücklich MünchKomm/*von Hoyningen-Huene* § 92b Rn. 10; Schlegelberger/*Schröder* § 92b Rn. 2b; *ders.* INF 1977, 33, 35.

auf den Fall der Warenvertretung oder den der Versicherungsvertretung zu beschränken, eine beide Bereiche erfassende Begriffsanwendung also gezielt zu vermeiden.[647]

Auch die nebeneinander ausgeübte Vermittlung von Waren und Versicherungen ist jeweils für sich Bestandteil des eigenständigen und einheitlichen Handelsvertreterberufs mit den in §§ 84 Abs. 1, 92 Abs. 1 HGB genannten Merkmalen.[648] An einer vertreterfremden, d.h. einer „anderen" Tätigkeit des Vertreters fehlt es.[649] Dementsprechend wird auch die Verkehrsauffassung die Vertretertätigkeit insgesamt als Hauptberuf und nicht die nach dem zeitlichen Umfang oder den Einkünften unterlegene Waren- oder Versicherungsvermittlung als Nebenberuf ansehen.[650]

Zu prüfen ist, ob sich etwas anderes aus der Regelung des § 92b Abs. 4 HGB ergibt. Nach Meinung von *Baums* spricht diese Norm dafür, dass der Gesetzgeber zwischen der Waren- und der Versicherungsvermittlung habe differenzieren wollen und in deren gleichzeitiger Ausübung keinen einheitlichen (Haupt-)Beruf als Handelsvertreter erblicke.[651]

Eine dahingehende Intention des Gesetzgebers bei der Schaffung des § 92b Abs. 4 HGB ist nicht ersichtlich.[652] Es wurde bereits festgestellt, dass § 92b Abs. 4 HGB mangels eines eigenständigen Regelungsgehalts verzichtbar ist.[653] Zu beachten ist auch, dass der Gesetzgeber im Vorfeld der Erneuerung des Handelsvertreterrechts durch die Handelsvertreternovelle im Jahr 1953 der teilweise geäußerten Forderung, das Recht der Versicherungsvertreter in einem gesonderten Gesetz zu normieren, nicht nachkam.[654] Es bedurfte keiner Sondergesetzgebung, da der Versicherungsvertreter – was § 92 Abs. 1 HGB explizit klarstellt – ebenfalls Handelsvertreter i.S. des § 84 Abs. 1 HGB ist und nur punktuelle Differenzierungen zwischen Waren- und Versicherungsvertretern angezeigt sind, die sich (ausschließlich) in den Sonderregelungen der §§ 89b Abs. 5, 92 Abs. 3 und 4, 92a Abs. 2 HGB niederschlagen.[655] Das Erfordernis einer getrennten Betrachtung der

---

647 In diesem Sinne *Küstner* BB 1966, 1212, 1214; Küstner/Thume/*Schürr* Band 1 Kap. I Rn. 228.

648 *Günther* S. 55; *Herschel/Beine* S. 208; *Trinkhaus* S. 109.

649 Staub/Canaris/*Emde* § 92b Rn. 6 und 9.

650 *Friebel* ZfV 1954, 41, 42; *Herschel/Beine* S. 208; *Trinkhaus* S. 109.

651 *Baums* BB 1986, 891 und 893.

652 Vgl. Schriftlicher Bericht des Ausschusses für Rechtswesen und Verfassungsrecht, Anlage 24 zum Stenographischen Bericht der 280. Sitzung des Deutschen Bundestags vom 03.07.1953, S. 14208.

653 *Duden* § 92b Anm. 1) A; Staub/Canaris/*Emde* § 92b Rn. 27; vgl. oben C.IV.

654 Begr. zum Entwurf eines Gesetzes zur Änderung des Handelsgesetzbuches (Recht der Handelsvertreter), BT-Drucks. 1/3856 vom 15.11.1952, S. 12; *Günther* S. 55; *Knapp* VW 1952, 391; *Möller* ZfV 1953, 89, 90; *Strietholt* ZfV 1952, 364.

655 Begr. zum Entwurf eines Gesetzes zur Änderung des Handelsgesetzbuches (Recht der Handelsvertreter), BT-Drucks. 1/3856 vom 15.11.1952, S. 13; Baumbach/Hopt/*Hopt* § 92 Rn. 3; *Beenken/Reckenfelderbäumer* VW 2006, 76; *Günther* S. 55; *Knapp*

Waren- und Versicherungsvertretung bei der Abgrenzung zwischen Haupt- und Nebenberuf i.S. von § 92b HGB sah der Gesetzgeber demnach gerade nicht vor.[656] Hiermit wäre es nicht zu vereinbaren, in dieser Frage die Tätigkeit als Versicherungsvertreter abweichend von dem in den §§ 84 Abs. 1, 92 Abs. 1 HGB zum Ausdruck kommenden Grundsatz ausnahmsweise nicht als Handelsvertretertätigkeit zu begreifen.

Die von der herrschenden Meinung vorgenommene Differenzierung überzeugt somit nicht.[657] Die vorliegende Fallkonstellation kann nicht anders behandelt werden als die der Vertretertätigkeit für mehrere Unternehmer aus der gleichen oder aus verschiedenen Branchen.[658]

Folge der einheitlichen Betrachtungsweise ist zugleich, dass einer der im Rahmen des Gesetzgebungsverfahrens gegen die im Regierungsentwurf vorgesehene Legaldefinition des nebenberuflichen Handelsvertreters vorgebrachten Einwände unberechtigt war. Dass die Legaldefinition dazu führt, einen hauptberuflichen Warenvertreter, der nebenbei Versicherungsverträge vermittelt, auch hinsichtlich dieser Versicherungsvermittlung als hauptberuflichen Vertreter und damit als ausgleichsberechtigt betrachten zu müssen,[659] konnte kein Argument gegen die Einführung der später gestrichenen Legaldefinition sein. Bei diesem Ergebnis handelte es sich vielmehr um eine rechtlich nicht zu beanstandende Konsequenz der Anwendung der vorgeschlagenen Definition.

Selbst wenn man bei der Abgrenzung von Haupt- und Nebenberuf zwischen der Vertretung von Waren und Versicherungen differenziert, kann zwischen beiden Vertretungen ein enger wirtschaftlicher Zusammenhang nach den oben dargestellten Grundsätzen[660] bestehen (z.B. bei branchenspezifischer Verknüpfung von Waren- und Versicherungsvermittlung), so dass es dann aus diesem Grund an einem Nebenberuf i.S. des § 92b HGB fehlt.[661]

Der Mehrbranchen-Vertreter ist also letztlich ein Anwendungsfall des Mehrfachvertreters,[662] wobei der Begriff des Mehrbranchen-Vertreters mangels hieraus folgender rechtlicher Relevanz im Ergebnis ohnehin entbehrlich ist.

VW 1952, 391 f.; *Möller* ZfV 1953, 89, 90; vgl. auch Kurzprotokoll der 202. Sitzung des Ausschusses für Wirtschaftspolitik des Deutschen Bundestags vom 07.05.1953, S. 3.

656 *Günther* S. 55; Heymann/Horn/*Sonnenschein*/*Weitemeyer* § 92b Rn. 4.

657 Im Ergebnis ebenso *Friebel* ZfV 1954, 41, 42; *Günther* S. 55; *Herschel*/*Beine* S. 208; Heymann/Horn/*Sonnenschein*/*Weitemeyer* § 92b Rn. 4; *Trinkhaus* S. 109; Staub/Canaris/*Emde* § 92b Rn. 9 f.

658 Vgl. oben D.II.2.

659 Vgl. oben C.II.4.

660 D.II.3.

661 *Baums* BB 1986, 891, 893; Staub/Canaris/*Emde* § 92b Rn. 9.

662 Ebenso Staub/Canaris/*Emde* § 92b Rn. 9.

3. Bausparkassenvertreter

Auch der Bausparkassenvertreter, der als selbstständiger Gewerbetreibender ständig damit betraut ist, für einen Unternehmer (Bausparkasse) Bausparverträge zu vermitteln oder in dessen Namen abzuschließen, ist Handelsvertreter i.S. des § 84 Abs. 1 HGB.[663] Auf ihn finden die Vorschriften des § 92 Abs. 1 bis 4 HGB sinngemäße Anwendung, § 92 Abs. 5 HGB. Gleiches gilt für die Sonderregelung des § 89b Abs. 5 HGB (vgl. S. 3 der Norm).[664]

Der Bausparkassenvertreter ist somit nicht anders zu behandeln als der zuvor erörterte Versicherungsvertreter.[665] Wird die Vermittlung der Bausparverträge nur im Nebenberuf ausgeübt, kommt § 92b HGB (mit Ausnahme von Abs. 1 S. 3) zur Anwendung.[666] Der Klarstellung in § 92b Abs. 4 HGB bedarf es hierfür wegen der Regelung des § 92 Abs. 5 HGB nicht.

In der nebeneinander ausgeübten Vermittlung von Versicherungs- und Bausparverträgen wird auch von der Auffassung, die bei der Abgrenzung von Haupt- und Nebenberuf zwischen der Vermittlung von Waren und Versicherungen differenziert, zu Recht ein „einheitliches Vermittlungsgewerbe" gesehen, auf welches § 92b HGB keine Anwendung finden kann.[667] Das insoweit vorgebrachte Argument, diese beiden Erscheinungsformen der Vertretertätigkeit seien über §§ 92 Abs. 5, 92b Abs. 4 HGB gleichgestellt,[668] trifft aber in gleicher Weise auf den Waren- und Versicherungsvermittler zu. Auch für diese Tätigkeiten nimmt das Gesetz – abgesehen von den genannten, die Frage der Nebenberuflichkeit i.S. des § 92b HGB jedoch nicht betreffenden Sonderregelungen – in rechtlicher Hinsicht keine Differenzierung vor,[669] vgl. § 92 Abs. 1 und 2 HGB.

Eine konsequente Gesetzesanwendung führt daher zu dem Ergebnis, dass alle § 84 Abs. 1 HGB unterfallenden Handelsvertretertätigkeiten für einen oder mehrere Unternehmer – unabhängig von ihrer konkreten Ausgestaltung und dem jeweiligen Gegenstand der Vertretung – als Bestandteile eines einheitlich zu behandelnden Handelsvertreterberufs zu begreifen sind. Die einzelnen Vertretertätigkeiten in Haupt- und Nebenberuf(e) aufzuspalten kommt hierbei nicht in Betracht.

---

663 Siehe nur Baumbach/Hopt/*Hopt* § 92 Rn. 2 f.; *Baums* BB 1986, 891; Giesler/*Nauschütt*/*Sperrer* § 2 Rn. 1301; Röhricht/Graf von Westphalen/*Thume* § 92 Rn. 3.

664 Ausführlich zum Ausgleichsanspruch des Bausparkassenvertreters *Küstner* BB 1966, 269 ff.

665 *Ankele* § 92b Rn. 20; Giesler/*Nauschütt*/*Sperrer* § 2 Rn. 1301; *Küstner* BB 1966, 269 m.w.N.; *ders.* BB 1966, 1212, 1214; Küstner/Thume/*Schürr* Band 1 Kap. I Rn. 210.

666 Statt vieler Ebenroth/Boujong/*Löwisch* § 92b Rn. 2; Giesler/*Nauschütt*/*Sperrer* § 2 Rn. 1297.

667 *Küstner* BB 1966, 1212, 1214; Küstner/Thume/*Schürr* Band 1 Kap. I Rn. 210; ebenso *Ankele* § 92b Rn. 20; Baumbach/Hopt/*Hopt* § 92b Rn. 2; Giesler/*Nauschütt*/*Sperrer* § 2 Rn. 1300; *Specks* S. 74.

668 *Ankele* § 92b Rn. 20.

669 *Günther* S. 55; Heymann/Horn/*Sonnenschein*/*Weitemeyer* § 92b Rn. 4.

4. Sonderfälle

Im Einklang mit der Rechtsprechung des BGH erfordert eine eng am Zweck des § 92b HGB orientierte Auslegung dieser Sonderregelung für den Handelsvertreter im Nebenberuf, dass der Hauptberuf dem Handelsvertreter eine von der Vertretertätigkeit unabhängige wirtschaftliche Existenzgrundlage bieten oder aber zumindest eine anderweitige, von der Vertretertätigkeit losgelöste Existenzgrundlage vorhanden sein muss.[670] Letztere Konstellation bezeichnet der BGH zu Recht als Sonderfall und nennt als Beispiele hierfür „Hausfrauen, Studenten, Rentner".[671] Den beiden erstgenannten Personengruppen ist gemein, dass ihre potentielle Haupttätigkeit – anders als die daneben u.U. nur nebenberuflich ausgeübte Vertretertätigkeit – keinerlei Einkommen hervorbringt.

a) Studenten und Auszubildende

Grundsätzliche Bedenken gegen die Eignung eines Studiums oder einer Ausbildung als hauptberufliche Tätigkeit, ohne deren Vorliegen eine Qualifizierung der Handelsvertretertätigkeit als nebenberuflich i.S. des § 92b HGB von vornherein nicht möglich wäre, bestehen nicht. Schließlich sind an die konkrete Art des Hauptberufs keine näheren Anforderungen zu stellen, insbesondere muss dieser keine auf wirtschaftlichen Erwerb gerichtete Tätigkeit sein.[672] Daher stellt auch die Berufsausbildung, die den Betreffenden auf die spätere Ausübung eines Berufs (im Sinne einer Erwerbstätigkeit) vorbereiten soll, einen denkbaren Hauptberuf für die hier interessierende Abgrenzungsfrage dar.[673]

Widmet sich ein Student neben seinem Studium einer Handelsvertretertätigkeit, die ihn zeitlich weniger beansprucht als seine Studientätigkeit, nimmt die ganz überwiegende Meinung unter Verweis auf eine dahingehende Verkehrsauffassung eine nebenberufliche Handelsvertretertätigkeit i.S. des § 92b HGB an.[674] Zu diesem Ergebnis kommen sowohl die Vertreter der Übergewichtstheorie[675] als auch diejenigen, die den Zeitaufwand, der den jeweiligen, vom Handelsvertreter ausgeübten Tätigkeiten zuzuordnen ist, als maßgebliches Abgrenzungskriterium erachten.[676]

---

670 BGH NJW-RR 2007, 1286, 1288; vgl. oben D.II.1.d).

671 BGH NJW-RR 2007, 1286, 1288.

672 Vgl. hierzu oben D.II.1.d).

673 Ebenroth/Boujong/*Löwisch* § 92b Rn. 4; Schlegelberger/*Schröder* § 92b Rn. 2a und 2c; *ders.* INF 1978, 401, 405; Staub/Canaris/*Emde* § 92b Rn. 6.

674 Statt vieler Ebenroth/Boujong/*Löwisch* § 92b Rn. 5 m.w.N.; Heymann/Horn/*Sonnenschein*/*Weitemeyer* § 92b Rn. 3; HK/*Ruß* § 92b Rn. 1; Koller/Kindler/*Roth* § 92b Rn. 2; *Möller* ZfV 1953, 89, 91.

675 Baumbach/Hopt/*Hopt* § 92b Rn. 2; *Küstner* BB 1966, 1212; *ders.* VW 2002, 1793; Küstner/Thume/*Schürr* Band 1 Kap. I Rn. 202; Röhricht/Graf von Westphalen/*Thume* § 92b Rn. 3.

676 MünchKomm/*von Hoyningen-Huene* § 92b Rn. 9; Oetker/*Busche* § 92b Rn. 2; Schlegelberger/*Schröder* § 92b Rn. 2a und 2c; *ders.* INF 1977, 33, 35; *ders.* INF 1978, 401, 405; Staub/Canaris/*Emde* § 92b Rn. 6.

Bedenklich ist, dass diese Einordnung ohne Rücksicht darauf vorgenommen wird, welche Bedeutung den Einkünften aus der Vertretertätigkeit für die Bestreitung der Lebenshaltungskosten des Studenten zukommt. So wird nicht nur dann eine nebenberufliche Vertretertätigkeit angenommen, wenn der Student hiermit einen geringfügigen Hinzuverdienst zu seinen eigentlichen finanziellen Quellen erwirtschaftet,[677] sondern auch dann, wenn die Vertretertätigkeit die überwiegenden Einkünfte einbringt.[678] Im erstgenannten Fall ist der Student auf die Vertretertätigkeit und die hieraus erzielten Einnahmen regelmäßig nicht zwingend angewiesen, um seinen Lebensunterhalt (einschließlich der Kosten für das Studium) zu bestreiten.[679] Hingegen wird der Vertretertätigkeit im letztgenannten Fall häufig eine existenzielle Bedeutung zukommen, da es an einer ausreichenden „anderweitigen Existenzgrundlage" im Sinne der Rechtsprechung des BGH,[680] z. B. durch hinreichende finanzielle Unterstützung seitens der Eltern, fehlt. Zentrale Frage muss also sein, ob die Vertretertätigkeit – verglichen mit den sonstigen finanziellen Quellen, soweit überhaupt vorhanden – wesentlich für den Studenten ist, weil er die Einkünfte aus ihr zur Aufrechterhaltung seiner Lebensgrundlage einsetzen muss.[681] Dass er für das Studium insgesamt mehr Zeit aufwendet als für die Vertretertätigkeit, vermag nichts daran zu ändern, dass diese bei festgestellter Relevanz für die Existenzsicherung des Studenten nach der Verkehrsauffassung als Hauptberuf betrachtet werden muss.[682]

Dieses Ergebnis steht auch im Einklang mit der Entstehungsgeschichte des § 92b HGB. Schon der Akademieentwurf eines Handelsvertretergesetzes aus dem Jahr 1940 ging von möglichen Fallgestaltungen nebenberuflicher Vertretertätigkeit aus, bei denen der Hauptberuf zwar nicht der Einkommenserzielung dient, die Existenzgrundlage aber dennoch nicht in der Tätigkeit als Handelsvertreter zu sehen ist.[683] Im Umkehrschluss bedeutet dies, dass immer dann eine hauptberufliche Vertretertätigkeit angenommen werden muss, wenn der Vertreter mit dieser seine wirtschaftliche Existenz sicherstellt. In der Begründung des Entwurfs eines

---

677 RGRK/*Würdinger* § 92b Anm. 1; Staub/Canaris/*Emde* § 92b Rn. 6; *Westphal* S. 27; *ders.* Vertriebsrecht Rn. 126.

678 Küstner/Thume/*Schürr* Band 1 Kap. I Rn. 202; ganz ähnlich *Küstner* BB 1966, 1212; MünchKomm/*von Hoyningen-Huene* § 92b Rn. 9; *Schröder* INF 1978, 401, 405.

679 *Ankele* § 92b Rn. 16; *Trinkhaus* S. 109; vgl. LG Frankfurt VersR 1989, 181, 182 f.

680 BGH NJW-RR 2007, 1286, 1288.

681 *Ankele* § 92b Rn. 16 und 18; *Trinkhaus* S. 109; zustimmend *Bruck/Möller* Vor §§ 43–48 Anm. 15; vgl. LG Frankfurt VersR 1989, 181, 182; vgl. oben D.II.4.c).

682 So letztlich wohl auch *Ankele* § 92b Rn. 16 und 18; MünchKomm/*von Hoyningen-Huene* § 92b Rn. 8; Schlegelberger/*Schröder* § 92b Rn. 2a; Staub/Canaris/*Emde* § 92b Rn. 5 f.; *Trinkhaus* S. 109, der jedoch – insoweit inkonsequent – auch den Zeitaufwand bei der Frage nach der Wesentlichkeit berücksichtigen will.

683 Denkschrift zum Entwurf eines Handelsvertretergesetzes (Gesetz über die Rechtsverhältnisse der Handelsvertreter und Handelsreisenden), vorgelegt von *H. C. Nipperdey/Rolf Dietz*, Arbeitsberichte der Akademie für Deutsches Recht Nr. 17, Berlin 1940, S. 188 und 190.

Gesetzes zur Änderung des Handelsgesetzbuches (Recht der Handelsvertreter) aus dem Jahr 1952 führte die Bundesregierung zwar aus, dass es der Verkehrsauffassung widerspreche, den Studenten regelmäßig als Hauptberufler anzusehen, wenn er neben seiner „Haupttätigkeit" als Vertreter tätig sei.[684] Es ist jedoch nicht davon auszugehen, dass die Bundesregierung und hieran anknüpfend der Gesetzgeber beabsichtigten, generell der Einordnung eines Studenten als Handelsvertreter im Hauptberuf die Anerkennung zu versagen. Die Bundesregierung wollte lediglich mittels eines anschaulichen Beispiels erläutern, dass der im Rahmen des § 92b HGB denknotwendig vorauszusetzende Hauptberuf keine erwerbswirtschaftliche Tätigkeit sein muss.[685] Ein Student darf hiernach richtigerweise nicht allein deswegen als Handelsvertreter im Hauptberuf angesehen werden, weil die Vertretung seine einzige gegen Entgelt ausgeübte Tätigkeit darstellt. Entscheidend ist vielmehr die Frage nach dem Vorhandensein einer hinreichenden anderweitigen Existenzgrundlage im jeweiligen Einzelfall.

Bei Auszubildenden ist im Grundsatz ebenso zu verfahren. Hier wird die gewährte Ausbildungsvergütung die Frage nach der existenziellen Bedeutung der Vertretertätigkeit maßgeblich beeinflussen. Bietet diese Vergütung eine ausreichende Existenzgrundlage, ist eine Qualifizierung des Auszubildenden als Vertreter im Nebenberuf denkbar.

b) Hausfrauen/-männer

Auch eine Tätigkeit als Hausfrau bzw. Hausmann kann grundsätzlich hauptberuflich ausgeübt werden und auf diese Weise die Abgrenzung zu einer nebenberuflichen Handelsvertretertätigkeit gemäß § 92b HGB ermöglichen.[686]

Trifft eine Vertretertätigkeit mit einer Tätigkeit im Haushalt zusammen, wird der Vertreter ganz überwiegend als nebenberuflich tätig betrachtet, wenn er in die häusliche Tätigkeit mehr Zeit investiert als in die Vertretertätigkeit; dies soll ohne Rücksicht darauf gelten, in welchem Umfang er aus der Vertretertätigkeit Einkünfte für seine Lebensführung erzielt.[687] Diese Herangehensweise überzeugt

---

684 Begr. zum Entwurf eines Gesetzes zur Änderung des Handelsgesetzbuches (Recht der Handelsvertreter), BT-Drucks. 1/3856 vom 15.11.1952, S. 42.

685 Vgl. Begr. zum Entwurf eines Gesetzes zur Änderung des Handelsgesetzbuches (Recht der Handelsvertreter), BT-Drucks. 1/3856 vom 15.11.1952, S. 42; vgl. oben D.II.1.c) und d).

686 Allgemeine Meinung, siehe OLG Bamberg HVR Nr. 935 (1999); Baumbach/Hopt/*Hopt* § 92b Rn. 2; Ebenroth/Boujong/*Löwisch* § 92b Rn. 5 m.w.N.; Heymann/Horn/*Sonnenschein/Weitemeyer* § 92b Rn. 3; Oetker/*Busche* § 92b Rn. 2; *o.V.* VW 1961, 551, 552; Schlegelberger/*Schröder* § 92b Rn. 2c; *ders.* INF 1977, 33, 35; *ders.* INF 1978, 401, 404 f.; *Specks* S. 73.

687 Heymann/Horn/*Sonnenschein/Weitemeyer* § 92b Rn. 3; HK/*Ruß* § 92b Rn. 1; Koller/Kindler/*Roth* § 92b Rn. 2; *Küstner* BB 1966, 1212; *ders.* VW 2002, 1793; Küstner/Thume/*Schürr* Band 1 Kap. I Rn. 202; *Möller* ZfV 1953, 89, 91; MünchKomm/*von*

jedoch ebenso wenig wie bei dem ähnlich gelagerten Fall der Vertretertätigkeit eines Studenten. Auch hier ist zwischen zwei Fallkonstellationen zu unterscheiden: Dienen die Einnahmen aus der Vertretertätigkeit lediglich der Aufbesserung einer anderweitig vorhandenen finanziellen Quelle, wie dem „Haushaltsgeld" bzw. „Wirtschaftsgeld",[688] welches Teil des nach § 1360a BGB zu gewährenden Familienunterhalts ist,[689] so kommt eine nebenberufliche Vertretertätigkeit des häuslich Tätigen in Betracht.[690] Ist die Vertretertätigkeit hingegen insofern wesentlich, als die Einkünfte aus ihr unverzichtbar sind für die Bestreitung der existenziellen Grundlagen, d.h. der Lebenshaltungskosten des Vertreters, muss eine Einordnung als Nebenberufler trotz der u.U. nur geringfügigen zeitlichen Beanspruchung durch die Vertretung ausscheiden.[691] Nur so lassen sich Ergebnisse vermeiden, die mit dem Regelungszweck des § 92b HGB nicht zu vereinbaren sind.

Die Entstehungsgeschichte der Norm spricht ebenfalls für die Zulässigkeit einer solchen Differenzierung. Bereits der Akademieentwurf eines Handelsvertretergesetzes aus dem Jahr 1940 nannte die Hausfrau als Beispiel für eine Person, die nebenberuflicher Handelsvertreter sein könne, wenn jenseits der Vertretertätigkeit eine Existenzgrundlage vorhanden sei.[692] In Bezug auf die beispielhafte Nennung der Hausfrau in der Begründung des Regierungsentwurfs aus dem Jahr 1952 gilt das oben zum Studenten Gesagte entsprechend: Der Bundesregierung ging es hierbei erkennbar um die Beantwortung der (zu verneinenden) Frage, ob es sich bei dem potentiellen, von der Vertretertätigkeit abzugrenzenden Hauptberuf um eine Erwerbstätigkeit handeln muss, nicht aber um eine – mit Anspruch auf Allgemeingültigkeit vorgenommene – Klassifizierung der Hausfrau als nebenberufliche

---

Hoyningen-Huene § 92b Rn. 9; Oetker/*Busche* § 92b Rn. 2; Röhricht/Graf von Westphalen/*Thume* § 92b Rn. 3; Schlegelberger/*Schröder* § 92b Rn. 2c; *ders.* INF 1977, 33, 35; *ders.* INF 1978, 401, 404 f., der den Zeitaufwand für die Führung des Haushalts im Normalfall auf mindestens 50 Wochenstunden veranschlagt.

688 *Küstner* BB 1966, 1212; Küstner/Thume/*Schürr* Band 1 Kap. I Rn. 202; RGRK/*Würdinger* § 92b Anm. 1; Staub/Canaris/*Emde* § 92b Rn. 6.

689 BGH NJW 1986, 1869; OLG Frankfurt NJW 1970, 1882.

690 *Ankele* § 92b Rn. 16; *Herschel/Beine* S. 206; RGRK/*Würdinger* § 92b Anm. 1; Staub/Canaris/*Emde* § 92b Rn. 6; *Trinkhaus* S. 109; *Westphal* S. 27; *ders.* Vertriebsrecht Rn. 126; vgl. LG Frankfurt VersR 1989, 181, 182.

691 *Ankele* § 92b Rn. 16 und 18; *Trinkhaus* S. 109, der jedoch wiederum auch den Zeitaufwand bei der Frage nach der Wesentlichkeit berücksichtigen will; zustimmend *Bruck/Möller* Vor §§ 43–48 Anm. 15; in diese Richtung letztlich auch *Evers/Oberst* VW 2013, 51; MünchKomm/*von Hoyningen-Huene* § 92b Rn. 8; Schlegelberger/*Schröder* § 92b Rn. 2a; Staub/Canaris/*Emde* § 92b Rn. 5 f.; vgl. oben D.II.4.c).

692 Denkschrift zum Entwurf eines Handelsvertretergesetzes (Gesetz über die Rechtsverhältnisse der Handelsvertreter und Handelsreisenden), vorgelegt von *H. C. Nipperdey/Rolf Dietz*, Arbeitsberichte der Akademie für Deutsches Recht Nr. 17, Berlin 1940, S. 188, 191 und 193.

Vertreterin.[693] Auch aus der Begründung des Regierungsentwurfs geht eindeutig hervor, dass der Schaffung der Sonderregelung für den Handelsvertreter im Nebenberuf der Gedanke zugrunde lag, dass dieser Vertreter bestimmter Schutzvorschriften des Handelsvertreterrechts (allein) aus dem Grund nicht bedürfe, weil die Vertretertätigkeit nicht seine Existenzgrundlage darstelle.[694] Ist aber genau dies der Fall, darf die Sonderregelung auf den Vertreter nicht zur Anwendung kommen.

c) Rentner und Pensionäre

So wie eine berufsvorbereitende Tätigkeit als Hauptberuf grundsätzlich in Betracht kommt, kann auch ein der Berufsausübung (im Sinne einer Erwerbstätigkeit) nachfolgender Status im Rahmen der nach § 92b HGB vorzunehmenden Abgrenzung als hauptberuflich qualifiziert werden.[695] Bei dem hiermit angesprochenen Fall der Handelsvertretertätigkeit von Rentnern und Pensionären wird teilweise – zu Unrecht – vom Fehlen eines Hauptberufs gesprochen.[696] Der schon denknotwendig zu fordernde, aber zugleich dem Begriff nach weit auszulegende Hauptberuf[697] besteht hier streng genommen (lediglich) in dem Dasein als Rentner bzw. Pensionär. Dieser Sonderfall unterscheidet sich von den vorgenannten dadurch, dass unmittelbar mit der potentiell hauptberuflichen „Betätigung" der Zufluss von Einnahmen verbunden ist.

Es wurde bereits festgestellt, dass Pensions- und Rentenzahlungen nicht anders als sonstige Einkünfte des Vertreters zu behandeln und daher bei der Frage zu berücksichtigen sind, ob die Vertretertätigkeit haupt- oder nebenberuflich ausgeübt wird.[698]

Ob und ab welcher Höhe die Einkünfte des Rentners bzw. Pensionärs aus der Vertretertätigkeit diese zum Hauptberuf werden lassen, wird unterschiedlich beurteilt. *Von Hoyningen-Huene* misst der Höhe der Einkünfte aus der Vertretertätigkeit keinerlei Bedeutung bei; entscheidend sei allein, in welchem zeitlichen Umfang sich der Rentner oder Pensionär der Vertretertätigkeit widme, so dass diese nur dann hauptberuflich ausgeübt werde, wenn sie gegenüber dem Ruhestand überwiege.[699]

---

693 Vgl. Begr. zum Entwurf eines Gesetzes zur Änderung des Handelsgesetzbuches (Recht der Handelsvertreter), BT-Drucks. 1/3856 vom 15.11.1952, S. 42.

694 Begr. zum Entwurf eines Gesetzes zur Änderung des Handelsgesetzbuches (Recht der Handelsvertreter), BT-Drucks. 1/3856 vom 15.11.1952, S. 42 f.

695 Statt aller Baumbach/Hopt/*Hopt* § 92b Rn. 2; *Baums* BB 1986, 891, 893; Ebenroth/Boujong/*Löwisch* § 92b Rn. 4 f.

696 So *Ankele* § 92b Rn. 18; Staub/Canaris/*Emde* § 92b Rn. 6; *Trinkhaus* S. 109 f.; ähnlich auch Ebenroth/Boujong/*Löwisch* § 92b Rn. 4; Oetker/*Busche* § 92b Rn. 2; Schlegelberger/*Schröder* § 92b Rn. 2a und 2d; *ders.* INF 1977, 33, 35.

697 Vgl. oben D.II.1.c) und d).

698 Vgl. oben D.II.4.b)bb).

699 MünchKomm/*von Hoyningen-Huene* § 92b Rn. 9.

Gerade im Fall des Rentners bzw. Pensionärs erweist sich der den Tätigkeiten zuzuordnende Zeitumfang – über die oben[700] generell hierzu geäußerten Bedenken hinausgehend – als untaugliches Abgrenzungskriterium. Anders als bei einer Erwerbs-, Studien- oder häuslichen Tätigkeit handelt es sich bei dem Ruhestand als solchem sozusagen um einen Dauerzustand, dem sich der Betreffende nicht nur zu bestimmten Zeiten, sondern an sich permanent widmet. Eine Abgrenzung nach der Zeit, die auf den Ruhestand einerseits und auf die Vertretertätigkeit andererseits entfällt, ist somit nicht praktikabel.[701] Anderenfalls würde die Vertretertätigkeit so gut wie immer als nebenberuflich anzusehen sein, da die für sie eingesetzte Zeit die Zeit des Ruhestands, die letztlich der gesamten Zeit der Nichtausübung der Vertretertätigkeit entspricht, praktisch nie überschreiten wird.

Der ebenfalls geäußerte Gedanke, von einer nebenberuflichen Vertretertätigkeit dann auszugehen, wenn der Rentner bzw. Pensionär in die Vertretung weniger Zeit investieren muss als in den von ihm früher ausgeübten Beruf,[702] vernachlässigt, dass Gegenstand der Beurteilung die gegenwärtige Rechtsstellung des Handelsvertreters ist.[703] Vertreter- und potentielle Haupttätigkeit sind einander gegenüberzustellen und auf ihre aktuelle Bedeutung für die Lebensstellung des Betreffenden (aus Sicht der Verkehrsauffassung) zu hinterfragen.[704] Der in der Vergangenheit mit einer bestimmten Tätigkeit verbundene Zeitaufwand sagt nichts über die gegenwärtige Lebenssituation des Vertreters aus.

Folgerichtig werden daher die Einnahmen aus der Vertretertätigkeit als Abgrenzungskriterium herangezogen und der Rente bzw. Pension gegenübergestellt: Der Gesetzgeber ging von einer hauptberuflichen Vertretertätigkeit aus, wenn die hieraus erzielten Einnahmen über die Rente bzw. Pension hinausgehen.[705] Dieser Sichtweise haben sich zahlreiche Stimmen in der Literatur angeschlossen.[706]

Abweichend hiervon bedarf es auch an dieser Stelle einer noch differenzierteren Betrachtung, um zu sachgerechten Ergebnissen zu kommen. Bessert ein Rentner oder Pensionär mit den Einkünften aus der Vertretertätigkeit nur seine Rente bzw.

---

700 D.II.4.c)bb).

701 Vgl. Heymann/Horn/*Sonnenschein*/*Weitemeyer* § 92b Rn. 3; *Schröder* INF 1977, 33, 35; *Trinkhaus* S. 110.

702 So *Schröder* INF 1978, 401, 405.

703 Vgl. oben D.II.1.b).

704 Vgl. *Bruck*/*Möller* Vor §§ 43–48 Anm. 15; *Trinkhaus* S. 103 und 106 ff.

705 Begr. zum Entwurf eines Gesetzes zur Änderung des Handelsgesetzbuches (Recht der Handelsvertreter), BT-Drucks. 1/3856 vom 15.11.1952, S. 42.

706 Baumbach/Hopt/*Hopt* § 92b Rn. 2; *Herschel*/*Beine* S. 207 f.; Heymann/Horn/*Sonnenschein*/*Weitemeyer* § 92b Rn. 3; Koller/Kindler/*Roth* § 92b Rn. 2; *Küstner* BB 1966, 1212; Küstner/Thume/*Schürr* Band 1 Kap. I Rn. 202; *Möller* ZfV 1953, 89, 91; Röhricht/Graf von Westphalen/*Thume* § 92b Rn. 3; Schlegelberger/*Schröder* § 92b Rn. 2d; *ders.* INF 1977, 33, 35; Staub/Canaris/*Emde* § 92b Rn. 6; in diesem Sinne wohl auch Oetker/*Busche* § 92b Rn. 2.

Pension geringfügig auf, ist er nebenberuflich tätig.[707] In diesem Fall bilden die Renten- oder Pensionszahlungen die faktische Grundlage für die wirtschaftliche Existenz des Vertreters, ohne dass insoweit ein Rückgriff auf die Provisionseinnahmen erforderlich ist.[708] Leisten die Einnahmen aus der Vertretertätigkeit aber – verglichen mit den übrigen Einkünften – einen „wesentlichen Beitrag“ zur Sicherung der Existenz des Vertreters, darf diese Tätigkeit angesichts ihrer wirtschaftlichen Bedeutung für den Vertreter nach der Verkehrsauffassung nicht als bloßer Nebenberuf betrachtet werden.[709] Bei der Frage nach der Wesentlichkeit im vorgenannten Sinne handelt es sich naturgemäß um eine Wertungsentscheidung,[710] die danach zu treffen ist, ob die Vertretertätigkeit mehr als einen nur unbedeutenden Beitrag zur Bestreitung des Lebensunterhalts des Vertreters leistet und somit hauptberuflich ausgeübt wird.[711]

5. Abgrenzung bei Handelsvertretertätigkeit von juristischen Personen und Personengesellschaften

Schließlich stellen sich bei der Handelsvertretertätigkeit von juristischen Personen und rechtsfähigen Personengesellschaften besondere Fragen im Hinblick auf eine etwaige nebenberufliche Ausübung dieser Tätigkeit.

a) Juristische Personen und Personengesellschaften als Handelsvertreter im Nebenberuf

Früher wurde vereinzelt die Auffassung vertreten, dass nur natürliche Personen als Handelsvertreter im Nebenberuf in Betracht kommen, nicht aber juristische Personen und im eigenen Namen handelnde Personengesamtheiten.[712]

Begründet wurde dies zum Teil damit, dass die Unterscheidung zwischen Haupt- und Nebenberuf in § 92b HGB allein für natürliche Personen gedacht sei; bei einer Handelsgesellschaft dürfe man nicht danach differenzieren, ob sie auch ohne die von ihr ausgeübte Handelsvertretung existieren könne, da ihr alleiniger „Beruf“

---

707 *Ankele* § 92b Rn. 18; *Bruck/Möller* Vor §§ 43–48 Anm. 15; *Herschel/Beine* S. 206; *Küstner* VW 2002, 1793; RGRK/*Würdinger* § 92b Anm. 1; *Trinkhaus* S. 110; *Westphal* S. 27; *ders.* Vertriebsrecht Rn. 126.

708 *Ankele* § 92b Rn. 18; vgl. auch Denkschrift zum Entwurf eines Handelsvertretergesetzes (Gesetz über die Rechtsverhältnisse der Handelsvertreter und Handelsreisenden), vorgelegt von *H. C. Nipperdey/Rolf Dietz*, Arbeitsberichte der Akademie für Deutsches Recht Nr. 17, Berlin 1940, S. 188 ff.

709 *Bruck/Möller* Vor §§ 43–48 Anm. 15; *Trinkhaus* S. 110; vgl. *Ankele* § 92b Rn. 18.

710 Vgl. *Emde* § 92b Rn. 6; Oetker/*Busche* § 92b Rn. 2.

711 *Trinkhaus* S. 109 f.

712 So *Brüggemann* ZHR 131, 1, 9; *Trinkhaus* S. 107; vgl. auch *ders.* S. 44 f. und 87.

darin bestehe, das verselbstständigte Kapital gewinnbringend arbeiten, insbesondere durch Eingliederung neuer Kapazitäten wachsen zu lassen.[713]

Gegen diese – inzwischen aufgegebene[714] – Ansicht spricht, dass nicht nur bei den im eigenen Namen handelnden Personengesellschaften, sondern auch bei den juristischen Personen weniger der Einsatz oder die „Arbeit" des Kapitals, sondern die Tätigkeit der für sie handelnden und sie repräsentierenden Organe und Arbeitnehmer im Vordergrund steht.[715] Dies macht zugleich die „berufliche" Tätigkeit der Handelsgesellschaft aus, unabhängig von der Tatsache, dass es sich bei ihr um eine Kapitalgesellschaft handelt.

Vor allem aber differenziert die Sonderregelung des § 92b HGB ihrem Wortlaut nach nicht nach der Rechtsform, in welcher der Betreffende seiner nur im Nebenberuf ausgeübten Tätigkeit als Handelsvertreter nachgeht.[716] Die Anwendung der Norm ist damit ebenso wenig wie die des § 84 HGB auf natürliche Personen beschränkt.[717]

Sinn und Zweck des § 92b HGB gebieten ebenfalls nicht, eine Gesellschaft, die sich neben ihrer Vertretertätigkeit noch einem oder mehreren anderen Geschäftszweigen widmet, vom Anwendungsbereich der Norm generell auszunehmen. Ist nämlich die Tätigkeit der Gesellschaft als Handelsvertreter gegenüber einem anderen geschäftlichen Betätigungsfeld in wirtschaftlicher Hinsicht nur als Nebenberuf i.S. des § 92b HGB zu qualifizieren, bedarf diese Gesellschaft nicht der Schutzvorschriften für den hauptberuflichen Handelvertreter in §§ 87a Abs. 1 S. 2 und 89 HGB.[718] Natürliche Personen und juristische Personen bzw. Personengesellschaften in dieser Frage aus dem Grund ungleich zu behandeln, weil Letztere der Vertretertätigkeit nicht zur Bestreitung ihres „Lebensunterhalts" bedürfen,[719] würde vernachlässigen, dass auch diese Rechtssubjekte darauf angewiesen sind, mit den Einnahmen aus ihrer geschäftlichen Tätigkeit ihre wirtschaftliche Existenz zu sichern, wobei jedoch nicht alle Geschäftszweige von existenzieller Bedeutung für die Gesellschaft sein müssen.[720]

---

713 *Brüggemann* ZHR 131, 1, 9 ff.

714 *Emde* HV-GmbH S. 70; *ders.* GmbHR 1999, 1005, 1009; Staub/Canaris/*ders.* § 92b Rn. 4; Staub-Vorauflage/*Brüggemann* § 92b Rn. 1 Fn. 1.

715 So zu Recht *Emde* HV-GmbH S. 70; *ders.* GmbHR 1999, 1005, 1009; Staub/Canaris/*ders.* § 92b Rn. 4.

716 Ebenroth/Boujong/*Löwisch* § 92b Rn. 2; *Emde* HV-GmbH S. 70; *ders.* GmbHR 1999, 1005, 1009; Heymann/Horn/*Sonnenschein*/*Weitemeyer* § 92b Rn. 5; MünchKomm/*von Hoyningen-Huene* § 92b Rn. 12; Oetker/*Busche* § 92b Rn. 1; Staub/Canaris/*Emde* § 92b Rn. 4.

717 Siehe nur Baumbach/Hopt/*Hopt* § 84 Rn. 7 ff.

718 So auch *Emde* HV-GmbH S. 70; *ders.* GmbHR 1999, 1005, 1009; Staub/Canaris/*ders.* § 92b Rn. 4.

719 In diesem Sinne *Trinkhaus* S. 87 und 107.

720 Vgl. *Ahle* DB 1963, 227.

Es ist daher heute allgemeine Meinung, dass sowohl juristische Personen wie eine GmbH oder AG als auch rechtsfähige Personengesellschaften wie eine OHG oder KG nebenberufliche Handelsvertreter sein können.[721]

Selbstverständlich setzt die Annahme einer Vertretertätigkeit im Nebenberuf notwendigerweise voraus, dass die betreffende Gesellschaft neben ihrer vorrangigen Erwerbstätigkeit einer Tätigkeit nachgeht, die alle Voraussetzungen des § 84 Abs. 1 HGB erfüllt und damit als Vertretertätigkeit zu qualifizieren ist.[722] Insbesondere bedarf es einer ständigen Betrauung i.S. des § 84 Abs. 1 S. 1 HGB, was voraussetzt, dass die Gesellschaft sich während der Dauer des Handelsvertreterverhältnisses laufend um die Herbeiführung von Geschäftsabschlüssen für einen anderen Unternehmer bemühen muss, dessen Interessen sie mit ihrer Tätigkeit zu verfolgen hat.[723] Dies wird zweifelhaft sein, wenn eine Handelsgesellschaft in erster Linie eigene Waren auf dem Markt platziert und zusätzlich allein in ihrem eigenen Interesse Waren eines anderen Unternehmers für diesen gegen Provision vertreibt, etwa um durch eine Ergänzung des eigenen Warensortiments eine höhere Kundenbindung zu erreichen.[724] In einer solchen Konstellation fehlt es an einer vorrangig auf die Wahrnehmung fremder Interessen gerichteten Tätigkeit durch die als Absatzmittlerin handelnde Gesellschaft, so dass eine Handelsvertretertätigkeit i.S. des § 84 Abs. 1 HGB ausscheidet, selbst wenn die Vertragsgestaltung der Parteien im Übrigen auf einen Handelsvertretervertrag hindeutet.[725]

Hingegen bestehen keine grundsätzlichen Bedenken dagegen, bei einem Kreditinstitut, welches nebenbei Versicherungs- oder Bausparverträge vermittelt, eine Handelsvertretereigenschaft i.S. der §§ 84 Abs. 1, 92 Abs. 1 HGB anzunehmen,[726] so dass in der Folge nach den allgemeinen Grundsätzen zwischen Haupt- und Nebenberuf abgegrenzt werden kann. Hierbei wird allerdings genau zu prüfen sein, ob nach der Verkehrsauffassung und vor allem in der Anschauung der Kunden der Vertrieb von Krediten und Geldanlagen einerseits und die Vermittlung von Versicherungen

---

721 *Ahle* DB 1963, 227; Baumbach/Hopt/*Hopt* § 92b Rn. 1; *Bruck/Möller* Vor §§ 43–48 Anm. 15; *Duden* § 92b Anm. 1) C; Ebenroth/Boujong/*Löwisch* § 92b Rn. 2; *Emde* HV-GmbH S. 70; *ders.* GmbHR 1999, 1005, 1009; Heymann/Horn/*Sonnenschein/Weitemeyer* § 92b Rn. 5; Koller/Kindler/*Roth* § 92b Rn. 2; *Küstner* BB 1966, 1212, 1213 f.; Küstner/Thume/*Schürr* Band 1 Kap. I Rn. 215 ff. und 224; *Martin* VersR 1967, 824, 826; *Möller* ZfV 1955, 2; MünchKomm/*von Hoyningen-Huene* § 92b Rn. 12; Oetker/*Busche* § 92b Rn. 1; *o.V.* VW 1961, 551, 552; Röhricht/Graf von Westphalen/*Thume* § 92b Rn. 6; Schlegelberger/*Schröder* § 92b Rn. 1; Staub/Canaris/*Emde* § 92b Rn. 4; vgl. auch *Beenken/Reckenfelderbäumer* VW 2006, 76.

722 *Küstner* BB 1966, 1212, 1213; Küstner/Thume/*Schürr* Band 1 Kap. I Rn. 216.

723 Vgl. oben B.I.2.

724 Küstner/Thume/*Schürr* Band 1 Kap. I Rn. 217 ff.

725 Küstner/Thume/*Schürr* Band 1 Kap. I Rn. 218 f.

726 OLG Hamm VersR 1982, 337; *Bruck/Möller* Vor §§ 43–48 Anm. 15 und 180; *Specks* S. 74; zweifelnd *Küstner* BB 1966, 1212, 1213 f.; Küstner/Thume/*Schürr* Band 1 Kap. I Rn. 220.

und Bausparverträgen andererseits im Einzelfall als einheitliche (hauptberufliche) Tätigkeit des Kreditinstituts erscheinen, z. B. bei einer umfassenden, die gesamte Finanz- und Vermögensplanung eines Kunden erfassenden Beratung durch das Institut.[727]

b) „Organisationsverträge" zwischen Versicherungsgesellschaften

Ein bedeutender, in der Literatur diskutierter Anwendungsfall der nebenberuflichen Handelsvertretertätigkeit juristischer Personen oder Personengesellschaften ist der Abschluss eines sog. Organisationsvertrages zwischen zwei Versicherungsgesellschaften.[728] Durch eine solche – zum Teil auch als Organisationsgemeinschaftsvertrag[729] bezeichnete – Vereinbarung verpflichten sich zwei Versicherer wechselseitig, mit dem eigenen Außendienst Versicherungsverträge aus dem Geschäftsbereich des jeweils anderen Versicherers für diesen zu vertreiben.[730] Hintergrund dieser vertraglichen Konstruktion ist, dass beide Versicherer auf diese Weise den Außendienst des anderen Versicherers gewinnbringend für sich arbeiten lassen und zusätzlich aus der Vermittlungstätigkeit des eigenen Außendienstes Provisionseinkünfte erzielen können.[731]

Eine nebenberufliche Vertretertätigkeit des an einer derartigen Vertriebsgestaltung beteiligten Versicherers kommt aber nur dann in Betracht, wenn er insoweit tatsächlich als Handelsvertreter bzw. Versicherungsvertreter i.S. der §§ 84 Abs. 1, 92 Abs. 1 HGB anzusehen ist.[732] Die für die jeweilige Versicherungsgesellschaft ihrerseits tätigen Versicherungsvertreter sind in diesem Fall in rechtlicher Hinsicht als Untervertreter zu qualifizieren, vgl. § 84 Abs. 3 HGB.[733] Liegen die Voraussetzungen der §§ 84 Abs. 1, 92 Abs. 1 HGB vor, wird die Vermittlungstätigkeit des jeweiligen Versicherers nach wohl herrschender Auffassung als Nebenberuf i.S. des § 92b HGB betrachtet, so dass er nach Beendigung des Organisationsvertrages keinen Ausgleichsanspruch gemäß § 89b HGB geltend machen kann.[734]

---

727 *Beenken/Reckenfelderbäumer* VW 2006, 76.

728 Ausführlich hierzu insbesondere Küstner/Thume/*Schürr* Band 1 Kap. I Rn. 221 ff.

729 So *Bruck/Möller* Vor §§ 43–48 Anm. 383; *Küstner* BB 1966, 1212, 1214 Fn. 15; *Möller* ZfV 1955, 2, 3; *Trinkhaus* S. 45; vgl. auch § 92a Abs. 2 S. 1 HGB.

730 Küstner/Thume/*Schürr* Band 1 Kap. I Rn. 221 f.; *Möller* ZfV 1955, 2; Röhricht/Graf von Westphalen/*Thume* § 92b Rn. 6; *Specks* S. 74; vgl. *Küstner* BB 1966, 1212, 1214 Fn. 14.

731 Küstner/Thume/*Schürr* Band 1 Kap. I Rn. 221; *Möller* ZfV 1955, 2.

732 Küstner/Thume/*Schürr* Band 1 Kap. I Rn. 222 f.; vgl. oben D.III.5.a).

733 Küstner/Thume/*Schürr* Band 1 Kap. I Rn. 225; *Möller* ZfV 1955, 2; *Trinkhaus* S. 45.

734 Küstner/Thume/*Schürr* Band 1 Kap. I Rn. 222 und 224 unter Verweis auf die Übergewichtstheorie; Röhricht/Graf von Westphalen/*Thume* § 92b Rn. 6; *Specks* S. 74; a.A. *Bruck/Möller* Vor §§ 43–48 Anm. 383; *Möller* ZfV 1955, 2, 3; kritisch auch Staub/Canaris/*Emde* § 92b Rn. 4 Fn. 5.

Diese Einordnung muss jedoch schon der praktisch bedeutsamen Einschränkung unterliegen, dass die durch die Versicherungsgesellschaft ausgeübte Vermittlungstätigkeit und ihre eigentliche Tätigkeit als Versicherer nicht in demselben Versicherungszweig erfolgen dürfen.[735] Denn dann ist angesichts der branchenmäßigen Verbindung von einem engen wirtschaftlichen Zusammenhang[736] beider Tätigkeiten ausgehen, der eine nebenberufliche Vertretertätigkeit i.S. des § 92b HGB ausschließt. Eine Aufspaltung in Haupt- und Nebenberuf entspräche in diesem Fall nicht der Verkehrsauffassung. Nur bei einer Tätigkeit des Versicherers in unterschiedlichen Zweigen der Versicherungswirtschaft, z.B. Vertrieb von Lebensversicherungen als Versicherer sowie Vermittlung von Sachversicherungen als Versicherungsvertreter,[737] kann sich folglich die hier maßgebliche Abgrenzungsfrage stellen.[738] Im Unterschied zu dem Fall des Mehrbranchen-Vertreters[739] fehlt es bei einer derartigen Tätigkeit des Versicherers an einer einheitlich zu beurteilenden Vertretertätigkeit, da er nur zum Teil als Vermittler, nämlich für den anderen Versicherer tätig wird. Da mit seiner originären Tätigkeit als Versicherer nach wie vor eine vertreterfremde Tätigkeit vorliegt (insoweit ist der Versicherer nicht Vertreter, sondern ggf. selbst Unternehmer im Sinne der §§ 84 Abs. 1, 92 Abs. 1 HGB), ist eine Einordnung seiner Vermittlungstätigkeit für den anderen Versicherer als Nebenberuf möglich.

c) Anwendung der Abgrenzungskriterien der Übergewichtstheorie

Nicht nur in der Fallkonstellation, dass zwei Versicherungsgesellschaften durch einen Organisationsvertrag miteinander verbunden sind, sondern auch in den übrigen Fällen einer durch juristische Personen oder Personengesellschaften ausgeübten Handelsvertretertätigkeit bedürfen die Einzelheiten der Abgrenzung zwischen haupt- und nebenberuflicher Tätigkeit näherer Betrachtung.

Hervorzuheben ist zunächst, dass für die Abgrenzung einzig und allein die der Handelsgesellschaft zuzuordnende Tätigkeit entscheidend ist, nicht etwa die ihrer Gesellschafter bzw. Organe in persönlicher Hinsicht.[740] Maßgebend muss sein, was der Gesellschaft zuzurechnen ist.

Wendet man die Abgrenzungskriterien der Übergewichtstheorie auf die Vertretertätigkeit einer Handelsgesellschaft an, so ist für eine hauptberufliche Ausübung dieser Tätigkeit zu verlangen, dass die für die Gesellschaft handelnden Organe und

735 In diesem Sinne letztlich auch Küstner/Thume/*Schürr* Band 1 Kap. I Rn. 222; ähnlich *Möller* ZfV 1955, 2; *Trinkhaus* S. 45.
736 Vgl. hierzu oben D.II.3.a).
737 *Möller* ZfV 1955, 2; *Trinkhaus* S. 45.
738 Küstner/Thume/*Schürr* Band 1 Kap. I Rn. 222.
739 Vgl. oben D.III.2.b).
740 Vgl. *Martin* VersR 1967, 824, 826.

Arbeitnehmer[741] mehr Zeit in die Vertretertätigkeit als in das sonstige geschäftliche Betätigungsfeld der Gesellschaft investieren und aus der Vertretertätigkeit auch die überwiegenden Einnahmen der Gesellschaft resultieren.[742]

Die bereits allgemein gegenüber einer starren Anwendung der Übergewichtstheorie geäußerten Bedenken[743] sind auch hier durchschlagend. Sie vernachlässigt die Bedeutung der Vertretertätigkeit bzw. der hieraus erzielten Einkünfte für die Sicherung der wirtschaftlichen Existenz der Gesellschaft und kann daher im Einzelfall zu unangemessenen und mit dem Normzweck des § 92b HGB unvereinbaren Ergebnissen führen.

Darüber hinaus bringt die Anwendung der Übergewichtstheorie weitere denkbare Abgrenzungsprobleme in der Praxis mit sich. Hinsichtlich des Kriteriums der zeitlich überwiegenden Tätigkeit bleibt unklar, auf welche Person(en) bei mehreren Organen, Arbeitnehmern oder sonstigen Repräsentanten der Gesellschaft, welche alle für diese nach außen hin tätig werden, abzustellen ist. Übt z. B. von zwei persönlich haftenden Gesellschaftern einer OHG oder von zwei Geschäftsführern einer GmbH nur der eine die Vertretertätigkeit (für die Gesellschaft handelnd) aus, während der andere in nahezu gleichem zeitlichen Umfang einer sonstigen Tätigkeit für die OHG bzw. GmbH nachgeht, wird die Abgrenzung erhebliche Probleme bereiten. Gleiches gilt, wenn sich mehrere Repräsentanten der Gesellschaft in jeweils unterschiedlichem Umfang der Vertretertätigkeit widmen. Soll dann eine Gesamtbetrachtung der Tätigkeit sämtlicher Personen ausschlaggebend sein in der Weise, dass die von ihnen für die jeweilige Tätigkeit aufgewendete Zeit addiert und sodann der (Gesamt-) Zeitaufwand für die Vertretertätigkeit dem für die sonstige Tätigkeit gegenübergestellt wird; oder soll es auf die Anzahl der mit der Vertretertätigkeit betrauten Personen innerhalb der Gesellschaft ankommen?[744] An dieser Stelle zeigt sich in besonderem Maße die Gefahr, dass das Abstellen auf das zeitliche Überwiegen der Vertretertätigkeit als unabdingbares Merkmal für Hauptberuflichkeit zu willkürlichen Ergebnissen führen kann, deren Konformität mit dem Regelungsgedanken des § 92b HGB letztlich auch vom Zufall abhängt.

Die aufgezeigten Abgrenzungsprobleme treten in gleicher Weise auf, wenn man für maßgebend erachtet, ob die Vertretertätigkeit hinter der sonstigen geschäftlichen Betätigung der Gesellschaft zurückbleibt,[745] womit ebenfalls ersichtlich auf den Zeitumfang der jeweiligen Tätigkeiten rekurriert werden soll.

---

741 Vgl. *Ahle* DB 1963, 227; vgl. auch *Emde* HV-GmbH S. 70; *ders.* GmbHR 1999, 1005, 1009; Staub/Canaris/*ders.* § 92b Rn. 4.

742 Vgl. *Bruck/Möller* Vor §§ 43–48 Anm. 15; *Küstner* BB 1966, 1212, 1214; Küstner/Thume/*Schürr* Band 1 Kap. I Rn. 220.

743 Vgl. oben D.II.4.c).

744 Vgl. *Ahle* DB 1963, 227, der Nebenberuflichkeit u. a. dann annimmt, wenn „nur ein oder zwei Angestellte einer größeren Gesellschaft sich mit der Vertretung für das Unternehmen befaßten".

745 Staub/Canaris/*Emde* § 92b Rn. 4.

Im Ergebnis ist also auch bei juristischen Personen und Personengesellschaften nach der wirtschaftlichen Bedeutung der von ihnen ausgeübten Vertretertätigkeit zu fragen.[746] Dazu ist der Grundgedanke der Wesentlichkeitstheorie sinngemäß auf die Tätigkeit der Handelsgesellschaft anzuwenden.[747] Hiernach wird man jedenfalls dann Hauptberuflichkeit annehmen müssen, wenn die Gesellschaft ohne die Einkünfte aus der Vertretertätigkeit als insolvenzreif anzusehen wäre, d.h. mit Zahlungsunfähigkeit, drohender Zahlungsunfähigkeit und/oder Überschuldung ein Insolvenzeröffnungsgrund gegeben wäre, §§ 17 ff. InsO.[748] In diesem Fall leisten die Provisionseinkünfte nämlich einen wesentlichen und unverzichtbaren Beitrag für die wirtschaftliche Existenz der Gesellschaft.

6. Sonstige Einzelfälle

Der Vollständigkeit halber seien an dieser Stelle noch einige Einzelfälle erwähnt, bei denen die Literatur typischerweise[749] eine Handelsvertretertätigkeit im Nebenberuf i.S. des § 92b HGB als gegeben ansieht. Nach der hier vertretenen Auffassung bestehen jedoch – wie bereits dargelegt – erhebliche Bedenken gegen eine pauschalierende und ohne Rücksicht auf den konkreten Einzelfall vorgenommene Einordnung der Vertretertätigkeit als nebenberuflich. Letztlich sind also auch die nachfolgend genannten Anwendungsfälle nach den zuvor erörterten Grundsätzen zu entscheiden.

Als Beispiele für nebenberufliche Vertreter werden insbesondere Beamte und Angestellte genannt, die nebenbei eine Vertretertätigkeit, oftmals in Form der Vermittlung von Versicherungsverträgen, ausüben.[750] Dem ist zumindest insofern zuzustimmen, als die Vertretertätigkeit eines Beamten, welcher dieser lediglich nach Beendigung seiner regulären täglichen Dienstzeit[751] nachgeht, im Regelfall als nebenberuflich i.S. des § 92b HGB zu qualifizieren sein wird.[752] Bei Beamten und

---

746 Vgl. *Trinkhaus* S. 106 ff. und oben D.II.4.c).

747 Vgl. auch Staub-Vorauflage/*Brüggemann* § 92b Rn. 1.

748 Vgl. nur BGH NJW 2001, 1490, 1491 f.

749 Staub/Canaris/*Emde* § 92b Rn. 6.

750 Baumbach/Hopt/*Hopt* § 92b Rn. 2; *Baums* BB 1986, 891, 893; Ebenroth/Boujong/*Löwisch* § 92b Rn. 2 und 5; Heidel/Schall/*Keßler* § 92b Rn. 3; MünchKomm/*von Hoyningen-Huene* § 92b Rn. 9; Oetker/*Busche* § 92b Rn. 2; Röhricht/Graf von Westphalen/*Thume* § 92b Rn. 3; *Schröder* INF 1977, 33, 34 f.; *ders.* INF 1978, 401, 404; *Specks* S. 73; Staub/Canaris/*Emde* § 92b Rn. 6; *Trinkhaus* S. 107; *Westphal* Vertriebsrecht Rn. 126; vgl. Küstner/Thume/*Schürr* Band 1 Kap. I Rn. 206.

751 Zur wettbewerbsrechtlichen (Un-)Zulässigkeit der nebenberuflichen Vermittlung von Versicherungsverträgen durch Angehörige des öffentlichen Dienstes während der Dienstzeit BGH WRP 1994, 504 ff.; Küstner/Thume/*Schürr* Band 1 Kap. I Rn. 211 ff.

752 Siehe nur MünchKomm/*von Hoyningen-Huene* § 92b Rn. 9; Staub/Canaris/*Emde* § 92b Rn. 6; *Trinkhaus* S. 107.

Angestellten im öffentlichen Dienst ist zusätzlich zu beachten, dass zur Ausübung einer Vertretertätigkeit als entgeltliche Nebentätigkeit eine vorherige Genehmigung seitens des Dienstherrn erforderlich sein kann, vgl. etwa §§ 99 ff. BBG.[753]

Gegenstand der öffentlichen Diskussion war in jüngerer Vergangenheit die Nebentätigkeit von öffentlich Bediensteten für die Debeka-Gruppe: Dieser Versicherer soll zahllosen Beamten (intern als „Vertrauensmitarbeiter" bezeichnet) über Jahrzehnte hinweg Provisionen dafür gezahlt haben, dass sie – so der Vorwurf – unter Verletzung des Dienstgeheimnisses Namen und Kontaktdaten vor allem junger, neu ihren Dienst antretenden Kollegen an die Debeka übermitteln, damit diese an die betreffenden Personen zum Zwecke der Abschlusses von Versicherungen herantreten kann.[754] Ausweislich der Berichterstattung waren die hierfür gewonnenen Beamten jedoch nicht als Versicherungsvermittler im eigentlichen Sinne, sondern (nur) als sog. „Tippgeber" für die Debeka tätig. Deren Aufgabe reduziert sich auf die Herstellung des Kontakts zwischen einem potentiellen Versicherungsnehmer und einem Versicherungsvermittler bzw. Versicherer, wodurch Letzterem die Möglichkeit zum Abschluss eines Versicherungsvertrages eröffnet wird.[755] Eine Versicherungsvermittlung, die auf einen konkreten Vertragsabschluss abzielen muss, liegt in diesem Fall nicht vor.[756]

Nebenberuflichkeit wird außerdem angenommen bei Personen, die einer Vertretung sozusagen übergangsweise anstelle ihrer nur saisonal ausgeübten Tätigkeit nachgehen, z. B. Saisonarbeiter, Bergführer und Skilehrer.[757] In diesen Fallgestaltungen kommt zwar prinzipiell eine nebenberufliche Vertretertätigkeit in Betracht, da das Erfordernis der Ausübung eines Hauptberufs nicht verlangt, dass haupt- und nebenberufliche Tätigkeit gleichzeitig ausgeübt werden.[758] Hierbei sollte dann allerdings – wie auch sonst – besonderes Augenmerk auf die Frage gelegt werden, ob der Betreffende der übergangsweise erzielten Provisionseinkünfte zur Sicherung seiner wirtschaftlichen Existenz zwingend bedarf.

---

753 *Bruck/Möller* Vor §§ 43–48 Anm. 180.

754 Siehe nur Artikel des *Handelsblatts* vom 04.12.2013, online abrufbar unter http://www.handelsblatt.com/unternehmen/versicherungen/versicherungsvertrieb-die-chronik-der-debeka-affaere-und-die-belege/9156098.html.

755 BGH VersR 2014, 497, 499; Tettinger/Wank/*Ennuschat* § 34d Rn. 22.

756 Statt vieler BGH VersR 2014, 497, 499.

757 Baumbach/Hopt/*Hopt* § 92b Rn. 2; Ebenroth/Boujong/*Löwisch* § 92b Rn. 5; Heymann/Horn/*Sonnenschein*/*Weitemeyer* § 92b Rn. 3; MünchKomm/*von Hoyningen-Huene* § 92b Rn. 9; RGRK/*Würdinger* § 92b Anm. 1; Staub/Canaris/*Emde* § 92b Rn. 6.

758 Ebenroth/Boujong/*Löwisch* § 92b Rn. 4; Heymann/Horn/*Sonnenschein*/*Weitemeyer* § 92b Rn. 3; Koller/Kindler/*Roth* § 92b Rn. 2; Staub/Canaris/*Emde* § 92b Rn. 6; vgl. oben D.II.1.c).

Ferner werden als Beispiele für Vertreter im Nebenberuf u.a. Kraftfahrzeughändler,[759] Reisebüros,[760] Landwirte,[761] Garderobenfrauen[762] sowie Sparkassenzweigstellenleiter[763] genannt, die nebenbei als Handelsvertreter tätig sind. Insbesondere wenn diese Vertretung in der Vermittlung von Versicherungen besteht, wird eingehend zu prüfen sein, ob ein enger wirtschaftlicher bzw. branchenspezifischer Zusammenhang zwischen den Tätigkeiten gegeben ist, der einer Vertretertätigkeit im Nebenberuf entgegensteht. Dies ist z.B. dann zu bejahen, wenn ein Kraftfahrzeughändler im Rahmen der Veräußerung eines Fahrzeugs dem Käufer zugleich die Haftpflichtversicherung oder ein Reisebüro dem Kunden zu dem mit ihm abgeschlossenen Reisevertrag eine Gepäckversicherung vermittelt.[764] Dass hierbei die Vermittlung des zusätzlichen Vertrages eine „Maßnahme des Kundendienstes" darstellt und die Vertretertätigkeit nur „bei Gelegenheit des Hauptgeschäftes" erfolgt,[765] steht der Annahme eines engen wirtschaftlichen Zusammenhangs nicht entgegen, sondern ist vielmehr Beleg für die Verbundenheit beider Tätigkeiten bzw. das einheitliche Auftreten des Vertreters gegenüber den Kunden.[766] Dieser „Kundenservice" trägt dem Umstand Rechnung, dass die von dem Gewerbetreibenden in seiner Eigenschaft als Handelsvertreter angebotene Leistung eine notwendige oder doch zumindest typische Ergänzung

---

759 *Ankele* § 92b Rn. 15; *Beenken/Reckenfelderbäumer* VW 2006, 76; *Bruck/Möller* Vor §§ 43–48 Anm. 180; Heidel/Schall/*Keßler* § 92b Rn. 3; Heymann/Horn/*Sonnenschein/Weitemeyer* § 92b Rn. 3; *Küstner* VW 2002, 1793; MünchKomm/*von Hoyningen-Huene* § 92b Rn. 9; RGRK/*Würdinger* § 92b Anm. 1; Staub/Canaris/*Emde* § 92b Rn. 6; *Trinkhaus* S. 107.

760 *Beenken/Reckenfelderbäumer* VW 2006, 76; Heymann/Horn/*Sonnenschein/Weitemeyer* § 92b Rn. 3; MünchKomm/*von Hoyningen-Huene* § 92b Rn. 9; RGRK/*Würdinger* § 92b Anm. 1; *Specks* S. 74; Staub/Canaris/*Emde* § 92b Rn. 6.

761 *Ankele* § 92b Rn. 15; Baumbach/Hopt/*Hopt* § 92b Rn. 2; *Trinkhaus* S. 107; siehe bereits Denkschrift zum Entwurf eines Handelsvertretergesetzes (Gesetz über die Rechtsverhältnisse der Handelsvertreter und Handelsreisenden), vorgelegt von *H. C. Nipperdey/Rolf Dietz*, Arbeitsberichte der Akademie für Deutsches Recht Nr. 17, Berlin 1940, S. 188.

762 RGRK/*Würdinger* § 92b Anm. 1; Staub/Canaris/*Emde* § 92b Rn. 6; *Trinkhaus* S. 107.

763 Baumbach/Hopt/*Hopt* § 92b Rn. 2; Staub/Canaris/*Emde* § 92b Rn. 6.

764 A.A. (für nebenberufliche Vertretertätigkeit) *Ankele* § 92b Rn. 15; *Beenken/Reckenfelderbäumer* VW 2006, 76: „Annexvertriebe"; Ebenroth/Boujong/*Löwisch* § 92b Rn. 5; Heidel/Schall/*Keßler* § 92b Rn. 3; Heymann/Horn/*Sonnenschein/Weitemeyer* § 92b Rn. 3; *Küstner* VW 2002, 1793; MünchKomm/*von Hoyningen-Huene* § 92b Rn. 9; RGRK/*Würdinger* § 92b Anm. 1; *Specks* S. 74; Staub/Canaris/*Emde* § 92b Rn. 6; vgl. auch oben D.III.2.b).

765 So jedenfalls RGRK/*Würdinger* § 92b Anm. 1; Staub/Canaris/*Emde* § 92b Rn. 6; in diesem Sinne ebenfalls Heymann/Horn/*Sonnenschein/Weitemeyer* § 92b Rn. 3; *Küstner* VW 2002, 1793; MünchKomm/*von Hoyningen-Huene* § 92b Rn. 9; vgl. auch *Küstner* BB 1966, 1212, 1214; Küstner/Thume/*Schürr* Band 1 Kap. I Rn. 229 für den Fall des Waren- und Versicherungsvermittlers, siehe oben D.III.2.b).

766 Vgl. BGH NJW-RR 2007, 1286, 1288.

seiner „Hauptleistung" darstellt; er versetzt diesen dadurch u.U. erst in die Lage, sein Gewerbe insgesamt wirtschaftlich rentabel betreiben zu können.[767]

Schließlich soll es sich auch bei einem sog. Sammelbesteller, d. h. einem Vertreter, der für ein Versandhaus mittels des Versandhauskatalogs Kaufverträge mit mehreren Kunden zur gemeinsamen Nutzung der gewährten Mengenrabatte vermittelt, regelmäßig um einen Handelsvertreter im Nebenberuf handeln.[768]

IV. Vertragliche Gestaltungsmöglichkeiten

Vor dem Hintergrund der dargelegten Abgrenzungsproblematik drängt sich die Frage auf, ob und inwieweit die Parteien die Möglichkeit haben, die Abgrenzung zwischen haupt- und nebenberuflicher Handelsvertretertätigkeit durch vertragliche Regelungen zu beeinflussen. Einige Autoren sprechen die Empfehlung aus, im Handelsvertretervertrag die Frage der Ausübung der Vertretertätigkeit im Haupt- oder Nebenberuf einer präzisen Regelung zuzuführen, um dahingehenden Unklarheiten im späteren Verlauf des Vertragsverhältnisses vorzubeugen.[769]

1. Individualvereinbarung zwischen Unternehmer und Handelsvertreter über die Haupt- und Nebenberuflichkeit

Eine der Klarstellung des rechtlichen Status des Handelsvertreters dienende individualvertragliche Regelung zwischen den Parteien ist in unterschiedlicher Form vorstellbar.

Neben einer schlichten vertraglichen Festlegung, dass der Handelsvertreter die Rechtsstellung eines Handelsvertreters im Nebenberuf gemäß § 92b HGB innehaben soll,[770] sind detaillierte Parteivereinbarungen zur Thematik der Haupt- und Nebenberuflichkeit denkbar.

Thume schlägt folgende vertragliche Regelung vor:[771]

---

767 Vgl. *Baums* BB 1986, 891, 893 f.; *Beenken/Reckenfelderbäumer* VW 2006, 76; Ebenroth/Boujong/*Löwisch* § 92b Rn. 6; *Küstner* VW 2002, 1793; vgl. oben D.II.3.a).

768 So unter Anwendung der Übergewichtstheorie Küstner/Thume/*Schürr* Band 1 Kap. I Rn. 230 m.w.N.

769 Baumbach/Hopt/*Hopt* § 92b Rn. 2; Ensthaler/*Genzow* § 92b Rn. 6; *Escher* BB 1999, 72, 73; Giesler/*Klapperich* § 2 Rn. 63; *Küstner* BB 1999, 541, 544; Küstner/Thume/*Schürr* Band 1 Kap. I Rn. 243; Röhricht/Graf von Westphalen/*Thume* § 92b Rn. 11; Staub/Canaris/*Emde* § 92b Rn. 7.

770 Siehe für den Postagenturbetreiber OLG Koblenz WM 2006, 1452, 1453; OLG Frankfurt BeckRS 2008, 05706; OLG Köln BeckRS 2009, 27270; LG Dortmund NJOZ 2007, 1485, 1486; BeckRS 2007, 04466; LG Bonn, Beschluss vom 06.04.2009 – 14 O 120/08 (n.v.).

771 Röhricht/Graf von Westphalen/*Thume* § 92b Rn. 12; nahezu wortgleich Küstner/Thume/*Schürr* Band 1 Kap. I Rn. 243; siehe auch Ensthaler/*Genzow* § 92b Rn. 6; *Escher* BB 1999, 72, 73; *Höft* VersR 1973, 154, 155; *Küstner* BB 1999, 541, 544.

„1. Die Firma betraut den Vermittler des Handelsvertreters im Nebenberuf als selbständigen Gewerbetreibenden mit den in § … dieses Vertrages geregelten Aufgaben. Der Vermittler betreibt im Hauptberuf ein Gewerbe als …, aus dem er gegenwärtig einen Umsatz von etwa … Euro und ein Arbeitseinkommen i. H. v. rund … Euro erzielt und das ihn täglich durchschnittlich … Stunden in Anspruch nimmt.
2. Ändern sich die diesem Vertrag zugrunde liegenden Verhältnisse dergestalt, dass der Vermittler nach der Verkehrsauffassung möglicherweise nicht mehr als Handelsvertreter im Nebenberuf angesehen werden könnte, ist der Vermittler verpflichtet, die Firma unverzüglich zu informieren, damit diese die notwendigen Konsequenzen aus der neuen Situation ziehen kann.
3. Der Vermittler ist über den in Ziff. 1 erwähnten Hauptberuf hinaus nicht berechtigt, ohne ausdrückliche schriftliche Zustimmung der Firma eine weitere gewerbliche Tätigkeit, insbesondere eine Handelsvertretung, zu übernehmen. Ein Verstoß des Handelsvertreters gegen diese Verpflichtung berechtigt die Firma zur fristlosen Kündigung dieses Vertrages aus wichtigem Grund."

Diese vertragliche Vereinbarung beschränkt sich nicht auf die bloße Festlegung der Rechtsstellung des Handelsvertreters, sondern skizziert zusätzlich unter Ziffer 1 den vom Handelsvertreter ausgeübten Hauptberuf, indem dieser definiert und das aktuell hieraus ungefähr erzielte Einkommen sowie der hiermit verbundene durchschnittliche tägliche Zeitaufwand festgehalten werden.

Falls der Handelsvertreter im Hauptberuf keine Erwerbstätigkeit ausübt, müsste sich Ziffer 1 des vorgenannten Regelungsvorschlags konsequent mit der unentgeltlichen Haupttätigkeit bzw. mit der oder den sonstigen Einkommensquellen des Vertreters befassen.[772] Es bedarf dann der Angabe der gegenwärtigen Höhe des aus diesen Quellen bezogenen Einkommens.

Andere empfehlen eine Regelung zum Umfang der zeitlichen Inanspruchnahme des Handelsvertreters durch seine Vertretertätigkeit, von dem die Parteien bei Abschluss des Handelsvertretervertrages ausgehen.[773] Diese Autoren sprechen sich außerdem dafür aus, im Vertrag – ganz ähnlich zur Informationspflicht unter Ziffer 2 des zitierten Regelungsvorschlags[774] – eine Pflicht des Vertreters zu statuieren, den Unternehmer über einen Anstieg des Umsatzes aus der Vertretertätigkeit und/oder des Zeitaufwands für diese in Kenntnis zu setzen.[775] Ergänzend hierzu wird vorgeschlagen, die Informationspflicht des Vertreters für den Fall ihrer Nichtbeachtung mit einem Recht des Unternehmers zur außerordentlichen Kündigung des Handelsvertretervertrages zu verknüpfen.[776]

---

772 *Escher* BB 1999, 72, 73.

773 Giesler/*Klapperich* § 2 Rn. 63; Staub/Canaris/*Emde* § 92b Rn. 7.

774 Hierfür auch Ensthaler/*Genzow* § 92b Rn. 6; *Escher* BB 1999, 72, 73; *Höft* VersR 1973, 154, 155; *Küstner* BB 1999, 541, 544.

775 Giesler/*Klapperich* § 2 Rn. 63; Staub/Canaris/*Emde* § 92b Rn. 7; vgl. hierzu unten E.II.2.c).

776 *Escher* BB 1999, 72, 73.

Die nach Ziffer 3 des Regelungsvorschlags erforderliche ausdrückliche schriftliche Zustimmung des Unternehmers zur Ausübung einer weiteren gewerblichen Tätigkeit durch den Vertreter, etwa einer weiteren Handelsvertretertätigkeit, erscheint auf den ersten Blick wenig praxisrelevant. Die Ausübung einer weiteren (dritten) Tätigkeit wird wegen Art und Umfang des Hauptberufs meist schon faktisch kaum denkbar sein. Allerdings darf nicht vergessen werden, dass die Aufnahme einer weiteren Handelsvertretung den Vertreter zum Mehrfachvertreter werden lässt, was wiederum dazu führt, dass die Tätigkeiten für die verschiedenen Unternehmer als einheitliche Ausübung des Berufs des Handelsvertreters zu behandeln sind.[777] Da insoweit eine Differenzierung zwischen den Vertretertätigkeiten nicht stattfindet, kann sich u.U. die (Gesamt-)Tätigkeit als Handelsvertreter im Verhältnis zur bisherigen hauptberuflichen Betätigung nicht mehr als Nebenberuf i.S. des § 92b HGB, sondern nunmehr als Hauptberuf darstellen. Ein berechtigtes Interesse des Unternehmers an einem grundsätzlichen Verbot der Aufnahme einer weiteren Vertretung durch den Handelsvertreter ist daher nicht zu leugnen.[778]

2. Betrauung als Handelsvertreter im Nebenberuf in den AGB des Unternehmers

Vielfach wird sich eine Einsetzung des Handelsvertreters als Nebenberufler gemäß § 92b HGB in den AGB des Unternehmers finden.[779] Eine solche Qualifizierung der Vertretertätigkeit in etwaigen AGB des Handelsvertreters ist zwar nicht denklogisch ausgeschlossen, in der Praxis aber äußerst fern liegend.

So wird es sich etwa bei der Bestimmung in dem von der Deutschen Post AG mit einem Postagenturbetreiber geschlossenen Postagenturvertrag, wonach der Agenturbetreiber als Handelsvertreter im Nebenberuf zu behandeln sei,[780] um eine Allgemeine Geschäftsbedingung i.S. des § 305 Abs. 1 BGB handeln.[781] Diese Vertragsbedingung ist für eine Vielzahl von Verträgen vorformuliert und wird von der Deutschen Post AG bei Abschluss des Postagenturvertrages gestellt, ohne dass die Festlegung der Rechtsstellung des Vertreters zwischen den Parteien im Einzelnen ausgehandelt wird, § 305 Abs. 1 S. 1 und 3 BGB.[782] Denn es ist Teil des Vertriebskonzepts der Deutschen Post AG, den zum Zwecke des Absatzes ihrer Waren und

---

777 Ausführlich hierzu oben D.II.2.

778 Vgl. Schlegelberger/*Schröder* § 92b Rn. 6.

779 Siehe nur *Baums* BB 1986, 891; Martinek/Semler/*Flohr*/*Pohl* § 17 Rn. 26.

780 OLG Koblenz WM 2006, 1452, 1453; OLG Frankfurt BeckRS 2008, 05706; OLG Köln BeckRS 2009, 27270; LG Dortmund NJOZ 2007, 1485, 1486; BeckRS 2007, 04466; LG Bonn, Beschluss vom 06.04.2009 – 14 O 120/08 (n.v.).

781 Vgl. LG Bonn, Beschluss vom 06.04.2009 – 14 O 120/08 (n.v.).

782 Vgl. oben D.III.1.a).

Dienstleistungen eingeschalteten Agenturbetreiber als nebenberuflichen Handelsvertreter zu betrauen.[783]

3. Grenzen vertraglicher Gestaltungsmöglichkeiten

Fraglich ist der praktische Wert der aufgezeigten (theoretischen) Möglichkeiten der Parteien, im Handelsvertretervertrag auf die Rechtsstellung des Vertreters und damit auf die Abgrenzung zwischen Haupt- und Nebenberuf Einfluss zu nehmen. Derartige vertragliche Bestimmungen sind naturgemäß nur dann zweckmäßig, wenn sie auch rechtlich anerkannt werden, d.h. für die Vertragsparteien bindende Wirkung entfalten.

a) BGH: Unzulässigkeit einer „Herabstufung" vom haupt- zum nebenberuflichen Handelsvertreter durch Parteivereinbarung

In seinem Urteil vom 04.11.1998 befasst sich der BGH explizit mit der Möglichkeit der Parteien, sich auf die haupt- oder nebenberufliche Ausübung der Handelsvertretertätigkeit zu einigen.[784] Gegenstand dieser Entscheidung war die Klage einer Versicherungsvertreterin, die für mehrere verbundene Versicherungsunternehmen tätig war und für diese ab dem zweiten Jahr ihrer Tätigkeit ein Kundendienstbüro mit im Einzelnen vorgegebenen Öffnungszeiten betrieben hatte; sie begehrte nun die Feststellung, dass sie bis zur Beendigung des Vertragsverhältnisses als hauptberufliche Versicherungsvertreterin anzusehen sei und daher Anspruch auf einen angemessenen Ausgleich nach § 89b HGB habe; zwar hatte sie ihre Tätigkeit als Versicherungsvertreterin für die beklagten Versicherungsunternehmen zunächst, d.h. vor Eröffnung des Kundendienstbüros, (unstreitig) im Nebenberuf ausgeübt; doch machte sie im späteren Verlauf des Vertreterverhältnisses mehrfach die von Beginn an hauptberufliche Führung des Kundendienstbüros gegenüber den Versicherungsunternehmen geltend und forderte, gestützt auf § 85 HGB, den Abschluss eines dahingehenden schriftlichen Handelsvertretervertrages.[785]

In diesem Zusammenhang stellt der BGH u.a. fest:[786] Die Frage, ob ein Handelsvertreter im Haupt- oder Nebenberuf tätig sei, sei gemäß § 92b Abs. 3 HGB „allein nach der Verkehrsauffassung" zu beurteilen. Ein Vertreter, der „nach der Verkehrsauffassung hauptberuflich tätig ist, kann nicht durch Parteivereinbarung zum nebenberuflichen Vertreter ‚herabgestuft' werden". Dass die klagende Versicherungsvertreterin zwischenzeitlich einem der Versicherungsunternehmen gegenüber erklärt habe, ihre Tätigkeit auf unveränderter Grundlage (und damit nebenberuflich) fortzuführen, sei demnach entgegen der Ansicht des Berufungsgerichts ohne

---

783 Insbesondere OLG Frankfurt BeckRS 2008, 05706; LG Dortmund NJOZ 2007, 1485, 1486; BeckRS 2007, 04466; VG Hannover NJW 1998, 920, 921; vgl. oben D.III.1.a).

784 BGH NJW 1999, 639 ff.

785 BGH NJW 1999, 639 f.; vgl. die Vorinstanz OLG Bamberg HVR Nr. 933 (1997).

786 BGH NJW 1999, 639, 640 f.

rechtliche Relevanz. Eine zwischen den Parteien getroffene Vereinbarung über die nebenberufliche Ausübung der Vertretertätigkeit setze also – um wirksam zu sein – voraus, dass diese Tätigkeit auch nach der Verkehrsauffassung als nebenberuflich i.S. des § 92b HGB einzuordnen sei. Vor diesem Hintergrund sei es irrelevant und zudem bedenklich, die Geltendmachung einer hauptberuflichen Vertretertätigkeit durch die Vertreterin, welche sich mit einer Fortsetzung des Vertragsverhältnisses zu den bislang geltenden Konditionen einverstanden erklärt habe, als treuwidrig – so das Berufungsgericht – zu betrachten.

Im Anschluss an die Entscheidung des BGH hat das OLG Bamberg als Berufungsgericht, an das die Sache zurückverwiesen wurde,[787] die Vertretertätigkeit der Versicherungsvertreterin unter Hinweis auf die hierfür aufgewendete Arbeitskraft und die hieraus erzielten Einnahmen von Beginn der Führung des Kundendienstbüros an als hauptberuflich qualifiziert.[788]

Dass eine Parteivereinbarung, die der gemäß § 92b Abs. 3 HGB ausschlaggebenden Verkehrsauffassung nicht entspricht, als „unbeachtliche protestatio facto contraria" zu werten ist,[789] darf bezweifelt werden. Diese Rechtsfigur erfasst die Situation, dass eine Person, deren Auftreten in eindeutiger Weise auf den Willen zur Herbeiführung einer bestimmten Rechtsfolge schließen lässt, sich hieran trotz einer ausdrücklichen gegenteiligen Erklärung, der sog. „Protestation", festhalten lassen muss.[790] Daran fehlt es jedoch bei einer der Verkehrsauffassung widersprechenden Parteiabrede, da das Verhalten des Unternehmers, der – entgegen der Verkehrsauffassung – ausdrücklich einen Handelsvertreter „im Nebenberuf" betraut und seinen dahingehenden Willen auch nach außen hin zu erkennen gibt, gerade nicht den eindeutigen Schluss auf einen Willen zur Einsetzung eines hauptberuflichen Vertreters zulässt.[791]

Jenseits dieses Begründungsansatzes spricht der klare Wortlaut des § 92b Abs. 3 HGB dafür, dass sich eine Parteivereinbarung über die rechtliche Qualität der Vertretertätigkeit nicht gegenüber der Verkehrsauffassung, genauer gesagt den hiernach zu beleuchtenden tatsächlichen Umständen der Vertretertätigkeit,[792] durchzusetzen vermag.[793] Der Wortlaut der Norm eröffnet keinen Spielraum für eine etwaige, von

787 BGH NJW 1999, 639, 640.
788 OLG Bamberg HVR Nr. 935 (1999); Röhricht/Graf von Westphalen/*Thume* § 92b Rn. 9 Fn. 25.
789 *Escher* BB 1999, 72; a.A. *Kampf* S. 16.
790 Siehe nur BGH NJW-RR 1986, 1496, 1497.
791 Mit abweichender Begründung im Ergebnis auch *Kampf* S. 16.
792 LG Bonn, Beschluss vom 06.04.2009 – 14 O 120/08 (n.v.); MünchKomm/*von Hoyningen-Huene* § 92b Rn. 26 f.; Staub/Canaris/*Emde* § 92b Rn. 19 und 21.
793 *Kampf* S. 16; *Thume* BB 2007, 1750, 1751; ähnlich auch Küstner/Thume/*Schürr* Band 1 Kap. I Rn. 231; MünchKomm/*von Hoyningen-Huene* § 92b Rn. 5, 22, 26 und 28; in diese Richtung bereits BGH NJW 1965, 1132, 1134; *Baums* BB 1986, 891; *Bruck/Möller* Vor §§ 43–48 Anm. 214 und 419; *Duden* § 92b Anm. 1) D; *Friebel* ZfV 1954, 41 f.; Heymann/Horn/*Sonnenschein/Weitemeyer* § 92b Rn. 12; *Höft*

der Verkehrsauffassung abweichende Vereinbarung der Parteien. Auch die Entstehungsgeschichte des § 92b HGB bietet für eine Dispositionsfreiheit der Parteien keine Anhaltspunkte.[794] Der Gesetzgeber verankerte vielmehr einzig und allein den Begriff der Verkehrsauffassung als für die Beantwortung der Abgrenzungsfrage maßgebliche Leitlinie im Gesetz.[795]

Zu dem gleichen Ergebnis gelangt man, wenn man zwischen einer formellen und einer materiellen Seite der Vertretertätigkeit differenziert: Ob sich die Handelsvertretung in materieller Hinsicht, d.h. nach der Verkehrsauffassung, als Hauptberuf des Vertreters darstellt, bleibt von einer etwaigen – ggf. zu Unrecht erfolgten – vertraglichen Festlegung der nebenberuflichen Qualität der Vertretertätigkeit unberührt; eine derartige Festlegung betrifft allein die formelle Seite der Vertretung bzw. gibt die subjektive Einschätzung der Parteien zur Frage der Haupt- oder Nebenberuflichkeit wieder und lässt daher keine zwingenden Rückschlüsse auf die wahre Qualität der Tätigkeit des Vertreters zu.[796]

Vor allem aber ist es der zwingende Charakter der Bestimmungen, von denen § 92b HGB abweicht (vgl. §§ 87a Abs. 1 S. 2, 89 Abs. 2, 89b Abs. 4 S. 1 HGB), der die Unbeachtlichkeit einer der Verkehrsauffassung widersprechenden Einigung der Parteien über die nebenberufliche Ausübung der Vertretertätigkeit erfordert.[797] Anderenfalls würde man dem Unternehmer – gewissermaßen „durch die Hintertür" – ermöglichen, dem in Wahrheit hauptberuflich tätigen Handelsvertreter elementare Schutzvorschriften, etwa den Provisionsvorschussanspruch und die sich mit zunehmender Vertragsdauer verlängernden Kündigungsfristen, zu entziehen.[798] Der Entscheidung des BGH ist daher uneingeschränkt zuzustimmen.[799]

VersR 1973, 154; *Küstner* BB 1966, 1212, 1213 f.; RGRK/*Würdinger* § 92b Anm. 2; Schlegelberger/*Schröder* § 92b Rn. 6 f.; *ders.* DB 1967, 1303; *ders.* INF 1978, 401, 403; *Trinkhaus* S. 101; *von Brunn* NJW 1954, 56, 57.

794 Vgl. *von Brunn* S. 46.

795 Mündlicher Bericht des Ausschusses für Rechtswesen und Verfassungsrecht über den Entwurf eines Gesetzes zur Änderung des Handelsgesetzbuches (Recht der Handelsvertreter) – Nr. 3856 der Drucksachen -, BT-Drucks. 1/4604 vom 26.06.1953, S. 14; Schriftlicher Bericht des Ausschusses für Rechtswesen und Verfassungsrecht, Anlage 24 zum Stenographischen Bericht der 280. Sitzung des Deutschen Bundestags vom 03.07.1953, S. 14208; vgl. oben C.II.4., D.II.1. und 4.a).

796 In diesem Sinne Heymann/Horn/*Sonnenschein*/*Weitemeyer* § 92b Rn. 12; *Schröder* INF 1977, 33 f.; *ders.* INF 1978, 401, 402 f. und 405; zustimmend Küstner/Thume-Vorauflage/*Küstner* Band 2 Kap. II Rn. 139; siehe auch *ders.* BB 1999, 541, 543.

797 *Duden* § 92b Anm. 1) D; Staub/Canaris/*Emde* § 92b Rn. 17 und 19.

798 Vgl. *Baums* BB 1986, 891; *Herschel*/*Beine* S. 209; *Küstner* BB 1999, 541, 543; vgl. hierzu unten D.IV.3.d).

799 Ebenso ausnahmslos die Literatur, statt aller *Escher* BB 1999, 72; *Kampf* S. 16; MünchKomm/*von Hoyningen-Huene* § 92b Rn. 5 und 22; Staub/Canaris/*Emde* § 92b Rn. 19.

Da also die Frage der Ausübung der Handelsvertretertätigkeit im Haupt- oder Nebenberuf nicht der Disposition der Vertragsparteien unterliegt, hat dies zur weiteren Folge, dass § 92b Abs. 3 HGB als zwingende Norm zu betrachten ist.[800] Nur dann wird der Handelsvertreter auf wirksame Weise vor der Gefahr bewahrt, der für ihn nachteiligen und in der Sache unzutreffenden Vereinbarung einer (nur) nebenberuflichen Vertretertätigkeit mit dem ihm ggf. wirtschaftlich überlegenen Unternehmer zuzustimmen.[801]

Vor diesem Hintergrund kann es nicht als treuwidrig erachtet werden, wenn der Handelsvertreter sich auf seine – der Verkehrsauffassung entsprechende – Rechtsstellung als Hauptberufler beruft, selbst wenn er sich gegenüber dem Unternehmer mit einer nebenberuflichen Tätigkeit einverstanden erklärt haben sollte.[802] Sonst würde dem Willen der Parteien, in erster Linie dem des Unternehmers, letztlich doch Geltung verschafft, obwohl dieser Wille mit der nach § 92b Abs. 3 HGB für die Abgrenzung ausschließlich heranzuziehenden Verkehrsauffassung nicht übereinstimmt. Die auch vom BGH dahingehend geäußerten Bedenken gegen die Rechtsauffassung des OLG Bamberg sind somit berechtigt.[803]

Aus dem gleichen Grund setzt die Anwendung der für den hauptberuflichen Handelsvertreter geltenden Bestimmungen bei einer von Beginn an faktisch hauptberuflichen Tätigkeit trotz vertraglicher Betrauung als Nebenberufler nicht voraus, dass der Unternehmer die Tätigkeit im Hauptberuf zumindest stillschweigend billigt.[804] Die Verkehrsauffassung verdrängt die vertragliche Vereinbarung bzw. den Willen der Vertragsparteien.

Die praktische Relevanz der erörterten Rechtsprechung des BGH ist enorm.[805] Sie schränkt die Möglichkeit des Unternehmers, seine Absatzorganisation in wirtschaftlicher Hinsicht so wenig kostenintensiv wie möglich zu gestalten, in erheblichem Umfang ein. Er kann mit dem Vertreter nur dann eine wirksame Vereinbarung über die Ausübung der Vertretertätigkeit im Nebenberuf treffen, wenn der Vertreter zum Zeitpunkt dieser Abrede tatsächlich als ein solcher im Nebenberuf gemäß § 92b HGB anzusehen ist.[806] Ist dies nicht der Fall, ist die Parteivereinbarung endgültig

---

800 So auch *Kampf* S. 16; a.A. Ebenroth/Boujong/*Löwisch* § 92b Rn. 7 und 23; Staub/Canaris/*Emde* § 92b Rn. 29.

801 Vgl. oben B.II.4.

802 Vgl. auch MünchKomm/*von Hoyningen-Huene* § 92b Rn. 27; Staub/Canaris/*Emde* § 92b Rn. 21.

803 BGH NJW 1999, 639, 641.

804 So aber *Specks* S. 75 f.; vgl. unten E.II.2.a)aa).

805 *Escher* BB 1999, 72.

806 BGH NJW 1999, 639, 641; LG Bonn, Beschluss vom 06.04.2009 – 14 O 120/08 (n.v.); *Döpfer* EWiR 2008, 17, 18; *Kampf* S. 16; Staub/Canaris/*Emde* § 92b Rn. 19; in diesem Sinne auch Ebenroth/Boujong/*Löwisch* § 92b Rn. 1 und 9; Giesler/*Klapperich* § 2 Rn. 62; Giesler/*Nauschütt*/*Sperrer* § 2 Rn. 1299; *Höft* VersR 1973, 154; Koller/Kindler/*Roth* § 92b Rn. 4; *Küstner* VW 2002, 1793 f.; Küstner/Thume/*Schürr* Band 1 Kap. I Rn. 231; RGRK/*Würdinger* § 92b Anm. 2.

unwirksam und nicht etwa heilbar in der Weise, dass die nachträgliche Wirksamkeit der Vereinbarung eintritt, wenn der Vertreter im späteren Verlauf des Vertragsverhältnisses vom haupt- zum nebenberuflichen Vertreter wird.[807]

Bewertet man in diesem Zusammenhang die Festlegung einer nebenberuflichen Handelsvertretertätigkeit unter Ziffer 1 des oben[808] zitierten Regelungsvorschlags, so lässt sich festhalten, dass diese Einordnung die Rechtsstellung des Handelsvertreters nicht präjudizieren kann. Allerdings ist es durchaus zweckmäßig, zugleich die aktuelle Beschaffenheit des (vermeintlichen) Hauptberufs durch die Nennung des hieraus ungefähr erzielten Einkommens sowie des hiermit verbundenen durchschnittlichen täglichen Zeitaufwands näher zu umschreiben. Gleiches gilt für die Nennung etwaiger sonstiger Einkommensquellen des Vertreters.[809]

Obwohl derartige Angaben die beteiligten Wirtschaftskreise bzw. das zur Entscheidung berufene Gericht in ihrer Einschätzung der Qualität der Vertretertätigkeit nicht zu binden vermögen, so können die Parteien doch hierdurch vertraglich festhalten, von welchen Parametern sie bei Abschluss des Handelsvertretervertrages ausgegangen sind. Sie können anhand dessen die Entwicklung der Vertreter- und der anderweitigen Tätigkeit verfolgen, vor allem die Entwicklung der Einkommenssituation des Vertreters. Dieser hat den Unternehmer gemäß Ziffer 2 des Regelungsvorschlags über relevante Änderungen der Verhältnisse unverzüglich zu informieren. Auf diese Weise können die Parteien später ihre Erfolgsaussichten hinsichtlich einer Geltendmachung der Hauptberuflichkeit der Vertretung bzw. einer Verteidigung hiergegen zuverlässiger einschätzen, als ihnen dies bei einer bloßen Einigung auf eine Tätigkeit im Nebenberuf ohne weitere konkretisierende Angaben möglich wäre. Eine Regelung zum Umfang der zeitlichen Inanspruchnahme des Vertreters durch seine Vertretertätigkeit, von dem die Parteien bei Vertragsschluss ausgehen,[810] ist aus diesen Gründen ebenfalls als sinnvoll zu erachten, auch wenn der Zeitaufwand nicht das entscheidende Abgrenzungskriterium sein kann.[811]

Zwischen den Parteien lässt sich durch vertragliche Vereinbarungen somit zwar keine völlige Rechtssicherheit herstellen. Die nähere Spezifizierung der Charakteristika der als Hauptberuf geplanten Tätigkeit bzw. der Vertretertätigkeit dient jedoch zumindest der Orientierung der Parteien. So lässt sich insbesondere die Entwicklung des Einkommens aus der vermeintlich hauptberuflichen Tätigkeit oder der sonstigen Einkommensquellen im Verhältnis zu den aktuellen Provisionseinkünften bewerten, um möglichst verlässlich die Frage beantworten zu können, ob letztere Einkünfte einen wesentlichen, weil unverzichtbaren Beitrag für die Sicherung der wirtschaftlichen Existenz des Vertreters leisten.[812]

---

807 Staub/Canaris/*Emde* § 92b Rn. 19 und 24; so wohl auch Röhricht/Graf von Westphalen/*Thume* § 92b Rn. 2; vgl. hierzu unten E.III.2.

808 D.IV.1.

809 *Escher* BB 1999, 72, 73.

810 Giesler/*Klapperich* § 2 Rn. 63; Staub/Canaris/*Emde* § 92b Rn. 7.

811 Vgl. oben D.II.4.c).

812 Vgl. oben D.II.4.c).

b) *Zulässigkeit der Vereinbarung einer nebenberuflichen Handelsvertretertätigkeit in den AGB des Unternehmers*

Ist eine „Herabstufung" eines tatsächlich hauptberuflich tätigen Handelsvertreters auf das Niveau der Nebenberuflichkeit i.S. des § 92b HGB mittels einer Individualvereinbarung der Parteien nicht zulässig, so muss dies im Wege eines Erst-Recht-Schlusses auch dann gelten, wenn der Unternehmer den faktisch als Hauptberufler anzusehenden Handelsvertreter in seinen AGB als nebenberuflichen Vertreter bestimmt.[813]

Emde verlangt für die Wirksamkeit einer Bestimmung in AGB, in der der Vertreter als Nebenberufler bezeichnet wird, dass diese „bei abstrakt-genereller Betrachtung" in sämtlichen (nahe liegenden) Fällen inhaltlich zutreffen müsse.[814] Führt man diese Prüfung durch, ist bei bestehenden Zweifeln an der umfassenden, d.h. alle Fallgestaltungen erfassenden, inhaltlichen Richtigkeit der Bestimmung zugunsten des Vertreters von ihrer Unwirksamkeit auszugehen, vgl. § 305c Abs. 2 BGB.[815]

Darüber hinaus ist fraglich, ob sich eine solche – vom allgemeinen Prüfungsmaßstab her an sich korrekt vorgenommene[816] – Inhaltskontrolle nach § 307 BGB mit dem Grundsatz vereinbaren lässt, dass die Abgrenzung zwischen Haupt- und Nebenberuf eine eingehende Betrachtung der konkreten Umstände des Einzelfalls erfordert.[817] Eine Wirksamkeitsprüfung, die sich vom Einzelfall löst und auf eine generalisierende Betrachtungsweise abstellt, könnte theoretisch dazu führen, dass sich die zu untersuchende Klausel für den typischerweise von ihr erfassten Handelsvertreter als wirksam erweist, weil die betroffenen Handelsvertreterverhältnisse regelhaft als tatsächlich nebenberuflich zu betrachten sind. Hierdurch würde aber der Blick auf das einzelne Vertreterverhältnis in seiner konkreten Ausprägung vernachlässigt. Dieses kann atypisch in dem Sinne sein, dass der betroffene Vertreter entgegen dem Vertriebskonzept des Unternehmers faktisch als Hauptberufler tätig wird und daher der Schutzvorschriften für den hauptberuflichen Handelsvertreter bedarf. Dies nährt Zweifel an der generellen Zulässigkeit einer Einsetzung nebenberuflicher Vertreter i.S. des § 92b HGB in den AGB des Unternehmers.

Jedenfalls ergibt sich eine unangemessene Benachteiligung gemäß § 307 Abs. 1 BGB desjenigen Handelsvertreters, der zu Unrecht in den AGB des Unternehmers als nebenberuflicher Vertreter bezeichnet wird,[818] daraus, dass ihn diese unzutreffende Bezeichnung trotz ihrer rechtlichen Unwirksamkeit davon abhalten kann, während bzw. nach Ende der Vertragslaufzeit die Rechte eines hauptberuflich tätigen

---

813 BGH NJW-RR 2007, 1286, 1287; *Emde* BB 2008, 2755, 2757; Staub/Canaris/*ders.* Vor § 84 Rn. 33 und § 92b Rn. 19; vgl. *Baums* BB 1986, 891.

814 Staub/Canaris/*Emde* Vor § 84 Rn. 33 f. und § 92b Rn. 16.

815 Ebenroth/Boujong/*Löwisch* § 92b Rn. 11; Staub/Canaris/*Emde* § 92b Rn. 16.

816 Siehe nur BGH NJW-RR 2007, 1286, 1287 ff.

817 Vgl. oben D.II.1.a).

818 Vgl. LG Bonn, Beschluss vom 06.04.2009 – 14 O 120/08 (n.v.).

Vertreters geltend zu machen.[819] Dies widerspricht dem Transparenzgebot des § 307 Abs. 1 S. 2 BGB.

c) *Zulässigkeit des Unstreitigstellens der Haupt- oder Nebenberuflichkeit bzw. der Verkehrsauffassung*

Löwisch ist der Auffassung, die Parteien des Handelsvertretervertrages hätten es in der Hand, durch die übereinstimmende Erklärung, dass der Handelsvertreter seiner Vertretertätigkeit haupt- oder nebenberuflich nachgehe, die Haupt- bzw. Nebenberuflichkeit und dadurch gleichzeitig eine bestimmte Verkehrsauffassung unstreitig zu stellen; hierbei handele es sich um eine „tatsächliche Feststellung", nicht aber um eine Parteivereinbarung, die sich nach der Rechtsprechung des BGH wegen eines ggf. vorliegenden Widerspruchs zu den tatsächlichen Verhältnissen als unzulässig erweisen könne.[820]

Dieser Ansatz verkennt die Reichweite der Verkehrsauffassung als alleiniges, vom Gesetzgeber in § 92b Abs. 3 HGB vorgegebenes Abgrenzungskriterium. Ist die Abgrenzung zwischen Haupt- und Nebenberuf durch den Verweis auf die Verkehrsauffassung – wie dargestellt – der Disposition der Parteien entzogen, können diese in der Konsequenz weder die Haupt-/Nebenberuflichkeit der Vertretung noch die maßgebliche Auffassung der beteiligten Wirtschaftskreise determinieren und als unstreitige Tatsachen in einen Prozess einführen.[821] Dass die Erklärungen der Parteien im Einzelfall der im Rahmen des Prozesses vom Gericht ermittelten Verkehrsauffassung entsprechen, ist unerheblich. Die Verkehrsauffassung kann demnach nicht im Wege eines Konsenses zwischen den Parteien in eine bestimmte Richtung gelenkt, geschweige denn für die Entscheidung des Gerichts verbindlich festgelegt werden. Ein anderes Ergebnis wäre mit dem zwingenden Charakter von § 92b Abs. 3 HGB nicht vereinbar.[822]

Zudem stellt nur die Haupt-/Nebenberuflichkeit eine vom Gericht festzustellende Tatsache dar,[823] nicht jedoch die Verkehrsauffassung als solche, welche als „allgemeiner Erfahrungssatz" zu behandeln ist.[824] Die Tatsache der Haupt-/

---

819 Vgl. BGH NJW-RR 2007, 1286, 1287 f.; Staub/Canaris/*Emde* Vor § 84 Rn. 33 unter Hinweis auf durch die Klausel erzeugte Beweisprobleme des Vertreters, vgl. hierzu unten F.III.

820 Ebenroth/Boujong/*Löwisch* § 92b Rn. 7; vgl. auch Heymann/Horn/*Sonnenschein*/*Weitemeyer* § 92b Rn. 10; *Küstner* BB 1966, 1212, 1214.

821 In diesem Sinne auch MünchKomm/*von Hoyningen-Huene* § 92b Rn. 30; *Thume* BB 2007, 1750, 1751.

822 Vgl. oben D.IV.3.a).

823 Siehe nur BGH NJW 1965, 1132, 1134; Gutachten des Deutschen Industrie- und Handelstages vom 23.01.1957, HVR Nr. 145 (1957); a.A. BGH NJW 2013, 2111, 2114; *Emde* § 92b Rn. 9; Flohr/Wauschkuhn/*Billing* § 92b Rn. 4.

824 *Escher* BB 1999, 72; vgl. auch BGH NJW 2004, 1163, 1164; anders wohl Ebenroth/Boujong/*Löwisch* § 92b Rn. 7; vgl. oben D.II.1. sowie unten F.II.

Nebenberuflichkeit darf außerdem nicht vermengt werden mit der nahezu immer unstreitigen Tatsache der vertraglichen Bezeichnung des Vertreters als Handelsvertreter „im Nebenberuf".[825]

Bei der Abgrenzung zwischen der haupt- und nebenberuflichen Handelsvertretertätigkeit wirkt die Verkehrsauffassung mithin – völlig unbeeinflusst von Erklärungen und Vereinbarungen der Vertragsparteien – konstitutiv.[826]

d) Versuch der Umgehung des zwingend vorgegebenen Ausgleichsanspruchs durch den Unternehmer

Der Umstand, dass die Absatzmittlung durch einen nebenberuflichen Handelsvertreter für den Unternehmer den erheblichen wirtschaftlichen Vorteil hat, nach Vertragsende keine Ausgleichszahlung i.S. des § 89b HGB leisten zu müssen,[827] hat naturgemäß zur Folge, dass der Unternehmer ein starkes Interesse daran hat, durch eine Bestimmung im Handelsvertretervertrag den Vertreter als im Nebenberuf tätig einzustufen.[828] Schon der Gesetzgeber hat die Gefahr erkannt, dass der Unternehmer versuchen könnte, sich auf eine vermeintlich nebenberufliche Ausübung der Vertretertätigkeit zur Umgehung insbesondere seiner Pflicht aus § 89b HGB zu berufen.[829]

Zielt die unzutreffende vertragliche Bezeichnung des Vertreters als Nebenberufler seitens des Unternehmers (auch) darauf ab, sich der Verpflichtung zur Zahlung eines angemessenen Ausgleichs nach Beendigung des Vertreterverhältnisses zu entziehen,[830] kann diese Einstufung keinen rechtlichen Bestand haben.[831] Ist die vertragliche Festlegung der Nebenberuflichkeit der Vertretung mit der Verkehrsauffassung nicht vereinbar, ist sie – wie dargelegt[832] – schon aus diesem Grund ohne rechtliche Wirkung und ein rechtliches Nullum. In dieser Fallgestaltung ist

---

825 Vgl. statt vieler BGH NJW-RR 2007, 1286; LG Bonn, Beschluss vom 06.04.2009 – 14 O 120/08 (n.v.).

826 LG Bonn, Beschluss vom 06.04.2009 – 14 O 120/08 (n.v.); *Höft* VersR 1973, 154, 155; Koller/Kindler/*Roth* § 92b Rn. 4; Küstner/Thume-Vorauflage/*Küstner* Band 2 Kap. II Rn. 139; vgl. *Herschel/Beine* S. 209; *Küstner* BB 1999, 541, 543; Küstner/Thume/*Schürr* Band 1 Kap. I Rn. 231.

827 *Escher* BB 1999, 72; *Küstner* BB 1999, 541, 544; *Schröder* INF 1977, 33; *ders.* INF 1978, 401.

828 *Schröder* DB 1967, 1303.

829 Begr. zum Entwurf eines Gesetzes zur Änderung des Handelsgesetzbuches (Recht der Handelsvertreter), BT-Drucks. 1/3856 vom 15.11.1952, S. 43.

830 *Emde* VersR 1999, 1464, 1467; *ders.* BB 2008, 2755, 2757; Giesler/*Klapperich* § 2 Rn. 60; *Küstner* VW 2002, 1793 f.; Röhricht/Graf von Westphalen/*Thume* § 89b Rn. 30; Staub/Canaris/*Emde* § 92b Rn. 19 und 28.

831 Vgl. nur *Thume* BB 2007, 1750, 1751, der auf die „seit Jahrzehnten handelsvertreterfreundliche Rechtsprechung des BGH, die jede Umgehung des zwingend vorgeschriebenen Ausgleichsanspruchs nach § 89b HGB ablehnt," verweist.

832 Vgl. oben D.IV.3.a).

häufig, jedoch nicht zwingend[833] von einem Versuch des Unternehmers auszugehen, dem Vertreter die rechtlichen Vorteile einer hauptberuflichen Tätigkeit zu nehmen. Die der Verkehrsauffassung nicht entsprechende Einstufung des Vertreters als nebenberuflich tätig mag im Einzelfall durchaus andere Hintergründe als eine missbilligenswerte Willensrichtung des Unternehmers haben, etwa Unklarheiten zwischen den Parteien über die Bedeutung der Vertretertätigkeit vor allem für die Person des Vertreters.

Ist aber eine Intention des Unternehmers der beschriebenen Art feststellbar, ergeben sich weitere dogmatische Anknüpfungspunkte für die Unbeachtlichkeit einer auf die Umgehung der Ausgleichsverpflichtung zum Nachteil des Vertreters gerichteten vertraglichen Regelung.

Küstner sieht in der Umgehung der Ausgleichsberechtigung des hauptberuflichen Vertreters durch seine Betrauung als Nebenberufler einen Rechtsmissbrauch.[834] Dies ist zutreffend. Es ist in der Tat treuwidrig i.S. des § 242 BGB, wenn ein Unternehmer einen Vertreter (auch) zu dem Zweck als Vertreter im Nebenberuf einsetzt, um die spätere Geltendmachung eines Ausgleichsanspruchs zu verhindern. Der Unternehmer darf eine sachlich unrichtige Bezeichnung des Vertreters nicht heranziehen, um sein Ziel zu erreichen, dem Vertreter eine für ihn bedeutsame Schutzbestimmung vorzuenthalten. Die Entstehungsgeschichte des § 92b HGB unterstreicht diese Sichtweise. Der Gesetzgeber wollte durch den Ausgleichsausschluss für den nebenberuflichen Handelsvertreter – in Verkennung der eigentlichen Rechtsnatur des § 89b HGB[835] – dem geringeren Schutzbedürfnis dieses Vertretertypus Rechnung tragen.[836] Er beabsichtigte nicht, den Unternehmer in der Weise zu begünstigen, dass ihm für seine Vertriebsgestaltung die Möglichkeit eingeräumt wird, sich von der Ausgleichslast zu befreien, wenn er dies (wie stets) als wirtschaftlich sinnvoll erachtet.[837]

Außerdem ist in diesem Zusammenhang § 89b Abs. 4 S. 1 HGB als zentrale und den zwingenden Charakter des Ausgleichsanspruchs begründende Norm zu beachten, wonach dieser Anspruch im Voraus nicht ausgeschlossen werden kann.

aa) § 89b Abs. 4 S. 1 HGB als Verbotsgesetz i.S. des § 134 BGB

§ 89b Abs. 4 S. 1 HGB untersagt sämtliche Vereinbarungen, die den Handelsvertreter benachteiligen, indem sie zu einer Beeinträchtigung der Entstehung oder der Höhe

833 A.A. offensichtlich Küstner/Thume/*Schürr* Band 1 Kap. I Rn. 231.
834 *Küstner* VW 2002, 1793 f.
835 Vgl. oben C.V.2.
836 Begr. zum Entwurf eines Gesetzes zur Änderung des Handelsgesetzbuches (Recht der Handelsvertreter), BT-Drucks. 1/3856 vom 15.11.1952, S. 42.
837 Vgl. oben C.III.1.

des Ausgleichsanspruchs führen.[838] Der Norm kommt insofern die Funktion eines Verbotsgesetzes i.S. des § 134 BGB zu.[839]

Daraus folgt, dass die Vereinbarung einer nebenberuflichen Handelsvertretertätigkeit, mit der der Unternehmer beabsichtigt, dem hauptberuflich tätigen Handelsvertreter den nach Beendigung des Vertretervertrages entstehenden Ausgleichsanspruch vorzuenthalten, gemäß § 89b Abs. 4 S. 1 HGB i.V.m. § 134 BGB unwirksam ist.[840] Die Benachteiligung des Vertreters ergibt sich daraus, dass ihn – wie häufig wohl vom Unternehmer intendiert – die klare vertragliche Festlegung der Nebenberuflichkeit der Vertretung von vornherein von der Geltendmachung des Ausgleichsanspruchs nach Vertragsende abhalten kann, obwohl er aufgrund seiner faktisch hauptberuflichen Stellung ausgleichsberechtigt ist. Dem steht der zwingende Charakter des Ausgleichsanspruchs entgegen.

Lässt sich aber keine Umgehungsabsicht des Unternehmers feststellen, kann in der bloßen Einigung der Parteien auf die Ausübung der Vertretertätigkeit im Nebenberuf kein Verstoß gegen § 89b Abs. 4 S. 1 HGB gesehen werden. Ansonsten wäre in der Konsequenz keinerlei vertragliche Regelung der Parteien über die Nebenberuflichkeit der Vertretertätigkeit möglich. Restriktiv verfährt insoweit auch das LG Bonn, welches einen gesetzeswidrigen Ausschluss des Ausgleichsanspruchs verneint, weil ein solcher Ausschluss nur die „mittelbare Folge" der Vereinbarung der Nebenberuflichkeit sein könne; ob es letztendlich zu einem Ausgleichsausschluss komme, hänge noch von der weiteren Entwicklung des Vertragsverhältnisses und damit von im Zeitpunkt der Vereinbarung im Einzelnen nicht absehbaren Voraussetzungen ab, namentlich dem Fehlen nachträglicher Parteiabreden im Fall einer Änderung der tatsächlichen Verhältnisse.[841]

bb) Inhaltskontrolle nach § 307 BGB

Wird der Handelsvertreter in den AGB des Unternehmers als nebenberuflicher Vertreter eingesetzt, bedarf es einer besonders sorgfältigen Inhaltskontrolle nach § 307 BGB seitens des zur Entscheidung über die Ausgleichsberechtigung gemäß § 89b HGB berufenen Gerichts.[842]

Zielt die Einordnung des Vertreters als Nebenberufler darauf ab, dem Vertreter nach Vertragsende die Geltendmachung des ihm zustehenden Ausgleichsanspruchs

---

838 BGH NJW-RR 2002, 1548, 1551; NJW 2003, 290, 293; Graf von Westphalen/Thüsing/*Graf von Westphalen* Teil „Klauselwerke", Handelsvertretervertrag Rn. 80 m.w.N.

839 Statt vieler BGH NJW-RR 2002, 1548, 1551; NJW 2003, 290, 293; Koller/Kindler/*Roth* § 89b Rn. 19; offen gelassen von LG Bonn, Beschluss vom 06.04.2009 – 14 O 120/08 (n.v.).

840 Ebenso Staub/Canaris/*Emde* § 92b Rn. 19.

841 LG Bonn, Beschluss vom 06.04.2009 – 14 O 120/08 (n.v.).

842 Martinek/Semler/*Flohr*/*Pohl* § 17 Rn. 26; vgl. auch Staub/Canaris/*Emde* § 92b Rn. 13 sowie die generellen Bedenken hinsichtlich einer Einsetzung des Handelsvertreters als Nebenberufler in den AGB des Unternehmers unter D.IV.3.b) oben.

zu verwehren, so verstößt diese Vertragsbestimmung gegen § 307 Abs. 1 S. 1 BGB und ist somit unwirksam.[843] Die hiernach erforderliche unangemessene Benachteiligung des Vertreters folgt bereits aus der Unvereinbarkeit der Bestimmung mit § 89b Abs. 4 S. 1 HGB und ihrer hieraus resultierenden Nichtigkeit gemäß § 134 BGB.[844]

Angesichts des ebenfalls zwingenden Charakters der Regelungen über die Kündigungsfristen und den Provisionsvorschussanspruch (vgl. §§ 87a Abs. 1 S. 2, 89 Abs. 2 HGB) kommen die vorstehenden Erwägungen sinngemäß auch bei etwaigen, zum Nachteil des Handelsvertreters erfolgenden Umgehungsversuchen des Unternehmers in Bezug auf diese Regelungen zum Tragen.

4. Rechtsfolgen der unzutreffenden Bezeichnung als Handelsvertreter im Nebenberuf

Da eine „Herabstufung“ des nach der Verkehrsauffassung gemäß § 92b Abs. 3 HGB als Hauptberufler tätigen Handelsvertreters auf das Niveau der Nebenberuflichkeit nicht möglich ist, muss eine dahingehende Parteivereinbarung – wie dargelegt – als unwirksam betrachtet werden.[845] Dies führt unmittelbar dazu, dass der Vertreter sämtliche Rechte geltend machen kann, die das Gesetz dem hauptberuflich tätigen Handelsvertreter zuweist. Welche weiteren Rechtsfolgen die sachlich unzutreffende Betrauung des Vertreters zeitigen kann, hängt von der Willensrichtung der Parteien bei ihrer Einigung auf die nebenberufliche Ausübung der Vertretertätigkeit ab.

a) Anfechtungsrechte des Unternehmers

Geht der Unternehmer bei Vertragsschluss irrig von einer (nur) nebenberuflichen Tätigkeit des Vertreters aus und wird dieser demgemäß im Vertrag als Nebenberufler i.S. des § 92b HGB bezeichnet, obwohl er tatsächlich als Vertreter im Hauptberuf anzusehen ist, kann der Unternehmer nach § 119 BGB zur Anfechtung seiner für den Abschluss des Handelsvertretervertrages maßgeblichen Willenserklärung berechtigt sein.[846] Hierbei wird es sich um einen Eigenschaftsirrtum, d. h. einen Irrtum über eine verkehrswesentliche Eigenschaft der Person des Handelsvertreters handeln, § 119 Abs. 2 BGB.[847] Ob dem Vertreter der Status eines haupt- oder nebenberuflichen Vertreters zukommt, ist ohne Zweifel eine im Verkehr (vgl. § 92b Abs. 3 HGB) als wesentlich angesehene Eigenschaft des Vertreters. Denn der Status der Hauptberuflichkeit führt ungeachtet etwaiger Parteiabreden über die Rechtsstellung des Vertreters dazu, dass dieser in den Genuss sämtlicher, zwingend vorgeschriebener

---

843 Staub/Canaris/*Emde* § 92b Rn. 19.

844 BGH NJW 2003, 290, 293; NJW 2003, 1241, 1243.

845 Vgl. oben D.IV.3.a).

846 *Bruck/Möller* Vor §§ 43–48 Anm. 203 und 419; Ebenroth/Boujong/*Löwisch* § 92b Rn. 9; Ensthaler/*Genzow* § 92b Rn. 8; *Höft* VersR 1973, 154; Staub/Canaris/*Emde* § 92b Rn. 19.

847 Vgl. *Bruck/Möller* Vor §§ 43–48 Anm. 203.

Schutzvorschriften des Handelsvertreterrechts kommen muss. Irrt der Unternehmer über diese verkehrswesentliche Eigenschaft der Person des Vertreters und ist der Irrtum kausal für die Abgabe seiner auf den Vertragsschluss gerichteten Willenserklärung, mit anderen Worten hätte der Unternehmer den Vertreter bei Kenntnis von der Hauptberuflichkeit nicht eingesetzt, ist er zur Anfechtung berechtigt.

Die als Folge der Anfechtung an sich gegebene Schadensersatzverpflichtung des irrtumsbedingt anfechtenden Unternehmers gemäß § 122 Abs. 1 BGB wird regelmäßig ausscheiden, da der Handelsvertreter als potentiell Geschädigter die die Anfechtbarkeit begründenden Umstände, d. h. die Umstände, die ihn – entgegen der vertraglichen Festlegung der Nebenberuflichkeit – nach der Verkehrsauffassung zum Vertreter im Hauptberuf machen, kannte oder zumindest kennen musste, § 122 Abs. 2 BGB.

Hat der Handelsvertreter beim Unternehmer durch positives Tun oder Unterlassen arglistig die Fehlvorstellung verursacht, dass er als Vertreter im Nebenberuf tätig werde, obwohl er die Vertretertätigkeit faktisch hauptberuflich ausübt, so kann auch dies den Unternehmer gemäß § 123 Abs. 1 Fall 1 BGB zur Anfechtung seiner auf die Betrauung als Nebenberufler gerichteten Vertragserklärung berechtigen; dies gilt aber nur, sofern die Täuschung des Vertreters kausal für die Abgabe dieser Erklärung war.[848]

Folge einer etwaigen Anfechtungserklärung des Unternehmers ist an sich die rückwirkende Nichtigkeit seiner Willenserklärung und damit zugleich des Handelsvertretervertrages, § 142 Abs. 1 BGB; die im Rahmen des Vertreterverhältnisses bereits erbrachten Leistungen wären dann nach den §§ 812 ff. BGB zurückzugewähren.[849] Nach der wohl herrschenden Meinung hat die Anfechtung eines in Vollzug gesetzten Handelsvertretervertrages jedoch nicht die anfängliche Nichtigkeit des betreffenden Vertrages zur Folge, sondern führt in Anlehnung an die Grundsätze des fehlerhaften Arbeitsverhältnisses lediglich zu einer Vertragsbeendigung für die Zukunft.[850] In der Konsequenz kann dem Handelsvertreter für die Zeit des (tatsächlich in Vollzug gesetzten) Handelsvertreterverhältnisses ein Ausgleichsanspruch nach § 89b HGB zustehen.[851]

b) Schadensersatzanspruch des Unternehmers

Ferner kann sich der Handelsvertreter gemäß §§ 280 Abs. 1, 241 Abs. 2, 311 Abs. 2 BGB schadensersatzpflichtig machen, wenn er fahrlässig oder gar vorsätzlich dem Unternehmer nicht die tatsächlichen Gegebenheiten offenbart, aufgrund derer

848 *Bruck/Möller* Vor §§ 43–48 Anm. 203 und 419; *Höft* VersR 1973, 154.

849 *Bruck/Möller* Vor §§ 43–48 Anm. 353.

850 Siehe nur Baumbach/Hopt/*Hopt* § 89 Rn. 5; MünchKomm/*von Hoyningen-Huene* § 89 Rn. 17 und § 89b Rn. 32.

851 So jedenfalls Baumbach/Hopt/*Hopt* § 89b Rn. 8; Ebenroth/Boujong/*Löwisch* § 89b Rn. 38 m.w.N.; a.A. etwa MünchKomm/*von Hoyningen-Huene* § 89b Rn. 33.

er – entgegen der anvisierten Betrauung als nebenberuflicher Vertreter – hauptberuflich tätig wird.[852]

Hierin liegt eine vorvertragliche Pflichtverletzung in Form einer Aufklärungspflichtverletzung.[853] Bei der Frage der Haupt- oder Nebenberuflichkeit handelt es sich um einen Umstand, über den der Unternehmer angesichts des Auseinanderfallens wesentlicher Rechtsfolgen (Kündigungsfristen, Ausgleichsanspruch, Provisionsvorschuss) vom Vertreter berechtigterweise Aufklärung verlangen darf und der für seinen Entschluss zur Eingehung eines Handelsvertreterverhältnisses von zentraler Bedeutung ist.[854]

Der Vertreter ist dann zum Ersatz des hierdurch adäquat kausal verursachten Schadens des Unternehmers verpflichtet. Dieser wird insbesondere die Aufhebung des geschlossenen Handelsvertretervertrages verlangen können, es sei denn, er hätte den Vertreter auch als Hauptberufler eingesetzt. In letzterem Fall fehlt es an der Kausalität der Pflichtverletzung des Vertreters. Außerdem kommen als ersatzfähiger Schaden im Fall der Vertragsaufhebung die dem Unternehmer durch die Kontrahierung mit dem Vertreter entstandenen Kosten in Betracht.

Die bei Vorliegen der genannten Voraussetzungen gegebenen Möglichkeiten des Unternehmers, sich von dem abgeschlossenen Handelsvertretervertrag zu lösen, müssen jedoch unter dem Vorbehalt stehen, dass die unzutreffende vertragliche Einsetzung des Vertreters als Nebenberufler nicht nach dem Willen des Unternehmers darauf abzielte, den Ausgleichsanspruch der Norm des § 89b Abs. 4 S. 1 HGB zuwider zu umgehen.[855] In diesem Fall widerspricht es Treu und Glauben, wenn der Unternehmer sich eines Anfechtungsrechts bzw. eines Schadensersatzanspruchs berühmt. Er muss sich dann an dem Vertragsverhältnis mit dem Vertreter, der aufgrund der Unwirksamkeit der vertraglichen Einstufung als hauptberuflich tätig zu behandeln ist, festhalten lassen.

Dem Vertreter hingegen steht im Fall seiner unzutreffenden Bezeichnung als nebenberuflicher Vertreter weder ein Anfechtungsrecht noch ein Schadensersatzanspruch gegenüber dem Unternehmer zu.[856] Es wird bereits an einem Irrtum auf Seiten des Vertreters fehlen, da er die seinen Status als hauptberuflicher Vertreter begründenden Umstände kennt. Darüber hinaus ist – sofern man in der unzutreffenden Bezeichnung als Nebenberufler eine Pflichtverletzung des Unternehmers erblickt – kein Schaden des Vertreters erkennbar, da ihm wegen der Unwirksamkeit der vertraglichen Einigung über die Nebenberuflichkeit sämtliche Rechte eines hauptberuflich tätigen Vertreters zustehen.

852 Ebenroth/Boujong/*Löwisch* § 92b Rn. 9; Ensthaler/*Genzow* § 92b Rn. 8; *Höft* VersR 1973, 154; Staub/Canaris/*Emde* § 92b Rn. 19.

853 Zur Frage einer vertraglichen Pflichtverletzung bei unterlassener Unterrichtung des Unternehmers über eine Änderung der tatsächlichen Verhältnisse der Vertretertätigkeit vgl. unten E.II.2.c) und E.III.4.

854 Vgl. nur BGH NJW 1978, 1802, 1804.

855 Vgl. oben D.IV.3.d)aa).

856 Anders Ebenroth/Boujong/*Löwisch* § 92b Rn. 9.

V. Zwischenergebnis

Ob ein Handelsvertreter nur im Nebenberuf gemäß § 92b HGB tätig ist, lässt sich nur unter Heranziehung der konkreten Umstände des Einzelfalls beantworten. Eine bestimmte Gruppe von Handelsvertretern wie etwa die Postagenturbetreiber kann somit nicht typischerweise als nebenberuflich tätig aufgefasst werden. Maßgebend für die Abgrenzung zwischen Haupt- und Nebenberuf sind nach § 92b Abs. 3 HGB ausschließlich die Anschauungen der beteiligten Wirtschaftskreise, nicht aber eine von den Parteien getroffene vertragliche Regelung über die Ausübung der Vertretertätigkeit im Nebenberuf. Die Parteien können über die rechtliche Qualität der Vertretertätigkeit nicht disponieren. Von der Verkehrsauffassung abweichende Vereinbarungen entfalten keine rechtliche Wirkung.

Bei der Annahme einer nebenberuflichen Handelsvertretertätigkeit ist wegen der hiermit verbundenen erheblichen rechtlichen Nachteile für den Handelsvertreter Zurückhaltung geboten. Eine Vertretertätigkeit im Nebenberuf kommt überhaupt nur dann in Betracht, wenn der Betreffende der Handelsvertretung neben einer anderen Tätigkeit nachgeht, die sich als sein Hauptberuf darstellt und von der Vertretertätigkeit klar abgegrenzt werden kann. Damit scheiden die Fallkonstellationen der Mehrfachvertretung, also der Ausübung einer Vertretertätigkeit für mehrere Unternehmer, sowie des engen wirtschaftlichen Zusammenhangs zwischen der Vertreter- und der sonstigen Tätigkeit von vornherein als Anwendungsfälle einer nebenberuflichen Handelsvertretertätigkeit i.S. des § 92b HGB aus.

Kommt im Grundsatz jedwede „handelsvertreterfremde Tätigkeit“ als Hauptberuf in Betracht,[857] so darf dies nicht den Blick darauf verstellen, dass getreu dem Regelungszweck des § 92b HGB der Hauptberuf dem Handelsvertreter eine von der Vertretertätigkeit unabhängige wirtschaftliche Existenzgrundlage bieten oder aber – in „Sonderfällen“ – zumindest eine anderweitige, von der Vertretertätigkeit losgelöste Existenzgrundlage vorhanden sein muss.[858]

Vor diesem Hintergrund ist für die Beantwortung der Frage, wann eine nebenberufliche Vertretertätigkeit gemäß § 92b HGB angenommen werden kann, die Norm restriktiv auszulegen. Dem wird insbesondere die sog. Übergewichtstheorie nicht gerecht, da sie für die Annahme einer hauptberuflichen Betätigung eine Kumulation von (zeitlich) überwiegender Vertretertätigkeit und überwiegender Einkommenserzielung aus eben dieser Tätigkeit verlangt, was sich als hohe Hürde erweist. Bei strikter Anwendung dieser Kriterien würden auch solche Handelsvertreter als nebenberuflich tätig eingestuft, die mehr Zeit in eine sonstige Tätigkeit als in die Vertretertätigkeit investieren, aber die Provisionseinkünfte zur Sicherung ihrer wirtschaftlichen Existenz einsetzen müssen. Das liefe dem Ziel der gesetzlichen Regelung zuwider, da die Vertreter in diesem Fall nicht auf ausreichende sonstige finanzielle Quellen zurückgreifen können.

---

857 Staub/Canaris/*Emde* § 92b Rn. 6.

858 BGH NJW-RR 2007, 1286, 1288.

Nur die sog. Wesentlichkeitstheorie vermag dem Normzweck des § 92b HGB Rechnung zu tragen, indem sie auf die wirtschaftliche Bedeutung der Vertretertätigkeit für die Person des Handelsvertreters abstellt und Hauptberuflichkeit dann annimmt, wenn die Einkünfte aus dieser Tätigkeit wesentlich, d. h. unverzichtbar sind für die Bestreitung des Lebensunterhalts des Vertreters.[859] Hierbei muss man im Zweifel von einer Tätigkeit im Hauptberuf ausgehen, was bereits der Ausnahmecharakter der Sonderregelung für den Handelsvertreter im Nebenberuf gebietet. Die Wesentlichkeitstheorie bietet zwar kein Höchstmaß an Rechtssicherheit, da die Frage nach der Wesentlichkeit im erörterten Sinne letztlich auf eine Wertungsentscheidung hinausläuft. Sie kann aber zur Einzelfallgerechtigkeit deutlich mehr beitragen als die anderen vorgeschlagenen Abgrenzungsmethoden.

Der Aspekt, dass eine Vertretertätigkeit, der eine existenzsichernde Funktion für den Handelsvertreter zukommt, kein Nebenberuf i.S. des § 92b HGB sein kann, findet bislang in der Auslegung und Anwendung der Norm durch die Rechtsprechung und die Literatur nicht die notwendige Beachtung. Dort hat sich die Übergewichtstheorie als herrschende Abgrenzungsmethode durchgesetzt. Hierdurch kann es im Einzelfall zu einer bedenklichen Benachteiligung des Handelsvertreters kommen, indem ihm u.U. zentrale Schutzbestimmungen des Handelsvertreterrechts, auf die er geradezu angewiesen ist, entzogen werden. Dies war aber nicht die Intention des Gesetzgebers bei der Einführung der Sonderregelung. Es ist daher erwägenswert, dem Rechtsanwender (ergänzend zum Verweis auf die Verkehrsauffassung) in § 92b Abs. 3 HGB einen klarstellenden Hinweis dahingehend an die Hand zu geben, dass eine Handelsvertretertätigkeit im Nebenberuf ausscheiden muss, wenn diese Tätigkeit für den Handelsvertreter von existenzieller Bedeutung ist.

859 *Trinkhaus* S. 106 ff.

E. Veränderung der Rechtsstellung des Handelsvertreters

In der Tätigkeit des Handelsvertreters für den Unternehmer können sich Veränderungen ergeben. Die im Zeitpunkt des Vertragsschlusses von den Parteien anvisierte bzw. die tatsächlich zu Beginn des Vertragsverhältnisses ausgeübte Handelsvertretertätigkeit kann sich im Laufe der Zeit in einer Weise fortentwickeln, dass sie nunmehr in ihrer konkreten Ausprägung mit der ursprünglichen Tätigkeit nicht mehr identisch ist.

I. Veränderlichkeit der Qualität der Handelsvertretertätigkeit nach der Verkehrsauffassung

Die Qualität der Handelsvertretertätigkeit ist notwendigerweise veränderlich.[860] Denn für die Frage, ob eine Vertretertätigkeit im Haupt- oder im Nebenberuf gemäß § 92b HGB ausgeübt wird, ist nicht auf die Verhältnisse im Zeitpunkt des Abschlusses des Handelsvertretervertrages abzustellen, sondern auf diejenigen in dem Zeitpunkt, der für das Bestehen oder Nichtbestehen der Rechte aus §§ 87a, 89 und 89b HGB maßgebend ist.[861]

Hiernach ist die gegenwärtige Rechtsstellung des Handelsvertreters ausschlaggebend.[862] Zu beurteilen sind jeweils die aktuellen Verhältnisse der Vertretertätigkeit in den Augen der Verkehrsauffassung. Dies führt zu der Erkenntnis, dass eine Entwicklung der Vertretertätigkeit nicht nur in eine Richtung, sondern in beide Richtungen, d. h. sowohl vom Neben- zum Hauptberuf als auch vom Haupt- zum Nebenberuf möglich ist.[863] Neben der einleitend zu stellenden Frage, unter welchen Voraussetzungen von einer derartigen, rechtlich relevanten Veränderung der Vertretertätigkeit auszugehen ist, bedürfen die hierdurch erzeugten Rechtsfolgen für die Vertragsparteien eingehender Betrachtung.

II. Entwicklung des Nebenberufs zum Hauptberuf

Eine mögliche Veränderung der Handelsvertretertätigkeit betrifft die Fallgestaltung, dass der Handelsvertreter nicht mehr nebenberuflich i.S. des § 92b HGB tätig ist, sondern ab einem bestimmten Zeitpunkt seiner Vertretertätigkeit nunmehr im Hauptberuf nachgeht.

---

860 MünchKomm/*von Hoyningen-Huene* § 92b Rn. 25; Staub/Canaris/*Emde* § 92b Rn. 20.

861 MünchKomm/*von Hoyningen-Huene* § 92b Rn. 22; Schlegelberger/*Schröder* § 92b Rn. 6; Staub/Canaris/*Emde* § 92b Rn. 12; *Trinkhaus* S. 103; vgl. oben D.II.1.b).

862 So auch *Bruck/Möller* Vor §§ 43–48 Anm. 15; *Trinkhaus* S. 103.

863 Staub/Canaris/*Emde* § 92b Rn. 20.

1. Entwicklung zum Hauptberuf nach den tatsächlichen Verhältnissen während der Vertragslaufzeit

Zu einer Entwicklung der Vertretertätigkeit vom Neben- zum Hauptberuf während der Laufzeit des Handelsvertretervertrages kann es aus verschiedenen Gründen kommen: Zunächst kann eine ursprünglich nebenberufliche Vertretertätigkeit deshalb von nun an hauptberuflich ausgeübt werden, weil der Vertreter seiner bislang als Hauptberuf anzusehenden Tätigkeit nicht mehr nachgeht, sie also vollständig beendet.[864] Gleiches gilt für den Fall, dass der Vertreter seine bislang hauptberuflich ausgeübte Tätigkeit derart reduziert, dass die Vertretertätigkeit nach der oben[865] als vorzugswürdig erachteten Abgrenzungsmethode vom Zeitpunkt dieser Reduzierung an von existenzieller Bedeutung und damit als Hauptberuf anzusehen ist.[866] Dies wird nahezu immer mit einer Ausdehnung der Vertretertätigkeit einhergehen,[867] woraus sich deren gesteigerte Bedeutung für die Person des Vertreters ableiten lässt. Folgt man der Übergewichtstheorie, so muss, damit überhaupt eine hauptberufliche Vertretertätigkeit in Betracht kommt, diese sich zur zeitlich überwiegend ausgeübten Tätigkeit und – zugleich – zur die überwiegenden Einkünfte hervorbringenden Tätigkeit entwickeln.[868]

Als denkbarer Grund für die Entwicklung des Neben- zum Hauptberuf ausscheiden muss allerdings eine bloße vertragliche Vereinbarung der Parteien, wonach sich der Handelsvertreter von einem bestimmten Zeitpunkt an nicht mehr als nebenberuflicher, sondern als hauptberuflicher Handelsvertreter der Absatzmittlung für den Unternehmer widmen soll. Eine Parteivereinbarung hat grundsätzlich keinen Einfluss auf die Abgrenzung zwischen der haupt- und nebenberuflichen Handelsvertretertätigkeit; diese richtet sich vielmehr ausschließlich nach den tatsächlichen Gegebenheiten des jeweiligen Handelsvertreterverhältnisses (beurteilt nach den Anschauungen der beteiligten Wirtschaftskreise).[869] Nur eine Veränderung der

---

864 Heymann/Horn/*Sonnenschein*/*Weitemeyer* § 92b Rn. 13; MünchKomm/*von Hoyningen-Huene* § 92b Rn. 25; Schlegelberger/*Schröder* § 92b Rn. 7; *ders.* INF 1977, 33, 37; Staub/Canaris/*Emde* § 92b Rn. 20; vgl. auch Denkschrift zum Entwurf eines Handelsvertretergesetzes (Gesetz über die Rechtsverhältnisse der Handelsvertreter und Handelsreisenden), vorgelegt von *H. C. Nipperdey*/*Rolf Dietz*, Arbeitsberichte der Akademie für Deutsches Recht Nr. 17, Berlin 1940, S. 192.

865 D.II.4.c)cc).

866 Vgl. MünchKomm/*von Hoyningen-Huene* § 92b Rn. 25.

867 BGH NJW 1999, 639, 641; Heymann/Horn/*Sonnenschein*/*Weitemeyer* § 92b Rn. 13; *Höft* VersR 1973, 154, 155; MünchKomm/*von Hoyningen-Huene* § 92b Rn. 25; Staub/Canaris/*Emde* § 92b Rn. 20 f.

868 Vgl. Ensthaler/*Genzow* § 92b Rn. 4; *Escher* BB 1999, 72; *Höft* VersR 1973, 154, 155; *Küstner* VW 1998, 1746; *ders.* BB 1999, 541, 544; Küstner/Thume/*Schürr* Band 1 Kap. I Rn. 235.

869 MünchKomm/*von Hoyningen-Huene* § 92b Rn. 26 f.; Staub/Canaris/*Emde* § 92b Rn. 19 und 21; vgl. oben D.IV.3.a) und c).

„tatsächlichen Verhältnisse" der Vertretertätigkeit kann demnach eine Entwicklung der hier in Rede stehenden Art bewirken.[870]

Wenn auch der genaue Zeitpunkt der maßgeblichen Veränderung kaum auf den Tag genau festgestellt werden kann,[871] so ist aber doch festzuhalten, dass relevante Änderungen in jedem Monat Berücksichtigung finden können und müssen. Schließlich kann sich die Bedeutung der Provisionseinkünfte für die Sicherung der wirtschaftlichen Existenz des Handelsvertreters Monat für Monat verändern, vgl. auch § 87c Abs. 1 S. 1 Halbs. 1 HGB.

2. Rechtsfolgen für die Vertragsparteien

Lässt sich eine Veränderung der vorstehend beschriebenen Art feststellen, ist also die Vertretertätigkeit nach der gemäß § 92b Abs. 3 HGB maßgeblichen Verkehrsauffassung nicht mehr als Nebenberuf, sondern nunmehr als Hauptberuf des Vertreters anzusehen, ist fraglich und umstritten, ob dem Vertreter gleichzeitig auch in rechtlicher Hinsicht von nun an der Status eines hauptberuflichen Vertreters zukommt oder ob es hierfür weiterer Voraussetzungen bedarf.[872] Mit anderen Worten ist zu fragen, ob die rechtliche Entwicklung des Vertragsverhältnisses der tatsächlichen Entwicklung der Vertretertätigkeit ohne Weiteres folgt.[873]

Der Gesetzgeber hat sich hierzu nicht explizit geäußert. Er hat sich mit der Feststellung begnügt, dass der Handelsvertreter darlegen könne, er sei im Verlauf seiner Vertretertätigkeit zum hauptberuflichen Handelsvertreter geworden.[874] Es bleibt unklar, ob und ggf. welche Anforderungen jenseits der faktischen Veränderung der Gesetzgeber an die Annahme einer hauptberuflichen Vertretertätigkeit nach anfänglicher Nebenberuflichkeit stellt.

---

870 BGH NJW 1999, 639, 641; Heymann/Horn/*Sonnenschein*/ *Weitemeyer* § 92b Rn. 13; *Höft* VersR 1973, 154, 155; Koller/Kindler/*Roth* § 92b Rn. 4; *Küstner* VW 2002, 1793, 1794; Küstner/Thume/*Thume* Band 2 Kap. II Rn. 109; Küstner/Thume/*Schürr* Band 1 Kap. I Rn. 235 f.; MünchKomm/*von Hoyningen-Huene* § 92b Rn. 25; in diesem Sinne auch LG Bonn, Beschluss vom 06.04.2009 – 14 O 120/08 (n.v.); vgl. auch LG Hannover VersR 1973, 153.

871 Ebenroth/Boujong/*Löwisch* § 92b Rn. 17; Heymann/Horn/*Sonnenschein*/ *Weitemeyer* § 92b Rn. 13; vgl. BGH NJW 1999, 639, 641.

872 *Ankele* § 92b Rn. 12; Ensthaler/*Genzow* § 92b Rn. 4; *Escher* BB 1999, 72; *Küstner* VW 1998, 1746; *ders.* BB 1999, 541, 544; Küstner/Thume/*Schürr* Band 1 Kap. I Rn. 236.

873 Küstner/Thume/*Schürr* Band 1 Kap. I Rn. 236.

874 Begr. zum Entwurf eines Gesetzes zur Änderung des Handelsgesetzbuches (Recht der Handelsvertreter), BT-Drucks. 1/3856 vom 15.11.1952, S. 43.

a) *Geltendmachung der Schutzvorschriften für den hauptberuflichen Handelsvertreter bei ausdrücklicher vertraglicher Betrauung als nebenberuflicher Handelsvertreter*

Die Frage, ob der inzwischen faktisch hauptberuflich tätige Handelsvertreter die Rechte eines solchen hauptberuflichen Handelsvertreters, allen voran den Ausgleichsanspruch gemäß § 89b HGB, mit Erfolg gegenüber dem Unternehmer geltend machen kann, stellt sich aber nur dann, wenn dieser den Handelsvertreter ausdrücklich als Handelsvertreter im Nebenberuf mit der Vermittlung oder dem Abschluss von Geschäften betraut hat, § 92b Abs. 2 HGB. Denn nur in diesem Fall kann sich der Unternehmer auf § 92b Abs. 1 HGB und die dort enthaltenen Rechtsfolgen berufen.[875]

Fehlt es an der notwendigen ausdrücklichen Betrauung des Handelsvertreters als Nebenberufler, kann der Unternehmer der Inanspruchnahme durch den Handelsvertreter von vornherein nicht dessen vermeintliche Eigenschaft als Nebenberufler entgegensetzen, unabhängig davon, ob und welche rechtlichen Auswirkungen die faktische Veränderung der Tätigkeit hat.[876] Der Vertreter ist dann als Hauptberufler zu betrachten und u. a. ausgleichsberechtigt. Der Inhalt des Handelsvertretervertrages passt sich insofern gewissermaßen „kraft Gesetzes" gemäß § 92b Abs. 3 HGB den veränderten tatsächlichen Umständen der Vertretertätigkeit an.[877]

aa) *Anforderungen der sog. Vertragstheorie*

Die wohl überwiegende Meinung in Rechtsprechung und Literatur verlangt für eine Änderung des rechtlichen Status des Handelsvertreters vom Neben- zum Hauptberufler, dass der Unternehmer, der den Handelsvertreter in Übereinstimmung mit der Verkehrsauffassung[878] im Handelsvertretervertrag als nebenberuflichen Vertreter betraut hat, dieser Änderung und damit der vollen Geltung der §§ 84 ff. BGB ausdrücklich oder zumindest konkludent zustimmt.[879] Fehlt es an einer derartigen

---

875 Ausführlich hierzu unten F.I.

876 Ebenroth/Boujong/*Löwisch* § 92b Rn. 22; Koller/Kindler/*Roth* § 92b Rn. 4; Staub/Canaris/*Emde* § 92b Rn. 21.

877 So Ebenroth/Boujong/*Löwisch* § 92b Rn. 22, wobei es jedoch an dieser Stelle streng genommen einer solchen Anpassung überhaupt nicht bedarf, weil die Nebenberuflichkeit von vornherein nicht Vertragsinhalt war; abweichend Heymann/Horn/*Sonnenschein/Weitemeyer* § 89b Rn. 19 und § 92b Rn. 13.

878 Vgl. oben D.IV.3.a).

879 LG Hannover VersR 1973, 153, 154; LG Bonn, Beschluss vom 06.04.2009 – 14 O 120/08 (n.v.); *Ankele* § 92b Rn. 12; Baumbach/Hopt/*Hopt* § 92b Rn. 5; Ensthaler/*Genzow* § 92b Rn. 4 f.; *Escher* BB 1999, 72; Flohr/Wauschkuhn/*Billing* § 92b Rn. 14; Heymann/Horn/*Sonnenschein/Weitemeyer* § 92b Rn. 13 f.; *Höft* VersR 1973, 154, 155; Koller/Kindler/*Roth* § 92b Rn. 4; *Küstner* VW 1998, 1746; *ders.* BB 1999, 541, 544; Küstner/Thume/*Thume* Band 2 Kap. II Rn. 109; Küstner/Thume/*Schürr* Band 1 Kap. I Rn. 238 f.; Oetker/*Busche* § 92b Rn. 9; RGRK/*Würdinger* § 92b Anm. 2 und

Zustimmung, ist der Handelsvertreter nach wie vor als Nebenberufler i.S. des § 92b HGB zu behandeln,[880] wobei Abs. 3 der Norm in diesem Fall nicht mehr zur Anwendung kommt.[881]

Da es hiernach für die Veränderung der rechtlichen Stellung des Vertreters auf die Herbeiführung einer (zumindest schlüssigen) Vertragsänderung,[882] d.h. auf das Vorliegen zweier übereinstimmender Willenserklärungen der Vertragsparteien ankommt,[883] wird diese Auffassung als sog. Vertragstheorie bezeichnet.[884] Kerngedanke und zugleich Folge dieser Ansicht ist, dass sich ein im Handelsvertretervertrag als Nebenberufler bezeichneter Handelsvertreter „später nicht einseitig zum hauptamtlichen Handelsvertreter aufschwingen" kann.[885] Die Eigenschaft als nebenberuflicher Vertreter soll durch die ausdrückliche Betrauung i.S. des § 92b Abs. 2 HGB „Bestandteil des vertraglichen Konsenses" geworden sein.[886] Der Handelsvertreter ist also auf die Mitwirkung des Unternehmers angewiesen, um die Rechtsstellung eines Handelsvertreters im Hauptberuf zu erlangen.

Einzelne Vertreter der Vertragstheorie folgen einer etwas differenzierteren Betrachtungsweise:[887] Zwar vollziehe sich die Änderung der Rechtsstellung als solche gemäß der konstitutiv wirkenden Verkehrsauffassung ungeachtet der vertraglichen Vereinbarungen. Hiervon sei jedoch die Frage zu unterscheiden, ob der Handelsvertreter sich gegenüber dem Unternehmer auf die (erfolgte) Änderung seiner Rechtsstellung berufen könne, solange dieser keine Kenntnis von den

---

4; Röhricht/Graf von Westphalen/*Thume* § 92b Rn. 9 f.; Schlegelberger/*Schröder* § 92b Rn. 6 f.; *ders.* DB 1967, 1303; *ders.* INF 1977, 33, 37; *ders.* INF 1978, 401, 402 und 405; *Specks* S. 74 f.; Staub-Vorauflage/*Brüggemann* § 92b Rn. 10; *Trinkhaus* S. 102.

880 Koller/Kindler/*Roth* § 92b Rn. 4; *Küstner* VW 1998, 1746; *ders.* BB 1999, 541, 544.

881 Flohr/Wauschkuhn/*Billing* § 92b Rn. 14; Koller/Kindler/*Roth* § 92b Rn. 4; RGRK/*Würdinger* § 92b Anm. 4; Staub-Vorauflage/*Brüggemann* § 92b Rn. 10.

882 Siehe nur Ebenroth/Boujong/*Löwisch* § 92b Rn. 20; *Schröder* INF 1977, 33, 37; *ders.* INF 1978, 401, 402 und 405.

883 LG Bonn, Beschluss vom 06.04.2009 – 14 O 120/08 (n.v.); *Küstner* VW 2002, 1793, 1794; *Schröder* INF 1978, 401, 402; vgl. auch *ders.* DB 1958, 975.

884 Statt aller LG Bonn, Beschluss vom 06.04.2009 – 14 O 120/08 (n.v.); *Escher* BB 1999, 72; Staub/Canaris/*Emde* § 92b Rn. 21; vgl. auch *Kampf* S. 11.

885 LG Bonn, Beschluss vom 06.04.2009 – 14 O 120/08 (n.v.); ebenso LG Hannover VersR 1973, 153, 154; Baumbach/Hopt/*Hopt* § 92b Rn. 5; Ensthaler/*Genzow* § 92b Rn. 4; *Küstner* BB 1999, 541, 544; Küstner/Thume/*Thume* Band 2 Kap. II Rn. 109; Küstner/Thume/*Schürr* Band 1 Kap. I Rn. 239; Oetker/*Busche* § 92b Rn. 9; RGRK/*Würdinger* § 92b Anm. 4; Schlegelberger/*Schröder* § 92b Rn. 7; *ders.* DB 1967, 1303; *ders.* INF 1977, 33, 37; *ders.* INF 1978, 401, 402 und 405; Staub-Vorauflage/*Brüggemann* § 92b Rn. 10.

886 RGRK/*Würdinger* § 92b Anm. 4; Staub-Vorauflage/*Brüggemann* § 92b Rn. 10; ähnlich Heymann/Horn/*Sonnenschein*/*Weitemeyer* § 92b Rn. 14.

887 So LG Bonn, Beschluss vom 06.04.2009 – 14 O 120/08 (n.v.); *Höft* VersR 1973, 154, 155; in diese Richtung auch Schlegelberger/*Schröder* § 92b Rn. 6.

veränderten Umständen erlangt und den mit der Änderung verbundenen Rechtsfolgen nicht zugestimmt habe. Dies sei zu verneinen.

Nach Auffassung von *Sonnenschein/Weitemeyer* bedarf es einer Zustimmung des Unternehmers auch dann, wenn er im Zeitpunkt des Vertragsschlusses den Handelsvertreter nicht ausdrücklich als Nebenberufler entsprechend § 92b Abs. 2 HGB betraut hat; die Frage der Änderung der Rechtsstellung des Vertreters bzw. des Inhalts des Vertretervertrages sei nicht mit der der Geltendmachung der Sonderregelung des § 92b HGB durch den Unternehmer identisch.[888] Dem ist zu entgegnen, dass es bei Fehlen der Voraussetzungen des § 92b Abs. 2 HGB dem Unternehmer von vornherein verwehrt ist, sich zu seinen Gunsten auf eine nur nebenberufliche Rechtsstellung des Handelsvertreters zu berufen. Muss er diesen demzufolge zwingend als Hauptberufler betrachten,[889] kann es nicht mehr darauf ankommen, ob er einer etwaigen Änderung der rechtlichen Qualität der Vertretertätigkeit zustimmen muss oder nicht. Mangels der vom Gesetzgeber geforderten ausdrücklichen Betrauung als nebenberuflicher Handelsvertreter ist die Frage des rechtlichen Status des Handelsvertreters gegenüber dem Unternehmer von Beginn der Vertretertätigkeit an zugunsten der Hauptberuflichkeit entschieden.[890]

Die nach der Vertragstheorie für die Entwicklung des Neben- zum Hauptberuf zu fordernde (zumindest konkludente) Zustimmung des Unternehmers wird schon dann angenommen, wenn er Kenntnis von den veränderten tatsächlichen Umständen der Vertretertätigkeit, d. h. von ihrer inzwischen hauptberuflichen Ausübung durch den Vertreter, erlangt und er dennoch das Vertreterverhältnis – ohne zu intervenieren – auf dieser neuen Grundlage fortführt.[891] Hat der Unternehmer keine positive Kenntnis in diesem Sinne, soll ebenfalls ausreichend sein, dass er angesichts steigender Provisionseinkünfte des Vertreters sowie dessen erhöhter zeitlicher Inanspruchnahme durch die Vertretertätigkeit von einer Änderung der Rechtsstellung des Vertreters ausgehen muss und trotzdem an dessen Tätigkeit unverändert festhält.[892] An die für die Annahme einer konkludenten Zustimmung

---

888 Heymann/Horn/*Sonnenschein/Weitemeyer* § 92b Rn. 13.

889 Ebenroth/Boujong/*Löwisch* § 92b Rn. 22; Staub/Canaris/*Emde* § 92b Rn. 21.

890 Vgl. bereits oben E.II.2.a).

891 OLG Bamberg HVR Nr. 935 (1999); LG Hannover VersR 1973, 153, 154; LG Bonn, Beschluss vom 06.04.2009 – 14 O 120/08 (n.v.); *Ankele* § 92b Rn. 12; Ebenroth/Boujong/*Löwisch* § 92b Rn. 20; Giesler/*Klapperich* § 2 Rn. 62; Heymann/Horn/*Sonnenschein/Weitemeyer* § 92b Rn. 13; *Höft* VersR 1973, 154, 155; *Küstner* BB 1966, 1212, 1214; Küstner/Thume/*Schürr* Band 1 Kap. I Rn. 238 f.; Röhricht/Graf von Westphalen/*Thume* § 92b Rn. 9 f.; Schlegelberger/*Schröder* § 92b Rn. 6 f.; *ders.* INF 1978, 401, 402 f.; *Specks* S. 75; Staub/Canaris/*Emde* § 92b Rn. 21.

892 LG Bonn, Beschluss vom 06.04.2009 – 14 O 120/08 (n.v.); *Höft* VersR 1973, 154, 155; Röhricht/Graf von Westphalen/*Thume* § 92b Rn. 10; Staub/Canaris/*Emde* § 92b Rn. 21; abweichend *Schröder* INF 1978, 401, 403, nach dem die Höhe der vom Vertreter erzielten Provisionseinkünfte allein nicht zwingend auf eine hauptberufliche Ausübung der Vertretertätigkeit schließen lässt.

erforderliche Kenntnis bzw. das Kennenmüssen des Unternehmers werden also keine überzogenen Anforderungen gestellt.[893]

Außerdem wird innerhalb der Vertragstheorie zum Teil der Zustimmung des Unternehmers der Fall gleichgestellt, dass der Unternehmer die Tatsache, dass der Vertreter inzwischen faktisch hauptberuflich tätig ist, nicht bestreitet.[894] In diesem Fall verliert die vertragliche Einsetzung des Vertreters als nebenberuflicher Handelsvertreter jede Bedeutung und dieser ist entsprechend den tatsächlichen Umständen als Handelsvertreter im Hauptberuf anzusehen.[895]

Die Begründungsansätze für die Vertragstheorie sind unterschiedlich: Teilweise wird eine Zustimmung des Unternehmers aus dem Grund für erforderlich gehalten, weil sich bei einer Veränderung tatsächlicher Umstände der Vertretertätigkeit nur auf diese Weise Rechtssicherheit hinsichtlich der Einordnung dieser Tätigkeit als haupt- oder nebenberuflich herstellen lässt.[896]

Andere heben den Aspekt der Vertragstreue hervor: Dem Handelsvertreter soll nicht ermöglicht werden, durch ein vertragswidriges Verhalten seine rechtliche Stellung gegenüber dem Unternehmer zu verbessern.[897] Letzterem könnten – falls man seine Zustimmung zur Hauptberuflichkeit der Vertretung nicht für erforderlich hielte – entgegen seiner Intention im Zeitpunkt des Vertragsschlusses, mit einem nebenberuflichen Handelsvertreter zu kontrahieren, im Nachhinein weitergehende Verpflichtungen auferlegt werden.[898]

bb) Abweichende Meinungen

Nach der Gegenmeinung – von *Escher* als „Theorie der faktischen Begebenheiten" bezeichnet[899] – tritt eine Änderung der Rechtsstellung des Handelsvertreters vom Neben- zum Hauptberufler bereits mit der Veränderung der tatsächlichen Umstände ein, die für die Einordnung der Handelsvertretertätigkeit relevant sind.[900] Ist also in tatsächlicher Hinsicht bzw. nach der Verkehrsauffassung gemäß § 92b Abs. 3 HGB nicht mehr von einer nebenberuflichen, sondern von einer hauptberuflichen Vertretertätigkeit auszugehen, so wird in dieser Tätigkeit auch rechtlich ohne Weiteres

---

893 Röhricht/Graf von Westphalen/*Thume* § 92b Rn. 10.

894 Röhricht/Graf von Westphalen/*Thume* § 92b Rn. 9; in diesem Sinne auch Küstner/Thume/*Schürr* Band 1 Kap. I Rn. 237; vgl. Staub/Canaris/*Emde* § 92b Rn. 21.

895 Küstner/Thume/*Schürr* Band 1 Kap. I Rn. 237.

896 *Ankele* § 92b Rn. 12; Heymann/Horn/*Sonnenschein*/*Weitemeyer* § 92b Rn. 13; RGRK/*Würdinger* § 92b Anm. 4; Staub-Vorauflage/*Brüggemann* § 92b Rn. 10.

897 So *Specks* S. 75.

898 Heymann/Horn/*Sonnenschein*/*Weitemeyer* § 92b Rn. 13; ganz ähnlich LG Bonn, Beschluss vom 06.04.2009 – 14 O 120/08 (n.v.); vgl. Küstner/Thume/*Schürr* Band 1 Kap. I Rn. 241.

899 *Escher* BB 1999, 72.

900 *Bruck*/*Möller* Vor §§ 43–48 Anm. 400 f. und 419; Giesler/*Emde* § 2 Rn. 555; MünchKomm/*von Hoyningen-Huene* § 92b Rn. 26 ff.; Staub/Canaris/*Emde* § 92b Rn. 21.

der Hauptberuf des Handelsvertreters gesehen, was eine Anwendung des § 92b Abs. 1 HGB ausschließt.[901]

Die Autoren der Gegenmeinung führen zur Begründung ihrer ablehnenden Haltung gegenüber der Vertragstheorie den Umstand an, dass es für diese an einem gesetzlichen Anknüpfungspunkt fehlt.[902] Des Weiteren wird auf den Vorrang der Verkehrsauffassung gegenüber vertraglichen Vereinbarungen der Parteien in der Frage der rechtlichen Qualifizierung der Vertretertätigkeit rekurriert: Kann diese nach Auffassung der beteiligten Wirtschaftskreise nicht (mehr) als nebenberuflich i.S. des § 92b HGB betrachtet werden, muss notwendigerweise eine hauptberufliche Tätigkeit des Vertreters mit allen sich hieraus ergebenden rechtlichen Konsequenzen angenommen werden; denn die Parteien können über die rechtliche Qualität der Vertretertätigkeit nicht wirksam entgegen der Verkehrsauffassung disponieren.[903]

cc) Auffassung des BGH

In seinem Urteil vom 04.11.1998[904] spricht sich der BGH nicht nur für die Unzulässigkeit einer „Herabstufung" vom haupt- zum nebenberuflichen Handelsvertreter durch eine vertragliche Vereinbarung der Parteien aus; er befasst sich auch mit der Frage, ob ein Handelsvertreter, der aufgrund veränderter tatsächlicher Verhältnisse nach der Verkehrsauffassung als Handelsvertreter im Hauptberuf zu betrachten ist, schon deswegen auch in rechtlicher Hinsicht als Hauptberufler zu gelten hat oder ob dies eine zumindest konkludent erklärte Zustimmung des Unternehmers verlangt.[905]

In dem vom BGH zu entscheidenden Fall lag eine konkludente Zustimmung der Versicherungsunternehmen zu der hauptberuflichen Ausübung der streitgegenständlichen Versicherungsvertretertätigkeit (Führung eines Kundendienstbüros mit im Einzelnen vorgegebenen Öffnungszeiten) vor: Die Unternehmen erlangten Kenntnis von den Umständen, die die Versicherungsvertreterin faktisch zur hauptberuflichen Handelsvertreterin machten, und nahmen dennoch die von dieser geleisteten Vertreterdienste nach wie vor ohne Widerspruch gegen den Umfang dieser Dienste und/oder die hieraus erzielten Einnahmen entgegen.[906]

Der BGH musste die hier interessierende Frage daher nicht entscheiden.[907] Da beide hierzu vertretenen Ansichten in dem zu entscheidenden Fall nicht zu

---

901 *Bruck/Möller* Vor §§ 43–48 Anm. 419; MünchKomm/*von Hoyningen-Huene* § 92b Rn. 26; so wohl auch *Westphal* Vertriebsrecht Rn. 130.

902 *Bruck/Möller* Vor §§ 43–48 Anm. 419.

903 *Bruck/Möller* Vor §§ 43–48 Anm. 419; MünchKomm/*von Hoyningen-Huene* § 92b Rn. 26 ff.; Staub/Canaris/*Emde* § 92b Rn. 21; vgl. oben D.IV.3.a).

904 BGH NJW 1999, 639 ff.; vgl. bereits oben D.IV.3.a).

905 BGH NJW 1999, 639, 641.

906 BGH NJW 1999, 639, 641; so im Anschluss an die Entscheidung des BGH auch OLG Bamberg HVR Nr. 935 (1999) als Berufungsgericht, an das die Sache zurückverwiesen wurde.

907 *Escher* BB 1999, 72.

unterschiedlichen Ergebnissen gekommen wären, hat er folgerichtig von einer Stellungnahme abgesehen und sich gerade nicht festgelegt.[908] *Küstner* meint hingegen, dass der BGH mit seiner Entscheidung die Ansicht zum Ausdruck gebracht hat, dass eine Änderung des rechtlichen Status des Handelsvertreters vom Neben- zum Hauptberufler das Einverständnis des Unternehmers hiermit voraussetzt mit der Konsequenz, dass eine solche Änderung nicht automatische Folge der tatsächlichen Entwicklung der Vertretertätigkeit vom Neben- zum Hauptberuf sein kann.[909] Dem ist nicht zu folgen. Vielmehr geht die Entscheidung des BGH in der Sache dahin, dass er die von ihm angenommene konkludente Zustimmung als ausreichend erachtet, eine Änderung der Rechtsstellung des Handelsvertreters herbeizuführen. Ob hierin zugleich eine zwingende Voraussetzung zu sehen ist, bleibt bewusst unbeantwortet.

dd) Konstitutive Wirkung der Verkehrsauffassung

Die Vertragstheorie lässt sich mit der begrüßenswerten Rechtsprechung des BGH, nach der eine „Herabstufung“ eines tatsächlich hauptberuflich tätigen Handelsvertreters auf das Niveau der Nebenberuflichkeit i.S. des § 92b HGB mittels einer Vereinbarung der Parteien nicht zulässig ist,[910] nicht vereinbaren. Zwar widerspricht die Parteivereinbarung im Fall einer späteren Änderung der tatsächlichen Umstände nicht von vornherein der Verkehrsauffassung. Erst die tatsächliche Entwicklung des Vertreterverhältnisses führt dazu, dass die vertragliche Regelung mit der Wirklichkeit der Vertretertätigkeit nicht mehr im Einklang steht. Ließe man aber zu, dass sich die vertragliche Einstufung des Handelsvertreters als solcher im Nebenberuf gegenüber der späteren faktischen Veränderung der Vertretertätigkeit durchsetzt, würde die Rechtsprechung des BGH in bedenklicher Weise ausgehöhlt.[911] Es wäre verfehlt und inkonsequent, einer (sachlich unzutreffenden) vertraglichen Vereinbarung der nebenberuflichen Ausübung der Vertretertätigkeit zu Beginn dieser die rechtliche Anerkennung zu versagen, im späteren Verlauf des Vertragsverhältnisses jedoch einer solchen (inzwischen unzutreffend gewordenen) Parteivereinbarung den Vorzug gegenüber der Verkehrsauffassung zu geben. Letztere wirkt hinsichtlich der rechtlichen Qualifizierung der Vertretertätigkeit konstitutiv.[912]

---

908 So auch *Ankele* § 92b Rn. 12; Ebenroth/Boujong/*Löwisch* § 92b Rn. 17 Fn. 89; Ensthaler/*Genzow* § 92b Rn. 4; *Hübsch/Hübsch* WM 2005, SB Nr. 1, 24; Küstner/Thume/*Schürr* Band 1 Kap. I Rn. 238; Röhricht/Graf von Westphalen/*Thume* § 92b Rn. 10 Fn. 26; *Specks* S. 75 Fn. 154.

909 *Küstner* VW 1998, 1746, 1747; *ders.* BB 1999, 541, 544.

910 BGH NJW 1999, 639, 641; NJW-RR 2007, 1286, 1287; vgl. oben D.IV.3.a).

911 MünchKomm/*von Hoyningen-Huene* § 92b Rn. 28; Staub/Canaris/*Emde* § 92b Rn. 19 und 21.

912 LG Bonn, Beschluss vom 06.04.2009 – 14 O 120/08 (n.v.); Flohr/Wauschkuhn/*Billing* § 92b Rn. 4; *Höft* VersR 1973, 154, 155; Koller/Kindler/*Roth* § 92b Rn. 4; Küstner/Thume-Vorauflage/*Küstner* Band 2 Kap. II Rn. 139; vgl. *Herschel/Beine* S. 209; *Küstner* BB 1999, 541, 543; Küstner/Thume/*Schürr* Band 1 Kap. I Rn. 231; vgl. oben D.IV.3.c).

Vereinzelt wird auch von den Vertretern der Vertragstheorie diese Wirkung der Verkehrsauffassung hinsichtlich einer Änderung der Rechtsstellung des Vertreters nicht verkannt.[913] Für die von dieser Auffassung sodann vorgenommene, praktisch bedeutsame Einschränkung, dass der Handelsvertreter sich gegenüber dem Unternehmer auf die (erfolgte) Änderung seiner Rechtsstellung nur berufen kann, wenn dieser Kenntnis von den veränderten Umständen erlangt und den mit der Änderung verbundenen Rechtsfolgen zugestimmt hat, fehlt es aber an einer gesetzlichen Grundlage. Eine derartige Differenzierung lässt sich auch mit dem zwingenden Charakter von § 92b Abs. 3 HGB[914] nicht vereinbaren. Tritt eine Änderung der Rechtsstellung gemäß der – konstitutiv wirkenden – Verkehrsauffassung ein, so darf der Handelsvertreter in seiner Berufung auf den Eintritt dieser Änderung nicht beschränkt sein.[915] Sähe man dies anders, würde es den Parteien und insbesondere dem Unternehmer letztlich doch ermöglicht, mittels einer von der Verkehrsauffassung abweichenden Vereinbarung einen tatsächlich hauptberuflich tätigen Handelsvertreter in rechtlicher Hinsicht als Nebenberufler behandeln zu können.[916]

Zusätzlich spricht der zwingende Charakter der Bestimmungen, von denen § 92b HGB abweicht (vgl. §§ 87a Abs. 1 S. 2, 89 Abs. 2, 89b Abs. 4 S. 1 HGB), dafür, dass eine zur Nichtanwendbarkeit dieser Bestimmungen führende Vereinbarung der Parteien gegenüber der Verkehrsauffassung nicht vorrangig sein kann, mag auch die Vereinbarung ursprünglich die tatsächlichen Verhältnisse der Vertretertätigkeit korrekt wiedergegeben haben.[917]

ee) Sinn und Zweck des § 92b HGB

Außerdem setzt der Zweck der Sonderregelung – die Berücksichtigung der geringeren Schutzbedürftigkeit eines nebenberuflich tätigen Handelsvertreters[918] – für eine Anwendung der Norm voraus, dass der konkrete Handelsvertreter wirklich eines geringeren Schutzniveaus bedarf als ein Handelsvertreter, der seiner Vertretertätigkeit zur Sicherung seiner wirtschaftlichen Existenz nachgehen muss. Nur der tatsächliche Umstand, dass der Handelsvertreter des Schutzes der §§ 87a Abs. 1 S. 2, 89 Abs. 1 HGB nicht bedarf, weil seine Existenzgrundlage außerhalb der Vertretertätigkeit zu finden ist, rechtfertigt die Nichtanwendung dieser, der Existenzsicherung des hauptberuflichen Handelsvertreters dienenden Schutzvorschriften.

---

913 LG Bonn, Beschluss vom 06.04.2009 – 14 O 120/08 (n.v.); *Höft* VersR 1973, 154, 155; vgl. oben E.II.2.a)aa).

914 Vgl. oben D.IV.3.a).

915 Vgl. auch MünchKomm/*von Hoyningen-Huene* § 92b Rn. 27; siehe hierzu unten E.II.2.a)ff).

916 In diesem Sinne auch MünchKomm/*von Hoyningen-Huene* § 92b Rn. 28; Staub/Canaris/*Emde* § 92b Rn. 19 und 21; ähnlich *Kampf* S. 16.

917 Staub/Canaris/*Emde* § 92b Rn. 19 und 21.

918 Vgl. oben C.III.1.

Ein Handelsvertreter, der nicht von vornherein hauptberuflich tätig ist, sondern erst im späteren Verlauf des Vertreterverhältnisses vom neben- zum hauptberuflichen Vertreter wird, ist nicht weniger schutzbedürftig als ein von Anfang an hauptberuflich tätiger Handelsvertreter, der zu Unrecht im Handelsvertretervertrag als nebenberuflicher Vertreter bezeichnet wird. In beiden Konstellationen ist der Vertreter aktuell, d.h. in dem Zeitpunkt, der für das Bestehen oder Nichtbestehen der Rechte aus §§ 87a, 89 und 89b HGB maßgebend ist,[919] auf die für den Hauptberufler vorgesehenen Schutzvorschriften des Handelsvertreterrechts angewiesen.

Der Wortlaut des § 92b Abs. 3 HGB („tätig ist") bestärkt diese Sichtweise. Entscheidend ist, ob der Vertreter gegenwärtig[920] nach der ausschließlich maßgeblichen Auffassung der beteiligten Wirtschaftskreise als haupt- oder nebenberuflicher Handelsvertreter zu betrachten ist. Die Abgrenzung muss unter präziser Berücksichtigung des Normzwecks erfolgen.[921] Eine – wann auch immer erfolgte – Vereinbarung der Parteien über die nebenberufliche Ausübung der Vertretertätigkeit, die in dem genannten Beurteilungszeitpunkt mit dem Ergebnis dieser Abgrenzung nicht in Einklang zu bringen ist, kann keinen Einfluss auf die rechtliche Qualifizierung der Vertretertätigkeit haben.

ff) Treuwidrigkeit der Berufung des Handelsvertreters auf den Wechsel zur Hauptberuflichkeit

Selbstredend ist die zu Beginn des Vertreterverhältnisses getroffene vertragliche Vereinbarung einer nebenberuflichen Vertretertätigkeit – vorausgesetzt, sie entspricht der Verkehrsauffassung – für die Parteien bindend,[922] auch wenn sie nach den vorstehenden Ausführungen eine Änderung der Rechtsstellung des Handelsvertreters vom Neben- zum Hauptberufler nicht zu verhindern vermag. Fraglich ist allein, welche Folgen diese Bindungswirkung für die Parteien hat und welches rechtliche Schicksal die ursprüngliche Vereinbarung bei einem Wechsel von der Neben- zur Hauptberuflichkeit erfährt. Von der Beantwortung letzterer Frage hängt vor allem ab, ob sich der Handelsvertreter treuwidrig verhält, wenn er seine inzwischen eingetretene Hauptberuflichkeit trotz der entgegenstehenden vertraglichen Abrede gegenüber dem Unternehmer geltend macht.

Erste und logische Folge der Gebundenheit der Parteien an die getroffene Vereinbarung ist, dass weder der Unternehmer noch der Vertreter die Vereinbarung als solche und die aus ihr resultierenden Rechte und Pflichten im Nachhinein ohne

---

919 MünchKomm/*von Hoyningen-Huene* § 92b Rn. 22; Schlegelberger/*Schröder* § 92b Rn. 6; Staub/Canaris/*Emde* § 92b Rn. 12; vgl. oben D.II.1.b) und E.I.

920 Vgl. oben D.II.1.b) und E.I.

921 Vgl. oben D.II.4.c)cc).

922 LG Bonn, Beschluss vom 06.04.2009 – 14 O 120/08 (n.v.); *Höft* VersR 1973, 154, 155; zu den weiteren rechtlichen Konsequenzen einer solchen Parteivereinbarung siehe unten E.II.1.c) bis e).

Zustimmung der anderen Partei abändern können.[923] Hierfür bedarf es – wie auch sonst – eines Konsenses zwischen den Parteien.

Die vorgenannte Bindungswirkung würde jedoch entfallen, wenn dem nunmehr nach der Verkehrsauffassung hauptberuflich tätigen Vertreter ein Anspruch auf Vertragsanpassung zuerkannt wird, der auf die Beseitigung der Einigung über die Nebenberuflichkeit gerichtet ist. Ein derartiger Anspruch könnte sich aus dem Rechtsinstitut der Störung der Geschäftsgrundlage gemäß § 313 Abs. 1 und 2 BGB ableiten lassen.[924] Nach ständiger Rechtsprechung des BGH meint Geschäftsgrundlage im Sinne dieser Norm die „bei Vertragsschluss bestehenden gemeinsamen Vorstellungen beider Parteien oder die dem Geschäftsgegner erkennbaren und von ihm nicht beanstandeten Vorstellungen der einen Vertragspartei von dem Vorhandensein oder dem künftigen Eintritt gewisser Umstände, sofern der Geschäftswille der Parteien auf diesen Vorstellungen aufbaut".[925] Zwar kann die vertragliche Vereinbarung der Nebenberuflichkeit selbst als konkreter Vertragsinhalt nicht Teil der Geschäftsgrundlage sein. Dieser Einstufung wird aber die Erwartung zumindest des Vertreters, wenn nicht beider Vertragsparteien zugrunde liegen, dass die Vertretertätigkeit während der gesamten Vertragsdauer dieser Einordnung entspricht und nicht hiervon abweicht, d. h. keine Änderungen eintreten, die eine andere Einstufung der Tätigkeit des Vertreters rechtfertigen. Eine solche Vorstellung des Vertreters ist bei Vertragsschluss für den Unternehmer auch erkennbar. Hätte der Vertreter die Veränderung der Umstände in Bezug auf die Vertretertätigkeit vorhergesehen, hätte er den Vertrag in dieser Form nicht geschlossen. Der Unternehmer muss sich auf die Berücksichtigung dieser Veränderung redlicherweise auch einlassen, da es sich bei der Haupt- bzw. Nebenberuflichkeit der Vertretung grundsätzlich nicht um einen Umstand handelt, der im ausschließlichen Risikobereich des Vertreters liegt. Dies gilt jedenfalls dann, wenn der Vertreter die Fehlerhaftigkeit seiner Vorstellung nicht selbst und allein herbeigeführt hat.[926] In Anbetracht der Schutzbedürftigkeit eines hauptberuflich tätigen Handelsvertreters ist dem vertraglich als Nebenberufler eingesetzten Vertreter im Fall eines Wechsels von der Neben- zur Hauptberuflichkeit ein Festhalten am unveränderten Vertrag nicht zuzumuten. Der Vertreter kann somit eine entsprechende Anpassung des Vertretervertrages vom Unternehmer verlangen. Die ursprüngliche vertragliche Regelung verliert hiernach ihre Bindungswirkung für die Parteien unmittelbar mit dem vom Vertreter gegenüber dem Unternehmer geltend gemachten Wechsel zur Hauptberuflichkeit.

Dass der Vertreter sich entsprechend der tatsächlichen Entwicklung seiner Vertretertätigkeit auf die hiermit verbundenen Rechtsfolgen beruft, im Fall einer nunmehr faktisch hauptberuflichen Tätigkeit also auf die Geltung aller Vorschriften

---

923 Vgl. Staub/Canaris/*Emde* § 92b Rn. 21.

924 Vgl. LG Bonn, Beschluss vom 06.04.2009 – 14 O 120/08 (n.v.).

925 Statt aller BGH NJW-RR 2006, 1037, 1038.

926 Vgl. auch BGH NJW 2011, 989, 991.

des Handelsvertreterrechts, einschließlich der §§ 87a, 89 und 89b HGB, kann daher nicht als vertrags- oder treuwidriges Verhalten gewertet werden.[927]

Es ist nicht vertragswidrig, wenn der Vertreter seine rechtliche Stellung als Hauptberufler gegenüber dem Unternehmer geltend macht.[928] Ist die vertragliche Vereinbarung der Parteien im Fall des Verstoßes gegen die Verkehrsauffassung aus den aufgezeigten Gründen wirkungslos, kann in der Berufung des Vertreters auf seine nunmehr hauptberufliche Rechtsstellung auch kein vertragswidriges Verhalten gesehen werden. Darüber hinaus wird der Unternehmer nicht schlechter gestellt als in dem Fall, dass die Parteivereinbarung bereits im Zeitpunkt ihres Abschlusses den tatsächlichen Umständen der Vertretertätigkeit nicht gerecht wird und damit als unwirksam zu betrachten ist. Auch insoweit muss die Intention des Unternehmers im Zeitpunkt des Vertragsschlusses, mit einem nebenberuflichen Handelsvertreter zu kontrahieren, zurücktreten und es werden ihm weitergehende Verpflichtungen auferlegt, als er in diesem Zeitpunkt eingehen wollte.[929]

Aus den gleichen Gründen kann eine die Nebenberuflichkeit festlegende Parteivereinbarung, die der Verkehrsauffassung widerspricht und demzufolge für die rechtliche Einordnung des Vertreters keinerlei Wirkung entfalten kann, nicht die Grundlage eines treuwidrigen Verhaltens seitens des Vertreters sein.[930] Eine Treuwidrigkeit kommt in diesem Zusammenhang selbst dann nicht in Betracht, wenn sich aus dem Handelsvertretervertrag eindeutig die vertragliche Pflicht des Vertreters ergibt, seine im Nebenberuf begonnene Vertretertätigkeit während der gesamten Laufzeit des Handelsvertretervertrages nur nebenberuflich auszuüben.[931] Der Übergang von der Neben- zur Hauptberuflichkeit kann mittels einer derartigen vertraglichen Verpflichtung vom Unternehmer nicht wirksam untersagt werden. Ansonsten würde einmal mehr die Rechtsprechung des BGH zur Unzulässigkeit von der Verkehrsauffassung widersprechender Parteiabreden[932] konterkariert. Das Argument der Vertragstreue verfängt daher an dieser Stelle nicht.[933]

Es bleibt im Ergebnis festzuhalten, dass die (zunächst) bestehende vertragliche Bindungswirkung den Handelsvertreter in keiner Weise hindert, sich gegenüber dem Unternehmer auf die Änderung seiner rechtlichen Stellung bzw. den Verlust seines nebenberuflichen Status nach § 92b HGB zu berufen. Er ist mithin aufgrund des ihm zustehenden Anspruchs auf Vertragsanpassung aus § 313 BGB ab dem

927 MünchKomm/*von Hoyningen-Huene* § 92b Rn. 27; Staub/Canaris/*Emde* § 92b Rn. 21; a.A. LG Bonn, Beschluss vom 06.04.2009 – 14 O 120/08 (n.v.); siehe auch BGH NJW 1999, 639, 641; vgl. oben D.IV.3.a).

928 Ebenso MünchKomm/*von Hoyningen-Huene* § 92b Rn. 27; a.A. *Specks* S. 75.

929 Vgl. LG Bonn, Beschluss vom 06.04.2009 – 14 O 120/08 (n.v.); Heymann/Horn/*Sonnenschein*/*Weitemeyer* § 92b Rn. 13.

930 MünchKomm/*von Hoyningen-Huene* § 92b Rn. 27; Staub/Canaris/*Emde* § 92b Rn. 21; abweichend LG Bonn, Beschluss vom 06.04.2009 – 14 O 120/08 (n.v.).

931 Vgl. *Bruck*/*Möller* Vor §§ 43–48 Anm. 419; Staub/Canaris/*Emde* § 92b Rn. 21.

932 BGH NJW 1999, 639, 641; NJW-RR 2007, 1286, 1287; vgl. oben D.IV.3.a).

933 Vgl. oben E.II.2.a)aa).

Moment der faktischen Entwicklung der Vertretertätigkeit vom Neben- zum Hauptberuf als hauptberuflicher Handelsvertreter zu behandeln, der sämtliche Bestimmungen des Handelsvertreterrechts gegenüber dem Unternehmer geltend machen kann.[934] Der Handelsvertreter hat von nun an u.a. einen Anspruch auf Zahlung eines angemessenen Ausgleichs nach Vertragsbeendigung gemäß § 89b HGB sowie einen Anspruch auf einen angemessenen Provisionsvorschuss gemäß § 87a Abs. 1 S. 2 HGB; war Letzterer zunächst wirksam vertraglich ausgeschlossen, wird dieser Ausschluss wegen des zwingenden Charakters von § 87a Abs. 1 S. 2 HGB im Moment der Änderung der Rechtsstellung des Handelsvertreters vom Neben- zum Hauptberufler unwirksam.[935]

Ist der Handelsvertreter in einer Urkunde i.S. des § 85 HGB als Handelsvertreter im Nebenberuf benannt, kann er die Berichtigung dieser Urkunde verlangen, wenn seine rechtliche Stellung inzwischen der eines hauptberuflichen Handelsvertreters entspricht.[936]

b) Berechnung des Ausgleichsanspruchs

Da der Handelsvertreter de lege lata erst ab der Änderung seiner Rechtsstellung vom neben- zum hauptberuflichen Handelsvertreter ausgleichsberechtigt ist, sind der Berechnung des Ausgleichsanspruchs gemäß § 89b HGB[937] grundsätzlich nur die (Stamm-)Kunden zugrunde zu legen, die er während seiner Tätigkeit als hauptberuflicher Handelsvertreter neu geworben hat.[938] Mit anderen Worten sind in die zum Zeitpunkt der Beendigung des Vertragsverhältnisses vorzunehmende Umsatzprognose, die der Feststellung der Unternehmervorteile i.S. von § 89b Abs. 1 S. 1 Nr. 1 HGB dient, die Kunden nicht einzubeziehen, die der Vertreter vor Beginn seiner hauptberuflichen Tätigkeit, d.h. als nebenberuflicher Vertreter für den Unternehmer geworben hat.[939] Diese Kunden scheiden zwar als ausgleichsrelevante Neukunden aus, können jedoch als Altkunden Berücksichtigung finden, wenn der Vertreter die

---

934 MünchKomm/*von Hoyningen-Huene* § 92b Rn. 29; Staub/Canaris/*Emde* § 92b Rn. 21 und 23.

935 Ebenroth/Boujong/*Löwisch* § 92b Rn. 21; MünchKomm/*von Hoyningen-Huene* § 92b Rn. 22 und 29; Schlegelberger/*Schröder* § 92b Rn. 6 und 8a; Staub/Canaris/*Emde* § 92b Rn. 12 und 23.

936 Ebenroth/Boujong/*Löwisch* § 92b Rn. 11; RGRK/*Würdinger* § 92b Anm. 4; Staub/Canaris/*Emde* § 92b Rn. 21.

937 Vgl. oben B.II.4.

938 Giesler/*Emde* § 2 Rn. 554; Küstner/Thume/*Schürr* Band 1 Kap. I Rn. 244; Schlegelberger/*Schröder* § 92b Rn. 8a; *ders.* INF 1977, 33, 37; Staub/Canaris/*Emde* § 92b Rn. 23.

939 Giesler/*Emde* § 2 Rn. 554; *Schröder* INF 1977, 33, 37; Staub/Canaris/*Emde* § 92b Rn. 23.

Geschäftsverbindung zu ihnen so wesentlich erweitert hat, dass dies wirtschaftlich der Werbung eines neuen Kunden entspricht, § 89b Abs. 1 S. 2 HGB.[940]

Abweichend hiervon hält *Löwisch* sämtliche, also auch die im Verlauf der nebenberuflichen Tätigkeit vom Vertreter geworbenen Stammkunden für ausgleichspflichtig, wobei für die Berechnung allein die mit diesen Kunden während der hauptberuflichen Tätigkeit erzielten Umsätze heranzuziehen seien.[941] Gegen diesen Ansatz spricht aber, dass eine Werbung von Neukunden sowie eine wesentliche Erweiterung der Geschäftsbeziehungen zu Altkunden i.S. des § 89b Abs. 1 HGB aufgrund des eindeutigen Wortlauts von § 92b Abs. 1 S. 1 HGB erst mit Aufnahme einer hauptberuflichen Vertretertätigkeit rechtlich relevant werden.[942]

Kommt es im Laufe des Handelsvertreterverhältnisses mehrmals zu einer Änderung der Rechtsstellung des Vertreters, wird z. B. dessen hauptberufliche Tätigkeit von einer Periode nur nebenberuflicher Betätigung unterbrochen, so sind sämtliche vom Vertreter während der Phasen der Hauptberuflichkeit geworbenen Kunden zu seinen Gunsten der Berechnung des Ausgleichsanspruchs zugrunde zu legen.[943] *Emde* begründet dies mit der Einheitlichkeit des Vertretervertrages.[944] Etwas anderes würde nur dann gelten, wenn der Vertreter schon nach der Beendigung der ersten Phase der Hauptberuflichkeit einen Ausgleichsanspruch gegenüber dem Unternehmer geltend macht und dieser sodann eine Ausgleichszahlung leistet.[945] Auch ist die Ausschlussfrist des § 89b Abs. 4 S. 2 HGB zu beachten.[946]

Den Parteien steht es frei, innerhalb der von § 89b Abs. 4 S. 1 HGB gezogenen Grenzen eine abweichende Vereinbarung zu treffen,[947] etwa dahingehend, dass alle vom Vertreter in seiner Eigenschaft als Neben- und Hauptberufler geworbenen Kunden in die Berechnung einzubeziehen sind.

c) *Pflicht des Handelsvertreters zur Unterrichtung des Unternehmers über die Entwicklung zum Hauptberuf*

Die durch die Vereinbarung der Nebenberuflichkeit der Handelsvertretung geschaffene vertragliche Bindungswirkung steht zwar – wie gesehen – einer Änderung der Rechtsstellung des Handelsvertreters vom Neben- zum Hauptberufler nicht entgegen. Er ist jedoch im Fall einer derartigen vertraglichen Vereinbarung nach einhelliger Auffassung verpflichtet, den Unternehmer darüber zu informieren, dass

---

940 Giesler/*Emde* § 2 Rn. 554; Staub/Canaris/*ders.* § 92b Rn. 23.
941 Ebenroth/Boujong/*Löwisch* § 92b Rn. 21.
942 Vgl. *Schröder* INF 1977, 33, 37.
943 Staub/Canaris/*Emde* § 92b Rn. 23.
944 Staub/Canaris/*Emde* § 92b Rn. 23.
945 Vgl. hierzu unten E.III.3.
946 Vgl. hierzu unten E.III.3.
947 Ebenroth/Boujong/*Löwisch* § 92b Rn. 21; Staub/Canaris/*Emde* § 92b Rn. 23.

er seiner Vertretertätigkeit nunmehr aufgrund veränderter tatsächlicher Umstände im Hauptberuf nachgeht.[948]

Das Bestehen einer solchen Verpflichtung könnte sich zum einen aus der Interessenwahrnehmungspflicht sowie der Benachrichtigungs- und Informationspflicht des Handelsvertreters gemäß § 86 Abs. 1 Halbs. 2 und Abs. 2 HGB ergeben, wonach der Handelsvertreter das Interesse des Unternehmers wahrzunehmen und diesem die erforderlichen Nachrichten zu geben hat.[949] Zweck der hiernach geforderten Berichterstattung durch den Handelsvertreter ist schließlich u. a., dass sich der Unternehmer einen umfassenden Überblick über dessen Absatzmittlungstätigkeit verschaffen kann.[950] Der Handelsvertreter muss den Unternehmer unverzüglich über sämtliche Umstände informieren, die für den Bestand und die Durchführung des Handelsvertretervertrages sowie allgemein für die auf gegenseitigem Vertrauen basierende Vertragsbeziehung der Parteien relevant sind,[951] wie z. B. die Absicht der Aufnahme einer weiteren Handelsvertretung.[952] Die Benachrichtigungspflicht des Handelsvertreters erfasst alle Umstände aus seinem Tätigkeitsbereich, die für den Unternehmer wesentlich sind.[953]

Es liegt auf der Hand, dass es für den Unternehmer wegen der in wesentlichen Punkten abweichenden Rechtsfolgen (§ 92b Abs. 1 HGB) von nicht unerheblicher Relevanz ist, ob der von ihm eingesetzte Handelsvertreter im Haupt- oder Nebenberuf tätig ist. Der Unternehmer hat ein berechtigtes Informationsinteresse hinsichtlich einer (möglichen) Änderung der rechtlichen Stellung des Handelsvertreters.[954] Die Mitteilung von dem Übergang zur Hauptberuflichkeit ist somit eine „erforderliche" Nachricht i.S. des § 86 Abs. 2 HGB. Das Interesse des Unternehmers, über diese Statusänderung informiert zu werden, ist gegenüber dem Interesse des Vertreters, den Unternehmer hierüber – insbesondere zur Vermeidung einer Kündigung durch diesen – im Unklaren zu lassen, vorrangig.[955]

---

948 LG Bonn, Beschluss vom 06.04.2009 – 14 O 120/08 (n.v.); *Bruck/Möller* Vor §§ 43–48 Anm. 419; Ebenroth/Boujong/*Löwisch* § 92b Rn. 17; Ensthaler/*Genzow* § 92b Rn. 5; *Günther* S. 54 Fn. 234; *Höft* VersR 1973, 154, 155; Küstner/Thume/*Schürr* Band 1 Kap. I Rn. 240 f.; Staub/Canaris/*Emde* § 92b Rn. 22; ebenso – für den Fall der Entwicklung des Haupt- zum Nebenberuf – OLG Düsseldorf BB 1969, 330.

949 Vgl. oben B.II.1.

950 Ebenroth/Boujong/*Löwisch* § 86 Rn. 17; Röhricht/Graf von Westphalen/*Thume* § 86 Rn. 19; Staub/Canaris/*Emde* § 86 Rn. 161.

951 Ebenroth/Boujong/*Löwisch* § 86 Rn. 17; Staub/Canaris/*Emde* § 86 Rn. 156.

952 OLG Düsseldorf BB 1969, 330; Ebenroth/Boujong/*Löwisch* § 86 Rn. 17.

953 OLG Köln BB 1971, 543; Baumbach/Hopt/*Hopt* § 86 Rn. 41; Ebenroth/Boujong/*Löwisch* § 86 Rn. 14.

954 Vgl. MünchKomm/*von Hoyningen-Huene* § 86 Rn. 52; vgl. bereits *von Brunn* S. 46; *ders.* NJW 1954, 56, 57.

955 Vgl. Ebenroth/Boujong/*Löwisch* § 86 Rn. 9.

Zum anderen folgt eine Informationspflicht des sich zum Hauptberufler entwickelnden Handelsvertreters gegenüber dem Unternehmer aus Treu und Glauben.[956] Der Vertreter muss den Unternehmer in die Lage versetzen, auf die faktische und damit zugleich rechtliche Veränderung des Vertreterverhältnisses zeitnah reagieren zu können.[957]

Allgemein lässt sich sagen, dass die den Handelsvertreter treffende Informationspflicht von diesem extensiv zu interpretieren ist. Kann er bereits absehen, dass die von ihm ausgeübte Vertretertätigkeit – ob gewollt[958] oder ungewollt – ab einem bestimmten Zeitpunkt zu seinem Hauptberuf, d. h. zu einer Tätigkeit von zentraler Bedeutung für ihn wird, so hat er dies dem Unternehmer ohne zeitliche Verzögerung mitzuteilen.[959] Seiner Pflicht, diesen zu informieren, hat der Vertreter also so früh wie möglich und damit u.U. auch bereits vor der Änderung der für seine rechtliche Qualifizierung relevanten Verhältnisse nachzukommen.[960] Dem Unternehmer muss es möglich sein, sich mit der neuen Sachlage zu befassen und nach kurzer Überlegungsfrist hierauf unter Wahrung der eigenen Interessen zu reagieren, etwa die Kündigung des Handelsvertretervertrages zu erklären.[961] Will er die Rechtsfolgen einer hauptberuflichen Vertretertätigkeit, insbesondere die Verpflichtung zur Ausgleichszahlung nach § 89b HGB, vermeiden, wird er den Vertretervertrag alsbald kündigen (und vorsorglich die weitere Absatzmittlung durch den Vertreter ablehnen) müssen; ansonsten setzt er sich der Gefahr aus, dass die unveränderte Fortführung des Vertrages im Sinne der Rechtsprechung des BGH[962] als konkludente Zustimmung zu der inzwischen hauptberuflichen Tätigkeit des Vertreters gewertet wird.[963]

Nach Meinung von *Emde* bedarf es für das Bestehen einer Informationspflicht einer doppelten Kenntnis des Handelsvertreters: Ihm müssten sowohl die Änderung der tatsächlichen Verhältnisse als auch die hiermit einhergehende „Rechtserheblichkeit“ bekannt sein.[964] Unter Berücksichtigung der Interessen des Unternehmers, der von einer dauerhaft nebenberuflichen Tätigkeit des Vertreters ausgegangen

---

956 So Ensthaler/*Genzow* § 92b Rn. 5; *Höft* VersR 1973, 154, 155; Küstner/Thume/*Schürr* Band 1 Kap. I Rn. 240; vgl. auch OLG Düsseldorf BB 1969, 330.

957 Vgl. OLG Düsseldorf BB 1969, 330; Ensthaler/*Genzow* § 92b Rn. 5; *Höft* VersR 1973, 154, 155; Küstner/Thume/*Schürr* Band 1 Kap. I Rn. 240 f. und 244.

958 Vgl. OLG Düsseldorf BB 1969, 330; *Bruck/Möller* Vor §§ 43–48 Anm. 419.

959 Vgl. Ebenroth/Boujong/*Löwisch* § 92b Rn. 17; MünchKomm/*von Hoyningen-Huene* § 86 Rn. 52.

960 Vgl. OLG Düsseldorf BB 1969, 330; *Bruck/Möller* Vor §§ 43–48 Anm. 419.

961 Ebenroth/Boujong/*Löwisch* § 92b Rn. 17; Küstner/Thume/*Schürr* Band 1 Kap. I Rn. 240 f. und 244; vgl. auch OLG Düsseldorf BB 1969, 330; Ebenroth/Boujong/*Löwisch* § 92b Rn. 18; vgl. hierzu unten E.II.2.d).

962 BGH NJW 1999, 639, 641; vgl. oben E.II.2.a)cc).

963 *Escher* BB 1999, 72, 73; *Küstner* VW 2002, 1793, 1794.

964 Staub/Canaris/*Emde* § 92b Rn. 22: “Parallelwertung in der Laiensphäre”.

ist,[965] wird sich aber ein Vertreter, der sich nicht völlig sicher in Bezug auf eine etwaige Änderung seines rechtlichen Status ist, im Zweifel für eine Unterrichtung des Unternehmers über die veränderten Umstände zu entscheiden haben, um seiner Informationspflicht ordnungsgemäß nachzukommen.

Vor diesem Hintergrund erweist sich eine vertragliche Regelung wie die unter Ziffer 2 des oben[966] zitierten Regelungsvorschlags als durchaus sinnvoll.[967] Sie hat zwar vom Grundsatz her lediglich eine deklaratorische Funktion im Hinblick auf die bestehende Informationspflicht des Handelsvertreters. Der nicht zu unterschätzende Vorteil einer expliziten Regelung hierzu besteht jedoch darin, dass sich auf diese Weise die Informationspflicht des Vertreters konkretisieren lässt, um zwischen den Parteien für Klarheit zu sorgen, wann und unter welchen Voraussetzungen die Verpflichtung des Vertreters eingreifen soll. In diesem Zusammenhang sei an den zum Teil gemachten Vorschlag erinnert, im Vertrag eine Pflicht des Vertreters zu statuieren, den Unternehmer über einen Anstieg des Umsatzes aus der Vertretertätigkeit und/oder des Zeitaufwands für diese in Kenntnis zu setzen.[968] Die vertragliche Festlegung als Anknüpfungspunkt einer Informationspflicht dienender Kriterien hilft dem Vertreter, die für ihn oftmals schwierige Entscheidung zu treffen, ob er aufgrund einer Veränderung tatsächlicher Umstände seiner Vertretertätigkeit nunmehr von der Verkehrsauffassung womöglich nicht mehr als nebenberuflicher Handelsvertreter i.S. des § 92b HGB gesehen wird und deshalb den Unternehmer über die eingetretene Änderung in Kenntnis setzen muss.

Die bestehende Informationspflicht des Handelsvertreters trägt auch den von einzelnen Vertretern der Vertragstheorie geäußerten Bedenken Rechnung, dass sich bei einer Veränderung tatsächlicher Umstände der Vertretertätigkeit ohne das Erfordernis einer Zustimmung des Unternehmers keine Rechtssicherheit hinsichtlich der Einordnung dieser Tätigkeit als haupt- oder nebenberuflich herstellen lässt.[969] Solange der Unternehmer nicht durch eine Mitteilung des Handelsvertreters oder auf anderem Wege Kenntnis von der (möglichen) Entwicklung der Vertretertätigkeit vom Neben- zum Hauptberuf erlangt, darf er auf die nach wie vor nebenberufliche Ausübung dieser Tätigkeit in schützenswerter Weise vertrauen.[970]

Abermals sei klarstellend erwähnt, dass weder die (gesetzliche oder vertraglich konkretisierte) Informationspflicht des Vertreters als solche noch deren Verletzung

---

965 Vgl. Küstner/Thume/*Schürr* Band 1 Kap. I Rn. 241.

966 D.IV.1.

967 Ebenso Ensthaler/*Genzow* § 92b Rn. 6; *Escher* BB 1999, 72, 73; Giesler/*Klapperich* § 2 Rn. 63; *Höft* VersR 1973, 154, 155; *Küstner* BB 1999, 541, 544; Staub/Canaris/*Emde* § 92b Rn. 7.

968 Giesler/*Klapperich* § 2 Rn. 63; Staub/Canaris/*Emde* § 92b Rn. 7; vgl. bereits oben D.IV.1.

969 *Ankele* § 92b Rn. 12; Heymann/Horn/*Sonnenschein*/*Weitemeyer* § 92b Rn. 13; RGRK/*Würdinger* § 92b Anm. 4; Staub-Vorauflage/*Brüggemann* § 92b Rn. 10; vgl. oben E.II.2.a)aa).

970 Vgl. *von Brunn* S. 46; *ders.* NJW 1954, 56, 57.

eine Änderung der Rechtsstellung des Handelsvertreters vom Neben- zum Hauptberufler verhindern kann, weil sich die rechtliche Qualifizierung der Vertretertätigkeit als Haupt- oder Nebenberuf ausschließlich nach den tatsächlichen Umständen, beurteilt nach der Verkehrsauffassung, richtet.[971]

d) Kündigungsrechte

Ändert sich der rechtliche Status des Handelsvertreters dergestalt, dass er nicht mehr Handelsvertreter im Nebenberuf gemäß § 92b HGB ist, ist zu untersuchen, welche Auswirkungen dies auf die Kündigungsmöglichkeiten beider Parteien hat.

aa) Ordentliche Kündigung des Handelsvertretervertrages

Fehlt es bereits an der nach § 92b Abs. 2 HGB erforderlichen ausdrücklichen Betrauung des Handelsvertreters als nebenberuflicher Vertreter durch den Unternehmer, führt die nunmehr vorliegende Hauptberuflichkeit einzig dazu, dass der Vertreter den Vertretervertrag nicht mehr unter Heranziehung der – für nebenberufliche Handelsvertreter ggf. vorteilhaften[972] – kurzen Kündigungsfrist des § 92b Abs. 1 S. 2 Halbs. 1 HGB kündigen kann.[973] Mangels Wahrung der Anforderungen des § 92b Abs. 2 HGB ist dem Unternehmer nämlich von vornherein die Geltendmachung einer nur im Nebenberuf ausgeübten Vertretertätigkeit bzw. die Berufung auf diese kurze Kündigungsfrist verwehrt.[974]

Sind die Voraussetzungen des § 92b Abs. 2 HGB erfüllt, haben beide Parteien mit dem Übergang von der Neben- zur Hauptberuflichkeit das Recht, den auf unbestimmte Zeit eingegangenen Handelsvertretervertrag (nur noch) unter Einhaltung der in § 89 Abs. 1 HGB vorgesehenen Fristen ordentlich zu kündigen.[975] Die Kündigungsregelung des § 92b Abs. 1 S. 2 HGB gilt ab dem genannten Zeitpunkt nicht mehr.[976] Eine Parteivereinbarung, die die gesetzliche Kündigungsfrist verkürzt, ist von nun an nicht mehr zulässig, vgl. § 89 Abs. 2 S. 1 Halbs. 1 HGB.[977]

Ausgehend von dem Grundsatz, dass für die Geltung bzw. Nichtgeltung der §§ 87a Abs. 1 S. 2, 89 und 89b HGB die gegenwärtige Rechtsstellung des Handelsvertreters entscheidend ist,[978] verbleibt es nach überwiegender Auffassung bei der kurzen Kündigungsfrist des § 92b Abs. 1 S. 2 Halbs. 1 HGB, wenn die Kündigung einer Partei der anderen zu einem Zeitpunkt zugeht, in dem der Vertreter (noch) im

971 MünchKomm/*von Hoyningen-Huene* § 92b Rn. 26 f.; Staub/Canaris/*Emde* § 92b Rn. 7, 19 und 21.
972 Vgl. oben C.V.1.b).
973 Ebenroth/Boujong/*Löwisch* § 92b Rn. 22; Staub/Canaris/*Emde* § 92b Rn. 21.
974 Vgl. oben E.II.2.a).
975 Ebenroth/Boujong/*Löwisch* § 92b Rn. 21; Schlegelberger/*Schröder* § 92b Rn. 8a.
976 Ebenroth/Boujong/*Löwisch* § 92b Rn. 21; Staub/Canaris/*Emde* § 92b Rn. 23.
977 Schlegelberger/*Schröder* § 92b Rn. 8a; vgl. oben C.V.1.a).
978 Vgl. oben D.II.1.b) und E.I.

Nebenberuf tätig ist.[979] *Löwisch* hingegen spricht sich dafür aus, auch auf eine schon vor Änderung der Rechtsstellung des Vertreters erklärte Kündigung die in § 89 Abs. 1 HGB geregelten Kündigungsfristen – beginnend mit dem Zugang der Kündigungserklärung – anzuwenden.[980] Diese Ansicht widerspricht zwar dem insoweit eindeutigen Wortlaut des § 92b Abs. 1 S. 1 HGB, wonach die Kündigungsregelung des § 89 HGB auf einen Handelsvertreter im Nebenberuf nicht zur Anwendung kommt. Hiernach entfaltet letztere Bestimmung nur für solche Kündigungen Wirkung, die nach Eintreten der Hauptberuflichkeit erklärt werden. Insbesondere in den Fällen, in denen der Vertreter bereits kurz nach Zugang der Kündigungserklärung einer Partei zum hauptberuflichen Vertreter wird, zeigt sich jedoch, dass der Vertreter auf eine über die Einmonatsfrist in § 92b Abs. 1 S. 2 Halbs. 1 HGB hinausgehende Kündigungsfrist angewiesen sein kann, weil ihm mit der Vertretertätigkeit eine wesentliche oder gar seine einzige Einkommensquelle verloren geht. Dann bedarf er, um eine neue Tätigkeit zur Bestreitung seines Lebensunterhalts suchen und finden zu können, u.U. einer längeren Kündigungsfrist, so dass er mangels eines verringerten Schutzbedürfnisses aus dem Anwendungsbereich des § 92b HGB getreu dem Zweck dieser Norm herausfallen muss.[981] Der Ansatz von *Löwisch* ist daher vorzugswürdig. Insoweit ist eine teleologische Reduktion des § 92b Abs. 1 S. 1 HGB geboten und § 89 HGB auf eine noch zur Zeit der nebenberuflichen Betätigung erklärte Kündigung anzuwenden, wenn im Verlauf der Kündigungsfrist die Hauptberuflichkeit eintritt.

Welche der in § 89 Abs. 1 S. 1 und 2 HGB vorgesehenen Kündigungsfristen zur Anwendung kommt, richtet sich – wie auch sonst – nach der bisherigen Laufzeit des Vertragsverhältnisses, wobei sich diese nicht erst ab Beginn der hauptberuflichen, sondern bereits ab Beginn der nebenberuflichen Vertretertätigkeit berechnet.[982]

Zusammenfassend lässt sich festhalten: Erfolgt die ordentliche Kündigung einer Vertragspartei so rechtzeitig, dass der Handelsvertretervertrag unter Einhaltung der in § 92b Abs. 1 S. 2 Halbs. 1 HGB vorgesehenen Frist und damit vor dem Eintreten der Hauptberuflichkeit beendet wird, steht dem Handelsvertreter kein Ausgleichsanspruch gemäß § 89b HGB zu, da er (nur) als Handelsvertreter im Nebenberuf aus dem Vertragsverhältnis ausscheidet, vgl. § 92b Abs. 1 S. 1 HGB.[983] Um diese Rechtsfolge mittels einer ordentlichen Kündigung noch herbeiführen zu können, bedarf der Unternehmer einer möglichst frühzeitigen Mitteilung seitens des Vertreters, dass sich die für seine rechtliche Qualifizierung relevanten Verhältnisse ändern werden.[984]

---

979 MünchKomm/*von Hoyningen-Huene* § 92b Rn. 22 und 29; Schlegelberger/*Schröder* § 92b Rn. 6 und 8a; Staub/Canaris/*Emde* § 92b Rn. 12 und 23.

980 Ebenroth/Boujong/*Löwisch* § 92b Rn. 21.

981 Vgl. Ebenroth/Boujong/*Löwisch* § 92b Rn. 21.

982 Ebenroth/Boujong/*Löwisch* § 92b Rn. 21; Staub/Canaris/*Emde* § 92b Rn. 23.

983 Küstner/Thume/*Schürr* Band 1 Kap. I Rn. 244; *Schröder* INF 1977, 33, 37.

984 Ebenroth/Boujong/*Löwisch* § 92b Rn. 17; vgl. auch OLG Düsseldorf BB 1969, 330; Ebenroth/Boujong/*Löwisch* § 92b Rn. 18; vgl. oben E.II.2.c).

bb) Außerordentliche Kündigung des Handelsvertretervertrages

Jenseits der Möglichkeit, den Handelsvertretervertrag ordentlich zu kündigen, kann gerade der Unternehmer geneigt sein, auf die ihm bekannt gewordene Entwicklung des für ihn tätigen Handelsvertreters vom Neben- zum Hauptberufler mit einer außerordentlichen (fristlosen) Kündigung des Vertragsverhältnisses zu reagieren. Tatsächlich wird der Unternehmer in der Literatur zum Teil für berechtigt gehalten, den Vertretervertrag gemäß § 89a Abs. 1 S. 1 HGB im Fall einer derartigen Änderung der Rechtsstellung des Vertreters aus wichtigem Grund ohne Einhaltung einer Kündigungsfrist zu kündigen.[985]

In diesem Zusammenhang ist allerdings nach der Pflichtverletzung zu differenzieren, die als Anknüpfungspunkt für ein außerordentliches Kündigungsrecht des Unternehmers in Betracht kommt. In der bloßen und nach der hier vertretenen Auffassung[986] sozusagen von selbst eintretenden Änderung der rechtlichen Stellung des Vertreters kann kein zur Kündigung berechtigender Umstand erblickt werden, selbst wenn sich aus dem Vertretervertrag die vertragliche Pflicht des Vertreters ergibt, seine im Nebenberuf begonnene Vertretertätigkeit während der gesamten Laufzeit des Handelsvertretervertrages nur nebenberuflich auszuüben.[987] Der Übergang von der Neben- zur Hauptberuflichkeit kann mittels einer derartigen vertraglichen Verpflichtung vom Unternehmer nicht wirksam untersagt werden;[988] ein Verstoß des Vertreters hiergegen kann mithin keine Pflichtverletzung sein, die einen wichtigen Kündigungsgrund i.S. des § 89a Abs. 1 S. 1 HGB begründet.[989]

Eine den Unternehmer zur außerordentlichen Kündigung des Vertretervertrages berechtigende Pflichtverletzung des Vertreters ist hingegen darin zu sehen, dass er seiner Informationspflicht gegenüber dem Unternehmer nicht nachkommt, d.h. diesen nicht oder nicht rechtzeitig darüber in Kenntnis setzt, dass er seiner Vertretertätigkeit nunmehr aufgrund veränderter tatsächlicher Umstände im Hauptberuf nachgeht.[990] Denn hierbei handelt es sich um einen Sachverhalt, der für den Unternehmer erkennbar von besonderer Bedeutung ist.[991]

Um zwischen den Parteien klarzustellen, dass die fehlende Unterrichtung des Unternehmers über die Entwicklung der Vertretertätigkeit vom Neben- zum Hauptberuf für diesen einen wichtigen Grund zur Kündigung i.S. des § 89a Abs. 1 S. 1 HGB darstellt, bietet es sich an, im Vertretervertrag ausdrücklich eine Informationspflicht

---

985 So wohl *Bruck/Möller* Vor §§ 43–48 Anm. 419; *Höft* VersR 1973, 154, 155; a.A. – für den Regelfall – Ebenroth/Boujong/*Löwisch* § 92b Rn. 20; vgl. auch Ebenroth/Boujong/*ders.* § 92b Rn. 18; Heymann/Horn/*Sonnenschein/ Weitemeyer* § 92b Rn. 13.

986 Vgl. oben E.II.2.a).

987 Vgl. *Bruck/Möller* Vor §§ 43–48 Anm. 419; Staub/Canaris/*Emde* § 92b Rn. 21.

988 Vgl. oben E.II.2.a)ff).

989 Ganz ähnlich Staub/Canaris/*Emde* § 92b Rn. 22; vgl. MünchKomm/*von Hoyningen-Huene* § 92b Rn. 27 f.

990 Vgl. OLG Düsseldorf BB 1969, 330 m.w.N.; vgl. oben E.II.2.c).

991 Vgl. OLG Köln BB 1971, 543; MünchKomm/*von Hoyningen-Huene* § 89a Rn. 35.

des Vertreters zu verankern[992] und diese für den Fall ihrer Nichtbeachtung mit einem Recht des Unternehmers zur außerordentlichen Kündigung des Vertretervertrages zu verknüpfen.[993]

Lehnt der Unternehmer das Verlangen des nebenberuflich tätigen Handelsvertreters nach einem Übergang von der Neben- zur Hauptberuflichkeit „ohne nachvollziehbare Gründe" ab, so hält das OLG Oldenburg ein Recht des Vertreters zur außerordentlichen Kündigung des Vertretervertrages für möglich.[994] Diese Frage stellt sich aber nur, wenn man mit der Vertragstheorie eine Zustimmung des Unternehmers zur Änderung des rechtlichen Status des Vertreters als erforderlich ansieht. Nach der vorzugswürdigen Gegenmeinung bedarf der Vertreter in diesem Zusammenhang nämlich keines außerordentlichen Kündigungsrechts, da eine derartige Weigerung des Unternehmers rechtlich unbeachtlich ist. Außerdem ist fraglich, wann die ablehnende Haltung des Unternehmers im Einzelfall auf nachvollziehbaren Gründen beruht und ob der bloße Wille des Unternehmers, die für ihn nachteiligen Rechtsfolgen einer Nichtanwendung des § 92b HGB zu verhindern, hierfür ausreichend ist. Letzteres darf bezweifelt werden.

e) Schadensersatzanspruch des Unternehmers

Hat der Handelsvertreter die außerordentliche Kündigung seitens des Unternehmers schuldhaft durch die Nichtbeachtung seiner Pflicht zur Information über die veränderten – und ihn zum Hauptberufler machenden – Umstände seiner Vertretertätigkeit veranlasst, so ist er dem Unternehmer dem Grunde nach zum Ersatz des durch die Aufhebung des Vertragsverhältnisses entstehenden Schadens verpflichtet, § 89a Abs. 2 HGB.[995] Der kündigende Unternehmer muss dann gemäß §§ 249 ff. BGB so gestellt werden, wie er ohne die vom Vertreter veranlasste fristlose Kündigung des Vertretervertrages stünde.[996] Mit der Heranziehung ausschließlich des § 89a Abs. 2 HGB würde indes nur der Schaden erfasst, der dem Unternehmer bis zur vereinbarten oder durch ordentliche Kündigung zum nächstmöglichen Zeitpunkt bewirkten Vertragsbeendigung entsteht.[997] Ersatzfähig müssen darüber hinaus aber auch sämtliche Schäden des Unternehmers sein, die er dadurch erleidet, dass er den Vertrag mit dem Handelsvertreter fortführt, ohne Kenntnis von dessen (bereits oder erst in Kürze gegebener) hauptberuflicher Tätigkeit zu erlangen.[998] Als

---

992 Vgl. hierzu bereits oben D.IV.1. und E.II.2.c).

993 So *Escher* BB 1999, 72, 73; in diesem Sinne auch OLG Düsseldorf BB 1969, 330.

994 OLG Oldenburg NJOZ 2013, 256, 258; vgl. LG Bonn, Beschluss vom 06.04.2009 – 14 O 120/08 (n.v.).

995 *Bruck/Möller* Vor §§ 43–48 Anm. 419; *Höft* VersR 1973, 154, 155; Staub/Canaris/*Emde* § 92b Rn. 22; vgl. auch Ebenroth/Boujong/*Löwisch* § 92b Rn. 17.

996 Vgl. oben B.II.3.

997 Siehe nur BGH NJW 1993, 1386, 1387; *Bruck/Möller* Vor §§ 43–48 Anm. 355.

998 Staub/Canaris/*Emde* § 92b Rn. 22: "Fortbeschäftigungsschaden"; vgl. *Bruck/Möller* Vor §§ 43–48 Anm. 355.

Anspruchsgrundlage für einen Schadensersatzanspruch des Unternehmers ist damit (auch) auf § 280 Abs. 1 BGB i.V.m. § 86 Abs. 2 HGB bzw. dem Handelsvertretervertrag abzustellen.

Da der hauptberufliche Status des Vertreters unabhängig von einer Verletzung seiner Informationspflicht eintritt, ist ein ersatzfähiger Schaden des Unternehmers überhaupt nur dann denkbar, wenn er geltend machen kann, dass er bei Kenntniserlangung von den veränderten Umständen durch eine Mitteilung seitens des Vertreters den Vertretervertrag ordentlich gekündigt hätte. Räumt der Unternehmer also ein, dass er das Vertreterverhältnis auch mit einem hauptberuflich tätigen Vertreter (zumindest vorübergehend) fortgesetzt hätte, kann ihm kein vom Vertreter zu ersetzender Schaden entstanden sein.

Hat der Vertreter schuldhaft – was zu vermuten ist, § 280 Abs. 1 S. 2 BGB – seine Informationspflicht verletzt, ist der Unternehmer mithin so zu stellen, wie er stünde, wenn er nach ordnungsgemäß, d.h. rechtzeitig erfolgter Information durch den Vertreter sofort die ordentliche Kündigung des Vertretervertrages erklärt hätte.[999] Dies führt zu zwei möglichen Konstellationen:

Wäre die gedachte ordentliche Kündigung des Unternehmers so rechtzeitig erfolgt, dass das Vertragsverhältnis (unter Einhaltung der in § 92b Abs. 1 S. 2 Halbs. 1 HGB vorgesehenen Frist) vor dem Eintreten der Hauptberuflichkeit beendet worden wäre, hätte der Handelsvertreter von vornherein nicht in den Genuss der Rechte aus §§ 87a Abs. 1 S. 2, 89 und 89b HGB kommen dürfen, vgl. § 92b Abs. 1 S. 1 HGB. Als ein dem Unternehmer hiernach zu ersetzender Schaden kommt etwa eine von ihm nach Beendigung des nunmehr hauptberuflichen Vertreterverhältnisses geleistete Ausgleichszahlung in Betracht. Dies entspricht im Ergebnis der Regelung in § 89b Abs. 3 Nr. 2 HGB, wonach ein Ausgleichsanspruch nicht besteht, wenn der Unternehmer das Vertragsverhältnis gekündigt hat und für die Kündigung ein wichtiger Grund wegen schuldhaften Verhaltens des Handelsvertreters (hier die Nichtmitteilung der veränderten tatsächlichen Umstände der Vertretertätigkeit) vorlag. Eine Vorschusszahlung auf den Provisionsanspruch des Vertreters stellt – bei wirksamer Abbedingung des Vorschussanspruchs zur Zeit der nebenberuflichen Tätigkeit – an sich nur in den Fällen des § 87a Abs. 2 HGB[1000] einen ersatzfähigen Schaden des Unternehmers dar. Denn mit Ausführung des Geschäfts durch den Dritten hat der Vertreter unabhängig von seinem rechtlichen Status einen Provisionsanspruch gegen den Unternehmer in voller Höhe, vgl. § 87a Abs. 1 S. 3 HGB. Denkbar ist allenfalls ein Liquiditäts- oder Zinsschaden des Unternehmers aufgrund der nun gegebenen Verpflichtung zur Leistung einer Vorschusszahlung.[1001]

Hätte die ordentliche Kündigung seitens des Unternehmers dagegen erst zu einer Beendigung des Handelsvertretervertrages nach dem Eintreten der Hauptberuflichkeit (und damit unter Anwendung der Kündigungsfristen des § 89 Abs. 1

999 Vgl. Staub/Canaris/*Emde* § 92b Rn. 22.
1000 Vgl. oben B.II.2.
1001 Vgl. auch BGH NJW 2002, 1344.

HGB)[1002] geführt, ist dem Unternehmer der Schaden zu ersetzen, der ihm von diesem gedachten Beendigungszeitpunkt an entstanden ist.[1003] Das bedeutet, dass der Unternehmer z. B. insoweit Schadensersatz verlangen kann, als er nach Vertragsende eine Ausgleichszahlung an den Vertreter geleistet hat, deren Berechnung sämtliche Stammkunden aus der Zeit der hauptberuflichen Tätigkeit des Vertreters zugrunde gelegt wurden; zu berücksichtigen sind hier jedoch nur die Stammkunden, die der Vertreter bis zum hypothetischen Ende der Frist zur ordentlichen Kündigung des Vertreterverhältnisses neu geworben oder zu denen er die bestehende Geschäftsverbindung wesentlich erweitert hat.[1004] Die Differenz zwischen den sich hiernach jeweils ergebenden Ausgleichsbeträgen ist als Schaden des Unternehmers ersatzfähig. Liegt ein Fall des § 89b Abs. 3 Nr. 2 HGB vor, ist dem Unternehmer jegliche, von ihm geleistete Ausgleichszahlung zu ersetzen. Hinsichtlich des Provisionsvorschussanspruchs ergeben sich keine Abweichungen gegenüber der erstgenannten Konstellation.

III. Entwicklung des Hauptberufs zum Nebenberuf

Eine Entwicklung der Handelsvertretertätigkeit ist auch in die andere Richtung möglich.[1005] Die bislang hauptberuflich ausgeübte Vertretertätigkeit kann durch die Aufnahme oder Ausweitung einer anderweitigen Tätigkeit des Handelsvertreters in den Hintergrund gedrängt werden, so dass es sich bei ersterer Tätigkeit nur noch um einen Nebenberuf i.S. des § 92b HGB handelt.[1006] Hiermit wird vielfach zugleich eine Reduzierung der Vertretertätigkeit verbunden sein.[1007]

1. Anforderungen an die Änderung der rechtlichen Stellung des Handelsvertreters vom Haupt- zum Nebenberufler

Die wohl herrschende Meinung verlangt – entsprechend den Anforderungen der Vertragstheorie für den umgekehrten Fall – für die Änderung des rechtlichen Status des Handelsvertreters vom Hauptberufler hin zum Nebenberufler gemäß § 92b HGB eine Vertragsänderung, d. h. einen vertraglichen Konsens zwischen Unternehmer und Handelsvertreter; die bloße Änderung der tatsächlichen Umstände der Vertretertätigkeit wird insoweit nicht als ausreichend erachtet.[1008] Falls sich

1002 Vgl. oben E.II.2.d).
1003 Vgl. Staub/Canaris/*Emde* § 92b Rn. 22.
1004 Vgl. oben E.II.2.b).
1005 Staub/Canaris/*Emde* § 92b Rn. 20.
1006 MünchKomm/*von Hoyningen-Huene* § 92b Rn. 25.
1007 Vgl. Oetker/*Busche* § 92b Rn. 9.
1008 Baumbach/Hopt/*Hopt* § 92b Rn. 5; Ebenroth/Boujong/*Löwisch* § 92b Rn. 19; Heymann/Horn/*Sonnenschein/ Weitemeyer* § 92b Rn. 13 f.; Oetker/*Busche* § 92b Rn. 9; *Schröder* INF 1977, 33, 35 f.; *Westphal* Vertriebsrecht Rn. 131 f.; vgl. auch *Küstner* VW 2002, 1793, 1794; *Schröder* DB 1958, 975.

die Vertragsparteien nicht auf eine dahingehende Anpassung des Handelsvertretervertrages einigen können, kann der Unternehmer nach dieser Auffassung die Nebenberuflichkeit der Vertretung nur herbeiführen, indem er den bestehenden (hauptberuflichen) Vertretervertrag kündigt und dem Handelsvertreter zugleich die Fortsetzung des Vertreterverhältnisses auf nebenberuflicher Basis anbietet („Änderungskündigung"),[1009] vgl. auch § 2 S. 1 KSchG. Der Handelsvertreter kann in gleicher Weise gegenüber dem Unternehmer vorgehen.[1010] Je nach Reaktion des Handelsvertreters bzw. Unternehmers wird der Handelsvertreter dann als nunmehr nebenberuflicher Vertreter für den Unternehmer tätig oder es kommt mit Ablauf der Kündigungsfrist zur Beendigung des Vertretervertrages.[1011]

An dieser Stelle kann jedoch nichts anderes gelten als für den zuvor behandelten Fall der Entwicklung der neben- zur hauptberuflichen Handelsvertretertätigkeit. Eine Parteivereinbarung hat keinerlei Einfluss auf die Abgrenzung zwischen der haupt- und nebenberuflichen Vertretertätigkeit und kann dementsprechend nicht zur zwingenden Voraussetzung für eine Änderung des rechtlichen Status des Handelsvertreters erhoben werden. Ebenso wie sich die Entwicklung vom Neben- zum Hauptberufler ausschließlich nach den tatsächlichen Gegebenheiten des Handelsvertreterverhältnisses – beurteilt nach der Verkehrsauffassung, § 92b Abs. 3 HGB – richtet, so bewirkt auch allein die faktische Veränderung der Vertretertätigkeit hin zu einer (nur noch) nebenberuflichen Betätigung die grundsätzliche Anwendbarkeit des § 92b Abs. 1 HGB.[1012] Eine andere Frage ist es, welche Auswirkungen dies auf die bestehende vertragliche Regelung der Parteien hat, die von einer hauptberuflichen Betätigung des Vertreters ausgeht, insbesondere ob der Vertreter verpflichtet ist, an einer Anpassung des Vertrages an die neuen tatsächlichen Gegebenheiten mitzuwirken.[1013]

Aus dem Urteil des BGH vom 04.11.1998[1014] ergibt sich nichts anderes:[1015] Richtigerweise führt der BGH in seiner Entscheidung aus, dass eine zwischen den Parteien getroffene Vereinbarung über die (künftig) nebenberufliche Ausübung der Vertretertätigkeit – um wirksam zu sein – voraussetze, dass diese Tätigkeit auch nach der Verkehrsauffassung als nebenberuflich i.S. des § 92b HGB einzuordnen sei.[1016] Hierdurch bringt er indes lediglich zum Ausdruck, dass eine die Nebenberuflichkeit der Vertretung regelnde Parteivereinbarung nicht wirksam getroffen werden kann,

1009 *Schröder* INF 1977, 33, 36; *Westphal* Vertriebsrecht Rn. 132; vgl. Heymann/Horn/*Sonnenschein*/*Weitemeyer* § 89b Rn. 19; vgl. auch *Schröder* DB 1958, 975; Staub/Canaris/*Emde* § 89b Rn. 54.

1010 *Schröder* INF 1977, 33, 36.

1011 *Schröder* INF 1977, 33, 36.

1012 MünchKomm/*von Hoyningen-Huene* § 92b Rn. 26 ff.; Staub/Canaris/*Emde* § 89b Rn. 57 und § 92b Rn. 19; vgl. oben E.II.2.a).

1013 Vgl. hierzu unten E.III.5.

1014 BGH NJW 1999, 639 ff.

1015 Vgl. Ebenroth/Boujong/*Löwisch* § 92b Rn. 17 Fn. 89.

1016 BGH NJW 1999, 639, 641.

wenn die Vertretertätigkeit nach der Verkehrsauffassung nicht als nebenberuflich betrachtet werden kann.[1017] Für den Übergang von der Haupt- zur Nebenberuflichkeit setzt der BGH gerade nicht zwingend voraus, dass sich die Vertragsparteien darauf einigen, dass der Handelsvertreter seiner Vertretertätigkeit in Zukunft nur noch im Nebenberuf nachgeht.[1018]

2. Erfordernis der (erneuten) ausdrücklichen Betrauung als nebenberuflicher Handelsvertreter

Wird der Handelsvertreter im Laufe des Vertragsverhältnisses zum nebenberuflichen Handelsvertreter, so muss der Unternehmer ebenso wie zu Beginn eines nebenberuflichen Vertreterverhältnisses[1019] die Vorschrift des § 92b Abs. 2 HGB beachten, wonach er sich nur dann auf die für ihn günstigen Rechtsfolgen des § 92b Abs. 1 HGB berufen kann, wenn er den Handelsvertreter ausdrücklich als Handelsvertreter im Nebenberuf mit der Vermittlung oder dem Abschluss von Geschäften betraut hat.

Um sich auf das Eintreten der Nebenberuflichkeit berufen zu können, muss der Unternehmer also für die künftige Tätigkeit des Handelsvertreters eine Betrauung i.S. des § 92b Abs. 2 HGB vornehmen.[1020] Sie muss nach dem Wortlaut der Norm ausdrücklich erfolgen, nicht aber zwingend schriftlich.[1021] Die Betrauung darf nicht vor dem Beginn der nebenberuflichen Tätigkeit, d.h. während der Zeit der (noch) hauptberuflichen Betätigung vorgenommen werden, da sie dann den maßgeblichen tatsächlichen Umständen der Vertretertätigkeit widerspricht.[1022] Eine derartige Betrauung entfaltet keinerlei rechtliche Wirkung und sie ist auch nicht dadurch im Nachhinein heilbar, dass der Handelsvertreter hinterher vom haupt- zum nebenberuflichen Vertreter wird.[1023] In diesem Fall bedarf es somit einer erneuten ausdrücklichen Betrauung seitens des Unternehmers nach § 92b Abs. 2 HGB, damit dieser sich auf die Nichtgeltung der §§ 89, 89b HGB bzw. die Abdingbarkeit des § 87a Abs. 1 S. 2 HGB berufen kann.[1024]

1017 Vgl. oben D.IV.3.a).

1018 Vgl. hierzu aber unten F.I.2.

1019 Vgl. unten F.I.1.

1020 *Bruck/Möller* Vor §§ 43–48 Anm. 401; Ebenroth/Boujong/*Löwisch* § 92b Rn. 17 ff.; Heymann/Horn/*Sonnenschein/ Weitemeyer* § 92b Rn. 13; Koller/Kindler/*Roth* § 92b Rn. 4; *Schröder* INF 1977, 33, 37; Staub/Canaris/*Emde* § 89b Rn. 57 und § 92b Rn. 24; a.A. – für den Fall der nunmehr unstreitig vorliegenden Nebenberuflichkeit – *Höft* VersR 1973, 154, 155; vgl. hierzu unten F.I.3.

1021 A.A. Giesler/*Emde* § 2 Rn. 555; Staub/Canaris/*ders.* § 92b Rn. 24; vgl. hierzu unten F.I.2.

1022 Staub/Canaris/*Emde* § 89b Rn. 57 und § 92b Rn. 24.

1023 Staub/Canaris/*Emde* § 92b Rn. 19 und 24; vgl. bereits oben D.IV.3.a).

1024 Ausführlich hierzu unten F.I.

3. Ausgleichsanspruch für die bislang hauptberuflich erfolgte Vertretertätigkeit

Für die Entstehung des Ausgleichsanspruchs gemäß § 89b HGB bedarf es der Beendigung des Vertragsverhältnisses zwischen Unternehmer und Handelsvertreter, § 89b Abs. 1 S. 1 HGB. Dem ist der Fall gleichzusetzen, dass das Vertragsverhältnis auf einer vollkommen veränderten rechtlichen und tatsächlichen Grundlage fortgeführt wird.[1025]

Nach ganz überwiegender Auffassung ist im Übergang von der Haupt- zur Nebenberuflichkeit der Handelsvertretung eine (Teil-)Vertragsbeendigung zu erblicken bzw. dieser Übergang einer solchen zumindest gleichzustellen, so dass der Vertreter nach dem Ende seiner Tätigkeit als Hauptberufler im Grundsatz zur Geltendmachung eines Ausgleichsanspruchs berechtigt ist.[1026] Dies verdient Zustimmung, da mit der faktischen Veränderung der Vertretertätigkeit in eine nur noch nebenberufliche Tätigkeit die bedeutende Rechtsfolge einhergeht, dass der nun in dieser Eigenschaft tätige Vertreter nach § 92b Abs. 1 S. 1 HGB nicht ausgleichsberechtigt ist. Zudem gilt für das Vertreterverhältnis (nur noch) die kurze Kündigungsfrist des § 92b Abs. 1 S. 2 Halbs. 1 HGB und der Provisionsvorschussanspruch des Vertreters ist nach § 92b Abs. 1 S. 3 HGB abdingbar. Der Wechsel zur Nebenberuflichkeit ist damit für beide Vertragsparteien von derart wesentlicher Bedeutung,[1027] dass diese Situation für die Zwecke des Ausgleichsanspruchs nicht anders behandelt werden kann als die Fallgestaltung, dass ein (hauptberufliches) Vertreterverhältnis auf herkömmlichem Wege, etwa durch ordentliche Kündigung einer Partei, beendet wird.

Schröder hingegen will eine Ausgleichsberechtigung des nunmehr nebenberuflich tätigen Vertreters allein bei einer Beschränkung des Aufgabenkreises des Vertreters – typischerweise durch Verkleinerung des von diesem bislang bearbeiteten Bezirks – annehmen; er erleide nur in diesem Fall durch den teilweisen Verlust der bisher von ihm betreuten Kunden für einen Ausgleichsanspruch nach § 89b Abs. 1 S. 1 Nr. 2 HGB a.F. erforderliche Provisionsverluste.[1028]

Dieser Ansatz ist schon deshalb überholt, weil § 89b Abs. 1 S. 1 Nr. 2 HGB a.F. inzwischen gestrichen wurde und etwaige Provisionsverluste des Handelsvertreters in Bezug auf Geschäfte mit von ihm geworbenen Stammkunden nur noch im Rahmen der Billigkeitsprüfung i.S. von § 89b Abs. 1 S. 1 Nr. 2 HGB Berücksichtigung finden, mithin keine eigenständige Voraussetzung der Ausgleichsberechtigung mehr

---

1025 Baumbach/Hopt/*Hopt* § 89b Rn. 7 m.w.N.; Ebenroth/Boujong/*Löwisch* § 89b Rn. 44; vgl. oben B.II.4.

1026 OLG Nürnberg HVR Nr. 205 (1958); Baumbach/Hopt/*Hopt* § 89b Rn. 10 und § 92b Rn. 5; Ebenroth/Boujong/*Löwisch* § 89b Rn. 45; Giesler/*Emde* § 2 Rn. 555; MünchKomm/*von Hoyningen-Huene* § 89b Rn. 47; Oetker/*Busche* § 92b Rn. 9; Staub/Canaris/*Emde* § 89b Rn. 54 ff. und § 92b Rn. 24; *Westphal* Vertriebsrecht Rn. 131; a.A. wohl Heymann/Horn/*Sonnenschein*/*Weitemeyer* § 89b Rn. 19 und § 92b Rn. 13 f.

1027 Vgl. *Westphal* Vertriebsrecht Rn. 131.

1028 *Schröder* INF 1977, 33, 36; vgl. auch *ders.* DB 1958, 975, 976 f.

darstellen. Darüber hinaus ist zwischen den Voraussetzungen eines Ausgleichsanspruchs in § 89b Abs. 1 S. 1 HGB (Vertragsbeendigung) und in § 89b Abs. 1 S. 1 Nr. 1, 2 und S. 2 HGB[1029] streng zu unterscheiden. Nach zutreffender Ansicht kann eine (Teil-)Vertragsbeendigung i.S. des § 89b Abs. 1 S. 1 HGB sowohl im Übergang von der Haupt- zur Nebenberuflichkeit gesehen werden als auch darin, dass das Arbeitsgebiet des Handelsvertreters wesentlich eingeschränkt wird, indem z.B. der von diesem zu bearbeitende Bezirk halbiert wird.[1030] Der Wechsel zur nebenberuflichen Vertretertätigkeit kann, muss aber nicht aus der letztgenannten Fallkonstellation resultieren.

Der Handelsvertreter hat somit nach Beendigung seiner hauptberuflich ausgeübten Vertretertätigkeit für den Unternehmer einen Anspruch auf Zahlung eines angemessenen Ausgleichs, sofern die weiteren Voraussetzungen in § 89b Abs. 1 S. 1 Nr. 1, 2 und S. 2 HGB gegeben sind. Der Berechnung des Ausgleichsanspruchs sind sämtliche Stammkunden zugrunde zu legen, die der Vertreter während seiner Tätigkeit als hauptberuflicher Handelsvertreter neu geworben hat.[1031] Im Rahmen der Billigkeitsprüfung nach § 89b Abs. 1 S. 1 Nr. 2 HGB kann dann in der Tat berücksichtigt werden, ob und inwieweit dem von nun an nebenberuflich tätigen Vertreter die bislang von ihm betreuten Kunden erhalten bleiben und er aus Geschäftsabschlüssen mit diesen Kunden nach wie vor – wenn auch in geringerem Umfang – Provisionsansprüche erwirbt.[1032]

Kündigt der Handelsvertreter das (hauptberufliche) Vertreterverhältnis, ist die Regelung in § 89b Abs. 3 Nr. 1 HGB zu beachten, wonach der Ausgleichsanspruch nicht besteht, wenn der Handelsvertreter das Vertragsverhältnis gekündigt hat, es sei denn, dass ein Verhalten des Unternehmers hierzu begründeten Anlass gegeben hat oder dem Handelsvertreter eine Fortsetzung seiner Tätigkeit wegen seines Alters oder wegen Krankheit nicht zugemutet werden kann.

Die vorgenannten Fallgruppen eines trotz Kündigung seitens des Vertreters bestehenden Ausgleichsanspruchs werden allerdings nur relevant, wenn man der Ansicht folgt, dass es für die Änderung des rechtlichen Status des Handelsvertreters vom Hauptberufler hin zum Nebenberufler gemäß § 92b HGB einer Vertragsänderung oder – falls diese nicht zu erzielen ist – einer Änderungskündigung bedarf.[1033] Wird durch eine derartige Kündigung des Vertreters das hauptberufliche Vertragsverhältnis beendet, ist der Anwendungsbereich des § 89b Abs. 3 Nr. 1 HGB grundsätzlich eröffnet. Ein Verhalten des Unternehmers, welches zur Kündigung des Vertragsverhältnisses durch den Vertreter begründeten Anlass gegeben hat,

---

1029 Vgl. oben B.II.4.

1030 OLG Nürnberg HVR Nr. 205 (1958) = BB 1958, 1151; Baumbach/Hopt/*Hopt* § 89b Rn. 10 m.w.N.; Staub/Canaris/*Emde* § 89b Rn. 54; a.A. Heymann/Horn/*Sonnenschein*/*Weitemeyer* § 89b Rn. 18.

1031 Giesler/*Emde* § 2 Rn. 555; Oetker/*Busche* § 92b Rn. 9; Staub/Canaris/*Emde* § 92b Rn. 24.

1032 Vgl. *Schröder* INF 1977, 33, 36.

1033 Vgl. oben E.III.1.

kann etwa darin gesehen werden, dass der Unternehmer den Abschluss der vom hauptberuflich tätigen Vertreter vermittelten Geschäfte wegen Lieferproblemen etc. ablehnt und der Vertreter deswegen nur noch als Nebenberufler für den Unternehmer tätig werden will, um seine existenziellen Grundlagen von nun an in erster Linie mit einer anderen (Haupt-)Tätigkeit zu bestreiten; die Kündigung seitens des Vertreters ist des Weiteren unschädlich, wenn ihm wegen Alters oder Krankheit und der hieraus folgenden eingeschränkten Belastbarkeit nicht mehr zugemutet werden kann, seine bislang hauptberufliche Vertretertätigkeit fortzusetzen, und der Unternehmer das Ansinnen des Vertreters, künftig nur noch als Nebenberufler für ihn tätig zu sein, zurückweist.[1034]

Nach § 89b Abs. 4 S. 2 HGB ist der Ausgleichsanspruch innerhalb eines Jahres nach Beendigung des Vertragsverhältnisses geltend zu machen. Im Fall des Übergangs von der Haupt- zur Nebenberuflichkeit bedeutet das, dass der Handelsvertreter den Ausgleichsanspruch innerhalb von einem Jahr nach Eintreten der Nebenberuflichkeit geltend machen muss, wobei die Fortführung des Vertreterverhältnisses auf nebenberuflicher Basis den Ablauf dieser Ausschlussfrist nicht hemmt.[1035] Erblickt man in der hier interessierenden Änderung der rechtlichen Stellung des Handelsvertreters zu Recht eine Vertragsbeendigung i.S. des § 89b Abs. 1 S. 1 HGB, ist dies nur folgerichtig. Der Wortlaut des § 89b Abs. 4 S. 2 HGB nimmt erkennbar auf diese Anspruchsvoraussetzung Bezug.[1036] Überdies wäre es mit dem Normzweck des § 89b Abs. 4 S. 2 HGB, dem Unternehmer möglichst rasch Gewissheit über eine mögliche Inanspruchnahme gemäß § 89b HGB zu verschaffen, nicht vereinbar, wenn er noch nach eventuell jahrelanger Zusammenarbeit mit dem nun nebenberuflich tätigen Vertreter davon ausgehen müsste, von diesem hinsichtlich der damaligen hauptberuflichen Tätigkeit auf Zahlung eines Ausgleichs in Anspruch genommen zu werden.[1037]

Leistet der Unternehmer nach Ende der hauptberuflichen Vertretertätigkeit eine Ausgleichszahlung an den Handelsvertreter, so kann dieser für die hiervon bereits erfassten Stammkunden keine erneute Ausgleichszahlung fordern, wenn er später wieder zum Handelsvertreter im Hauptberuf wird und dieses hauptberufliche Vertreterverhältnis irgendwann endet.[1038] Kommt es dagegen zunächst nicht zu einer Ausgleichszahlung durch den Unternehmer, sind bei mehrfacher Änderung der Rechtsstellung des Vertreters sämtliche von ihm während der einzelnen Phasen seiner Hauptberuflichkeit geworbenen Stammkunden zu seinen Gunsten der

---

1034 *Schröder* INF 1977, 33, 36 f.; vgl. auch *Bruck/Möller* Vor §§ 43–48 Anm. 354; *Schröder* DB 1958, 975, 977.

1035 OLG Nürnberg HVR Nr. 205 (1958) = BB 1958, 1151; Baumbach/Hopt/*Hopt* § 89b Rn. 79; Ebenroth/Boujong/*Löwisch* § 92b Rn. 19; Staub/Canaris/*Emde* § 92b Rn. 26: analoge Geltung des § 89b Abs. 4 S. 2 HGB.

1036 OLG Nürnberg BB 1958, 1151.

1037 So auch OLG Nürnberg BB 1958, 1151.

1038 Staub/Canaris/*Emde* § 92b Rn. 24; vgl. oben E.II.2.b).

Berechnung des Ausgleichsanspruchs zugrunde zu legen.[1039] Aus den zuvor genannten Gründen ist jedoch stets, d.h. nach Beendigung einer jeden Phase hauptberuflicher Tätigkeit des Vertreters, die Ausschlussfrist des § 89b Abs. 4 S. 2 HGB zu beachten.[1040] Sähe man dies anders, entstünde für den Unternehmer eine erhebliche Rechtsunsicherheit, vor der diese Norm ihn gerade bewahren will.[1041]

4. Informationspflicht des Handelsvertreters

Nach allgemeiner Auffassung ist der Handelsvertreter, der ursprünglich im Handelsvertretervertrag in Übereinstimmung mit der Verkehrsauffassung als hauptberuflicher Vertreter eingesetzt wurde, verpflichtet, den Unternehmer darüber zu informieren, dass er seiner Vertretertätigkeit von nun an aufgrund veränderter tatsächlicher Umstände im Nebenberuf nachgeht.[1042]

Das Bestehen einer derartigen Verpflichtung lässt sich wiederum aus der Interessenwahrnehmungspflicht und der Benachrichtigungs- und Informationspflicht des Handelsvertreters gemäß § 86 Abs. 1 Halbs. 2 und Abs. 2 HGB[1043] sowie aus Treu und Glauben ableiten.[1044] Der Unternehmer hat auch im Fall der Entwicklung des Haupt- zum Nebenberuf ein berechtigtes Informationsinteresse hinsichtlich der Änderung der rechtlichen Stellung des Handelsvertreters.[1045] Zur Reichweite der Informationspflicht des Vertreters gilt das oben[1046] Gesagte entsprechend. Er hat dieser Pflicht alsbald und – wenn möglich – bereits vor der Änderung der für seine rechtliche Qualifizierung relevanten Verhältnisse nachzukommen.[1047]

Der Vertreter muss dem Unternehmer hierdurch die Möglichkeit verschaffen, (nach kurzer Überlegungsfrist) die ordentliche Kündigung des Vertretervertrages zu erklären[1048] oder – alternativ – sich um eine ausdrückliche Betrauung des Vertreters als Handelsvertreter im Nebenberuf gemäß § 92b Abs. 2 HGB zu bemühen.[1049] Durch

---

1039 Staub/Canaris/*Emde* § 92b Rn. 23 und 26; vgl. oben E.II.2.b).

1040 A.A. Staub/Canaris/*Emde* § 89b Rn. 56 und § 92b Rn. 26, der offensichtlich nur den Fall des endgültigen Wechsels in die Nebenberuflichkeit als Vertragsbeendigung i.S. des § 89b Abs. 4 S. 2 HGB (in analoger Anwendung) behandeln möchte.

1041 OLG Nürnberg BB 1958, 1151.

1042 OLG Düsseldorf BB 1969, 330; Ebenroth/Boujong/*Löwisch* § 92b Rn. 17 f.; *Höft* VersR 1973, 154, 155; Staub/Canaris/*Emde* § 92b Rn. 25; vgl. oben E.II.2.c).

1043 OLG Düsseldorf BB 1969, 330.

1044 OLG Düsseldorf BB 1969, 330; *Höft* VersR 1973, 154, 155; vgl. auch Küstner/Thume/*Schürr* Band 1 Kap. I Rn. 240.

1045 Vgl. MünchKomm/*von Hoyningen-Huene* § 86 Rn. 52.

1046 E.II.2.c).

1047 Ebenroth/Boujong/*Löwisch* § 92b Rn. 18; OLG Düsseldorf BB 1969, 330.

1048 OLG Düsseldorf BB 1969, 330; Ebenroth/Boujong/*Löwisch* § 92b Rn. 18; Staub/Canaris/*Emde* § 92b Rn. 25; vgl. auch Küstner/Thume/*Schürr* Band 1 Kap. I Rn. 240 f. und 244.

1049 OLG Düsseldorf BB 1969, 330; Ebenroth/Boujong/*Löwisch* § 92b Rn. 18; Staub/Canaris/*Emde* § 92b Rn. 25.

eine solche Betrauung verhindert der Unternehmer die (nochmalige) Geltendmachung eines Ausgleichsanspruchs seitens des Vertreters nach Ende der nebenberuflichen Vertretertätigkeit sowie die Geltung der langen Kündigungsfristen des § 89 Abs. 1 HGB.[1050] Zudem wird der Unternehmer so in die Lage versetzt, durch Vereinbarung mit dem Vertreter dessen Provisionsvorschussanspruch nach § 87a Abs. 1 S. 2 HGB auszuschließen.

Auch an dieser Stelle wird sich eine vertragliche Konkretisierung der Informationspflicht des Vertreters als vorteilhaft erweisen, um zwischen den Parteien für Klarheit zu sorgen, wann und unter welchen Voraussetzungen die Verpflichtung des Vertreters eingreifen soll.[1051] Die Parteien können als Anknüpfungspunkt einer Informationspflicht dienende Kriterien festlegen, indem sie etwa die (ungefähre) Höhe des vom Vertreter aus seiner Vertretertätigkeit und aus sonstigen Quellen bezogenen Einkommens fixieren. In Anlehnung an den oben[1052] zitierten, für den Fall der Entwicklung des Neben- zum Hauptberuf gedachten Regelungsvorschlag könnte eine auf diese Kriterien Bezug nehmende vertragliche Regelung z. B. wie folgt lauten:

> „Ändern sich die diesem Vertrag zugrunde liegenden Verhältnisse dergestalt, dass der Vermittler nach der Verkehrsauffassung möglicherweise nicht mehr als Handelsvertreter im Hauptberuf angesehen werden könnte, ist der Vermittler verpflichtet, die Firma unverzüglich zu informieren, damit diese die notwendigen Konsequenzen aus der neuen Situation ziehen kann."

5. Pflicht des Handelsvertreters zur Anpassung des Vertrages an die tatsächlichen Verhältnisse

Vereinzelt wird die Auffassung vertreten, dass der Handelsvertreter verpflichtet ist, sich mit der vom Unternehmer erstrebten Umstellung des Vertretervertrages von haupt- auf nebenberuflich, d. h. der Anpassung des Vertrages an die nunmehr vorliegenden tatsächlichen Gegebenheiten einverstanden zu erklären, damit der Unternehmer die Anforderungen des § 92b Abs. 2 HGB erfüllen kann.[1053] Verweigert der Vertreter seine Zustimmung hierzu, soll dies als treuwidriges Verhalten gewertet werden mit der Folge, dass er sich im weiteren Verlauf des (nebenberuflichen) Vertreterverhältnisses nicht wirksam auf die Rechte aus §§ 87a Abs. 1 S. 2, 89 und 89b HGB berufen kann, § 242 BGB.[1054]

1050 OLG Düsseldorf BB 1969, 330.

1051 Vgl. bereits oben E.II.2.c).

1052 D.IV.1.

1053 Ebenroth/Boujong/*Löwisch* § 92b Rn. 18; Heymann/Horn/*Sonnenschein*/*Weitemeyer* § 92b Rn. 13; Koller/Kindler/*Roth* § 92b Rn. 4; Staub/Canaris/*Emde* § 92b Rn. 25; in diesem Sinne wohl auch OLG Düsseldorf BB 1969, 330.

1054 Heymann/Horn/*Sonnenschein*/*Weitemeyer* § 92b Rn. 13; Koller/Kindler/*Roth* § 92b Rn. 4.

Spiegelbildlich zu dem bereits diskutierten Fall des Wechsels von der Neben- zur Hauptberuflichkeit wird man hier konsequenterweise annehmen müssen, dass der Vertreter angesichts des Eintritts der Nebenberuflichkeit zur Mitwirkung an einer entsprechenden Vertragsänderung verpflichtet ist.[1055] Für eine dahingehende Pflicht des Vertreters spricht, dass hiermit letztlich nur die aktuell faktisch bestehenden Verhältnisse vertraglich festgehalten werden. Der Vertreter erleidet keinen Nachteil, wenn er später wieder zum hauptberuflichen Vertreter wird, da es nach zutreffender Ansicht für die Änderung seiner rechtlichen Stellung keiner (erneuten) Vertragsänderung bedarf.[1056]

Nimmt man aber mit der Vertragstheorie an, dass die Rechtsstellung des Vertreters von den Parteien verbindlich vereinbart und damit nicht einseitig geändert werden kann,[1057] ist eine Mitwirkungspflicht des Vertreters in dem genannten Sinne abzulehnen: Es liegt in der Konsequenz dieser Auffassung, die Vereinbarung nicht nur einer nebenberuflichen, sondern auch einer hauptberuflichen Vertretertätigkeit mit bindender Wirkung für möglich zu halten; es besteht außerdem die Gefahr, dass sich der Vertreter dauerhaft an der nun erfolgenden Festlegung der Nebenberuflichkeit festhalten lassen muss, selbst wenn er später wieder zum hauptberuflichen Vertreter wird.[1058] Um dies zu vermeiden, sollte man jedenfalls den Unternehmer als verpflichtet ansehen, bei einer Rückkehr zur hauptberuflichen Vertretertätigkeit die vertragliche Festlegung der Nebenberuflichkeit aufzuheben.[1059] Eine solche Pflicht ließe sich wiederum aus dem Rechtsinstitut der Störung der Geschäftsgrundlage gemäß § 313 Abs. 1 und 2 BGB ableiten.[1060]

6. Kündigungsrechte

Auch im Fall des Übergangs von der Haupt- zur Nebenberuflichkeit i.S. des § 92b HGB ist an verschiedene Kündigungsmöglichkeiten der Parteien zu denken.

a) Erfordernis einer Teilkündigung durch den Unternehmer

Hopt verlangt bei vertraglich vereinbarter hauptberuflicher Vertretertätigkeit, welche faktisch auf ein nebenberufliches Niveau abgesunken ist, eine Teilkündigung durch den Unternehmer, damit der Handelsvertreter auch rechtlich als Nebenberufler behandelt werden kann.[1061]

Der Notwendigkeit einer solchen Teilkündigung steht jedoch entgegen, dass sich die rechtliche Qualifizierung der Vertretertätigkeit als Haupt- oder Nebenberuf

1055 Vgl. oben E.II.2.a)ff).
1056 Vgl. oben E.II.2.a).
1057 Vgl. oben E.II.2.a).aa).
1058 Staub/Canaris/*Emde* § 92b Rn. 25.
1059 Staub/Canaris/*Emde* § 92b Rn. 25.
1060 Vgl. oben E.II.2.a)ff).
1061 Baumbach/Hopt/*Hopt* § 92b Rn. 5.

ausschließlich nach den tatsächlichen Umständen, beurteilt nach der Verkehrsauffassung, richtet.[1062] Eine Teilkündigung allein zur Herbeiführung der Nebenberuflichkeit der Vertretung wäre auch unzulässig.[1063] Der rechtliche Status des Handelsvertreters als hauptberuflicher Vertreter bildet keinen eigenständigen, abgrenzbaren Teil des Vertretervertrages, der sich als solcher von den übrigen Vertragsbedingungen abtrennen ließe, und ist somit auch nicht selbstständig kündbar; zur Beseitigung der Hauptberuflichkeit wäre vielmehr erforderlich, das gesamte (einheitliche) Vertragsverhältnis zwischen Unternehmer und Handelsvertreter zu kündigen.[1064]

b) Ordentliche Kündigung des Handelsvertretervertrages

Fehlt es an einer Betrauung des Handelsvertreters als nebenberuflicher Vertreter gemäß § 92b Abs. 2 HGB,[1065] ist einzige Folge der nun vorliegenden Nebenberuflichkeit, dass der Vertreter den Vertretervertrag unter Heranziehung der kurzen Kündigungsfrist des § 92b Abs. 1 S. 2 Halbs. 1 HGB kündigen kann.[1066] Dem Unternehmer hingegen ist es mangels Erfüllung der Voraussetzungen des § 92b Abs. 2 HGB verwehrt, sich für die Zwecke einer ordentlichen Kündigung des Vertretervertrages auf eine nebenberufliche Rechtsstellung des Vertreters zu berufen. Er muss also weiterhin die Kündigungsbestimmungen des § 89 HGB beachten.

Sind aber die Anforderungen des § 92b Abs. 2 HGB gewahrt, haben beide Parteien mit dem Übergang von der Haupt- zur Nebenberuflichkeit das Recht, den auf unbestimmte Zeit eingegangenen Handelsvertretervertrag (nur noch) unter Einhaltung der Einmonatsfrist des § 92b Abs. 1 S. 2 Halbs. 1 HGB ordentlich zu kündigen.[1067] Die Geltung der in § 89 HGB geregelten Kündigungsbestimmungen endet bereits mit dem tatsächlichen (und damit zugleich rechtlichen) Eintreten der Nebenberuflichkeit und nicht erst dann, wenn dem Unternehmer eine Mitteilung des Vertreters zugeht, dass er nunmehr nebenberuflich für ihn tätig ist.[1068] Etwaige Parteivereinbarungen über die Verkürzung der Kündigungsfrist des § 92b Abs. 1 S. 2 Halbs. 1 HGB sind von nun an zulässig.[1069]

1062 Staub/Canaris/*Emde* § 92b Rn. 19 und 24; vgl. oben D.IV.3.a).

1063 Ebenso Staub/Canaris/*Emde* § 92b Rn. 24.

1064 Vgl. BGH BB 1977, 964; OLG Köln NJW-RR 2002, 602, 603; Ebenroth/Boujong/*Löwisch* § 89 Rn. 22 f.; Graf von Westphalen/Thüsing/*Graf von Westphalen* Teil „Klauselwerke", Handelsvertretervertrag Rn. 62; Oetker/*Busche* § 89 Rn. 13; Staub/Canaris/*Emde* § 89 Rn. 25; vgl. oben B.II.3.

1065 Vgl. oben E.III.2.

1066 Ebenroth/Boujong/*Löwisch* § 92b Rn. 17 f.; vgl. auch Ebenroth/Boujong/*ders.* § 92b Rn. 22; Staub/Canaris/*Emde* § 92b Rn. 21.

1067 Ebenroth/Boujong/*Löwisch* § 92b Rn. 18 f.; Staub/Canaris/*Emde* § 92b Rn. 26.

1068 So aber Ebenroth/Boujong/*Löwisch* § 92b Rn. 17; wie hier Staub/Canaris/*Emde* § 92b Rn. 26.

1069 Vgl. oben C.V.1.a).

Auf die Wirksamkeit der Kündigungserklärung einer Partei hat es keinen Einfluss, wenn die Änderung des rechtlichen Status des Vertreters während des Laufs einer der Kündigungsfristen des § 89 Abs. 1 HGB eintritt.[1070] Allerdings kommt mit dieser Änderung die kurze Kündigungsfrist des § 92b Abs. 1 S. 2 Halbs. 1 HGB zur Anwendung, so dass die Kündigungsfrist – gerechnet ab Beginn der nebenberuflichen Vertretertätigkeit – höchstens noch einen Monat (mit Wirkung für den Schluss eines Kalendermonats) beträgt; wird das Vertreterverhältnis schon früher nach Maßgabe einer der in § 89 Abs. 1 HGB vorgesehenen Fristen beendet, so hat es hiermit sein Bewenden.[1071]

c) Außerordentliche Kündigung des Handelsvertretervertrages

Auch im Rahmen des Übergangs von der Haupt- zur Nebenberuflichkeit der Vertretung kommt ein außerordentliches (fristloses) Kündigungsrecht des Unternehmers aus wichtigem Grund gemäß § 89a Abs. 1 S. 1 HGB in Betracht.[1072] Fraglich ist wiederum, welche Pflichtverletzung des Handelsvertreters ein derartiges Kündigungsrecht des Unternehmers begründen kann.

Bejaht man eine Pflicht des Handelsvertreters zur Anpassung des Vertretervertrages an die tatsächlichen Verhältnisse,[1073] kann die Verweigerung der Mitwirkung an einer die Nebenberuflichkeit festlegenden Vertragsänderung für den Unternehmer einen wichtigen Kündigungsgrund i.S. des § 89a Abs. 1 S. 1 HGB darstellen.[1074] In der verweigerten Mitwirkung seitens des Vertreters ist ein Verstoß gegen den Grundsatz von Treu und Glauben zu sehen,[1075] da er den Unternehmer hierdurch an der Herbeiführung der Voraussetzungen des § 92b Abs. 2 HGB entsprechend den (inzwischen vorliegenden) tatsächlichen Verhältnissen der Vertretertätigkeit zu hindern versucht.

Des Weiteren berechtigt die Verletzung der dem Vertreter gegenüber dem Unternehmer obliegenden Informationspflicht, d.h. der Umstand, dass der Vertreter ihn nicht oder nicht rechtzeitig darüber in Kenntnis setzt, dass er seiner Vertretertätigkeit von nun an aufgrund veränderter tatsächlicher Umstände im Nebenberuf nachgeht, den Unternehmer zur außerordentlichen Kündigung des Vertretervertrages.[1076]

1070 Ebenroth/Boujong/*Löwisch* § 92b Rn. 18; Staub/Canaris/*Emde* § 92b Rn. 26.

1071 In diesem Sinne Ebenroth/Boujong/*Löwisch* § 92b Rn. 18; Staub/Canaris/*Emde* § 92b Rn. 26; vgl. oben E.II.2.d)aa).

1072 Vgl. oben E.II.2.d)bb).

1073 Vgl. oben E.III.5.

1074 Ebenroth/Boujong/*Löwisch* § 92b Rn. 18; Heymann/Horn/*Sonnenschein*/*Weitemeyer* § 92b Rn. 13; Staub/Canaris/*Emde* § 92b Rn. 25: vorherige Abmahnung erforderlich.

1075 Heymann/Horn/*Sonnenschein*/*Weitemeyer* § 92b Rn. 13; Koller/Kindler/*Roth* § 92b Rn. 4; vgl. oben E.III.5.

1076 OLG Düsseldorf BB 1969, 330 m.w.N.; *Höft* VersR 1973, 154, 155; vgl. auch *Bruck*/*Möller* Vor §§ 43–48 Anm. 419.

Insoweit gilt das oben[1077] hierzu Gesagte entsprechend. Nimmt man ein außerordentliches Kündigungsrecht des Unternehmers aufgrund einer solchen Pflichtverletzung des Vertreters an, ist an die sich hieraus ergebende Folge für einen etwaigen Ausgleichsanspruch des Vertreters zu denken: Nach § 89b Abs. 3 Nr. 2 HGB besteht dieser Anspruch nicht, wenn der Unternehmer das Vertragsverhältnis gekündigt hat und für die Kündigung ein wichtiger Grund wegen schuldhaften Verhaltens des Handelsvertreters (hier die Nichtmitteilung der veränderten tatsächlichen Umstände der Vertretertätigkeit) vorlag.

Auch an dieser Stelle ist eine vertragliche Regelung zwischen den Parteien empfehlenswert, die nicht nur die Informationspflicht des Vertreters konkretisiert, sondern ausdrücklich bestimmt, dass die Nichtbeachtung dieser Pflicht den Unternehmer zur außerordentlichen Kündigung des Vertretervertrages berechtigt.[1078]

7. Schadensersatzanspruch des Unternehmers

Veranlasst der Handelsvertreter die außerordentliche Kündigung seitens des Unternehmers schuldhaft durch die Nichtbeachtung seiner Pflicht zur Information über die veränderten Umstände seiner Vertretertätigkeit, so ist er dem Unternehmer wiederum zum Ersatz des durch die Aufhebung des Vertragsverhältnisses entstehenden Schadens verpflichtet, § 89a Abs. 2 HGB.[1079] Ersatzfähig sind bei einer solchen Pflichtverletzung des Vertreters ferner sämtliche Schäden des Unternehmers, die er dadurch erleidet, dass er den Vertrag mit dem Vertreter fortführt, ohne Kenntnis von dessen nebenberuflicher Tätigkeit zu erlangen, § 280 Abs. 1 BGB i.V.m. § 86 Abs. 2 HGB bzw. dem Handelsvertretervertrag.[1080]

Im Fall einer schuldhaften Verletzung der Informationspflicht durch den Vertreter ist der Unternehmer so zu stellen, wie er stünde, wenn er nach ordnungsgemäß, d.h. rechtzeitig erfolgter Information durch den Vertreter sofort die ordentliche Kündigung des Vertretervertrages erklärt hätte.[1081] Dies führt etwa dazu, dass der Berechnung der vom Unternehmer nach Vertragsende – genauer gesagt nach Ende der Hauptberuflichkeit – zu leistenden Ausgleichszahlung nur die Stammkunden zugrunde gelegt werden dürfen, die der Vertreter in seiner Eigenschaft als Hauptberufler bis zum hypothetischen Ende der Frist zur ordentlichen Kündigung des Vertreterverhältnisses neu geworben oder zu denen er die bestehende

---

1077 E.II.2.d)bb).

1078 Vgl. OLG Düsseldorf BB 1969, 330; *Escher* BB 1999, 72, 73.

1079 Ebenroth/Boujong/*Löwisch* § 92b Rn. 17; *Höft* VersR 1973, 154, 155; Staub/Canaris/*Emde* § 92b Rn. 25; vgl. auch *Bruck/Möller* Vor §§ 43–48 Anm. 419.

1080 Vgl. Ebenroth/Boujong/*Löwisch* § 92b Rn. 17, der lediglich einen Verzögerungsschaden, d.h. den Schaden, der durch die verhinderte Betrauung nach § 92b Abs. 2 HGB entsteht, für ersatzfähig hält; vgl. auch Staub/Canaris/*Emde* § 92b Rn. 22; vgl. oben E.II.2.e).

1081 Vgl. Staub/Canaris/*Emde* § 92b Rn. 22.

Geschäftsverbindung wesentlich erweitert hat.[1082] Ein darüber hinausgehender, vom Unternehmer geleisteter Ausgleichsbetrag ist als Schaden des Unternehmers ersatzfähig. Liegt ein Fall des § 89b Abs. 3 Nr. 2 HGB vor, ist dem Unternehmer jedwede Ausgleichszahlung zu erstatten.

Hingegen scheidet eine vom Unternehmer zur Zeit der nebenberuflichen Tätigkeit des Vertreters auf dessen Provisionsanspruch geleistete Vorschusszahlung bereits deswegen als ersatzfähiger Schaden aus, weil ein Ausschluss des Provisionsvorschussanspruchs nicht automatisch mit der Nebenberuflichkeit eintritt, sondern das Einverständnis des Vertreters voraussetzt, vgl. § 92b Abs. 1 S. 3 HGB.

Bejaht man eine Pflicht des Handelsvertreters zur Anpassung des Vertretervertrages an die tatsächlichen Verhältnisse,[1083] ist der hypothetische und für die Schadensbezifferung relevante Beendigungszeitpunkt des hauptberuflichen Vertreterverhältnisses streng genommen sogar noch früher anzusetzen: Maßgebend wäre dann der Zeitpunkt, zu dem unter normalen Umständen im Anschluss an die Kenntniserlangung durch den Unternehmer die Vereinbarung der Umstellung des Vertretervertrages auf nebenberufliche Tätigkeit zwischen den Parteien zustande gekommen wäre.

IV. Zwischenergebnis

Im Verlauf eines Handelsvertreterverhältnisses kann es zu grundlegenden Änderungen in der Tätigkeit des Handelsvertreters für den von ihm vertretenen Unternehmer kommen. Eine nebenberufliche Vertretertätigkeit kann sich zum Hauptberuf des Vertreters entwickeln, indem sie für diesen ab einem bestimmten Zeitpunkt von zentraler Bedeutung wird, z.B. weil der bisherige Hauptberuf des Vertreters ganz oder teilweise wegfällt. Umgekehrt kann aus einer hauptberuflichen Vertretertätigkeit ein bloßer Nebenberuf werden, etwa durch Aufnahme oder Ausweitung einer anderweitigen Betätigung seitens des Vertreters, welche die Vertretertätigkeit vollständig in den Hintergrund drängt.

Kommt es zu derartigen faktischen Veränderungen der Tätigkeit des Handelsvertreters, hat dies zugleich kraft Gesetzes eine Änderung des rechtlichen Status des Handelsvertreters vom Neben- zum Hauptberufler oder umgekehrt zur Folge. Denn die rechtliche Einordnung des Handelsvertreters richtet sich gemäß § 92b Abs. 3 HGB ausschließlich nach der Verkehrsauffassung bzw. den hiernach zu beurteilenden tatsächlichen Umständen der Vertretertätigkeit. Die Parteien sind zu einer entsprechenden Anpassung des Vertretervertrages an die neuen tatsächlichen Gegebenheiten verpflichtet.

Vertragliche Vereinbarungen der Parteien vermögen eine Änderung der rechtlichen Stellung des Vertreters somit weder zu hindern noch sind sie hierfür notwendige Voraussetzung. Dementsprechend bedarf es für den Übergang von der

1082 Vgl. OLG Düsseldorf BB 1969, 330; vgl. oben E.II.2.b).
1083 Vgl. oben E.III.5.

Neben- zur Hauptberuflichkeit und umgekehrt nicht eines – zumindest konkludenten – Einverständnisses des Unternehmers mit der Geltung bzw. Nichtgeltung der §§ 87a Abs. 1 S. 2, 89 und 89b HGB.

Der Unternehmer wird hierdurch nicht schutzlos gestellt. Der Handelsvertreter hat ihn so zeitnah wie möglich von den eingetretenen oder bevorstehenden Änderungen der tatsächlichen Verhältnisse in Kenntnis zu setzen, so dass der Unternehmer in der Lage ist, hierauf nach eigenem Ermessen und unter Wahrung der eigenen Interessen zu reagieren, z. B. den Handelsvertretervertrag ordentlich zu kündigen. Verletzt der Vertreter die vorgenannte Pflicht, ist der Unternehmer zur außerordentlichen Kündigung des Vertrages berechtigt und kann u.U. einen Schadensersatzanspruch gegen den Vertreter geltend machen. Letzteres betrifft im Wesentlichen das (Nicht-)Bestehen und die genaue Berechnung des Ausgleichsanspruchs.

F. Geltendmachung der Sonderregelung des § 92b HGB

Neben die Frage, unter welchen Voraussetzungen eine nebenberufliche Handelsvertretertätigkeit i.S. des § 92b HGB gegeben ist, treten die praktisch bedeutsame Frage der Geltendmachung dieser Norm sowie Fragen formeller bzw. prozessualer Natur. Im Wesentlichen geht es hierbei darum, wann sich Unternehmer und Handelsvertreter auf die Geltung der Sonderregelung des § 92b Abs. 1 HGB berufen können, auf welche Weise das im konkreten Fall zur Entscheidung berufene Gericht die Haupt- bzw. Nebenberuflichkeit feststellt sowie in welchem Umfang die Parteien für die im Rahmen der Abgrenzung zwischen Haupt- und Nebenberuf relevant werdenden Umstände die Beweislast zu tragen haben.

I. Erfordernis der ausdrücklichen Betrauung als Handelsvertreter im Nebenberuf gemäß § 92b Abs. 2 HGB

Nach § 92b Abs. 2 HGB kann sich nur der Unternehmer auf Absatz 1 der Norm berufen, der den Handelsvertreter ausdrücklich als Handelsvertreter im Nebenberuf mit der Vermittlung oder dem Abschluss von Geschäften betraut hat.

Dieser Regelung lag folgender Gedanke des Gesetzgebers zugrunde:[1084] Die Abgrenzung zwischen der haupt- und nebenberuflichen Handelsvertretertätigkeit könne im Einzelfall erhebliche Probleme bereiten. Um zu verhindern, dass sich die Unternehmer zur Umgehung ihrer Verpflichtungen aus §§ 89 und 89b HGB im Nachhinein auf eine nur nebenberufliche Tätigkeit des Handelsvertreters berufen, sei für eine Geltendmachung der Sonderregelung durch den Unternehmer eine ausdrückliche Betrauung des Handelsvertreters als „Handelsvertreter im Nebenberuf" zu verlangen. Dies habe zur Konsequenz, dass die Parteien bei Vertragsbeginn die Frage der Haupt- oder Nebenberuflichkeit ausdrücklich erörterten, so dass etwaige Zweifel in vielen Fällen beseitigt werden könnten.

1. Warn- und Schutzfunktion für den Handelsvertreter

Mit dem Erfordernis einer ausdrücklichen Betrauung des Handelsvertreters als ein solcher im Nebenberuf wollte der Gesetzgeber den Vertreter mithin davor bewahren, dass sich der Unternehmer während oder nach Ablauf des Vertreterverhältnisses auf eine bloß nebenberufliche Tätigkeit des Vertreters beruft, ohne dass dies zuvor

---

1084 Begr. zum Entwurf eines Gesetzes zur Änderung des Handelsgesetzbuches (Recht der Handelsvertreter), BT-Drucks. 1/3856 vom 15.11.1952, S. 43.

zwischen den Parteien thematisiert worden ist.[1085] Der Vertreter soll nicht durch die Behauptung der Nichtgeltung wesentlicher Schutzvorschriften des Handelsvertreterrechts seitens des Unternehmers überrascht werden.

Der Norm des § 92b Abs. 2 HGB kommt daher eine Warn- und Schutzfunktion zugunsten des Handelsvertreters zu.[1086] Der Unternehmer soll dem Vertreter mit der ausdrücklichen Betrauung hinreichend deutlich vor Augen führen, dass seine nebenberufliche Tätigkeit für den Unternehmer mit erheblichen rechtlichen Nachteilen einhergeht, die häufig erst im späteren Verlauf des Vertreterverhältnisses zu Tage treten.[1087] Der Vertreter ist auf diese Weise vor dem geringeren Schutzniveau, das seine Vertretertätigkeit genießt, zu warnen.[1088] Dies hat bereits bei (und damit letztlich vor) Vertragsschluss zu erfolgen,[1089] da nur zu diesem Zeitpunkt eine Reaktion des Vertreters hierauf, etwa die Abstandnahme von der geplanten Vertretertätigkeit, möglich ist. Schließlich war es auch die Intention des Gesetzgebers, durch die Norm die Parteien zu veranlassen, schon „bei Beginn des Vertragsverhältnisses" die rechtliche Stellung des Vertreters als Haupt- oder Nebenberufler explizit zu erörtern.[1090] Der abweichenden Ansicht *Emdes*, wonach die mit der Norm verfolgte Warnfunktion keine zeitliche Kongruenz von Beginn der nebenberuflichen Tätigkeit und Bezeichnung als Nebenberufler verlange, sondern Letztere auch noch lange nach Eintreten der Nebenberuflichkeit zulässig sei,[1091] ist aus diesem Grund nicht beizupflichten. Der Unternehmer ist somit in der Pflicht, bei Vertragsschluss für eine Warnung des Vertreters Sorge zu tragen, die den Anforderungen des § 92b Abs. 2 HGB entspricht.[1092]

1085 Vgl. *Ankele* § 92b Rn. 4 und 10; *o.V.* VW 1961, 551, 552.

1086 Baumbach/Hopt/*Hopt* § 92b Rn. 3; Ebenroth/Boujong/*Löwisch* § 92b Rn. 9; Heymann/Horn/*Sonnenschein*/*Weitemeyer* § 92b Rn. 15; MünchKomm/*von Hoyningen-Huene* § 92b Rn. 32; Oetker/*Busche* § 92b Rn. 8; *Specks* S. 72 f.; Staub/Canaris/*Emde* § 92b Rn. 16 f. und 29; *Westphal* Vertriebsrecht Rn. 129; einschränkend Küstner/Thume/*Schürr* Band 1 Kap. I Rn. 234; vgl. hierzu unten F.I.3.

1087 BGH NJW-RR 2007, 1286, 1287; Ebenroth/Boujong/*Löwisch* § 92b Rn. 9; *Westphal* Vertriebsrecht Rn. 129.

1088 Staub/Canaris/*Emde* § 92b Rn. 17.

1089 *Westphal* Vertriebsrecht Rn. 129; in diesem Sinne auch *Ankele* § 92b Rn. 11; *Baums* BB 1986, 891; *Duden* § 92b Anm. 1) D; *Eberstein* S. 54; *Escher* BB 1999, 72, 73; *Günther* S. 54; *Herschel*/*Beine* S. 209; HK/*Ruß* § 92b Rn. 1; Koller/Kindler/*Roth* § 92b Rn. 4; *Küstner* BB 1966, 1212, 1214; Küstner/Thume/*Schürr* Band 1 Kap. I Rn. 232 f.; *o.V.* VW 1961, 551, 552; RGRK/*Würdinger* § 92b Anm. 2; Röhricht/Graf von Westphalen/*Thume* § 92b Rn. 7 f.; *Westphal* S. 27 f.; vgl. Ebenroth/Boujong/*Löwisch* § 92b Rn. 9 und 11; Staub/Canaris/*Emde* § 92b Rn. 16 f.

1090 Begr. zum Entwurf eines Gesetzes zur Änderung des Handelsgesetzbuches (Recht der Handelsvertreter), BT-Drucks. 1/3856 vom 15.11.1952, S. 43.

1091 Staub/Canaris/*Emde* § 92b Rn. 16.

1092 Vgl. *Ankele* § 92b Rn. 11; *o.V.* VW 1961, 551, 552.

Zugleich dient die Norm der Vermeidung von späteren Auseinandersetzungen der Parteien über die Frage der Haupt- oder Nebenberuflichkeit der Vertretung.[1093] Es muss zum Zeitpunkt des Vertragsschlusses für beide Parteien klar sein, ob der Vertreter seiner Absatzmittlungstätigkeit als haupt- oder nebenberuflicher Vertreter nachgehen soll.[1094] Ist eine solche Klarstellung zwischen den Parteien nicht erfolgt, kann der Vertreter sich darauf verlassen, in Fragen der Kündigungsbestimmungen, des Ausgleichs- und des Provisionsvorschussanspruchs später als hauptberuflich tätiger Vertreter behandelt zu werden, d.h. in diesem Punkt keine Auseinandersetzung mit dem Unternehmer führen zu müssen. Denn mangelt es an einer ausdrücklichen Betrauung i.S. des § 92b Abs. 2 HGB oder ist der Vertreter im Vertretervertrag sogar explizit als Hauptberufler eingesetzt worden,[1095] ist dem Unternehmer die Geltendmachung der Sonderregelung für nebenberufliche Vertreter von vornherein verwehrt, und zwar ungeachtet dessen, ob der Vertreter tatsächlich (und damit zugleich rechtlich) im Haupt- oder Nebenberuf tätig ist oder war.[1096] Die vom Unternehmer erhobene Einwendung einer nur nebenberuflichen Vertretertätigkeit ist dann in rechtlicher Hinsicht unbeachtlich.[1097]

Vor diesem Hintergrund meint *Schröder* richtigerweise, § 92b Abs. 2 HGB sei ein „grober Filter“, der diejenigen Vertreterverhältnisse, denen keine ausdrückliche Betrauung als nebenberuflicher Handelsvertreter zugrunde liege, von vornherein vom Anwendungsbereich des § 92b HGB ausnehme, ohne dass es einer Prüfung der Qualität der Vertretertätigkeit bedürfe.[1098] Ist aber eine derartige Betrauung erfolgt, muss – um einen nur im Nebenberuf tätigen Handelsvertreter i.S. des § 92b HGB mit den in Abs. 1 der Norm genannten Rechtsfolgen annehmen zu können – dieser Handelsvertreter auch faktisch nach der Verkehrsauffassung ein bloßer Nebenberufler sein.[1099] Auch im Rahmen des § 92b Abs. 2 HGB gilt der Grundsatz,

1093 *Alff* Rn. 20; *Baums* BB 1986, 891; *Knapp* VW 1952, 391, 394; Heymann/Horn/*Sonnenschein*/*Weitemeyer* § 92b Rn. 10.

1094 *Ankele* § 92b Rn. 11; *Baums* BB 1986, 891; *Duden* § 92b Anm. 1) D; *Eberstein* S. 54; *Escher* BB 1999, 72, 73; *Günther* S. 54; *Herschel*/*Beine* S. 209; HK/*Ruß* § 92b Rn. 1; Koller/Kindler/*Roth* § 92b Rn. 4; *Küstner* BB 1966, 1212, 1214; *ders.* VW 2002, 1793, 1794; Küstner/Thume/*Schürr* Band 1 Kap. I Rn. 232 f.; *o.V.* VW 1961, 551, 552; RGRK/*Würdinger* § 92b Anm. 2; Röhricht/Graf von Westphalen/*Thume* § 92b Rn. 8; Staub/Canaris/*Emde* § 92b Rn. 17; *Westphal* S. 27 f.; *ders.* Vertriebsrecht Rn. 129; vgl. Ebenroth/Boujong/*Löwisch* § 92b Rn. 11.

1095 Vgl. Heymann/Horn/*Sonnenschein*/*Weitemeyer* § 92b Rn. 12.

1096 *Ankele* § 92b Rn. 11; Heymann/Horn/*Sonnenschein*/*Weitemeyer* § 92b Rn. 12; *Küstner* VW 1998, 1746; *ders.* BB 1999, 541, 543; *ders.* VW 2002, 1793, 1794; *o.V.* VW 1961, 551, 552; *Schröder* DB 1967, 1303; *ders.* INF 1977, 33 f.; *ders.* INF 1978, 401, 402 und 405; *Specks* S. 72; *Westphal* Vertriebsrecht Rn. 129; vgl. hierzu unten F.I.3.

1097 Ebenroth/Boujong/*Löwisch* § 92b Rn. 9; *Küstner* BB 1966, 1212, 1214; Küstner/Thume/*Schürr* Band 1 Kap. I Rn. 233; vgl. auch LG Köln AfP 1983, 353, 354.

1098 *Schröder* INF 1978, 401, 403; ähnlich bereits *ders.* INF 1977, 33 f.

1099 BGH NJW-RR 2007, 1286, 1287; LG Stuttgart, Urteil vom 15.05.1981 – 8 KfH O 11/81 (n.v.); Baumbach/Hopt/*Hopt* § 92b Rn. 3; *Beenken*/*Reckenfelderbäumer* VW 2006, 76; *Bruck*/*Möller* Vor §§ 43–48 Anm. 419; Ebenroth/Boujong/*Löwisch* § 92b Rn. 1 und 9;

dass die Herabstufung eines nach der Verkehrsauffassung hauptberuflich tätigen Handelsvertreters zum nebenberuflichen Handelsvertreter durch Parteivereinbarung nicht zulässig ist.[1100] Eine der Verkehrsauffassung widersprechende Betrauung des Vertreters als Nebenberufler stellt ein rechtliches Nullum dar.[1101] Aus Sicht des Unternehmers setzt also die Anwendung von § 92b Abs. 1 HGB das kumulative Vorliegen der in Abs. 2 und 3 der Norm geregelten Erfordernisse voraus.[1102]

Der mit der Norm des § 92b Abs. 2 HGB verfolgte und dem Handelsvertreter zugute kommende Schutzzweck verleiht dieser Bestimmung einen zwingenden Charakter.[1103] Der Schutz des Handelsvertreters, der im Fall der nur nebenberuflichen Tätigkeit auf zentrale und ihrerseits unabdingbare Schutzbestimmungen des Handelsvertreterrechts verzichten muss, verbietet die Zulassung abweichender Parteiabreden, z.B. des Inhalts, dass dem Unternehmer die Berufung auf die Regelungen des § 92b Abs. 1 HGB stets, also auch ohne ausdrückliche Betrauung des Vertreters als Nebenberufler offen steht.[1104]

Die Entstehungsgeschichte des § 92b HGB scheint auf den ersten Blick gegen eine zwingende Natur von § 92b Abs. 2 HGB zu sprechen: Während noch der Regierungsentwurf aus dem Jahr 1952 in § 92b Abs. 3 S. 2 der Entwurfsfassung die Unzulässigkeit von abweichenden Vereinbarungen zu der Regelung über die Geltendmachung der Sondervorschrift durch den Unternehmer normierte,[1105]

Escher BB 1999, 72 f.; Giesler/*Klapperich* § 2 Rn. 62; Giesler/*Nauschütt*/*Sperrer* § 2 Rn. 1299; *Günther* S. 54; *Herschel*/*Beine* S. 209; *Höft* VersR 1973, 154; Koller/Kindler/*Roth* § 92b Rn. 4; *Küstner* VW 2002, 1793 f.; MünchKomm/*von Hoyningen-Huene* § 92b Rn. 22 f.; *o.V.* VW 1965, 547; RGRK/*Würdinger* § 92b Anm. 2; Röhricht/Graf von Westphalen/*Thume* § 89b Rn. 30 und § 92b Rn. 7; Schlegelberger/*Schröder* § 92b Rn. 7; *ders.* DB 1967, 1303; *ders.* INF 1977, 33, 34; *ders.* INF 1978, 401, 403; Staub/Canaris/*Emde* § 92b Rn. 16 und 19.

1100 Statt aller BGH NJW 1999, 639, 641; NJW-RR 2007, 1286, 1287; vgl. oben D.IV.3.a).

1101 Ebenroth/Boujong/*Löwisch* § 92b Rn. 9; RGRK/*Würdinger* § 92b Anm. 2; Staub/Canaris/*Emde* § 92b Rn. 16 und 19.

1102 *Beenken*/*Reckenfelderbäumer* VW 2006, 76; Ebenroth/Boujong/*Löwisch* § 92b Rn. 1; Koller/Kindler/*Roth* § 92b Rn. 4.

1103 So BGH NJW 1983, 1789, 1790; Baumbach/Hopt/*Hopt* § 92b Rn. 3; Ebenroth/Boujong/*Löwisch* § 92b Rn. 10 und 23; *Herschel*/*Beine* S. 210; Heymann/Horn/*Sonnenschein*/*Weitemeyer* § 92b Rn. 15; Koller/Kindler/*Roth* § 92b Rn. 4; MünchKomm/*von Hoyningen-Huene* § 92b Rn. 32; Oetker/*Busche* § 92b Rn. 8; *o.V.* VW 1961, 551, 552; *o.V.* VW 1965, 547; Röhricht/Graf von Westphalen/*Thume* § 92b Rn. 7; Schlegelberger/*Schröder* § 92b Rn. 7; *Specks* S. 72 f.; Staub/Canaris/*Emde* § 92b Rn. 18 und 29; ebenso wohl *Ankele* § 92b Rn. 11; einschränkend Küstner/Thume/*Schürr* Band 1 Kap. I Rn. 234; vgl. hierzu unten F.I.3.

1104 MünchKomm/*von Hoyningen-Huene* § 92b Rn. 32; Schlegelberger/*Schröder* § 92b Rn. 7; Staub/Canaris/*Emde* § 92b Rn. 18.

1105 Art. 1 des Entwurfs eines Gesetzes zur Änderung des Handelsgesetzbuches (Recht der Handelsvertreter), BT-Drucks. 1/3856 vom 15.11.1952, S. 7: „Abweichendes kann nicht vereinbart werden."

wurde dieser Zusatz im weiteren Verlauf des Gesetzgebungsverfahrens wieder gestrichen.[1106] Die Hintergründe dieser Änderung bleiben unklar. Jedenfalls existieren keine Anhaltspunkte dafür, dass der Gesetzgeber hierdurch – entgegen seiner ursprünglichen Absicht – § 92b Abs. 2 HGB als abdingbare Norm ausgestalten wollte.[1107] Es ist daher nicht davon auszugehen, dass der Gesetzgeber das durch die Norm zugunsten des Handelsvertreters begründete Schutzniveau gegenüber der im Regierungsentwurf gewählten Fassung absenken wollte. Vielmehr liegt nahe, dass er angesichts des mit der Norm verfolgten Zwecks, den Handelsvertreter vor den Nachteilen einer nebenberuflichen Tätigkeit zu warnen, den genannten Zusatz für entbehrlich hielt und die Unabdingbarkeit der Norm unterstellte. Hierfür spricht auch, dass der Gesetzgeber eine Nichtgeltung des § 92b Abs. 2 HGB ausschließlich für diejenigen Vertragsverhältnisse vorsah, welche bei Inkrafttreten der Handelsvertreternovelle am 01.12.1953 bereits bestanden.[1108] Nur in diesem – heute kaum mehr praxisrelevanten[1109] – Fall ist dem Unternehmer die Berufung auf § 92b Abs. 1 HGB gestattet, auch wenn es an einer ausdrücklichen Betrauung des Handelsvertreters als selbiger im Nebenberuf fehlt.[1110]

Aus § 92b Abs. 2 HGB ergibt sich im Umkehrschluss, dass sich der Handelsvertreter – im Gegensatz zum Unternehmer – stets auf die Geltung der Regelungen in § 92b Abs. 1 HGB berufen kann, d.h. auch für den Fall, dass eine ausdrückliche Betrauung i.S. des Abs. 2 der Norm nicht erfolgt ist; hierfür ist einzig Voraussetzung, dass er in tatsächlicher Hinsicht als nebenberuflicher Handelsvertreter tätig ist.[1111] Nichts anderes gilt, wenn der Handelsvertreter im Vertretervertrag explizit,

---

1106 Kurzprotokoll der 202. Sitzung des Ausschusses für Wirtschaftspolitik des Deutschen Bundestags vom 07.05.1953, Anlage 3, S. 3; Mündlicher Bericht des Ausschusses für Rechtswesen und Verfassungsrecht über den Entwurf eines Gesetzes zur Änderung des Handelsgesetzbuches (Recht der Handelsvertreter) – Nr. 3856 der Drucksachen –, BT-Drucks. 1/4604 vom 26.06.1953, S. 14; Heymann/Horn/*Sonnenschein/Weitemeyer* § 92b Rn. 15; vgl. oben C.II.4.

1107 Ähnlich Heymann/Horn/*Sonnenschein/Weitemeyer* § 92b Rn. 15.

1108 Art. 6 Abs. 3 des Gesetzes zur Änderung des Handelsgesetzbuchs (Recht der Handelsvertreter) vom 06.08.1953, BGBl. I, S. 771, 776; siehe auch *Bruck/Möller* Vor §§ 43–48 Anm. 181 und 419; *Duden* § 92b Anm. 1) D; *Herschel/Beine* S. 210; *Höft* VersR 1973, 154; *Küstner* BB 1966, 1212, 1214 Fn. 22; *o.V.* VW 1961, 551, 552; *o.V.* VW 1965, 547; *o.V.* VW 1966, 826; RGRK/*Würdinger* § 92b Anm. 2; Schlegelberger/*Schröder* § 92b Rn. 8; Staub/Canaris/*Emde* § 92b Rn. 31; *Trinkhaus* S. 102 und 468.

1109 Vgl. Staub/Canaris/*Emde* § 92b Rn. 31.

1110 *o.V.* VW 1965, 547; RGRK/*Würdinger* § 92b Anm. 2; Schlegelberger/*Schröder* § 92b Rn. 8; Staub/Canaris/*Emde* § 92b Rn. 31; *Trinkhaus* S. 102 und 468.

1111 Baumbach/Hopt/*Hopt* § 92b Rn. 4; *Bruck/Möller* Vor §§ 43–48 Anm. 419; Ebenroth/Boujong/*Löwisch* § 92b Rn. 8; Giesler/*Klapperich* § 2 Rn. 62; Heymann/Horn/*Sonnenschein/Weitemeyer* § 92b Rn. 14; HK/*Ruß* § 92b Rn. 1; Koller/Kindler/*Roth* § 92b Rn. 4; MünchKomm/*von Hoyningen-Huene* § 92b Rn. 24; Oetker/*Busche* § 92b Rn. 10; RGRK/*Würdinger* § 92b Anm. 2; Schlegelberger/*Schröder* § 92b Rn. 7; Staub/Canaris/*Emde* § 92b Rn. 15 und 17; vgl. *Höft* VersR 1973, 154.

jedoch unzutreffend (entgegen der Verkehrsauffassung) als Hauptberufler eingesetzt wurde.[1112] Auch im Fall des Übergangs von der haupt- zur nebenberuflichen Vertretertätigkeit kann der Vertreter die nunmehr vorliegende Nebenberuflichkeit geltend machen, ohne dass es hierfür einer Betrauung nach § 92b Abs. 2 HGB bedarf.[1113] Dies kann etwa zur Konsequenz haben, dass ein tatsächlich nebenberuflich tätiger Vertreter sich auf die – für ihn ggf. vorteilhafte – kurze Kündigungsfrist des § 92b Abs. 1 S. 2 Halbs. 1 HGB berufen kann, während der von ihm vertretene Unternehmer die in § 89 Abs. 1 S. 1 und 2 HGB geregelten Kündigungsfristen einhalten muss.[1114]

Von dieser weitreichenden Möglichkeit des Vertreters, sich auf seinen rechtlichen Status als nebenberuflicher Handelsvertreter zu berufen, bleibt allerdings seine Pflicht unberührt, den Unternehmer über faktische Veränderungen in seiner Vertretertätigkeit, die diese in rechtlicher Hinsicht zum Haupt- bzw. Nebenberuf machen können, unverzüglich in Kenntnis zu setzen.[1115]

2. Anforderungen an die „ausdrückliche Betrauung" als nebenberuflicher Handelsvertreter

Der Wortlaut des § 92b Abs. 2 HGB fordert vom Unternehmer eine ausdrückliche Betrauung des Handelsvertreters als Handelsvertreter im Nebenberuf.

Eine „ausdrückliche" Betrauung in diesem Sinne verlangt nicht notwendigerweise eine schriftliche Niederlegung der nebenberuflichen Tätigkeit des Vertreters,[1116] auch nicht im Fall des Übergangs von der Haupt- zur Nebenberuflichkeit.[1117] Die Betrauung kann ohne Einhaltung einer bestimmten Form und damit auch mündlich erfolgen, es sei denn, der Vertretervertrag insgesamt unterliegt einem gewillkürten Formerfordernis.[1118] Der Wortlaut der Norm äußert sich nicht näher zu den an die

---

1112 Baumbach/Hopt/*Hopt* § 92b Rn. 4; Giesler/*Klapperich* § 2 Rn. 62; Heymann/Horn/*Sonnenschein*/*Weitemeyer* § 92b Rn. 12 und 14; MünchKomm/*von Hoyningen-Huene* § 92b Rn. 24.

1113 Staub/Canaris/*Emde* § 92b Rn. 24.

1114 Staub/Canaris/*Emde* § 92b Rn. 15, der für eine Berufung des Vertreters auf seine Eigenschaft als Nebenberufler eine ausdrückliche Erklärung des Vertreters verlangt.

1115 Vgl. Heymann/Horn/*Sonnenschein*/*Weitemeyer* § 92b Rn. 14; vgl. oben E.II.2.c) und E.III.4.

1116 *Bruck*/*Möller* Vor §§ 43–48 Anm. 204; Giesler/*Emde* § 2 Rn. 552; *Herschel*/*Beine* S. 209; Röhricht/Graf von Westphalen/*Thume* § 92b Rn. 7; *Schröder* INF 1977, 33, 34; *ders.* INF 1978, 401, 402; Staub/Canaris/*Emde* § 92b Rn. 16.

1117 So aber Giesler/*Emde* § 2 Rn. 555; Staub/Canaris/*ders.* § 92b Rn. 24.

1118 Baumbach/Hopt/*Hopt* § 92b Rn. 3; Ebenroth/Boujong/*Löwisch* § 92b Rn. 11; Giesler/*Emde* § 2 Rn. 552; Heidel/Schall/*Keßler* § 92b Rn. 2; *Herschel*/*Beine* S. 209; Heymann/Horn/*Sonnenschein*/*Weitemeyer* § 92b Rn. 11; Koller/Kindler/*Roth* § 92b Rn. 4; Oetker/*Busche* § 92b Rn. 9; *Schröder* INF 1977, 33, 34; *Specks* S. 72; Staub/Canaris/*Emde* § 92b Rn. 16; *Westphal* Vertriebsrecht Rn. 128.

Ausdrücklichkeit der Betrauung zu stellenden Anforderungen.[1119] Außerdem spricht für die grundsätzliche Formfreiheit der Betrauung, dass es das Ziel des Gesetzgebers war, mit der Norm für eine ausdrückliche Erörterung der Frage der haupt- oder nebenberuflichen Tätigkeit durch die Parteien bei Vertragsbeginn zu sorgen.[1120] Eine derartige Erörterung ist schriftlich wie mündlich denkbar.

Lediglich im Anwendungsbereich des § 85 HGB, wenn also eine Vertragspartei verlangt, dass der Inhalt des Vertrages oder eine spätere Vereinbarung hierzu in eine vom anderen Vertragspartner unterzeichnete Urkunde aufgenommen wird, ist auch die Betrauung als nebenberuflicher Handelsvertreter in dieser Urkunde zu vermerken.[1121] Eine schriftliche Fixierung der Einsetzung des Vertreters als Nebenberufler ist insbesondere für den Unternehmer zum Zwecke der Beweisbarkeit der erforderlichen Betrauung ratsam.[1122] Fehlt es in einem schriftlichen Handelsvertretervertrag an einer ausdrücklichen Bezeichnung des Vertreters als Nebenberufler, wird die Hauptberuflichkeit der Vertretung (widerlegbar) vermutet.[1123]

In jedem Fall muss die Betrauung als Handelsvertreter im Nebenberuf – um ausdrücklich i.S. des § 92b Abs. 2 HGB zu sein – in eindeutiger und unmissverständlicher Weise erfolgen.[1124] Nach Ansicht von *Schröder* sind hierbei die Worte „Handelsvertreter im Nebenberuf" zu verwenden.[1125] Der Normzweck des § 92b Abs. 2 HGB, den Handelsvertreter vor den rechtlichen Nachteilen einer nebenberuflichen Vertretertätigkeit zu warnen, lässt sich aber auch bei einer hiervon abweichenden Formulierung wahren, sofern diese zweifelsfrei klarstellt, dass die Tätigkeit des Vertreters für den Unternehmer nur von nebenberuflicher bzw. nachrangiger Natur

---

1119 Vgl. Oetker/*Busche* § 92b Rn. 9; *Schröder* INF 1977, 33, 34.

1120 Begr. zum Entwurf eines Gesetzes zur Änderung des Handelsgesetzbuches (Recht der Handelsvertreter), BT-Drucks. 1/3856 vom 15.11.1952, S. 43.

1121 *Bruck/Möller* Vor §§ 43–48 Anm. 210; Ebenroth/Boujong/*Löwisch* § 92b Rn. 11; Heymann/Horn/*Sonnenschein/ Weitemeyer* § 92b Rn. 11; Koller/Kindler/*Roth* § 92b Rn. 4; RGRK/ *Würdinger* § 92b Anm. 2; *Schröder* INF 1978, 401, 402; Staub/Canaris/ *Emde* § 92b Rn. 16; in diesem Sinne bereits *von Brunn* S. 44; vgl. *Herschel/Beine* S. 209.

1122 So auch *Eberstein* S. 54; *Herschel/Beine* S. 209; *Schröder* INF 1977, 33, 34; *ders.* INF 1978, 401, 402; *Westphal* Vertriebsrecht Rn. 128.

1123 *Herschel/Beine* S. 209; ähnlich *Ankele* § 92b Rn. 11.

1124 Ebenroth/Boujong/*Löwisch* § 92b Rn. 11; Heymann/Horn/*Sonnenschein/ Weitemeyer* § 92b Rn. 11; Koller/Kindler/*Roth* § 92b Rn. 4; MünchKomm/*von Hoyningen-Huene* § 92b Rn. 23; *o.V.* VW 1961, 551, 552; *o.V.* VW 1964, 954, 955; RGRK/ *Würdinger* § 92b Anm. 2; Schlegelberger/*Schröder* § 92b Rn. 7; *ders.* INF 1977, 33; *Specks* S. 72; Staub/ Canaris/*Emde* § 92b Rn. 16.

1125 *Schröder* INF 1978, 401, 402; in diesem Sinne wohl auch Giesler/*Klapperich* § 2 Rn. 62; *Schröder* INF 1977, 33; weniger streng jedoch Schlegelberger/*ders.* § 92b Rn. 7; vgl. Ebenroth/Boujong/*Löwisch* § 92b Rn. 11: Wortlaut des Gesetzes „sollte" verwendet werden.

gegenüber einer sonstigen Tätigkeit des Vertreters sein soll.[1126] Eine Deklarierung der Vertretertätigkeit etwa als „Nebentätigkeit“ oder „untergeordnete Betätigung“ ist in dieser Hinsicht ausreichend. Einer exakten Wiedergabe des Wortlauts des Gesetzes bedarf es also nicht.[1127] Idealerweise enthält die Betrauung jedoch einen Hinweis auf die Norm des § 92b HGB, damit der Vertreter sich die Rechtsfolgen einer nur im Nebenberuf ausgeübten Vertretertätigkeit hinreichend vergegenwärtigen kann. Bestehende Zweifel an der Ausdrücklichkeit der Betrauung gereichen dem Unternehmer zum Nachteil, da die Anforderungen des § 92b Abs. 2 HGB dann nicht als gewahrt angesehen werden können.[1128]

Wer an der „Betrauung“ i.S. des § 92b Abs. 2 HGB mitwirken muss, wird unterschiedlich beurteilt:

Zum Teil wird für ausreichend gehalten, dass der Unternehmer den Vertreter mittels einer einseitigen Erklärung als nebenberuflichen Vertreter einsetzt.[1129] Die überwiegende Meinung hingegen verlangt eine vertragliche Übereinkunft zwischen den Parteien über die anvisierte Tätigkeit im Nebenberuf, eine einseitige Erklärung des Unternehmers genüge für die von der Norm geforderte Betrauung nicht.[1130]

Der Wortlaut der Norm spricht für letztere Auffassung.[1131] Denn das Tatbestandsmerkmal der Betrauung ist bereits in Form des Merkmals der ständigen Betrauung in § 84 Abs. 1 S. 1 HGB enthalten und meint dort Beauftragung i.S. der §§ 611 ff., 675 Abs. 1 BGB.[1132] Wird im Rahmen von § 84 Abs. 1 S. 1 HGB ein zweiseitiges Rechtsgeschäft vorausgesetzt, kann angesichts des identischen Wortlauts nichts anderes für die Vorschrift des § 92b Abs. 2 HGB gelten. Darüber hinaus betrifft die Frage der Haupt- oder Nebenberuflichkeit der Vertretung mit ihren potentiellen Auswirkungen auf die Rechtsbeziehungen der Parteien (Länge der Kündigungsfrist, Bestehen eines Ausgleichsanspruchs nach Vertragsende sowie Abdingbarkeit des

---

1126 MünchKomm/*von Hoyningen-Huene* § 92b Rn. 23; RGRK/*Würdinger* § 92b Anm. 2; Röhricht/Graf von Westphalen/*Thume* § 92b Rn. 7; Schlegelberger/*Schröder* § 92b Rn. 7; Staub/Canaris/*Emde* § 92b Rn. 16.

1127 Heymann/Horn/*Sonnenschein*/*Weitemeyer* § 92b Rn. 11; MünchKomm/*von Hoyningen-Huene* § 92b Rn. 23; RGRK/*Würdinger* § 92b Anm. 2; Staub/Canaris/*Emde* § 92b Rn. 16.

1128 Ebenroth/Boujong/*Löwisch* § 92b Rn. 11; Staub/Canaris/*Emde* § 92b Rn. 16.

1129 So Heidel/Schall/*Keßler* § 92b Rn. 2.

1130 Ebenroth/Boujong/*Löwisch* § 92b Rn. 11; Giesler/*Emde* § 2 Rn. 552; Giesler/*Nauschütt*/*Sperrer* § 2 Rn. 1299; *Günther* S. 54; Heymann/Horn/*Sonnenschein*/*Weitemeyer* § 92b Rn. 11; Koller/Kindler/*Roth* § 92b Rn. 4; MünchKomm/*von Hoyningen-Huene* § 92b Rn. 23; Oetker/*Busche* § 92b Rn. 9; Staub/Canaris/*Emde* § 92b Rn. 16 f.; ebenso wohl BAG NJW 2005, 1146, 1147; Röhricht/Graf von Westphalen/*Thume* § 89b Rn. 30 und § 92b Rn. 7; *Schröder* INF 1977, 33, 34; *ders.* INF 1978, 401, 402.

1131 So auch Staub/Canaris/*Emde* § 92b Rn. 17.

1132 Vgl. oben B.I.2.

Provisionsvorschussanspruchs) elementare Inhalte des Vertretervertrages.[1133] Der inhaltlichen Gestaltung des Vertreterverhältnisses müssen aber selbstredend beide Parteien zustimmen, dies ist nicht allein Sache des Unternehmers.[1134] Daher kann der Unternehmer auch nicht im Nachhinein einseitig den Inhalt des Vertrages zum Nachteil des Vertreters modifizieren, indem er eine Erklärung gemäß § 92b Abs. 2 HGB abgibt, selbst wenn der Vertreter zu diesem Zeitpunkt tatsächlich nebenberuflich tätig ist.[1135]

Für den Fall des Übergangs von der Haupt- zur Nebenberuflichkeit ist dagegen eine Änderung des Vertretervertrages dahingehend denkbar, dass nunmehr eine einvernehmliche Betrauung i.S. des § 92b Abs. 2 HGB erfolgt.[1136] Stimmt der nebenberuflich tätige Vertreter dem nicht zu, kann dies als treuwidriges Verhalten betrachtet werden.[1137] Die Warnfunktion der Norm gebietet aber stets, dass die Betrauung als Nebenberufler in zeitlicher Hinsicht mit Beginn der nebenberuflichen Vertretertätigkeit erfolgt.[1138]

Ob eine Betrauung als Handelsvertreter im Nebenberuf nicht nur durch Individualvereinbarung, sondern auch in den AGB des Unternehmers erfolgen kann,[1139] erscheint fraglich.[1140] Eine Inhaltskontrolle gemäß § 307 BGB, die allein der Frage nachgehen kann, ob die Bezeichnung als Nebenberufler „bei abstrakt-genereller Betrachtung" in sämtlichen (nahe liegenden) Fällen inhaltlich zutrifft,[1141] ist mit dem Grundsatz, dass die Abgrenzung zwischen Haupt- und Nebenberuf eine eingehende Betrachtung der konkreten Umstände des Einzelfalls erfordert,[1142] schwerlich vereinbar. Hierdurch würde der notwendige Blick auf das einzelne Vertreterverhältnis in seiner konkreten Ausprägung vernachlässigt. Auch wird die Warn- und Schutzfunktion des § 92b Abs. 2 HGB regelmäßig stärker zur Geltung kommen, wenn die nebenberufliche Betrauung des Vertreters zwischen den Parteien eigens ausgehandelt und nicht bloß durch die AGB des Unternehmers vorgegeben wird,

---

1133 Vgl. Heymann/Horn/*Sonnenschein*/*Weitemeyer* § 92b Rn. 11; Koller/Kindler/*Roth* § 92b Rn. 4.

1134 Oetker/*Busche* § 92b Rn. 9.

1135 Heymann/Horn/*Sonnenschein*/*Weitemeyer* § 92b Rn. 11; MünchKomm/*von Hoyningen-Huene* § 92b Rn. 23; Oetker/*Busche* § 92b Rn. 9.

1136 Ebenroth/Boujong/*Löwisch* § 92b Rn. 11; Koller/Kindler/*Roth* § 92b Rn. 4; Röhricht/Graf von Westphalen/*Thume* § 92b Rn. 7; Staub/Canaris/*Emde* § 92b Rn. 16; vgl. oben E.III.2.

1137 So jedenfalls Heymann/Horn/*Sonnenschein*/*Weitemeyer* § 92b Rn. 13; Koller/Kindler/*Roth* § 92b Rn. 4; vgl. oben E.III.5.

1138 A.A. Staub/Canaris/*Emde* § 92b Rn. 16 f.; vgl. bereits oben F.I.1.

1139 So Ebenroth/Boujong/*Löwisch* § 92b Rn. 11; Staub/Canaris/*Emde* Vor § 84 Rn. 33 f. und § 92b Rn. 16.

1140 Vgl. die bereits oben unter D.IV.3.b) geäußerten Zweifel an der generellen Zulässigkeit einer Einsetzung nebenberuflicher Vertreter in den AGB des Unternehmers.

1141 Staub/Canaris/*Emde* Vor § 84 Rn. 33 f. und § 92b Rn. 16.

1142 Vgl. oben D.II.1.a).

vgl. § 305 Abs. 1 S. 3 BGB. Unter diesem Gesichtspunkt kann sich eine die Nebenberuflichkeit festlegende Klausel im Einzelfall außerdem als überraschend im Sinne des § 305c Abs. 1 BGB erweisen, was insbesondere der Fall sein wird, wenn die Frage der Haupt-/Nebenberuflichkeit im Vorfeld des Vertragsschlusses zwischen Unternehmer und Vertreter in keiner Weise thematisiert worden ist. Eine solche Klausel ist dann angesichts der mit ihr einhergehenden erheblichen rechtlichen Nachteile für den Vertreter derart ungewöhnlich, dass dieser mit ihr vernünftigerweise nicht zu rechnen braucht und von der Regelung daher überrumpelt wird.[1143] Im Rahmen des § 92b Abs. 2 HGB ist somit eine Individualvereinbarung der Parteien über die Ausübung der Vertretertätigkeit im Nebenberuf zu fordern.

3. Prozessualer Charakter der Norm?

Ist keine ausdrückliche Betrauung des Handelsvertreters als Handelsvertreter im Nebenberuf gemäß § 92b Abs. 2 HGB erfolgt, kann sich der Unternehmer nicht auf die in Abs. 1 der Vorschrift normierten Rechtsfolgen einer nebenberuflichen Handelsvertretertätigkeit berufen.

Eine in der Literatur vertretene Auffassung unterwirft diesen gesetzlich geregelten Grundsatz einer bedeutsamen Einschränkung zugunsten des Unternehmers: Die Geltendmachung der Sonderregelung des § 92b Abs. 1 HGB wird dem Unternehmer hiernach nur dann verwehrt, wenn er den faktisch nebenberuflich tätigen[1144] Vertreter nicht ausdrücklich als solchen betraut habe und dieser – abweichend vom Unternehmer – die hauptberufliche Ausübung der Vertretertätigkeit behaupte; falls der Vertreter hingegen überhaupt nicht bestreite, nur im Nebenberuf tätig (gewesen) zu sein, sei die fehlende Betrauung irrelevant und der Unternehmer könne sich vollumfänglich auf den Ausschluss der §§ 89, 89b HGB bzw. die Abdingbarkeit des § 87a Abs. 1 S. 2 HGB berufen.[1145] Die Gegenauffassung will § 92b Abs. 2 HGB auch im Fall des unstreitigen Vorliegens der Nebenberuflichkeit anwenden, so dass in allen Fällen fehlender oder unzureichender ausdrücklicher Betrauung als Nebenberufler dem Unternehmer die Berufung auf Abs. 1 der Norm zu versagen ist.[1146]

1143 Vgl. auch BGH NJW 1990, 576, 577.

1144 Bei faktischer Hauptberuflichkeit ist eine Anwendung von § 92b Abs. 1 HGB ohnehin ausgeschlossen, vgl. oben D.IV.3.a).

1145 So Heymann/Horn/*Sonnenschein*/*Weitemeyer* § 92b Rn. 10; *Küstner* BB 1966, 1212, 1214; *ders.* BB 1999, 541, 543 f.; *ders.* VW 2002, 1793, 1794; Küstner/Thume-Vorauflage/*ders.* Band 2 Kap. II Rn. 138; Küstner/Thume/*Schürr* Band 1 Kap. I Rn. 233 f.; *o.V.* VW 1965, 547; *o.V.* VW 1966, 826; Röhricht/Graf von Westphalen/*Thume* § 89b Rn. 30 und § 92b Rn. 8; in gleicher Weise für den Fall des – unstreitig gegebenen – Übergangs von der Haupt- zur Nebenberuflichkeit *Höft* VersR 1973, 154, 155; vgl. *Specks* S. 72 Fn. 142.

1146 Ebenroth/Boujong/*Löwisch* § 92b Rn. 9 und 11; Staub/Canaris/*Emde* § 92b Rn. 17; *Westphal* Vertriebsrecht Rn. 129.

Der insoweit bestehende Streit entzündet sich an der Rechtsnatur von § 92b Abs. 2 HGB. Die erstgenannte Ansicht schreibt der Norm einen „prozessualen Charakter" zu.[1147] Nach der Intention des Gesetzgebers setze sie eine Uneinigkeit der Parteien über die Tatsache der haupt- oder nebenberuflichen Vertretertätigkeit voraus und habe daher auch „nur für den Streitfall eine Schutzfunktion für den Handelsvertreter".[1148] Seien sich die Parteien über die nebenberufliche Ausübung der Vertretertätigkeit einig, sei eine klarstellende Betrauung nach § 92b Abs. 2 HGB nicht erforderlich.[1149] Der Zweck der Norm wird von einem Vertreter dieser Auffassung demgemäß wie folgt umrissen: „§ 92b Abs. 2 HGB soll also einen hauptberuflichen Vertreter prozessual in seinen Rechten schützen, nicht aber einen nebenberuflichen Vertreter materiell nicht zustehende Rechte verschaffen."[1150]

Der vorgenannten Auffassung ist zunächst zu entgegnen, dass angesichts des zwingenden Charakters von § 92b Abs. 3 HGB die Parteien weder die Haupt-/Nebenberuflichkeit der Vertretung noch die maßgebliche Auffassung der beteiligten Wirtschaftskreise determinieren und als unstreitige Tatsachen in einen Prozess einführen können.[1151] Der gesetzlich bezweckte Schutz des hauptberuflichen Handelsvertreters vor einer Abweichung von den zwingend ausgestalteten Vorschriften der §§ 87a Abs. 1 S. 2, 89 und 89b HGB steht einem Unstreitigstellen der Nebenberuflichkeit seitens der Parteien mit der Folge der (vom Gericht ohne weitere Prüfung zugrunde zu legenden) Geltung des § 92b Abs. 1 HGB entgegen.[1152] Kann § 92b Abs. 3 HGB auf diese Weise nicht umgangen werden, so gilt nichts anderes für die ebenfalls zwingende[1153] Norm des Abs. 2.

Darüber hinaus enthält der Wortlaut des § 92b Abs. 2 HGB keinerlei Anhaltspunkte für eine Abstandnahme vom Betrauungserfordernis für den Fall der unstreitig vorliegenden Nebenberuflichkeit.[1154] Es bedarf – wie bereits festgestellt – im Rahmen dieser Norm einer vertraglichen Übereinkunft der Parteien über die Ausübung der Vertretertätigkeit im Nebenberuf, und zwar schon mit Beginn dieser

1147 *Höft* VersR 1973, 154 f.; *Küstner* BB 1999, 541, 543; Küstner/Thume-Vorauflage/*ders.* Band 2 Kap. II Rn. 138; Küstner/Thume/*Schürr* Band 1 Kap. I Rn. 234; *o.V.* VW 1965, 547; *o.V.* VW 1966, 826; Röhricht/Graf von Westphalen/*Thume* § 92b Rn. 8; ebenso Heymann/Horn/*Sonnenschein*/*Weitemeyer* § 92b Rn. 10; *Küstner* VW 2002, 1793, 1794; siehe auch *Günther* S. 54.

1148 Küstner/Thume/*Schürr* Band 1 Kap. I Rn. 234; ganz ähnlich *Höft* VersR 1973, 154, 155; *o.V.* VW 1965, 547; Röhricht/Graf von Westphalen/*Thume* § 92b Rn. 8.

1149 *Küstner* VW 2002, 1793, 1794.

1150 *o.V.* VW 1965, 547, 548.

1151 Vgl. MünchKomm/*von Hoyningen-Huene* § 92b Rn. 30; *Thume* BB 2007, 1750, 1751; vgl. oben D.IV.3.c).

1152 Staub/Canaris/*Emde* § 92b Rn. 17.

1153 Vgl. oben F.I.1.

1154 Ebenroth/Boujong/*Löwisch* § 92b Rn. 9; Staub/Canaris/*Emde* § 92b Rn. 17; *Westphal* Vertriebsrecht Rn. 129.

Tätigkeit.[1155] Der Umstand, dass sich die Nebenberuflichkeit im Nachhinein zwischen den Parteien nicht als Streitpunkt erweist, vermag nicht als Äquivalent für die zu diesem Zeitpunkt unterlassene Betrauung als Nebenberufler zu dienen.[1156] Damit wird deutlich, dass durch die Reduzierung des § 92b Abs. 2 HGB auf eine Norm von lediglich prozessualer Relevanz auch ihr Schutzzweck verkannt wird.[1157] Der mit der Norm bezweckte Schutz des Vertreters, der vor den rechtlichen Gefahren einer nur nebenberuflichen Vertretertätigkeit explizit gewarnt werden soll,[1158] wird im Fall des Fehlens einer ausdrücklichen (vertraglichen) Betrauung als nebenberuflicher Vertreter nicht erreicht. Hierauf hat es keinen Einfluss, wenn beide Parteien von vornherein oder später unisono von der Nebenberuflichkeit der Vertretung ausgehen.[1159] Die Warn- und Schutzfunktion des § 92b Abs. 2 HGB zugunsten des Vertreters gilt demnach nicht nur bei Uneinigkeit der Parteien über die Qualität der Vertretertätigkeit, sondern absolut.[1160] Der Normzweck erlaubt keine Aushöhlung des zwingenden Charakters der Vorschrift.[1161] In dem späteren Einigsein der Parteien über die Nebenberuflichkeit der Vertretung lässt sich folgerichtig auch keine stillschweigende – nachträglich erfolgende – Betrauung als nebenberuflicher Vertreter oder gar ein Verzicht des Vertreters auf die sich aus der mangelnden Betrauung ergebenden Rechte gemäß §§ 87a Abs. 1 S. 2, 89 und 89b HGB erblicken.[1162]

Vor diesem Hintergrund ist § 92b Abs. 2 HGB als Norm materiell-rechtlicher Natur zu behandeln.[1163] Versagt man dem Unternehmer die Berufung auf § 92b Abs. 1 HGB wegen fehlender Betrauung i.S. des Abs. 2 der Norm, gelangt man in materieller Hinsicht zu der einzig zutreffenden Rechtsfolge.[1164] Hierdurch verschafft man dem nebenberuflich tätigen Vertreter gerade nicht ihm „materiell nicht zustehende Rechte".[1165]

Dass der faktisch nebenberufliche Vertreter das Fehlen der ausdrücklichen Betrauung als Nebenberufler geltend macht, kann dann konsequenterweise auch nicht

---

1155 Vgl. oben F.I.1. und 2.

1156 In diesem Sinne auch Ebenroth/Boujong/*Löwisch* § 92b Rn. 9 und 11; Staub/Canaris/*Emde* § 92b Rn. 17.

1157 Ebenroth/Boujong/*Löwisch* § 92b Rn. 9; Staub/Canaris/*Emde* § 92b Rn. 17; *Westphal* Vertriebsrecht Rn. 129.

1158 Vgl. oben F.I.1.

1159 Ebenso Ebenroth/Boujong/*Löwisch* § 92b Rn. 9; Staub/Canaris/*Emde* § 92b Rn. 17; *Westphal* Vertriebsrecht Rn. 129.

1160 Vgl. *Emde* § 92b Rn. 24.

1161 So aber im Ergebnis Küstner/Thume/*Schürr* Band 1 Kap. I Rn. 234.

1162 In diese Richtung *Emde* § 92b Rn. 24; Staub/Canaris/*ders.* § 92b Rn. 17, der allerdings für die Wirksamkeit einer derartigen Vereinbarung verlangt, dass diese „ohne Druckmöglichkeit des Unternehmers, leitbildartig nach Vertragsende, zustande kommt".

1163 So auch Staub/Canaris/*Emde* § 92b Rn. 17.

1164 Staub/Canaris/*Emde* § 92b Rn. 17.

1165 *o.V.* VW 1965, 547, 548.

als arglistiges Verhalten gewertet werden.[1166] Schließlich ist es Aufgabe des Unternehmers, der sich im Rahmen des Vertreterverhältnisses auf die nebenberufliche Rechtsstellung des Vertreters berufen will, für eine den Anforderungen des § 92b Abs. 2 HGB genügende Betrauung zu sorgen und eine entsprechende vertragliche Vereinbarung mit dem Vertreter herbeizuführen.[1167] Gelingt ihm dies nicht, steht es dem Vertreter frei, sich auf die Nichteinhaltung der Voraussetzungen der Norm zu berufen und – trotz faktisch vorliegender Nebenberuflichkeit – die Rechte eines hauptberuflich tätigen Vertreters aus §§ 87a Abs. 1 S. 2, 89 und 89b HGB geltend zu machen. Von einem Missbrauch[1168] der Bestimmung des § 92b Abs. 2 HGB durch den Vertreter kann hierbei nicht die Rede sein. Er beruft sich vielmehr auf die Rechtsfolge, die das Gesetz für diesen Fall zu seinen Gunsten vorgesehen hat.

Es erscheint zudem äußerst fraglich, ob sich der Vertreter, wenn er seine Tätigkeit als nebenberuflicher Vertreter nicht in Abrede stellt, mit den hiermit einhergehenden rechtlichen Nachteilen des § 92b Abs. 1 HGB abfindet.[1169] Das Gegenteil dürfte richtig sein: Beruft sich der Vertreter trotz fehlenden Streits über die Tatsache der Nebenberuflichkeit auf das Nichtvorliegen der Voraussetzungen des § 92b Abs. 2 HGB, strebt er gerade seine Behandlung als Hauptberufler mit allen einem solchen zustehenden Rechten an.

Die vorstehend befürwortete Auslegung der Norm dient ferner der Rechtssicherheit,[1170] da der Vertreter anderenfalls die Tatsache der Haupt- oder Nebenberuflichkeit streitig stellen und so auch nach der hier abgelehnten Auffassung die Möglichkeit des Unternehmers, sich auf § 92b Abs. 1 HGB zu berufen, stets ausschalten könnte.

II. Gerichtliche Feststellung der Nebenberuflichkeit

Ein Handelsvertreter kann nach Beendigung des Vertragsverhältnisses einen Ausgleichsanspruch gemäß § 89b HGB gegenüber dem von ihm vertretenen Unternehmer klageweise geltend machen. Setzt sich der Unternehmer gegen dieses Begehren mit dem Hinweis zur Wehr, dass der Handelsvertreter nur nebenberuflich tätig war und er dementsprechend ausdrücklich im Handelsvertretervertrag als Nebenberufler betraut wurde, muss das zur Entscheidung berufene Gericht darüber befinden, ob die Handelsvertretertätigkeit als haupt- oder nebenberuflich i.S. des § 92b HGB zu qualifizieren ist. Gleiches gilt, falls der Handelsvertreter während seiner Vertretertätigkeit vor Gericht einen angemessenen Provisionsvorschuss nach § 87a Abs. 1 S. 2 HGB vom Unternehmer einfordert und dieser sich neben dem vorgenannten

1166 So aber Röhricht/Graf von Westphalen/*Thume* § 92b Rn. 8; a.A. Staub/Canaris/*Emde* § 92b Rn. 17.
1167 Staub/Canaris/*Emde* § 92b Rn. 17.
1168 Ausdrücklich *o.V.* VW 1965, 547.
1169 In diesem Sinne Küstner/Thume/*Schürr* Band 1 Kap. I Rn. 234.
1170 *Westphal* Vertriebsrecht Rn. 129.

Hinweis außerdem auf einen vertraglichen Ausschluss des Vorschussanspruchs beruft. Schließlich kann das Gericht auch inzidenter über die Frage der Haupt- oder Nebenberuflichkeit zu entscheiden haben, nämlich dann, wenn es auf die im Einzelfall anwendbaren Kündigungsbestimmungen (vor allem: Geltung der Kündigungsfristen des § 89 Abs. 1 HGB oder der Frist des § 92b Abs. 1 S. 2 Halbs. 1 HGB) ankommt.

In einem ersten Schritt hat das Gericht zu prüfen, ob der Unternehmer den Handelsvertreter im Handelsvertretervertrag wirksam ausdrücklich als Handelsvertreter im Nebenberuf mit der Vermittlung oder dem Abschluss von Geschäften betraut hat, § 92b Abs. 2 HGB.[1171] Fehlt es hieran, hat das Gericht den Vertreter im Rahmen der sich anschließenden Anspruchsprüfung als hauptberuflichen Handelsvertreter zu behandeln, da dem Unternehmer in diesem Fall die Geltendmachung einer – wenn auch tatsächlich vorliegenden – nebenberuflichen Vertretertätigkeit verwehrt ist. Dem Vertreter ist es allerdings unbenommen, sich bei faktisch vorliegender Nebenberuflichkeit auf die kurze Kündigungsfrist des § 92b Abs. 1 S. 2 Halbs. 1 HGB zu berufen.

Im nächsten Schritt hat das Gericht in der Sache über die rechtliche Qualität der Vertretertätigkeit zu entscheiden. Um § 92b Abs. 1 HGB auf das streitgegenständliche Handelsvertreterverhältnis anwenden zu können, muss es die Nebenberuflichkeit positiv feststellen.[1172] Nur die Haupt-/Nebenberuflichkeit ist die vom Gericht festzustellende Tatsache,[1173] nicht jedoch die Verkehrsauffassung als solche, welche als „allgemeiner Erfahrungssatz“ zu behandeln ist.[1174] Die Feststellung der Haupt-/Nebenberuflichkeit setzt zunächst die Erforschung der nach § 92b Abs. 3 HGB ausschlaggebenden Verkehrsauffassung voraus, d.h. es bedarf einer Beurteilung des Gerichts dahingehend, ob im konkret zur Entscheidung stehenden Einzelfall die Auffassung der beteiligten Wirtschaftskreise[1175] für eine haupt- oder lediglich nebenberufliche Vertretertätigkeit streitet.[1176]

Das Gericht kann in solchen Fällen, in denen eine Haupt- oder Nebenberuflichkeit der Vertretung besonders nahe liegt, die erforderliche Feststellung „aus

---

1171 Vgl. oben F.I.2.

1172 *Baums* BB 1986, 891, 893; Staub/Canaris/*Emde* § 92b Rn. 8; vgl. BGH NJW 1965, 1132, 1134; Ebenroth/Boujong/*Löwisch* § 92b Rn. 25; Heymann/Horn/*Sonnenschein*/*Weitemeyer* § 92b Rn. 4.

1173 Siehe nur BGH NJW 1965, 1132, 1134; Gutachten des Deutschen Industrie- und Handelstages vom 23.01.1957, HVR Nr. 145 (1957); in diesem Sinne wohl auch Oetker/*Busche* § 92b Rn. 8; a.A. BGH NJW 2013, 2111, 2114, der die Nebenberuflichkeit weder für eine Tatsache noch für eine Rechtstatsache hält, sondern hierin (nur) einen Rechtsbegriff erblickt; *Emde* § 92b Rn. 9; Flohr/Wauschkuhn/*Billing* § 92b Rn. 4.

1174 *Escher* BB 1999, 72; vgl. auch BGH NJW 2004, 1163, 1164; anders wohl Ebenroth/Boujong/*Löwisch* § 92b Rn. 7; vgl. oben D.II.1. und D.IV.3.c).

1175 Vgl. oben D.II.1.a).

1176 *Alff* Rn. 21; *Baums* BB 1986, 891, 893; Ebenroth/Boujong/*Löwisch* § 92b Rn. 7; *Escher* BB 1999, 72.

eigener Sachkunde" vornehmen.[1177] Dies ist vor allem der Fall, wenn aufgrund des Vorliegens ausreichender Indizien für den Schwerpunkt der Lebensgestaltung des Handelsvertreters[1178] an einer bestimmten Verkehrsauffassung keine vernünftigen Zweifel bestehen.[1179] Derartige Indizien[1180] fungieren als Hilfstatsachen hinsichtlich der eigentlich festzustellenden (Haupt-)Tatsache der Haupt-/Nebenberuflichkeit.[1181] Berücksichtigungsfähig sind hierbei allein unstreitige oder bereits bewiesene Indizien.[1182] Ein eindeutiger Fall hauptberuflicher Vertretertätigkeit liegt aber z. B. auch dann vor, wenn es bereits an einer anderweitigen (potentiell hauptberuflichen) Tätigkeit des Vertreters fehlt[1183] oder ein enger wirtschaftlicher Zusammenhang zwischen der Vertreter- und der sonstigen Tätigkeit besteht.[1184]

Lässt sich die Verkehrsauffassung nicht in der beschriebenen Weise zweifelsfrei ermitteln, fehlt es also an hinreichender eigener Sachkunde des Gerichts, muss es durch Einholung eines Sachverständigengutachtens über die Tatsache der Haupt-/Nebenberuflichkeit Beweis erheben.[1185] Das einzuholende Sachverständigengutachten dient der Erforschung der im vom Gericht zu entscheidenden Fall gegebenen Verkehrsauffassung,[1186] welche ihrerseits nach § 92b Abs. 3 HGB für die Entscheidung über den tatsächlichen und damit zugleich rechtlichen Status des Handelsvertreters maßgebend ist.

Die Erhebung eines Sachverständigenbeweises setzt einen entsprechenden Beweisantrag der beweisbelasteten Partei voraus, § 403 ZPO.[1187] Als zu begutachtender Punkt i.S. dieser Norm ist die Eigenschaft als Handelsvertreter im Haupt- bzw. Nebenberuf zu bezeichnen. Nicht grundsätzlich ausgeschlossen erscheint auch eine – von Amts

1177 BGH NJW 1965, 1132, 1134; im Ergebnis ebenso *Alff* Rn. 21; Ebenroth/Boujong/*Löwisch* § 92b Rn. 7; Martinek/Semler/*Flohr*/*Pohl* § 17 Rn. 26; vgl. auch BGH WM 1975, 931, 934; NJW 2004, 1163 f.

1178 Vgl. oben D.II.1.a).

1179 Ebenroth/Boujong/*Löwisch* § 92b Rn. 7.

1180 Welche Indizien bzw. Kriterien für die Abgrenzung zwischen der haupt- und nebenberuflichen Handelsvertretertätigkeit heranzuziehen sind, ist umstritten; ausführlich hierzu oben D.II.4.

1181 Vgl. allgemein statt aller BGH NJW 2004, 3423, 3424.

1182 Vgl. Ebenroth/Boujong/*Löwisch* § 92b Rn. 7.

1183 So in BGH NJW 1965, 1132, 1134; vgl. oben D.II.1.c) und D.II.2.

1184 BGH NJW-RR 2007, 1286, 1287 f.; vgl. oben D.II.3.

1185 BGH NJW 1965, 1132, 1134; *Alff* Rn. 21; Ebenroth/Boujong/*Löwisch* § 92b Rn. 7; Flohr/Wauschkuhn/*Billing* § 92b Rn. 4; Martinek/Semler/*Flohr*/*Pohl* § 17 Rn. 26; *Schröder* INF 1978, 401, 403; Staub/Canaris/*Emde* § 92b Rn. 8; vgl. auch BGH NJW 1997, 2817, 2818; NJW 2004, 1163, 1164; NJW-RR 2007, 357, 358.

1186 BGH NJW 1965, 1132, 1134; *Alff* Rn. 21; Ebenroth/Boujong/*Löwisch* § 92b Rn. 7; Flohr/Wauschkuhn/*Billing* § 92b Rn. 4; Martinek/Semler/*Flohr*/*Pohl* § 17 Rn. 26; *Schröder* INF 1978, 401, 403.

1187 Staub/Canaris/*Emde* § 92b Rn. 8; vgl. hierzu unten F.III.

wegen erfolgende – gerichtliche Anordnung der Begutachtung der konkret in Rede stehenden Vertretertätigkeit durch Sachverständige, § 144 Abs. 1 S. 1 ZPO.[1188]

Als gemäß § 404 Abs. 1 ZPO vom Gericht auszuwählende Sachverständige kommen insbesondere die sachnahen Wirtschaftsverbände[1189] und die Industrie- und Handelskammern in Betracht.[1190] Zu diesen Wirtschaftsverbänden gehören z. B. die Centralvereinigung Deutscher Wirtschaftsverbände für Handelsvermittlung und Vertrieb e.V. (CDH)[1191] und der Deutsche Industrie- und Handelstag (DIHT), im Jahr 2001 umbenannt in Deutscher Industrie- und Handelskammertag e.V. (DIHK) als Dachorganisation der Industrie- und Handelskammern.[1192]

Im Rahmen der sachverständigen Begutachtung des in Rede stehenden Handelsvertreterverhältnisses wird auf das Erfahrungswissen der beteiligten Wirtschaftskreise zurückgegriffen.[1193] Der Gang einer solchen Begutachtung stellt sich wie folgt dar:[1194] Der vom Gericht eingesetzte Sachverständige führt eine (Meinungs-) Umfrage[1195] unter Unternehmern und Handelsvertretern aus der Branche durch, in der die konkrete Handelsvertretertätigkeit erfolgt. Da auch die Kunden des Handelsvertreters unmittelbar mit dessen Tätigkeit in Kontakt kommen, ist – soweit möglich – auch deren Befragung zielführend. Den zu befragenden Personen wird hierbei der Sachverhalt mitgeteilt, auf dessen Grundlage sie sich zu der Frage äußern sollen, ob sie die Tätigkeit des Handelsvertreters als haupt- oder nur nebenberuflich ansehen. Der Sachverständige wertet diese Äußerungen nach Erhalt aus und stellt in einer zusammenfassenden Betrachtung das Umfrageergebnis dar. Er gibt die grundsätzlichen Überlegungen der befragten Kreise zu den relevanten Abgrenzungskriterien wieder und zeigt auf, welche Konsequenzen diese hieraus für das konkret zu bewertende Vertreterverhältnis gezogen haben, mit anderen Worten ob sie hierin den Schwerpunkt der Tätigkeit des Vertreters erblicken oder nicht und welche Erwägungen hierfür ausschlaggebend sind. Von zentraler Bedeutung ist die

---

1188 Vgl. auch BGH NJW 2004, 1163, 1164.

1189 Zur Frage der Zulässigkeit der Erstattung von Sachverständigengutachten durch juristische Personen des Privatrechts auf dem Gebiet der Meinungsforschung vgl. MünchKomm-ZPO/*Zimmermann* § 404 Rn. 2 m.w.N.; Musielak/*Huber* § 402 Rn. 3 und § 404 Rn. 2 m.w.N.

1190 *Schröder* INF 1978, 401, 403; Staub/Canaris/*Emde* § 92b Rn. 8.

1191 Vgl. oben C.II.3.

1192 Gutachten des Deutschen Industrie- und Handelstages vom 23.01.1957, HVR Nr. 145 (1957); Staub/Canaris/*Emde* § 92b Rn. 8; siehe „150 Jahre DIHK – eine Chronologie“, online abrufbar unter http://www.dihk.de/wir-ueber-uns/jubilaeum/chronologie.

1193 Vgl. BGH NJW 2004, 1163, 1164.

1194 Beispielhaft Gutachten des Deutschen Industrie- und Handelstages vom 23.01.1957, HVR Nr. 145 (1957), welches – soweit ersichtlich – das bislang einzig veröffentlichte Gutachten dieser Art ist; vgl. bereits oben D.II.1.a).

1195 Vgl. auch BGH NJW 1997, 2817, 2818; NJW 2004, 1163, 1164; Musielak/*Huber* § 402 Rn. 3.

Angabe, ob die Befragten die Vertretertätigkeit mehrheitlich als haupt- oder nebenberuflich eingeordnet haben. Letztlich erläutert das Sachverständigengutachten also lediglich die Ergebnisse der Umfrage,[1196] welche ihrerseits der Untermauerung des Gutachtens dient.[1197] Das Gutachten kann aber – falls erforderlich – einen Hinweis auf die Belastbarkeit der Ergebnisse der Umfrage enthalten.[1198] Das auf diese Weise insgesamt gewonnene Ermittlungsergebnis (Haupt- oder Nebenberuflichkeit) leitet der Sachverständige sodann dem Gericht zu.

Auf der Grundlage des dergestalt erstatteten Sachverständigengutachtens entscheidet das Gericht über die Rechtsstellung des Handelsvertreters. Kann es eine Nebenberuflichkeit nicht mit der erforderlichen Sicherheit feststellen, ist aufgrund der bestehenden Zweifel von einer hauptberuflichen Vertretertätigkeit auszugehen und von einer Anwendung des § 92b Abs. 1 HGB abzusehen.[1199]

Schließlich sei auch an dieser Stelle erwähnt, dass das Gericht über die vorstehend erörterten Fragen zwar – nicht anders als sonst – auf der Basis der unstreitigen und der streitigen, bewiesenen Tatsachen zu befinden hat. Es wird jedoch durch eine übereinstimmende Parteierklärung, dass es sich um eine Vertretertätigkeit im Haupt- bzw. Nebenberuf handele, nicht von seiner Pflicht zur Erforschung der Verkehrsauffassung und – im Anschluss daran – zur Feststellung der Tatsache der Haupt- oder Nebenberuflichkeit entbunden.[1200]

Da es sich bei der Verkehrsauffassung nicht um eine Tatsache, sondern um einen Erfahrungssatz handelt, kann ihre Erforschung durch den Tatrichter vom BGH als Revisionsgericht auf mögliche Verfahrensfehler hin überprüft werden, etwa den Verzicht auf die Einholung eines Sachverständigengutachtens trotz Fehlens hinreichender eigener Sachkunde des Tatrichters.[1201] Der BGH hat darüber hinaus – auf der Grundlage der tatsächlichen Feststellungen des Berufungsgerichts – dessen Einschätzung, ob die Tätigkeit des Handelsvertreters nach der Verkehrsauffassung von haupt- oder nebenberuflicher Qualität ist, in der Sache nachzuprüfen.[1202] Dem BGH kommt demnach ein eigener Beurteilungsspielraum hinsichtlich der Frage zu, wie die Verkehrsauffassung die konkrete Vertretertätigkeit bewertet. Erst bei einer rechtskräftigen Entscheidung sind die Parteien an die seitens des Gerichts ermittelte Verkehrsauffassung in Bezug auf das streitgegenständliche Vertreterverhältnis gebunden.[1203]

1196 Vgl. auch BGH NJW 1997, 2817, 2818.

1197 Vgl. auch BGH NJW 2004, 1163, 1164.

1198 Vgl. BGH NJW 1997, 2817, 2818.

1199 *Baums* BB 1986, 891, 893; Ebenroth/Boujong/*Löwisch* § 92b Rn. 25.

1200 A.A. Ebenroth/Boujong/*Löwisch* § 92b Rn. 7; vgl. oben D.IV.3.c) und F.I.3.

1201 *Escher* BB 1999, 72; vgl. BGH NJW 1965, 1132, 1134; vgl. auch BGH NJW 2004, 1163 f.

1202 In diesem Sinne *Escher* BB 1999, 72; siehe nur BGH NJW-RR 2007, 1286, 1287 f.; vgl. auch BGH NJW 2004, 1163 f.

1203 Vgl. Ebenroth/Boujong/*Löwisch* § 92b Rn. 7.

III. Beweislastverteilung zwischen Unternehmer und Handelsvertreter

Abschließend stellt sich die Frage, wie sich die Beweislast für die im Rahmen der Abgrenzung von Haupt- und Nebenberuf relevant werdenden tatsächlichen Umstände zwischen Unternehmer und Handelsvertreter verteilt.

1. Allgemeine Grundsätze

Für das Vorliegen der Tatsachen, welche die Handelsvertretertätigkeit gemäß der Verkehrsauffassung als nebenberuflich qualifizieren, trägt diejenige Partei die Beweislast, die die Nebenberuflichkeit behauptet, um zur Anwendung von § 92b Abs. 1 HGB zu gelangen.[1204] Denn die hauptberufliche Tätigkeit als Handelsvertreter ist der gesetzliche Regelfall, eine nur nebenberufliche Vertretertätigkeit demgegenüber nach dem Verständnis des Gesetzgebers ein Sonder- bzw. Ausnahmefall.[1205]

Hieraus ergibt sich, dass der Vertreter, der sich für die von ihm erklärte Kündigung des Vertretervertrages auf die kurze Kündigungsfrist des § 92b Abs. 1 S. 2 Halbs. 1 HGB beruft, die nebenberufliche Ausübung seiner Vertretertätigkeit darlegen und ggf. beweisen muss.[1206]

Im Rahmen der Geltendmachung eines Provisionsvorschuss- bzw. Ausgleichsanspruchs gemäß §§ 87a Abs. 1 S. 2 und 89b HGB durch den Handelsvertreter ist der Unternehmer, der diese Ansprüche wegen einer nur nebenberuflichen Betätigung des Vertreters für ausgeschlossen hält, in doppelter Hinsicht darlegungs- und beweisbelastet: Zunächst hat er zu beweisen, dass eine ausdrückliche Betrauung des Vertreters als nebenberuflicher Handelsvertreter i.S. des § 92b Abs. 2 HGB erfolgt ist, was ihm bei schriftlicher Fixierung der Einsetzung des Vertreters als Nebenberufler keine Schwierigkeiten bereiten sollte; des Weiteren trägt er die Beweislast dafür, dass die Tätigkeit des Handelsvertreters gemäß der Verkehrsauffassung als nebenberuflich anzusehen ist.[1207] Das Gleiche gilt, wenn der Unternehmer den Vertretervertrag kündigt und hierfür die Frist des § 92b Abs. 1 S. 2 Halbs. 1 HGB heranzieht.[1208] Für die jenseits von § 92b HGB relevant werdenden Umstände, etwa

---

1204 Ebenroth/Boujong/*Löwisch* § 92b Rn. 25; Ensthaler/*Genzow* § 92b Rn. 12; MünchKomm/*von Hoyningen-Huene* § 92b Rn. 30; Oetker/*Busche* § 92b Rn. 11; Staub/Canaris/*Emde* § 92b Rn. 30.

1205 Giesler/*Emde* § 2 Rn. 556; Staub/Canaris/*ders.* § 92b Rn. 30; vgl. oben C.II.4.

1206 Ebenroth/Boujong/*Löwisch* § 92b Rn. 25; *Küstner* VW 2002, 1793, 1794; Staub/Canaris/*Emde* § 92b Rn. 15 und 30.

1207 *Ahle* DB 1963, 227; Giesler/*Emde* § 2 Rn. 556; Giesler/*Nauschütt*/*Sperrer* § 2 Rn. 1299; Staub/Canaris/*Emde* § 92b Rn. 30; vgl. Ebenroth/Boujong/*Löwisch* § 92b Rn. 25; MünchKomm/*von Hoyningen-Huene* § 92b Rn. 10.

1208 Ebenroth/Boujong/*Löwisch* § 92b Rn. 25; Staub/Canaris/*Emde* § 92b Rn. 30.

die Tatbestandsvoraussetzungen des § 89b Abs. 1 HGB, verbleibt es hinsichtlich der Beweislast bei den insoweit jeweils geltenden Grundsätzen.[1209]

Klagt der Handelsvertreter auf Feststellung, dass er im Hauptberuf für den Unternehmer tätig ist oder war,[1210] muss der Unternehmer konsequenterweise auch im Rahmen einer derartigen Klage die für ihn günstige Tatsache der nebenberuflichen Tätigkeit des Vertreters beweisen.

Verlangt man für die Änderung der Rechtsstellung des Vertreters vom Neben- zum Hauptberufler und umgekehrt mit der Vertragstheorie eine zumindest schlüssige Vertragsänderung durch Unternehmer und Handelsvertreter,[1211] muss diejenige Partei, die zu ihren Gunsten die Änderung des rechtlichen Status geltend macht, das Zustandekommen der Vertragsänderung beweisen.[1212] So muss hiernach etwa der Vertreter beweisen, dass er den Unternehmer von seiner – ab einem bestimmten Zeitpunkt einsetzenden – haupt- oder nebenberuflichen Tätigkeit als Handelsvertreter in Kenntnis gesetzt hat, wenn er sich auf die aus dieser Änderung folgenden Rechte berufen will.[1213] Ist dem Unternehmer nämlich die faktische Veränderung der Tätigkeit bekannt, kann die beanstandungslose Fortführung des Vertreterverhältnisses als konkludente Zustimmung des Unternehmers zu der Änderung der Rechtsstellung des Vertreters gewertet werden.[1214]

Nach der hier vertretenen Auffassung kommt es für die Abgrenzung zwischen der haupt- und nebenberuflichen Vertretertätigkeit maßgeblich darauf an, ob diese Tätigkeit sowie die hieraus erzielten Einnahmen für die Person des Vertreters von wesentlicher, weil existenzieller Bedeutung sind.[1215] Daher hat – falls der Unternehmer nach den vorstehenden Grundsätzen die Beweislast trägt – der nach § 138 Abs. 1 und 2 ZPO zur Mitwirkung an der Sachverhaltsermittlung verpflichtete Vertreter zum Anteil der Provisionseinkünfte an seinen Gesamteinnahmen näher vorzutragen. Der Unternehmer wird nämlich typischerweise lediglich Kenntnis von den Provisionseinnahmen des Vertreters haben, so dass ihm weiterer Vortrag zur Frage der (Un-)Wesentlichkeit der Vertretertätigkeit regelmäßig zunächst nicht möglich ist; dem Vertreter hingegen ist die Darlegung der seiner Sphäre bzw. seinem Vermögensbereich zuzuordnenden Umstände ohne Weiteres möglich und zumutbar

---

1209 Anders Giesler/*Emde* § 2 Rn. 556; Staub/Canaris/*ders.* § 92b Rn. 30, nach dem der Unternehmer im Rahmen des § 89b HGB (auch) beweisen muss, dass der Vertreter zur Zeit seiner hauptberuflichen Tätigkeit keine Neukunden geworben hat.

1210 BGH NJW 1999, 639, 640; OLG Bamberg HVR Nr. 933 (1997).

1211 Ausführlich hierzu oben E.II.2.a)aa) und E.III.1.

1212 Ebenroth/Boujong/*Löwisch* § 92b Rn. 25; RGRK/*Würdinger* § 92b Anm. 4; Staub/Canaris/*Emde* § 92b Rn. 30.

1213 Ebenroth/Boujong/*Löwisch* § 92b Rn. 20 und 25; Röhricht/Graf von Westphalen/*Thume* § 92b Rn. 10; Staub/Canaris/*Emde* § 92b Rn. 30.

1214 Siehe nur BGH NJW 1999, 639, 641.

1215 Vgl. oben D.II.4.c).

(Fall der sog. sekundären Darlegungs- oder Behauptungslast).[1216] Lehnt der Vertreter die Preisgabe dieser Informationen ab, ist der (unsubstantiierte) Tatsachenvortrag des Unternehmers als zugestanden anzusehen, § 138 Abs. 3 ZPO.[1217] Kommt der Vertreter aber der ihn insoweit treffenden Darlegungslast nach, kann der Unternehmer sich zu dem vorgetragenen Verhältnis der Provisionseinkünfte zu den sonstigen Einnahmen des Vertreters äußern und ggf. diese Darstellung ausräumen.[1218] Gelingt dem Unternehmer eine dahingehende Beweisführung nicht, hat das Gericht zu seinen Ungunsten von der Richtigkeit der Behauptungen des Vertreters auszugehen.

Theoretisch denkbar erscheint in diesem Zusammenhang auch eine gerichtliche Anordnung der Vorlegung von im Besitz des Vertreters befindlichen Urkunden oder sonstigen Unterlagen, die Informationen über die Einkommensverhältnisse des Vertreters bzw. über die finanzielle Bedeutung seiner Vertretertätigkeit enthalten und auf die sich eine Partei bezogen hat, § 142 Abs. 1 S. 1 ZPO.

2. Umkehr der Beweislast durch ausdrückliche vertragliche Bezeichnung des Handelsvertreters als nebenberuflicher Handelsvertreter?

Die herrschende Meinung nimmt an, dass sich die Beweislast umkehre, wenn der Unternehmer den Vertreter gemäß § 92b Abs. 2 HGB vertraglich ausdrücklich als Handelsvertreter im Nebenberuf mit der Vermittlung oder dem Abschluss von Geschäften betraut habe; dann müsse der Vertreter darlegen und ggf. beweisen, dass die Betrauung in der Sache unzutreffend gewesen sei oder aber er sich im Nachhinein vom neben- zum hauptberuflichen Vertreter entwickelt habe.[1219] Im letzteren Fall würde dies – der Vertragstheorie folgend – beinhalten, dass der Vertreter das Einverständnis des Unternehmers hiermit nachweisen muss, was dessen Kenntnis von der faktischen Veränderung der Tätigkeit voraussetzt.[1220]

1216 Vgl. statt vieler BGH NJW-RR 2002, 1280; Zöller/*Greger* Vorbemerkungen zu § 284 Rn. 34 ff. m.w.N.

1217 Vgl. Zöller/*Greger* Vorbemerkungen zu § 284 Rn. 34c.

1218 Vgl. BGH NJW-RR 1996, 1211; NJW-RR 2002, 1280; Zöller/*Greger* Vorbemerkungen zu § 284 Rn. 34c.

1219 LAG Hamm BB 1971, 439; LG Bonn, Beschluss vom 06.04.2009 – 14 O 120/08 (n.v.); *Alff* Rn. 20; *Ankele* § 92b Rn. 12; Baumbach/Hopt/*Hopt* § 92b Rn. 3; *Bruck/Möller* Vor §§ 43–48 Anm. 419; *Duden* § 92b Anm. 1) D; Ebenroth/Boujong/*Löwisch* § 92b Rn. 25; Flohr/Wauschkuhn/*Billing* § 92b Rn. 13; *Herschel/Beine* S. 209 f.; Heymann/Horn/*Sonnenschein/Weitemeyer* § 92b Rn. 12; *Knapp* VW 1952, 391, 394; *Küstner* BB 1966, 1212, 1214; Küstner/Thume-Vorauflage/*ders.* Band 2 Kap. II Rn. 139; Küstner/Thume/*Schürr* Band 1 Kap. I Rn. 231; Oetker/*Busche* § 92b Rn. 11; Röhricht/Graf von Westphalen/*Thume* § 92b Rn. 7; *Specks* S. 76; *Trinkhaus* S. 101 f.; *Westphal* S. 28; *ders.* Vertriebsrecht Rn. 128.

1220 Ebenroth/Boujong/*Löwisch* § 92b Rn. 20 und 25; *Küstner* BB 1966, 1212, 1214; Oetker/*Busche* § 92b Rn. 11.

Der Gesetzgeber hat sich hierzu differenzierter geäußert: Wenn ein Handelsvertreter als Nebenberufler betraut werde, könne er mit der späteren Behauptung, zu Beginn des Vertreterverhältnisses kein nebenberuflicher Handelsvertreter gewesen zu sein, nicht gehört werden; er könne lediglich darlegen, dass er im Verlauf des Vertreterverhältnisses zum hauptberuflichen Vertreter geworden sei.[1221]

Dies aber hätte zur Konsequenz, dass es dem Vertreter verwehrt wäre, eine schon mit Aufnahme der Vertretertätigkeit gegebene Hauptberuflichkeit vorzutragen, nur weil eine ausdrückliche nebenberufliche Betrauung erfolgt ist. Seine anfänglich gegebene hauptberufliche Tätigkeit könnte der Vertreter dann nur noch geltend machen, wenn es ihm gelingt, die Betrauung durch Anfechtung nach den §§ 119 ff. BGB zu beseitigen.[1222] Hierdurch würde der elementare Grundsatz, dass eine „Herabstufung" eines tatsächlich hauptberuflich tätigen Vertreters auf das Niveau der Nebenberuflichkeit i.S. des § 92b HGB mittels einer Vereinbarung der Parteien nicht zulässig ist,[1223] zu Lasten des Vertreters umgangen. Daher muss der Vertreter auch im Fall seiner ausdrücklichen Betrauung als Nebenberufler die Möglichkeit haben, seine von Beginn an hauptberufliche Betätigung darzulegen und erforderlichenfalls zu beweisen.[1224]

Dass ein nebenberuflich betrauter Vertreter nach Meinung von *Ankele* seine Behauptung einer von Beginn an hauptberuflichen Tätigkeit für den Unternehmer „nur unter ganz besonderen Umständen" wird beweisen können,[1225] ist äußerst zweifelhaft. Es verbietet sich schon deshalb, für die Frage, ob der Vertreter seiner Darlegungs- und Beweislast nachgekommen ist, strengere Maßstäbe als üblich anzulegen, weil der Unternehmer naturgemäß ein starkes Interesse an einer Betrauung des Vertreters als nebenberuflicher Vertreter hat.[1226]

Generell ist es jedoch verfehlt, die Beweislast im Fall einer ausdrücklichen Betrauung i.S. des § 92b Abs. 2 HGB vom Unternehmer auf den Handelsvertreter zu verlagern,[1227] unabhängig davon, ob die Betrauung individualvertraglich oder in den AGB des Unternehmers vorgenommen wird.[1228] Die Parteien haben es nicht in der Hand, die rechtliche Qualität der Vertretertätigkeit verbindlich festzulegen, maßgebend ist hierfür ausschließlich die Verkehrsauffassung, § 92b Abs. 3 HGB.[1229] In der Konsequenz kann die von den Parteien vorgenommene vertragliche Bezeichnung des Handelsvertreters als Nebenberufler keinerlei Einfluss auf die

---

1221 Begr. zum Entwurf eines Gesetzes zur Änderung des Handelsgesetzbuches (Recht der Handelsvertreter), BT-Drucks. 1/3856 vom 15.11.1952, S. 43.

1222 So *Herschel/Beine* S. 210.

1223 Vgl. oben D.IV.3.a).

1224 Statt aller *Bruck/Möller* Vor §§ 43–48 Anm. 419.

1225 *Ankele* § 92b Rn. 12.

1226 *Trinkhaus* S. 101 Fn. 313.

1227 Ebenso Ensthaler/*Genzow* § 92b Rn. 12; MünchKomm/*von Hoyningen-Huene* § 92b Rn. 30; Staub/Canaris/*Emde* § 92b Rn. 30.

1228 Vgl. Ensthaler/*Genzow* § 92b Rn. 12; Staub/Canaris/*Emde* § 92b Rn. 30.

1229 MünchKomm/*von Hoyningen-Huene* § 92b Rn. 30; vgl. oben D.IV.3.a) und c).

Abgrenzung zwischen der haupt- und nebenberuflichen Vertretertätigkeit haben und damit auch nicht die Verteilung der Beweislast zwischen den Parteien verändern.[1230] Die Betrauung nach § 92b Abs. 2 HGB ist einzig und allein Voraussetzung dafür, dass dem Unternehmer eine Berufung auf die Ausnahmeregelungen des Abs. 1 der Norm grundsätzlich möglich ist. Eine weitergehende Relevanz hat die Betrauung als nebenberuflicher Vertreter nicht.

IV. Zwischenergebnis

Die Regelung des § 92b Abs. 2 HGB, wonach sich auf die in Abs. 1 der Vorschrift normierten Besonderheiten nur der Unternehmer berufen kann, der den Handelsvertreter ausdrücklich als Handelsvertreter im Nebenberuf mit der Vermittlung oder dem Abschluss von Geschäften betraut hat, verlangt dem Unternehmer Folgendes ab: Er muss den Handelsvertreter schon bei Abschluss des Vertretervertrages, also vor Beginn seiner Tätigkeit als Handelsvertreter, mittels der expliziten Betrauung in deutlicher Form auf die für ihn nachteiligen Konsequenzen einer nebenberuflichen Tätigkeit hinweisen und eine vertragliche Übereinkunft mit dem Handelsvertreter über die anvisierte Tätigkeit im Nebenberuf herbeiführen. Nur wenn der Unternehmer diesen Anforderungen genügt und es sich auch tatsächlich – beurteilt nach der Verkehrsauffassung – um eine nebenberufliche Vertretertätigkeit handelt, ist ihm die Geltendmachung der Sonderregelung des § 92b Abs. 1 HGB zu gestatten. Das Erfordernis der ausdrücklichen Betrauung des Handelsvertreters als Nebenberufler steht nicht zur Disposition der Parteien und beansprucht absolute Geltung. Selbst wenn sich die Frage der haupt- oder nebenberuflichen Betätigung des Handelsvertreters im Nachhinein nicht als Streitpunkt zwischen den Parteien erweist, darf vor dem Hintergrund der mit § 92b Abs. 2 HGB einhergehenden Warn- und Schutzfunktion zugunsten des Handelsvertreters nicht von einer Anwendung der Norm abgesehen werden.

Das zur Entscheidung über die rechtliche Qualität der Vertretertätigkeit berufene Gericht muss die Nebenberuflichkeit der Vertretung positiv feststellen, um § 92b Abs. 1 HGB auf das streitgegenständliche Vertreterverhältnis anwenden zu können. Drängt sich im konkreten Fall eine Haupt- oder Nebenberuflichkeit nicht auf, muss das Gericht in dieser Frage ein Sachverständigengutachten einholen, welches seinerseits auf die mehrheitliche Auffassung der zu befragenden Verkehrskreise in Bezug auf die in Rede stehende Vertretertätigkeit rekurriert. Verbleiben hiernach Zweifel hinsichtlich der rechtlichen Einordnung dieser Tätigkeit, hat das Gericht von einer hauptberuflichen Betätigung des Handelsvertreters auszugehen.

Macht eine Partei die Nebenberuflichkeit geltend, um in den Genuss der in § 92b Abs. 1 HGB getroffenen Regelungen zu kommen, muss sie darlegen und ggf. beweisen, dass es sich faktisch um eine im Nebenberuf ausgeübte Vertretertätigkeit handelt. Trifft den Unternehmer die Beweislast, muss er zusätzlich die ausdrückliche

1230 Ensthaler/*Genzow* § 92b Rn. 12; MünchKomm/*von Hoyningen-Huene* § 92b Rn. 30.

Betrauung i.S. des § 92b Abs. 2 HGB beweisen. Die Beweislast kehrt sich nicht um, wenn eine derartige Betrauung erfolgt ist. Diese setzt zwar eine dahingehende vertragliche Abrede der Parteien voraus, welche im Übrigen aber die allein nach der Verkehrsauffassung vorzunehmende Abgrenzung zwischen Haupt- und Nebenberuf sowie die hierfür geltenden Beweislastgrundsätze nicht zu beeinflussen vermag.

G. Zusammenfassung und abschließende Stellungnahme

Der Handelsvertreter im Nebenberuf ist in rechtlicher Hinsicht eine Ausnahmeerscheinung im Recht der Handelsvertreter. Seine praktische Bedeutung geht indes weit über die der Norm des § 92b HGB ursprünglich zugedachte Sonderrolle hinaus. Für den Unternehmer ist die Anwendung dieser Bestimmung ein wirtschaftlich äußerst vorteilhaftes Instrument zur Gestaltung seiner Vertriebsorganisation. Der Handelsvertreter büßt mit ihrer Anwendung wichtige Schutzbestimmungen des Handelsvertreterrechts ein. Auf diese kann er letztlich nur dann risikolos verzichten, wenn seine Handelsvertretertätigkeit tatsächlich nur „nebenbei" erfolgt und ohne Relevanz für die Sicherung und Erhaltung seiner Lebensgrundlage ist.

Zur Beantwortung der eingangs gestellten Frage, ob die Anwendung der Vorschrift des § 92b HGB in ihrer jetzigen Form eine Zukunft hat, muss man sich nochmals die nachfolgend zusammengefassten Ergebnisse der Untersuchung der Norm vor Augen führen:

Der Gesetzgeber verfolgt mit der Sonderregelung des § 92b HGB das Ziel, den Handelsvertreter im Nebenberuf von denjenigen Vorschriften des Handelsvertreterrechts auszunehmen, denen die Vorstellung zugrunde liegt, dass es sich bei der Vertretertätigkeit um die Existenzgrundlage des Handelsvertreters handelt. Nach der Vorstellung des Gesetzgebers stehen einem nebenberuflich tätigen Handelsvertreter in ausreichendem Maße anderweitige finanzielle Quellen zur Verfügung. Vor diesem Hintergrund lassen sich (allein) die Abweichungen von den §§ 87a Abs. 1 S. 2 und 89 HGB sowie konsequenterweise auch die Nichtgeltung des § 92a HGB rechtfertigen. Hingegen muss der Ausgleichsanspruch nach § 89b HGB aufgrund des ihm innewohnenden, prägenden Vergütungselements, welches den Gedanken des Sozialschutzes in den Hintergrund drängt, auch einem nebenberuflichen Handelsvertreter zugute kommen. Die Eigenschaft des § 92b HGB als Ausnahmeregelung im Handelsvertreterrecht steht einer analogen Anwendung der Norm auf sonstige Vertriebsmittler entgegen.

Ob ein Handelsvertreter nur im Nebenberuf gemäß § 92b HGB tätig ist, lässt sich nur unter Heranziehung der konkreten Umstände des Einzelfalls beantworten. Maßgebend für die Abgrenzung zwischen Haupt- und Nebenberuf ist nach § 92b Abs. 3 HGB ausschließlich die Verkehrsauffassung. Hiervon abweichende Vereinbarungen der Parteien über die Ausübung der Handelsvertretertätigkeit im Nebenberuf entfalten keine rechtliche Wirkung. Ebenso wenig vermögen Parteivereinbarungen an den zwingenden Anforderungen des § 92b Abs. 2 HGB etwas zu ändern: Das Erfordernis der ausdrücklichen Betrauung des Handelsvertreters als Nebenberufler steht nicht zur Disposition der Parteien. Ferner wird durch eine solche Betrauung die Beweislast für das Vorliegen der Haupt- bzw. Nebenberuflichkeit nicht auf den Handelsvertreter verlagert.

Eine Handelsvertretertätigkeit im Nebenberuf kommt überhaupt nur dann in Betracht, wenn der Betreffende der Handelsvertretung neben einer anderen Tätigkeit nachgeht, die sich als sein Hauptberuf darstellt und von der Vertretertätigkeit klar abgegrenzt werden kann. Damit scheiden die Fallkonstellationen der Mehrfachvertretung sowie des engen wirtschaftlichen Zusammenhangs zwischen der Vertreter- und der sonstigen Tätigkeit von vornherein als Anwendungsfälle einer nebenberuflichen Handelsvertretertätigkeit i.S. des § 92b HGB aus. Mit dem BGH ist getreu dem Regelungszweck des § 92b HGB zu verlangen, dass der Hauptberuf dem Handelsvertreter eine von der Vertretertätigkeit unabhängige wirtschaftliche Existenzgrundlage bieten oder aber – in „Sonderfällen" – zumindest eine anderweitige, von der Vertretertätigkeit losgelöste Existenzgrundlage vorhanden sein muss.[1231]

Eine allgemeingültige, jeden denkbaren Einzelfall korrekt erfassende Definition des Handelsvertreters im Nebenberuf erscheint angesichts der vielfältigen, unter diesem Begriff zu diskutierenden Erscheinungsformen einer Tätigkeit als Handelsvertreter unmöglich. Wegen der mit der Anwendung des § 92b HGB verbundenen erheblichen rechtlichen Nachteile für den Handelsvertreter bedarf es jedenfalls einer restriktiven Auslegung der Norm. Dem wird insbesondere die herrschende sog. Übergewichtstheorie nicht gerecht. Sie errichtet mit der von ihr verlangten Kumulation von (zeitlich) überwiegender Vertretertätigkeit und überwiegender Einkommenserzielung aus eben dieser Tätigkeit eine allzu hohe Hürde für die Annahme einer hauptberuflichen Tätigkeit. Zieht man konsequent und ausnahmslos diese Kriterien heran, würde auch ein solcher Handelsvertreter als nebenberuflich tätig eingestuft, der mehr Zeit in eine sonstige Tätigkeit als in die Vertretertätigkeit investiert, aber die Provisionseinkünfte zur Sicherung seiner wirtschaftlichen Existenz einsetzen muss. Das liefe dem Ziel der gesetzlichen Regelung zuwider. Der Handelsvertreter kann in diesem Fall gerade nicht auf ausreichende sonstige finanzielle Quellen jenseits seiner Vertretertätigkeit zurückgreifen.

Die sog. Wesentlichkeitstheorie hingegen vermag dem Normzweck des § 92b HGB Rechnung zu tragen, indem sie auf die wirtschaftliche Bedeutung der Vertretertätigkeit für die Person des Handelsvertreters abstellt und Hauptberuflichkeit dann annimmt, wenn die Einkünfte aus dieser Tätigkeit wesentlich, d.h. unverzichtbar sind für die Bestreitung des Lebensunterhalts des Handelsvertreters.[1232] Hierbei wird man angesichts des Ausnahmecharakters der Sonderregelung für den Handelsvertreter im Nebenberuf im Zweifel von einer hauptberuflichen Tätigkeit ausgehen müssen. Mit der Anwendung der Wesentlichkeitstheorie lässt sich am ehesten Einzelfallgerechtigkeit herbeiführen.

Kommt es im Verlauf des Vertreterverhältnisses zu Veränderungen in der Tätigkeit des Handelsvertreters, die diese faktisch zu einer haupt- oder nebenberuflichen werden lassen, hat dies zugleich kraft Gesetzes eine Änderung des rechtlichen Status des Handelsvertreters vom Neben- zum Hauptberufler oder umgekehrt zur

---

1231 BGH NJW-RR 2007, 1286, 1288.
1232 *Trinkhaus* S. 106 ff.

Folge. Denn die rechtliche Einordnung des Handelsvertreters richtet sich gemäß § 92b Abs. 3 HGB ausschließlich nach der Verkehrsauffassung bzw. den hiernach zu beurteilenden tatsächlichen Umständen der Vertretertätigkeit. Die Parteien sind zu einer entsprechenden Anpassung des Vertretervertrages an die neuen tatsächlichen Gegebenheiten verpflichtet. Vertragliche Vereinbarungen der Parteien vermögen eine Änderung der rechtlichen Stellung des Vertreters daher weder zu hindern noch sind sie hierfür notwendige Voraussetzung. Dies verkennt die herrschende sog. Vertragstheorie. Allerdings hat der Handelsvertreter den Unternehmer so zeitnah wie möglich von den eingetretenen oder bevorstehenden Änderungen der tatsächlichen Verhältnisse in Kenntnis zu setzen, so dass der Unternehmer in der Lage ist, hierauf nach eigenem Ermessen und unter Wahrung der eigenen Interessen zu reagieren. Verletzt der Vertreter die vorgenannte Pflicht, ist der Unternehmer zur außerordentlichen Kündigung des Vertretervertrages berechtigt und kann u.U. einen Schadensersatzanspruch gegen den Vertreter geltend machen.

Aus all dem folgt, dass die aktuell praktizierte Anwendung der Sonderregelung des § 92b HGB nicht mit dem einstigen gesetzgeberischen Beweggrund für ihre Einfügung in das Recht der Handelsvertreter in Einklang zu bringen ist. Die Auslegung der Norm in weiten Teilen von Rechtsprechung und Literatur hat sich bedenklich weit von ihrer ursprünglichen Zweckrichtung entfernt. Die Norm ist deshalb nur dann zukunftsfähig, wenn ihre Anwendung (wieder) auf solche Einzelfälle beschränkt wird, in denen die Geltung der zentralen Schutzvorschriften der §§ 87a Abs. 1 S. 2 und 89 HGB nicht angezeigt ist. Gemeint sind Fälle, in denen der Handelsvertreter auf die Einkünfte aus seiner Vertretertätigkeit zur Bestreitung seines Lebensunterhalts nicht zwingend angewiesen ist. Dem Ausnahmecharakter der Norm wird somit allein eine Abgrenzung zwischen Haupt- und Nebenberuf gerecht, die danach fragt, ob die Handelsvertretertätigkeit und die hieraus erzielten Einnahmen für den Handelsvertreter von wesentlicher, weil existenzsichernder Bedeutung sind.

Um dies der zur Anwendung der Norm berufenen Praxis zu vergegenwärtigen, bietet sich – statt des Versuchs einer allgemeingültigen Definition – de lege ferenda die Einfügung eines zweiten Satzes in § 92b Abs. 3 HGB mit folgendem Inhalt an: „Ein Handelsvertreter ist insbesondere dann nicht im Nebenberuf tätig, wenn die Einnahmen aus seiner Handelsvertretertätigkeit für die Sicherung seiner wirtschaftlichen Existenz unverzichtbar sind."

Aufgrund des bestehenden Schutzbedürfnisses hauptberuflich tätiger Handelsvertreter ist es zudem verfehlt, mit der Vertragstheorie für den Übergang von der Neben- zur Hauptberuflichkeit ein (zumindest konkludentes) Einverständnis des Unternehmers mit der Geltung der §§ 87a Abs. 1 S. 2, 89 und 89b HGB zu fordern.

Für die Parteien, vor allem für den Unternehmer, ergibt sich aus der hier befürworteten Auslegung der Vorschrift indes ein Dilemma: Vertragliche Regelungen der Parteien zur Frage der Ausübung einer Handelsvertretertätigkeit im Haupt- oder Nebenberuf können den rechtlichen Status des Handelsvertreters nicht verbindlich festlegen. Maßgebend ist und bleibt die Verkehrsauffassung. Auf der anderen Seite bedarf es nach § 92b Abs. 2 HGB einer vertraglichen Übereinkunft zwischen

Unternehmer und Handelsvertreter über die anvisierte Tätigkeit im Nebenberuf. Eine vertragliche Festlegung der Nebenberuflichkeit ist also für die Anwendung des § 92b Abs. 1 HGB zwingend erforderlich, aber nicht allein ausreichend. Um auf mögliche Änderungen der tatsächlichen Verhältnisse auf Seiten des Vertreters angemessen und zeitnah reagieren zu können, ist dem Unternehmer daher die Festlegung (strenger) vertraglicher Informationspflichten des Vertreters – ergänzend zu den sich bereits aus dem Gesetz ergebenden – zu empfehlen. Der Regelungsvorschlag von *Thume* kann in dieser Hinsicht als brauchbare Grundlage und Ausgangspunkt einer sinnvollen vertraglichen Regelung der Parteien dienen.[1233]

Für den derzeit besonders praxisrelevanten Fall des Postagenturbetriebs durch Einzelhändler ist Folgendes zu konstatieren:

Die Rechtsprechung des BGH zum Bestehen eines engen wirtschaftlichen Zusammenhangs zwischen dem von einem Tankstellenhalter parallel betriebenen Tankstellen- und Shop-Geschäft[1234] lässt sich nicht unmittelbar auf die gleichzeitige Ausübung einer Einzelhandels- sowie einer Postagenturtätigkeit übertragen.[1235] Insbesondere das äußere Erscheinungsbild der Gesamttätigkeit des Postagenturbetreibers weicht entscheidend von der Fallkonstellation des Tankstellenhalters ab, da eine Postagentur nach außen hin, d. h. gegenüber den Kunden, als gesonderter und unabhängig von dem übrigen Geschäft geführter Betriebsteil in Erscheinung tritt.

Angesichts der herausgehobenen gesamtwirtschaftlichen Bedeutung der von einer Postagentur angebotenen Waren und Dienstleistungen ist jedoch davon auszugehen, dass potentielle Kunden heute in vielen Fällen gezielt ein solches Einzelhandelsgeschäft aufsuchen werden, in dem sich auch eine Postagentur befindet. Der Betrieb der Postagentur bewirkt auf diese Weise eine Kundenbindung, von der auch der übrige Geschäftsbereich erheblich profitieren kann. Aus Kundensicht, die wesentlicher Bestandteil der Verkehrsauffassung ist, lässt sich also eine enge wirtschaftliche Verbindung zwischen Einzelhandels- und Postagenturtätigkeit nicht bestreiten.

Die (standardmäßige) Qualifizierung des Postagenturbetreibers als nebenberuflicher Handelsvertreter i.S. des § 92b HGB ist mithin verfehlt.

Die vorliegend gewonnenen Erkenntnisse führen zu folgenden Thesen:

1. Die Norm des § 92b HGB ist eine nicht analogiefähige Sonderregelung für den nur im Nebenberuf tätigen Handelsvertreter. Die für ihn vorgeschriebene Nichtgeltung der Ausgleichsregelung des § 89b HGB ist aufgrund des Vergütungscharakters dieser Vorschrift rechtspolitisch verfehlt und darüber hinaus wegen Verstoßes gegen den allgemeinen Gleichheitssatz des Art. 3 Abs. 1 GG verfassungswidrig.

1233 Röhricht/Graf von Westphalen/*Thume* § 92b Rn. 12; vgl. oben D.IV.1. und 3.a) sowie E.II.2.c) und E.III.4.

1234 BGH NJW-RR 2007, 1286, 1288.

1235 LG Bonn, Beschluss vom 06.04.2009 – 14 O 120/08 (n.v.).

2. Da die Anwendung des § 92b HGB eine Abweichung von wichtigen und zwingend ausgestalteten Schutzbestimmungen des Handelsvertreterrechts bewirkt, ist eine enge und restriktive Auslegung dieser Ausnahmevorschrift geboten. Die Abgrenzung zwischen der haupt- und nebenberuflichen Handelsvertretertätigkeit nach der sog. Übergewichtstheorie vermag dies nicht zu leisten. Hierfür ist vielmehr entsprechend dem Grundgedanken der sog. Wesentlichkeitstheorie die wirtschaftliche Bedeutung der Handelsvertretertätigkeit für die Person des Handelsvertreters zu ermitteln.
3. Um einem (inzwischen) hauptberuflich tätigen Handelsvertreter den ihm vom Gesetzgeber zugedachten Schutz durch die §§ 87a Abs. 1 S. 2, 89 HGB zuteil werden zu lassen, hat eine Anwendung der sog. Vertragstheorie zu unterbleiben. Für eine Änderung der Rechtsstellung des Handelsvertreters bedarf es nicht der Zustimmung des Unternehmers.
4. Die Einordnung sog. Postagenturbetreiber als Handelsvertreter im Nebenberuf i.S. des § 92b HGB ist aufgrund der rechtlichen und tatsächlichen Besonderheiten dieser Vertriebsform abzulehnen.